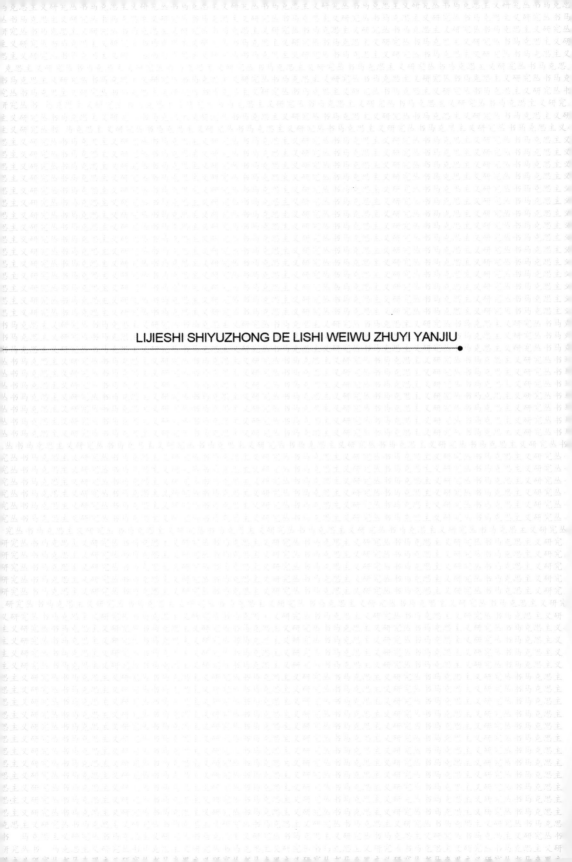

LIJIESHI SHIYUZHONG DE LISHI WEIWU ZHUYI YANJIU

中国人民大学马克思主义研究基地资助出版

马克思主义研究丛书

理解史视域中的历史唯物主义研究

LIJIESHI SHIYUZHONG DE LISHI WEIWU ZHUYI YANJIU

沈江平◎著

中国人民大学出版社

·北京·

总　序

马克思主义是我们立党立国的根本指导思想，是我们认识世界、改造世界的强大理论武器。当前，国际形势正在发生深刻复杂的变化，我国改革发展进入新的关键阶段。时代变迁呼唤理论创新，实践发展推动理论创新。我们正逢马克思主义理论发展的一个大好时机。

从国际来看，马克思主义研究正处于热潮阶段。尽管苏东剧变后，国外有许多人在鼓吹“告别马克思”、“抛弃马克思”等论调，但也有不少有识之士在研究马克思，主张“走近马克思”、“重读马克思”、“回到马克思”、“反思马克思”，以新的理论成果“超越马克思”。国际范围内有关马克思主义的理论研讨会在世界各地频繁召开，会议规模越来越大，会议形式越来越灵活，参会人数越来越多，研讨领域越来越宽，讨论问题越来越深入，研究成果越来越丰富。尤其是2008年国际金融危机爆发以后，国际范围内涌动着一股研究马克思的热潮。这一切说明，“马克思是对的”，马克思主义的历史并没有终结，马克思主义的影响并没有消除，马克思主义的生机并没有停止。马克思主义仍然是人们认识世界、改造世界的强大思想武器。

从国内来看，中央正在实施的马克思主义理论研究和建设工程处在承前启后、继往开来、与时俱进的重要时期。马克思主义中国化理论成果的形成和发展，为加强马克思主义理论研究和建设指明了正确方向，积累了宝贵经验，奠定了扎实的理论基础；建设中国特色社会主义的伟大实践，为马克思主义理论研究提供了坚实的实践基础；加强党的执政能力建设、推进决策科学化民主化，为理论工作提供了广阔舞台；全党全社会的关心和支持，为理论工作创造了良好的社会环境；马克思主义理论一级学科的设立，为马克思主义理论研究提供了良好的平台；全面建设小康社会，推进中国特色社会主义事业进一步发展，对马克思主义理论研究提出了新的要求。

为了推进马克思主义理论研究，中国人民大学马克思主义学院和中国特色社会主义理论体系研究中心，编写了这套“马克思主义研究丛书”。编写出版这套丛书，只有一个目的，就是回应时代变迁提出的新挑战，抓住实践发展提出的新课题，加强对马克思主义的研究，展示我们在马克思主义基础理论研究和中国化马克思主义理论研究方面的最新成果，为推进马克思主义中国化、时代化和大众化，为推进马克思主义理论学科建设，为着力培养造就一支宏大的、高素质的马克思主义理论队伍做出我们应有的贡献。

马克思主义是与时俱进、不断发展的理论，所以我们希望这套丛书能够伴随着马克思主义的不断发展，一直出版下去，最后真正成为一套名副其实的“丛书”；马克思主义是开放包容、博采众长的理论，所以我们希望，这套丛书的作者队伍不断扩大，能够进入此套丛书的著作越来越多；马克思主义是十分严肃的科学，是颠扑不破的真理，所以我们也希望进入此套丛书的著作质量越来越高。

本套丛书的出版，得到了中国人民大学“211 工程”和“985 工程”的资金支持，首次进入丛书的著作，大都属于“211 工程”科研项目——“马克思主义在当代的发展与创新”和“985 工程”科研项目“马克思主义基础理论研究”的最终研究成果。

本套丛书的出版，也得到了中国人民大学出版社的大力支持。中国人民大学出版社社长贺耀敏先生非常关注此书的编写出版事宜。中国人民大学出版社政治与公共管理分社社长郭晓明先生，以及丛书的每位责任编辑，都为丛书的出版付出了艰辛的劳动。在此，一并表示感谢。

编写出版此套丛书，对于我们来说，只是一个初步尝试。为了使丛书编得更好，恳请读者提出宝贵意见。

中国人民大学马克思主义学院

2011 年 11 月

目　录

导论　在“重建”的理解中反思与开启未来

“如果人们希望研究一种从来不曾被它的创始人所系统地阐明过的世界观的诞生……首先必须重现这位思想家的思想发展进程。”[①] 历史唯物主义思想就属于“不曾被它的创始人所系统地阐明过的”思想。作者无意于历史唯物主义体系的建构，给人们留下了一种阐释的空间，却也无意间抛给我们一个旷世难题。对马克思主义哲学的称呼经历了唯物史观直至现在的历史唯物主义，学界也逐步达成共识：唯物史观就是历史唯物主义。尽管唯物史观与历史唯物主义这两个名称在大众视野中呈现的时间前后不同，但指向和本质无疑都一致，都是马克思主义哲学的核心要义。不管称呼怎样变化，其本质内涵都不变，都是人类社会历史发展规律的发掘与呈现。理论命运在历史进程中千姿百态。历史唯物主义的命运不可谓不坎坷，遭遇诸多诘难以及“修正”、“重释”和“重建”。历史唯物主义正是在这样的“危机”中行进和发展的。从历史上来看，理论遭遇危机并不都是坏事，危机常常可以转化为“契机”进而推动理论的发展。历史唯物主义在 170 多年的行进过程中，的确遭遇了因时代变化而衍生的在一定层面上超出了理论创建者当初未曾预料到的新问题，从而形成了历史唯物主义所谓的种种“危机”。事实上，历史唯物主义遭遇的这些“危机”反而是理论自身不断反思、不断警醒、不

① 葛兰西．实践哲学．徐崇温，译．重庆：重庆出版社，1990：69.

断超越和不断前进的“机遇”。这样看来，一部历史唯物主义的“理解史”不仅是一部历史唯物主义的“危机史”，更是一部历史唯物主义的“机遇史”，而不应是一部历史唯物主义的“重建史”。在时代变迁中理解历史唯物主义的逻辑理路不是推倒重来去重建历史唯物主义，即不是用一种异质的“历史唯物主义”理论来替代经典作家的历史唯物主义学说。历史唯物主义的发展形态，本质上应是在秉持历史唯物主义基本理论、核心要义和基本原则的前提下呼应时代脉搏、解读时代新问题的过程体现，这种呈现在基本立场、基本观点和基本方法层面与经典理论具有内在一致性。在各个时代具体实际境况中的历史唯物主义阐释，主要不是关注人类社会发展的宏观进程（即使这个维度是难以避免的），而是在宏观规律的指引下对时代的具体问题、具体领域以及极具时代特色的社会发展进行理论的观照，由此揭示出历史大规律下的时代小规律，引领人类在不断反思纠偏中朝着符合人类整体价值的方向前进。

对马克思主义历史观的称呼就存在不同理解。历史上，关于马克思的历史观有唯物主义历史观和历史唯物主义两种名称的前后变化。在这里，我们将两者的差异忽略不计。在深入而全面地阐述了唯物主义历史观基本观点的《德意志意识形态》一书中，“唯物主义历史观”这个名称在当时并没有被马克思和恩格斯明确地提出来，当然也没有提及“历史唯物主义”的称呼。“历史科学”“实证的科学”是当时马克思和恩格斯在批判唯心主义历史观时创建的科学历史观的称呼，这是一种基于物质生产实践来考察人类社会历史发展一般规律的理论。“唯物主义历史观”大致经历了这样一个变化：1859 年，在恩格斯的《卡尔·马克思〈政治经济学批判〉》中，“唯物主义历史观”第一次出现，接着在《论住宅问题》中又被简化为“唯物史观”。1890 年，德国社会学家巴尔特在《黑格尔和包括马克思及哈特曼在内的黑格尔派的历史哲学》一文中，用“经济唯物主义”来称呼唯物主义历史观，引发了一些人对马克思、恩格斯历史观的错误解读。从 1890 年起，恩格斯专门对巴尔特等人的歪曲及这种现象进行了批驳，开始用历史唯物主义来指称唯物主义历史观。“历史唯物主义”首次出现在恩格斯于 1890 年 8 月致康·施米特的信中，这封信批判了当时德国的一些青年人只是将历史唯物主义作为套语和标签而不是方法和工作指南。直到在 1892 年发表的《社会主义从空想到科学的发展》一文的英文版导言中，恩格斯就“历史唯物主义”这个新的称呼专门给予解读，我们是“用‘历史唯物主义’这个名词来表达一种关于历史过程的观点……这种观点认为，一切重要历史事件的终极原因和伟大动力是社会的经济发展，是生产方式和交换方式的改变，是由此产生的社会之划分为不同的阶级，是这些阶级彼此之间的斗争”①。不同时期，经典作家用不同的词语来指称其历史观。但在恩格斯这里，上述两种不同的称呼表述是源于马克思主义历史观在不同境况下的话语呈现。“唯物主义历史观”是针对“唯心主义历史观”来说的，“历史唯物主义”则是对“经济唯物主义”这个提法的回应。质言之，在恩格斯看来，“唯物主义历史观”与“历史唯物主义”实质上是马克思主义历史观的不同表述方式而已，两者相差无几。因此，恩格斯后来在 1892 年将《社会主义从空想到科学的发展》英文版导言译为德文时，所使用的题目就是《论历史唯物主义》，发表在当时的《新时代》杂志 1892 年第 1 期和第 2 期上，对历史唯物主义起到了较好的传播效果。从此，“历史唯物主义”这个称呼就伴随马克思主义历史观，成为其最常见的表述。

在恩格斯之后，普列汉诺夫、列宁、斯大林等人对马克思主义历史观进行了不同阐释和发挥。普列汉诺夫沿用了“唯物主义历史观”和“历史唯物主义”，这两种称呼在普列汉诺夫的著述里得以承袭，尤其是“唯物主义历史观”在他这里得到了较为深刻的阐释。对于普列汉诺夫而言，这两种称呼都涉及广义和狭义的区分。在他的思想体系里，狭义上的“唯物史观”表征的就是马克思主义历史观，囊括孟德斯鸠等人的历史观思想在内的历史观就是广义上的“唯物史观”。而他所言说的“历史唯物主义”概念，在狭义上同样是指马克思主义历史观，在广义层面则与马克思主义哲学的同义语即“辩证唯物主义”所指相同。列宁对此既表示肯定又进行了推进。与普列汉诺夫一样，列宁认为辩证唯物主义就是马克思主义哲学，但又指出，作为“科学的历史观”的历史唯物主义内含于辩证唯物主义之中，这两者还是存在差别的，不能等同。接下来，列宁在《卡尔·马克思》等文章中进一步指出：历史唯物主义是“唯物主义的基本原理”即“唯物主义对自然界的认识”在人类社会和人类社会史中的推广和运用。斯

① 马克思，恩格斯．马克思恩格斯文集：第 3 卷．北京：人民出版社，2009：508-509.

大林将列宁的这个观点发挥到了极致，认为历史唯物主义是辩证唯物主义在社会历史领域的推广应用。同时，斯大林还指出，“历史唯物主义”和“唯物主义历史观”两个概念是等同的，都是基于自然观演变出来的一种历史观。斯大林对历史唯物主义的这个阐释对后世产生了广泛而深远的影响。

历史唯物主义自身的理论特质决定了其必然会引发重大思考和讨论甚至争论。如同达尔文揭示出自然界的进化论规律一样，马克思将人类社会发展的规律展现在世人面前。在马克思主义理论体系中，作为世界观和历史观的历史唯物主义是后继者和研究者高度聚焦的理论点。世人如此关注的原因在于，在历史唯物主义的创建者看来，包含历史唯物主义在内的马克思主义不是纯学术意义上的书斋里的“学问”，抑或说，马克思和恩格斯首先没有将历史唯物主义当成一种通常意义上的“学术”，而是强调突出其作为现实批判武器的极端重要性。正是源于历史唯物主义这种深刻意蕴，这种与社会现实、与革命实践的内在关联，从事无产阶级解放和人类解放伟大革命事业的后继者才必须恪守理论的基本原则和旨趣，在时代行进中不断“推进”之，依据现实境况和现实问题的变化来“发展”之。始于立场、理论旨趣的不同或其他各种“已见”和“异见”，人们所得的认知差异不可避免，不同的声音争议也无法回避。阿尔都塞曾在《保卫马克思》一书中谈到了历史上的几次争论，其中包括在《哥达纲领批判》中马克思与社会民主党人就“拉萨尔主义”的争论，列宁与考茨基就机会主义的争论，葛兰西同布哈林就文化领导权的首先性的争论等等，进而认为这是一门“永无止境的科学”①（列宁在谈到历史唯物主义时，反复重申了这个观点）。客观地看，马克思和恩格斯生前就当时理论界的一些学者错误理解或肆意歪曲其历史观的行为进行了回应和批驳，形成了一些影响巨大的“争论”。马克思和恩格斯也意识到了唯物史观可能会引起的误读，对此做了合理解释和提醒。在《共产党宣言》1872 年德文版序言中，他们两人就客观地告诉人们，《宣言》中的一般原理总体上是没有问题的，但“这些原理的实际运用，正如《宣言》中所说的，随时随地都要以当时的历史条件为转移，所以第二章末尾提出的那些革命措施根本没有特别的意

① 张秀琴．西方马克思主义发展史．北京：人民出版社，2017：100 注释③．

义”①。现实也印证了他们的忧虑，一些“读者”正如经典作家所预料的那样对唯物史观产生了诸多曲解和误读，将之简单化、绝对化、“哲学化”。这种倾向在有关俄国道路的问题上鲜明地凸显出来。在马克思和恩格斯还在世时，理论界对俄国道路问题就已经形成了比较大的分歧，这个问题当然不是历史唯物主义理论框架内的唯一争论，但其影响很大，也极具代表性。由于对这个问题的认知不单纯指向俄国革命道路如何走的问题，本质上还涉及如何看待马克思主义这个根本问题。因此这场争论在思想史上格外令人瞩目。有关历史唯物主义的争论在创始人相继谢世之后愈演愈烈，日渐成为后来的马克思主义者和相关研究者关注的焦点。

“马克思主义是非常深刻的和多方面的学说。因此，在那些背弃马克思主义的人提出的‘理由’中，随时可以看到引自马克思著作的**只言片语**（特别是引证得**不**对头的时候），这是不足为奇的。”② 列宁的这段评述很有见地，用来评价历史唯物主义中的“重建”行为再合适不过。170 多年的历史唯物主义发展史证明，用马克思的话来歪曲马克思，用恩格斯的话来肢解马克思，用时代演变来作为“重建”理论的动因，诸如此类的“借口”在历史唯物主义“重建”思潮中轮番上场。那么，我们该如何来理解“重建”这个术语呢？总体而言，对于历史唯物主义的“重建”主要关涉两个方面：一是认为历史唯物主义还有一定的价值空间，在一定范围内依然可以指导社会、经济、政治、文化等领域的工作；二是认为历史唯物主义的基本原则无法跟上时代的步伐，整体修改不可避免。具体而言，“重建”在实践中主要包括理论已过时必须重建、发现新的历史规律必须重建、理论无法解释新问题必须重建以及文本中存在被忽视和遮蔽的重要原理必须重建。这些情况不能一概而论。因而从总体上厘定历史唯物主义，把握历史唯物主义的历史进程、逻辑轨迹，是认知历史唯物主义的科学基础。自历史唯物主义诞生以来，对它的分析、解剖、诠释、批判、曲解从未间断，重释、重构、重建等等提法应运而生。从地域模式上看，有中、西、苏联模式之别；从具体样态上看，各种“自己”理解的“历史唯物主义”可谓百花齐放，“哈姆雷特效应”发挥到了极致。一部历史唯物主义的诠读史，也就是一部真正

① 马克思，恩格斯．马克思恩格斯文集：第 2 卷．北京：人民出版社，2009：5.
② 列宁．列宁全集：第 32 卷．2 版增订版．北京：人民出版社，2017：407.

的理论发展史。争议和批判，既说明一种理论在不断完善和发展，更彰显其内在的理论生命力不容置疑。这些争鸣和探索更加迫切要求对历史唯物主义理论本身进行梳理和厘定，这是反思、分析和批判历史唯物主义身后一切争议的前提要件。

西方马克思主义流派众多，研究涉猎广泛，但却无一例外地将焦点对准历史唯物主义，对历史唯物主义进行各式各样的重建。这本身就是思想史上的一大景观。对这个问题的解读又要回到这些学者进行重建的动因层面上来。为什么要践行历史唯物主义的重建，这种重建是否可能，以及在何种意义上进行重建？这些视域就成为继承和发展历史唯物主义重建必须正视的问题。对历史唯物主义的传统理解范式的反思性批判是历史唯物主义重建思潮持续不断和研究兴起的导火线。而时代变迁带来新的问题是历史唯物主义重建不断和研究不止的根本原因。另外，重建者和理解者在洞察当代社会的内在结构及其历史变迁的基础上对历史唯物主义做出新的阐释，各自的理论出发点的差异决定了前者走上一条重建的道路，而后者往往走出了一条创造性坚持和发展的道路。简而言之，概括起来，对历史唯物主义进行重建、重构的基本出发点大致类似，即认为历史唯物主义存在理论“空白点”，而这些理论“空白点”无法解释或者不能完全解释现实社会，或者说发现新的历史规律抑或说马克思主义基本原理已经过时，这就要求寻求新的路径、逻辑起点和理论基点，深刻挖掘历史唯物主义的深刻内涵和现代意义的理论原点。不可否认，由于理论所处时代的变迁和时代主题的变化，马克思主义遇到现实的挑战。在资本主义不断自我调整和修正的大环境下，为了更好地进行资本主义批判，学者们将目光再次聚焦马克思的哲学，以期找到合理的解读路径。理论界对此选择了不同的价值取向和阐释道路：有些人紧跟时代变化，发掘和拓展历史唯物主义的理论内涵，据此对接、诠读和解决时代诉求；有些人质疑历史唯物主义理论的效力，认为它已失去对新时代的解释力，理论需要解构，进而打出重建历史唯物主义的旗号。这也成为一些西方马克思主义者质疑历史唯物主义进而走向“修正主义”的重要动因。

基于各自理论的核心旨趣不同而形成了对历史唯物主义不同的理解。从创建者的初衷和整体意蕴来看，作为缔造者的“第一个伟大揭示”，历史唯物主义与剩余价值规律一同筑起了马克思主义理论体系的大厦，是人类社会发展规律的科学呈现，也必然是马克思和恩格斯及其后继者开展理论探究与实践活动的不二法宝。历史唯物主义的问世，宣告了唯心主义历史观的终结，开启了历史观领域乃至整个哲学社会科学领域的伟大革命，成为思想理论家们关注和研究的焦点。因此，对马克思主义乃至马克思的种种诋毁、诘难不可避免地就聚焦在历史唯物主义上面。因而在时代语境变迁和时代问题迭出的历史进程中，多样乃至多元化的阐释不可避免，对马克思哲学尤其是其历史观的多维解读也就成为西方马克思主义学者孜孜不倦的思想探求的重要构成，进而衍生出不同版本的重建模式。自巴尔特用“经济唯物主义”来曲解历史唯物主义以来，在重释、重构、重建历史唯物主义的思想史中留下了一串串名字，其中不乏思想大家。这种重建现象在以卢卡奇为开创者的西方马克思主义群体当中表现得尤为明显，他们从不同视角对历史唯物主义进行重建。在这股重建思潮中，卢卡奇所开启的历史主义倾向和阿尔都塞所构建的结构主义路径是传统西方马克思主义中具有代表性的重建历史唯物主义的两种方法论选择。随着自然科学的发展和对哲学社会科学的渗透，在 20 世纪 70 年代的英美马克思主义群体中基于分析方法而出现的分析马克思主义，在反思和批判历史主义和结构主义路径的基础上，着力建构一种重建历史唯物主义的方法论路径，在学界产生了较大影响。应该说对历史唯物主义诘难和冲击最大的莫过于从哈贝马斯开始的重建历史唯物主义思潮。始于卢卡奇等早期西方马克思主义从经典文本中发掘新理论、新资源来“完善”“补充”“修正”历史唯物主义，历经萨特的存在主义马克思主义、弗洛姆等人的弗洛伊德主义的马克思主义到存在主义和早期法兰克福学派的更新诠释历史唯物主义的视角，直至哈贝马斯祭出历史唯物主义的“重建”大旗。自此之后，各种重建历史唯物主义的理论建构纷纷亮相。这其中涉及众多理论界重要人物。卢卡奇、葛兰西、柯尔施等人是发动者，莱尔因、吉登斯、哈维、分析马克思主义者科恩以及安德森、汤普森，还有生态马克思主义者奥康纳、本·阿格以及后马克思主义者等等，西方学界的诸多学者站在各自立场和理论视角打着反思、改良、修正、重构和重建历史唯物主义的旗帜，构成了一股声势浩大的历史唯物主义重建浪潮。这股重建浪潮视角多样，形式不一，但无一例外地都指向历史唯物主义，认为历史唯物主义已不堪重负，存在理论空场和理论失效等问题，对新问题、新现象很难做出有效解答，据而都试图从自己的理论和现实基点出发，形成新的观点或学说来补充或修正甚至全盘置换历史唯物主义。实事求是地讲，“重建”思潮或多或少在一些层面表征了一定的时代问题，比如说在全球化时代突出可交往、学习机制的重要性，对生态环境危机的重视，对多元价值的倡导和社会发展的复杂性的审视，对文化生产和无产阶级革命意识的重视，对民族国家问题的考量，重建者的相关理论阐释也直接或间接地丰富了历史唯物主义的内容和视角，凸显了理论的时代问题认知和方法论构建，客观上是对学界存在的马克思主义“危机论”“过时论”“失效论”的回应和批驳，进而在一定程度上重新确立了历史唯物主义的理论地位和作用，这种对理论视域的拓展和对理论价值的确认行为必须予以肯定。但其深层次的工具实用主义价值导向，流于自身理论爱好和社会理论现象对历史唯物主义重新定义，顾此失彼，在确认某方面的同时无形中否弃其他视域，没有抓住理论的实质和核心旨趣，决定了这种行为是行不通的。

可以肯定的是，对于历史唯物主义的新思考在一定程度上无疑有助于人们对理论问题和现实问题的思考。自历史唯物主义诞生以来，它就不断面临着各种各样的理论问题和现实问题的挑战。正是在解决这些新的理论问题和现实问题的过程中，人们对历史唯物主义获得了新的理解，历史唯物主义因而得到不断丰富和发展。比如，在经济文化落后的国家为何会发生社会主义革命并取得成功？处于发达资本主义国家的无产阶级能否实现“和平长入社会主义”？卢卡奇基于无产阶级意识的偏重提出所谓的总体性观念是否正确？生态环境危机是否构成当代资本主义社会的最深层次的危机？抛掉历史唯物主义的宏观规律，西方马克思主义的碎片化切入资本主义批判能否有效？人类社会历史总体上是向前发展，同时也会伴随一些新的问题和新的现象的形成。当传统理论在诠释新现象、新问题出现困难时，理论上的调整或者对传统理论的重新理解往往就成为学者们所采用的方式。西方马克思主义者所展开的重建行为也就不难理解了。某种学说形象的变换，在思想史上并不鲜见。但像历史唯物主义这样产生这般深远的、持续性的、聚群性的关注和争论，还是较为少见的。必须明确的是，任何一种哲学和社会的思想体系，一般说来都具有认识和价值两种功能。因此，无论时代如何变化，关于历史唯物主义的理解都不能放弃理论的认识和价值功能。中国是一个发展中国家，西方曾面对的问题可能就是中国明天将要面对的问题，抛开价值维度而言，西方马克思主义者对人类现代化进程中一些问题的探索和理论审视，对历史唯物主义的当代阐释和发展有所裨益。所以，大体上梳理和反思历史唯物主义的重建进程势在必行。

第一章　历史唯物主义“重建”的缘起与演进

马克思留给后人浩如烟海的著述，历史唯物主义和剩余价值理论则是最为重要的两个伟大发现。剩余价值理论是其经济思想的集中体现，成为揭开资本主义生产之谜的钥匙。而作为马克思主义哲学思想主要内容的历史唯物主义，马克思本人并没有将其哲学界定为历史唯物主义，而常冠之以“新唯物主义”或“现代唯物主义”。该理论第一次将人类社会发展规律呈现在世人面前，其核心观点——“物质生活的生产方式制约着整个社会生活、政治生活和精神生活的过程”①，至今无法被替代。这在一定程度上引发了马克思以后的马克思主义者和西方其他一些学者针对马克思主义哲学尤其是历史唯物主义，基于不同视角、不同立场的重新诠释，由此开启了一部历史唯物主义的诠释史。与此同时，在某些西方学者看来，东欧剧变、苏联解体，“历史的终结”由西方右翼学者炮制出笼，更是宣称马克思主义和社会主义的“消亡”。一些赞成、同情社会主义的左派学者由此也开始对马克思主义和社会主义进行反思，他们认为历史唯物主义在急剧变化的社会现实面前已经步履蹒跚，亟须修正、重释乃至重建，以求重新获得对社会重大问题的解释力和批判精神。据此，重建历史唯物主义就成为西方马克思主义者不懈努力研究的一个重大理论和现实课题。

---

① 马克思，恩格斯．马克思恩格斯文集：第 2 卷．北京：人民出版社，2009：591.

人类社会进入 20 世纪，西方社会已进入垄断资本主义发展阶段，这些国家通过前期的积累和发展以及政策调整进行了诸多重大社会变革，在很大程度上推动了西方社会的发展，出现了经典作家未曾关注过的新问题、新现象。这种情况引起了西方学者对历史唯物主义的非议、诘难。与之相反的是，处于低潮中曲折前进的国际共产主义运动也向历史唯物主义提出了新的要求和期待。而苏联教条式、公式化地解读历史唯物主义，在一定程度上背离了历史唯物主义的真实意蕴，与马克思主义渐行渐远。现实和理论的双重因素导致历史唯物主义遭遇了空前危机。因此，早期西方马克思主义思想家出于捍卫马克思主义生命力、重塑马克思主义批判精神的立场，试图通过重建历史唯物主义、重构社会变革主体和路径、重读马克思经典著作、回到马克思，来找回原初的历史唯物主义，重新焕发理论解释力。在重建历史唯物主义思潮的历史长卷中涌现出众多西方学者的身影，从第二国际开始，历经早期西方马克思主义者卢卡奇等人的“重释”，再到早期法兰克福学派直到哈贝马斯明确提出“重建”历史唯物主义。从哈贝马斯开始，对历史唯物主义的重建、重构等就成为一种时髦、一种潮流，直到今天，这种尝试仍然没有停止。梳理其发展历程，不同流派对历史唯物主义的“重建”方式不一、“重建”的具体内容各不相同，可谓各具特色。总体而言，对于这股思潮我们大致可以将之分成两种模式：模式一是试图重读经典进而回到历史唯物主义的文本中去，重塑历史唯物主义的“原像”，如早期马克思主义、生态学马克思主义；模式二则试图借助西方分析学、经济学和政治学的方法与理论对历史唯物主义进行修补和完善，力图建构符合理论宗旨和现实需求的历史唯物主义“变体”，如分析马克思主义、结构主义马克思主义、存在主义马克思主义、法兰克福学派、“政治马克思主义”、有机马克思主义。这股“重建”思潮中不乏真知灼见，在特定领域丰富了历史唯物主义，其方法和视角对于历史唯物主义的理解和发展具有一定的借鉴和启发意蕴，但本质上它已偏离了历史唯物主义的真实意蕴和理论硬核，无法全面准确地呈现历史唯物主义的本真。

第一节　缘起：第二国际及早期西方马克思主义的“重释”

毫无疑问，马克思、恩格斯给人类留下了一笔极为丰厚而又珍贵的思想遗产。对于后来者而言，如何对待这笔思想财富就成为是不是一名真正马克思主义者的试金石。这个答案当然掌握在行进的历史中，也体现于每个时期的理论家和思想家们。有人自称是马克思主义经典作家的传承人，有人以“创新”“发展”马克思主义的面目出现，还有人以马克思主义的反对者的形象存在。面对这些纷繁复杂的众生面相，如何辨明谁是本真意义上的马克思主义者？谁在一定程度上对马克思主义加以创新和发展？谁又是马克思主义的反对者？这些是摆在我们面前理解马克思主义发展史中的一个个重大问题。回溯历史，不难发现，自马克思、恩格斯逝世后形成了以伯恩斯坦、考茨基为代表的第二国际群体，同时涌现出了包括卢卡奇、葛兰西为领军人物的西方马克思主义思想家。他们是历史唯物主义创始人逝世后出现的影响较大、与马克思主义关联密切的两个思想群体。他们的出现和存在与马克思主义密不可分，反过来，在马克思主义的传播和发展进程中，他们也发挥着不可或缺的作用，产生了深远的影响。苏联学者别索诺夫曾断言，马克思、恩格斯身后的马克思主义都被称为“新马克思主义”，而不管作者们背负的历史背景如何，道理很简单，因为他们不是“创造性地运用和发展马克思列宁主义”。虽然我们不能完全认同这个说法，但他却提醒我们要对马克思、恩格斯身后的马克思主义做一个全面体检，唯有如此，才能有效鉴别真假马克思主义和是否发展了历史唯物主义。因此，全面审视考察第二国际和早期西方马克思主义及其思想建构，是理解这些时期历史唯物主义理论传播和发展的重要前提。

一、第二国际前期主要学者的“重释”

在对历史唯物主义的认识和理解方面，第二国际的学者经历了一个反复的过程。第二国际的正式名称是“社会党国际”，相较于第一国际而言称为第二国际。其政治寿命约 25 年：1899 年，在恩格斯的领导下，该组织于法国巴黎正式创建，在 1914 年即第一次世界大战后宣告正式解体。所以第二国际时期一般被界定为 1889—1914 年。第二国际表征着资本主义的重要发展阶段，不仅资本主义在欧美国家取得长足发展，产业革命也在美、法、德等国家接续完成。第二次科学技术革命和重工业发展夺人眼球，以铁路为代表的现代交通运输业迅猛推进，自此，平和稳定的发展图景在欧美主要发达国家展开。垄断组织和跨国公司诸如辛迪加、卡特尔、托拉斯在市场上出现，资本主义的发展日益超出民族国家范围向全球拓展，帝国主义之间的矛盾冲突、资本主义与被殖民国家的冲突不断以战争形式出现。其中影响最大、范围最广、灾难最深的莫过于第一次世界大战。这些都说明，第二国际所处的时代复杂交织，是古典资本主义向现代资本主义转变、西方世界和东方世界矛盾激烈的时期。这就意味着在马克思主义发展史上，第二国际所处的重要地位并不是空穴来风，而是有据可循。总的来看，恩格斯生前对第二国际的指导和引领，主要体现在批判资本主义的经典理论的完善和推进上。比如，《资本论》第二、三、四卷的整理、编辑和出版在这个阶段得以完成，马克思主义批判资本主义的其他经典文本的翻译、传播也进一步得到推进，马克思主义的阐释、评介和大众化也不断深化。以考茨基为主要代表，包括普列汉诺夫在内的第二国际主要理论家的著述为很多国家培养了众多的马克思主义者。这一时期第二国际产生了对马克思主义不同程度的误读。机械、线性、庸俗、实证化、折中成为其代名词。具体而言，他们以经济决定论取代历史唯物论，以经验主义发生学置换唯物辩证法，用实证的表象化经验解读资本主义。这种变化在第二国际晚期终于导致马克思主义经典资本主义批判理论的断裂和分化。“修正派”的代表伯恩施坦就从根源上彻底抛弃了马克思主义对资本主义的经典批判理论。经济决定论、机械决定论等言论成为历史唯物主义的代名词。当然，我们也要辩证地看待这个时期的第二国际的思想，以列宁为代表的帝国主义理论正是在基本继承希法亭、部分借鉴卢森堡、全盘否定考茨基、同时吸收其他一些思想家的理论基础上形成的。而拉布里奥拉对马克思主义哲学的独特理解也构成了“西方马克思主义”批判资本主义新路径的源头。他的“社会心理学”“实践哲学”的理论，以及他对“因素论”的批判和“总体性”的强调等，都表明西方马克思主义对资本主义的批判理解模式事实上发端于第二国际。因此，客观辩证审读第二国际及其思想，就成为这一时期正确认识和理解历史唯物主义的重要理论前提。

第二国际在历史唯物主义理解上的重大分歧是造成其研究资本主义问题的方法论模式从理性批判向经验实证研究的哲学根源。在对历史唯物主义的诠释上，第二国际的主要理论家们存在着不同程度的思想差异，抛开后期转向修正主义和“伦理社会主义”的伯恩施坦、伏尔特曼等人以外，大体上可以将第二国际分为三种倾向：首先是以考茨基为中心的主流派，其他还包括拉法格、梅林、库诺夫等人，他们大都将历史唯物主义理解成实证主义、折中主义、经济主义和进化主义，这一流派集中体现了第二国际的思想倾向。其次是普列汉诺夫所代表的自然主义决定论色彩的解读倾向。最后是拉布里奥拉所代表蕴含历史（人本）主义实践论萌芽的理解倾向。从某种程度上来说，作为马克思、恩格斯的学生、思想上的第一继承人和并肩作战的同盟者，第二国际的理论家们在继承、捍卫和阐释历史唯物主义方面具有其独特优势，为此他们做了大量工作，不仅从理论上系统而全面地诠释历史唯物主义基本原理，而且以“方法论”为核心展开对历史唯物主义理论史、思想史的阐释，从而使得历史唯物主义更为具体、更为通俗、更加专门化，以便更好地将马克思主义思想在全球范围内普及、宣传开来。

早期的第二国际在阐释历史唯物主义之余，也针对其种种挑战做出了捍卫的努力。马克思在晚年试图对资本主义社会经济政治领域出现的一系列新变化、新问题做出解释。在政治方面，无产阶级夺取政权的方式出现了工人政党利用普选权进行合法斗争的新形式；在经济方面，金融垄断组织和工业在欧美国家的大量出现表征着资本主义开始走向垄断阶段；此外，主体性意识普遍加强，科学技术突飞猛进；等等。但由于马克思逝世的客观因素，这些问题都只能留待后继者们来解决。当时的资产阶级学者正是利用马克思主义的后继者们难以在原有形式上将历史唯物主义讲明白的现实，纷纷歪曲、责难历史唯物主义，主要形成了以巴尔特为代表的将历史唯物主义歪曲为“经济唯物主义”、持社会各因素同等作用论的“因素论”和否认历史运动存有客观规律的新康德主义三种论调。此外，虽然喊着拥护马克思主义的口号，出现在德国社会民主党内的“青年派”实质上所做的工作却是以宿命论、决定论、机械论来阐释历史唯物主义，使其辩证性和革命性荡然无存，变得简单、庸俗、肤浅。高龄的恩格斯“像一个少年人一样投入战斗”，积极回应和批驳，早期的第二国际理论家们也承担起了这些任务。在这些人中，拉法格、考茨基和梅林对历史唯物主义的宣传捍卫无疑影响较大，特别是前期对历史唯物主义的阐释、传播功不可没。但其理论缺憾和不足也是客观存在的，甚至在某一时期走向了历史唯物主义的“对立面”。考茨基、拉法格等人早年用大量历史材料证明物质与意识的关系认知也适用于人类社会，对不论在历史发展中还是在意识形态中经济都起着决定性作用的观点予以赞同。拉法格就指出，“人类社会的民事的和政治的制度、宗教、哲学体系和文学都是根植于经济环境里。它们在经济的土壤里获得自己盛衰的因素”①，“是经济的必然性而不是自觉的或不自觉的正义观念引导人类前进”②。他们批判了当时两种主要的错误观点：其一是将历史唯物主义与自然科学唯物主义混同，其二是将历史唯物主义视为非道德的思想。比如梅林在对巴尔特的攻击进行直接的批判时指出：“历史唯物主义完全不否认野心、复仇、宗教狂热等等观念推动力的存在，而只是认为，这些推动力归根到底是由另一种推动力，即经济推动力所决定的。”③ 同时，他们还将历史唯物主义当作一种可以解决具体问题的方法，用它解决新问题、分析新现象，诸多新结论的得出使得历史唯物主义的内涵和视域进一步丰富和发展。考茨基、梅林等人继承了恩格斯晚年认为历史唯物主义是方法、是研究历史的指南的思想。考茨基告诉人们：“我们必须借助唯物史观以研究历史程序”④，要从社会经济的发展寻求历史的动因，要在具体历史时代语境中来研究历史。这是考茨基在承袭历史唯物主义方法基础上的推进。

但也要看到，拉法格、考茨基、梅林等人在宣传捍卫历史唯物主义的过程中也存在着显著的不足和缺陷乃至错误。这些表现在他们机械地理解历史唯物主义、简单化运用历史唯物主义和忽视历史唯物主义理论本身需要完善发展等问题中。我们这里以他们对历史唯物主义进行机械理解为例。这其中，尤以拉法格为甚。直到 1906 年，作为马克思女婿的拉法格依然将历史唯物主义看作是“经济唯物主义”，用“经济唯物主义”来指代历史唯物主义，认为“经济决定论或唯物史观、历史唯物主义、经济唯物主义都是意义相同的说法”⑤，这为资产阶级学者歪曲历史唯物主义是机械决定论、社会宿命论和经济决定论留下了口实。在拉法格看来，“一切历史现象可以用纯粹的经济进化来解释，也可以用

---

① 拉法格. 唯心史观和唯物史观. 王子野，译. 北京：生活·读书·新知三联书店，1965：39.

② 同①15.

③ 梅林. 保卫马克思主义. 吉洪，译. 北京：人民出版社，1982：45.

④ 考茨基. 基督教之基础. 叶启芳，汤治，译. 北京：生活·读书·新知三联书店，1955：19.

⑤ 拉法格. 思想起源论. 王子野，译. 北京：生活·读书·新知三联书店，1963：221.

人类对生活的最高形式的经常的、不息的企求来解释”①。他甚至将其阐述意识形态起源和发展的著作直接命名为《卡尔·马克思的经济决定论》，拉法格的种种遣词造句使得其经济决定论的思想倾向暴露无遗。如果只是用“经济唯物主义”或“经济决定论”来言称历史唯物主义显然是对它的误读，历史唯物主义始终是囊括经济领域、政治领域和意识形态领域等诸多领域的总体性研究，相反如果将经济关系作为人类社会历史发展过程中的决定性因素，而整体过程是自然的、自发的，就会走向一种宿命论和非历史的解读范式。拉法格在“经济决定论”的泥潭中越陷越深，究其缘由在于他没有超越18世纪法国唯物主义在“环境”和“意见”问题上的“二律背反”。拉法格认为，“自然环境”和“社会环境”在人类历史的不同发展阶段对人起着不同的作用。只有在人类童年时期，自然环境才起决定作用，而从宏大的人类历史图景来看，社会环境的作用才是主要的，同时人通过自己的活动影响和改变着自然环境。历史唯物主义的实践特质就这样被消解了，而这恰恰是第二国际理论家们的理论通病。

在考茨基的认知中，“经验科学”是马克思主义和达尔文的进化论的共同特征和性质。自然而然地，考茨基得出了研究历史唯物主义的要点在于通过观察动物群落来比照人类社会的发展规律，抛却实践活动的重要性，因为社会是“带有特殊规律的自然界的特殊部分，而这些规律，如果愿意的话，可以称为自然规律，因为就其实质而言，前者同后者没有任何差别”②。即使认为人有一定的需要、欲念和为之努力的能力，但经济发展的自然必然性才是首要的，那么，遵循着自然规律发展的必然趋势，经济发展也将自行迎来社会主义的阶段。“即使无产阶级最初没有走向社会主义的意图，它最终也必然会自行走上社会主义的道路。”③ 考茨基得出上述判断，在于他没有从根本上领会历史唯物主义辩证思想的精髓所在，他只是从表象出发，看到了合法斗争、议会斗争等新形式的出现，便一味夸大政治民主手段在实现资本主义转向社会主

① 拉法格. 唯心史观和唯物史观. 王子野，译. 北京：生活·读书·新知三联书店，1965：32.

② 布赖奥维奇. 卡尔·考茨基及其观点的演变. 李兴汉，姜汉章，陈联璧，译. 北京：东方出版社，1986：83.

③ 考茨基. 爱尔福特纲领解说. 陈冬野，译. 北京：生活·读书·新知三联书店，1963：179.

义道路中的作用。他还将自然科学领域的结论不合时宜地糅合到社会形态的发展中来，用自然史比对社会历史，由此导致其在解读历史唯物主义时带有浓厚的历史进化论色彩，其革命道路也倒向社会改良主义。首先，考茨基将马克思主义中的哲学性质抛弃得一干二净，仅仅把它作为一种实验科学，认为“唯物史观并不依赖于某种唯物主义哲学。它同每一种可以充当辩证唯物主义的方法的世界观，都有联系，或者至少不与它们处于互不相容的矛盾之中”①。在他看来，历史唯物主义充其量是一种历史研究方法，不过是用研究经验的方式研究各种事实，并从事实中归纳出历史规律的一种方法。考茨基对历史唯物主义的上述解读无疑瓦解了马克思主义理论大厦的哲学基础。这种实证性的解读模式只能是彻底否弃马克思主义的人文关怀和价值尺度，从而陷入片面强调马克思主义的资本主义批判模式的泥潭不能自拔。没有价值导向，也就丧失了对现实问题的历史批判张力。质言之，考茨基将历史唯物主义的实践精神和批判维度弃之如敝屣，在实践中则呈现为低估革命实践，轻视革命主体的作用。这也就不难理解，考茨基后来陷入一种无原则的折中主义，摇摆于社会革命和社会改良之间，最后也只能在第二国际中沦为“中派”代表，处在夹缝中，两边不讨好。

实际上，梅林所处的时代是历史唯物主义备受诘难和攻击的时代，对于历史唯物主义，资产阶级“仍认为可以用既愚蠢而又廉价的说法来加以攻击，说它是少数几个‘聪明的煽动家’所杜撰的‘幻想’而已”②。针对诸种歪曲历史唯物主义的错误言论，在《论历史唯物主义》这一著述中，梅林力图借助描述历史唯物主义的主要特征来为历史唯物主义辩护，以此来保卫马克思主义。他主要从以下三个方面对历史唯物主义进行捍卫：一是批判自然科学唯物主义，彰显自然观与历史观在历史唯物主义得到统一的原则；二是批判资产阶级学者的“任意的历史结构”说，强调社会存在与社会意识始终处于辩证关系的基本立场；三是批判新马克思主义的“新活力论”和“心灵论”，深化了历史唯物主义的认识论。此外，梅林还对资产阶级浪漫主义历史学派歪曲历史唯物主义的观点进行了批驳，指出其是唯心主义浪漫主义化的翻版。同时，不

① 弗兰尼茨基. 马克思主义史：第1卷. 胡文建，李嘉恩，杨达洲，等译. 哈尔滨：黑龙江大学出版社，2015：339.

② 梅林. 保卫马克思主义. 吉洪，译. 北京：人民出版社，1982：3.

难发现，他对历史唯物主义的诠读和解释受制于主客观因素的影响，不可避免地存有其局限性。面对历史唯物主义的基本理论，梅林没有看到存在于社会生活各方面各要素之间盘根错杂的相互联系与相互作用，过于注重经济层面，隐隐约约地有倒向“经济决定论”的思想倾向。依托于大量实际材料的收集，梅林力图例证经济结构对意识形态的根源性作用，但却有意无意地忽视了意识形态的特征、作用及其演变规律等问题。比如，对巴尔特关于政治是绝对独立的、经济是政治的产物这个错误观点，梅林大体上进行了正确的批驳，但在政治作用问题上却有失偏颇。在他看来，“‘法律观念和政治原则’对于‘经济势力’的影响作用是多么微弱”①。他还进一步指出，历史唯物主义对精神意识的重视是为了找到它的经济根源，而不是要解析这些思想意识形式本身，进而得出“人类精神不是社会革命的创造者，而只是它的执行者而已”②。早在1893年7月14日给梅林的信里面，恩格斯就对他存有的过于注重经济的决定作用的思维倾向予以忠告。另外，梅林立足于“历史”而不是“唯物主义”，认为历史唯物主义的方法论仅仅适用于研究社会历史问题，也认为马克思和恩格斯“和任何哲学都断绝了关系”③，这显然没有正确理解马克思早在《关于费尔巴哈的提纲》第一条中就明确表明的旧唯物主义与新唯物主义的根本区别，将方法论与世界观对立起来进而否定历史唯物主义的哲学性质。这样来看，梅林对历史唯物主义的理解仍然停留于理论诠释层面，对修正主义和机会主义的危害性认识不足，尤其是对拉萨尔主义的退让和调和，导致他与许多第二国际的理论家一样在解读历史唯物主义问题上也存在着一定的理论局限性。

在普及、宣传、诠释、捍卫历史唯物主义的过程中，早期的第二国际理论家们面对种种批判进行反批判，主要是从经济基础对上层建筑所起的决定性作用的角度进行的，他们对历史唯物主义展开了具有时代特色和理论特质的阐发，在一定程度上捍卫了理论的合法性和解释力。遗憾的是，他们走入了另一个极端，对意识形态的能动作用视而不见，也没有对上层建筑的自身规律做出合理阐释，陷入了对经济决定作用的片面重视。诚然，他们在捍卫历史唯物主义的基本原理方面有很大的理论

---

① 梅林. 保卫马克思主义. 吉洪，译. 北京：人民出版社，1982：50.

② 同①33.

③ 同①148.

功绩，但他们否弃了马克思主义思想中的辩证维度，致使其在理论的解读过程中呈现出简单化、公式化、教条化的倾向，最终无法避免滑向机械唯物主义的沼泽中。历史唯物主义在第二国际早期主要理论家那里没有得到大的发展，在内容和形式上基本还处于初创的形态。1883 年，恩格斯曾感叹道：“在实际鼓动工作方面，我不会比别的任何人做得更多，然而在理论工作方面，直到现在我还没有看到有谁能够代替我和马克思。在这方面，一些比较年青的人所试图做的事情，没有多少价值，而多半甚至毫无价值。”① 恩格斯仍然身扛时代的重任，当然，第二国际后期的理论家在一定程度上与恩格斯一道为深化、发展和推进历史唯物主义而努力。因此，有必要对第二国际后期主要理论家对历史唯物主义的解读工作做一个全面客观的梳理和评价。

二、第二国际后期主要理论家的“重释”

历史唯物主义本身的内在原则要求其不断创新，随着不同的历史情境和社会条件而不断发展、完善自身，第二国际早期的理论家显然没有看到这一点。而第二国际后期的理论家将这一原则重视起来，纷纷以自身理解来注解历史唯物主义。在恩格斯通信的影响下，第二国际后期的理论家们都较为深入地回答了何为历史唯物主义的实质的问题。虽然考茨基、伯恩施坦等人在后期仍然较严重地歪曲了历史唯物主义，但普列汉诺夫和拉布里奥拉都为捍卫历史唯物主义做出了一定贡献。伯恩施坦、普列汉诺夫、拉布里奥拉等人是第二国际这一时期的主要代表。19 世纪以来资本主义经济逐渐走向萧条，多元的阶级结构取代了单一、线性的阶级结构，民主化和法制化提上议程并开始付诸实践，新的革命不断涌现。随着时代更迭，资本主义社会中涌现出了许多新事物、新现象、新变化，种种现实都与马克思主义经典理论设想有所偏差甚至不同。工人不再是经典作家笔下的赤贫状态，物质生活和工作等领域都获得了较大改善。就政治领域而言，民主化和法制化的氛围逐渐浓厚，有取代专制和镇压的趋势，第二国际这一时期的主要代表们逐渐开始着眼于马克思主义的价值问题，试图从伦理学视域来重新阐发马克思主义，摇摆于科学性与价值性之间。

① 马克思，恩格斯．马克思恩格斯全集：第 36 卷．北京：人民出版社，1975：19.

在这一时期，宣扬马克思主义“过时论”的论调开始出现，他们宣称需要用其他理论来“补充”或替代马克思主义。伯恩施坦是其中的主要代表，他试图用庸俗进化论代替历史唯物主义，反对飞跃、反对革命，宣传在“促成和保证现代社会制度在不发生痉挛性爆发的情况下转移为一个更高级的制度”①，现时代下，只需通过示威游行、民主投票或是诸如此类的胁迫形式就能实现改革的目标，而不再像以往那样需要付出流血牺牲的暴力革命。作为修正主义的代表，伯恩施坦的思想也经历了从右倾投降主义向马克思主义再向修正主义及其系统化的一个逐渐蜕变的过程。列宁对伯恩施坦曾这样评价：“这个派别因前正统的马克思主义者伯恩施坦而得名，因为伯恩施坦叫嚣得最厉害，最完整地表达了对马克思学说的修正，对马克思学说的修改，即修正主义。”② 伯恩施坦不仅要对历史唯物主义进行重新诠读，还意图将马克思主义的基本理论和哲学基础全部推翻，为此，他援引了新康德主义，将历史唯物主义分为不变的和可变的两个部分，前者意指纯粹学术理论，后者则是应用的经验科学，人们可以根据理论是否有效和怎样有效来对历史唯物主义进行修正和补充。同时，伯恩施坦认为，“经济史观”就是历史唯物主义的真实内涵，“我决不想对巴尔特所用的‘经济史观’这一名称感到愤怒，而是不管怎样要把它看成马克思主义历史理论的最恰当的名称”③，因为“一切现象都是由已存在的物质的总和和它的各部分的力量关系预先决定的”④。他还认为，经济史观替代原来的历史唯物主义，可以消除唯物主义概念本身带来的一切误解，即“哲学的或自然科学的唯物主义是严格的决定论的，但是马克思主义的历史观并不认为各民族生活的经济基础对各民族生活的形态具有无条件的决定性影响”⑤。基于这种对历史唯物主义的错误认知，伯恩施坦对历史唯物主义发起了攻击，认为它没有看到历史发展过程中非经济因素的重要作用，而一味强调历史的必然性，他甚至将历史唯物主义的拥护者视为“不信神的加尔文教徒”。他认为，如果要使历史唯物主义的生命力更强劲，就要对历

① 伯恩施坦．社会主义的前提和社会民主党的任务．殷叙彝，译．北京：生活·读书·新知三联书店，1965：195.

② 列宁．列宁专题文集：论马克思主义．北京：人民出版社，2009：150.

③ 同①59.

④ 同①49.

⑤ 同①59-60.

史唯物主义的“理论的缺陷和矛盾进行无情的清算……换句话说，马克思主义理论的向前发展和改进必须从对它的批判开始”①。据此，基于折中主义立场的“因素论”成为伯恩施坦的理论工具。他认为，各种因素在历史中的作用不分大小，而是相互补充，所发挥的作用是一样的。这种思想实际上“在社会民主党的实践上意味着经济发展的必然性和空想主义的自由之间的折中，意味着阶级斗争和通过公共精神做到的阶级和解之间的折中”②。进而，伯恩施坦主张不要局限于历史唯物主义，而要充分考虑到个体和整个民族摆脱了他们的意志或违背他们的意志实现的必然性的影响，以此来“扩充”历史唯物主义。另外，伯恩施坦认为“马克思和恩格斯学说最致命之点”就在于辩证法，它会导致现实生活掉入危险的圈套，进而将已被科学改造过的辩证法因素从历史唯物主义中加以剔除，无疑抽掉了革命理论的基石。总之，将历史唯物主义置换为“经济史观”并没有消除反而强化了历史唯物主义的“决定论”色彩，而用新康德主义来补充和修正更是在理论基石上放弃了“现代唯物主义”的世界观基础，抹杀了经典作家建立在实践观基础上的科学历史观的革命性价值，凸显了其改良主义的实质。究其实质，现实的社会主义运动反射到理论上来便体现为伯恩施坦的“修正主义”的主张，他打着“反对教条主义”的旗号对历史唯物主义做出所谓“新”的解读，其目的在于论证他关于反对“崩溃论”和“暴力论”的观点。

与第二国际主流派解读历史唯物主义相比，将“西方马克思主义”与“苏联马克思主义”区分和对立起来的思想倾向，表明拉布里奥拉和普列汉诺夫的理论已经彰显其独到之处。在《唯物主义史论丛》《论一元论历史观之发展》等丛书中，普列汉诺夫都贡献了具有一定价值的历史唯物主义的阐释成果。这具体表现在系统阐发地理环境对社会发展的作用、社会结构“五项因素公式”将历史唯物主义经典公式具体化、丰富和发展了马克思主义社会意识学说的基本内容上。难能可贵的是，除了对历史唯物主义基本理论和思想的准确、到位和通俗的阐述，在原理的应用和理论的独创性方面，普列汉诺夫也都做出了一定贡献。对宏观

① 伯恩施坦．社会主义的前提和社会民主党的任务．殷叙彝，译．北京：生活·读书·新知三联书店，1965：65.

② 伯恩施坦．社会主义的历史和理论．马元德，严隽旭，彭金安，等译．北京：东方出版社，1989：290-291.

的政治、社会、经济、伦理以及更为具体的历史、文艺、美学、法学、宗教等领域出现的现实问题，他都试图回到马克思主义基本原理寻求解决办法。这无疑在视域、层次、内容上都给历史唯物主义注入了新鲜血液。但我们也必须承认，普列汉诺夫对历史唯物主义也存在一些误读，比如在阐发地理环境的作用时，在他的某些论述中也隐含着夸大地理环境作用的烙印；“五项因素公式”在具体化历史唯物主义经典公式的同时，却忽视社会结构诸要素的矛盾运动同社会革命特别是无产阶级社会主义革命之间的联系，这表明其理论成为高高在上的、与实践相分离的纯粹学说；还有一点就是其理论在本体论上陷入了自然主义。普列汉诺夫在反对伯恩施坦和施密特时，都没有观照到马克思哲学视域中的实践维度，而是借助斯宾诺莎、费尔巴哈等旧唯物主义哲学家的思想（其中也包含他们思想的局限性）来批驳修正主义者所鼓吹的新康德主义。普列汉诺夫在反对“二元论”思想时，以“一元论”为其理论前提，但在面对历史唯物主义的理论基础时，他又将自然界看成是原始要素，从而陷入自然主义本体论。不难发现，普列汉诺夫秉持“应用和推广”说，将历史唯物主义机械地理解为自然唯物主义应用到社会历史领域的产物，马克思哲学整体就是由这两个部分组成的“辩证唯物论”，这显然彻底丢弃了马克思哲学中的实践色彩和变革内核。普列汉诺夫的自然本体主义论思想带有明显的教条主义，如果将之应用到实践革命中，在这种思想浸染下，人们就会陷入对未来美好社会的消极等待中而不付诸实际的革命抗争行动。这种思想后来也进入苏联和中国传统马克思主义哲学教科书体系中，造成了不小的影响。

被誉为最懂哲学的意大利哲学教授安东尼奥·拉布里奥拉有别于第二国际的其他理论家，创新性地阐释了历史唯物主义。他在《关于历史唯物主义》《纪念〈共产党宣言〉》中明确批评了宿命论、社会达尔文主义和因素论等错误思想。《唯物史观论丛》则是拉布里奥拉的思想集大成之作。他将“实践哲学”视为马克思主义哲学的代名词，同时，“在一定意义上，历史唯物主义就是马克思主义”①，因而“实践哲学”与历史唯物主义也可以画上等号。拉布里奥拉自 1890 年 4 月伊始直至 1895 年，就历史唯物主义理论与恩格斯多次通信进行请教交流。大体

① 拉布里奥拉. 社会主义和哲学（二）. 徐志坚，万惠琴，译. 常熟理工学院学报（哲学社会科学），2012（9）.

而言，他以实践、历史、现实的人为中心范畴，从历史主义和反实证主义的角度来诠读历史唯物主义。这样，拉布里奥拉一方面坚持了生活决定思想的唯物主义方向，另一方面也突出强调主体活动对认识的决定意义。从实践概念出发，他以不断发展、流变的整体来诠释社会生活，认为要从历史的变迁中来理解包含经济在内的其他领域的变化，力图破除经济决定论的影响。此外，他认为对观念、意识在历史发展过程中作用的否定并不是历史唯物主义的本意，相反，历史唯物主义承认社会心理和社会认知的历史地位：“没有一个历史事件不是以一定的社会意识形式为先导的、由它相伴随和由它所跟随的”①。拉布里奥拉在坚持历史唯物主义的基础上凸显了历史辩证法，将历史唯物主义的实践色彩发扬光大。拉布里奥拉将历史唯物主义表述为使历史“在一定意义上自然化”，但这仅是就客观性来说的，不应该也不能用动物的生命所遵从的规律和原则来解读人类历史。后来的“西方马克思主义”的“实践”哲学范式、“总体性”核心范畴和“文化霸权”批判导向正是深受拉布里奥拉对历史唯物主义的解读的影响。不可否认的是，由于拉布里奥拉的实践概念一直带有心理主义和人本主义倾向，所以，纵使他高举反对经济决定论的旗帜，也不可避免地会对他理解历史唯物主义产生影响。

撇开第二国际理论家们在理论上呈现的差异性不谈，从主流上来解读问题的话，他们有一个共通的思想倾向，就是都或多或少地走向了经济决定论。出现这种错误，很大程度上与第二国际没能正确理解历史唯物主义的哲学特质和所蕴含的历史辩证法有关。比如考茨基将历史规律看成是某种不以人的意志为转移的客观现实理论，伯恩施坦将历史唯物主义变成了一种纯粹的经验科学或者说实证的“历史科学和经济科学”，历史辩证法变成了实证主义和经济主义的自然科学和机械的社会学，吞噬了历史唯物主义的预见能力和科学维度，也遮蔽和侵蚀了历史唯物主义的实践性和革命性实质。第二国际中的一些马克思主义理论家也专门回应和驳斥了这些言论。如拉布里奥拉从反实证主义的立场，较为客观地解析了历史唯物主义，被誉为“是对马克思主义的各国诠释者中最好的一位”②，对

① 拉布里奥拉．关于历史唯物主义．杨启潾，孙魁，朱中龙，译．北京：人民出版社，1984：63.

② 麦克莱伦．马克思以后的马克思主义．李智，译．北京：中国人民大学出版社，2017：25.

西方马克思主义者产生了长远的影响，尤其是其对实践哲学的强调使早期西方马克思主义者开始重新审视马克思主义哲学。但总的说来，历史已经表明，第二国际主流理论家们的机械的经济决定论与历史唯物主义背道而驰，也置世界历史发展现实于不顾。十月革命的最终胜利事实上标志着第二国际的机械决定论和经济决定论不合时宜，走入了死胡同。

三、早期西方马克思主义的“重释”

在历史长河中，总会有令人咋舌的巧合与相似，但这种偶然相似并不意味着全然相同。一如黑格尔的箴言：“哲学的任务在于理解存在的东西，因为存在的东西就是理性。就个人来说，每个人都是他那时代的产儿。哲学也是这样，它是被把握在思想中的它的时代。”① 在马克思所处时代中塑造的历史唯物主义呼应了它诞生的时代，毫无疑问，早期西方马克思主义者和欧美新左派同样在他们所处时代中审视时代、创造思想。那么，20 世纪的思想家们面临着什么样的时代呢？这个时代是一个急剧发展、急剧变革的时代，人们在生活上被普遍异化所支配，在政治上被恐怖的法西斯主义所笼罩，在经济上被资本主义生产条件实现的内在动力变革所裹挟，如此种种或多或少地与马克思主义经典作家的理论预想有所出入。人们面对时代变革所衍生出来的新问题、新现象、新变化，不禁开始怀疑马克思主义的科学性。与此同时，社会上各种论调甚嚣尘上，马克思主义“消亡论”“过时论”“危机论”纷纷涌现，扰乱视听。面对这些问题和诸种言论，西方马克思主义者们挑起了应对理论危机的重任，没有像那些反马克思主义者、西方资产阶级学者那样幸灾乐祸、火上浇油，而是积极尝试各种办法，力图使历史唯物主义在遭遇现实困境时重新焕发出生机活力。秉承着实现人类解放的崇高理想，一大批激进主义倾向的知识分子自发地“回到马克思”，在“重建”和“复兴”历史唯物主义的口号的感召下“重读”马克思的经典著作，结合新的时代情境调整马克思的理论框架。

西方马克思主义思潮的出现，是第二国际形成的某种对马克思主义的理解同欧洲革命发生反差所导致的必然结果。将历史唯物论等同于马克思主义哲学，是西方马克思主义者们一脉相承的观点。而他们作为这

① 黑格尔. 法哲学原理. 范扬，张企泰，译. 北京：商务印书馆，2018：序 14.

一科学理论的传承者，强调人之于社会历史发展阶段的主体性作用，淡化经济结构及其过程的解析，从经济领域转向哲学领域实现研究重心转移，从历史发展中的经济因素转向“社会—历史过程的总体”。这种总体性原则是早期西方马克思主义者解读历史唯物主义的总特征，也是对第二国际经济决定论、机械决定论的批判的理论产物。因此，以对第二国际的批判为出发点，早期西方马克思主义者开启了对历史唯物主义的阐释之旅。第二国际的实证化倾向给当时欧洲乃至整个世界的无产阶级革命带来了消极影响。当时，早期西方马克思主义者包括卢卡奇、葛兰西和柯尔施迫切需要解决两个主要问题。首先，马克思主义在第二国际长期教条化、唯科学主义实证化解释的理解中逐渐丧失了革命斗志和现实批判精神，社会主义代替资本主义也成为机械决定论。其次，第三国际忽略各国革命的特殊性，把马克思主义教条化、把俄国革命道路模式化，给许多国家的革命事业造成了难以弥补的损失。理论与实践的双重拷问引发了对革命理论的反思，从而引发了什么是正统的马克思主义的论战。在这场争论中，卢卡奇、柯尔施和葛兰西等人一开始就将火力对准了第二国际的庸俗自发经济决定论，将其作为西方无产阶级革命失败的直接原因，并对之展开了猛烈的批判，从而在一定程度上促进了马克思主义的发展。

卢卡奇在《历史与阶级意识》中阐发了自己对历史唯物主义的独到见解，即历史唯物主义“是按其真正的本质理解过去事件的一种科学方法。但是，同资产阶级的历史方法相反，它同时也使我们有能力从历史的角度（科学地）考察当代，不仅看到当代的表面现象，而且也看到实际推动事件的那些比较深层的历史动力”①。显然，他认为历史唯物主义和经验科学方法与实证主义有着根本区别。作为无产阶级的意识形态，“历史唯物主义的首要功能就肯定不会是纯粹的科学认识，而是行动”②。因此，现实维度之于历史唯物主义的彰显乃在于它是一种意识形态的存在，是无产阶级革命性的理论武器。卢卡奇据此解释了历史唯物主义科学性与革命性相统一、理论与实践相统一、认识与行动相统一的特性。同时，在卢卡奇的视域中，历史唯物主义之所以存在的历史基

---

① 卢卡奇. 历史与阶级意识. 杜章智，任立，燕宏远，译. 北京：商务印书馆，2017：274.

② 同①275.

础是资本主义的社会制度，历史唯物主义“首先是资产阶级社会及其经济结构的一种理论”①，所以“不能像运用于资本主义发展的各种社会形态那样完全以同一种方式运用于前资本主义的各种社会形态”②。即使可以，也“只有当历史唯物主义把人的所有社会关系的物化不仅理解为资本主义的产物，而且同时也理解为暂时的、历史的现象时，认识没有物化结构的前资本主义社会的途径才找到了”③。因此，对待新的社会变化，原有的旧范畴就可能产生错误，重释解读或引入新的范畴就很有必要。为了解决社会发展新问题，卢卡奇以“总体性辩证法”为中心，认为正统马克思主义并不是对某个命题的“信守”，而是指“总体性辩证法”的方法，如果没有它，蕴含在马克思主义中的批判精神和价值维度就会消弭，历史辩证法也就不复存在。失去对人的命运关切的视角和旨趣，先进性与革命性在历史唯物主义理论中也就不复存在。总体性辩证法就是真理，真理就是整体，主观和客观因素交织形成的总体就是社会生活，主体与客体之间的相互作用相互影响就是历史发展。一句话，对本真意义上的历史唯物主义的重新诠释，就在于对总体性辩证法的把握。因此，卢卡奇认为科学的认识方法不足以表征历史唯物主义，更重要的在于对资本主义社会的批判与改造。因而卢卡奇在晚年开始转向对社会存在本体论展开研究，以此来重新理解和解读历史唯物主义，但最终没能实现。客观地讲，卢卡奇着重说明历史唯物主义的革命精神和批判维度，深刻地体现在它是一门不断变革对资本主义社会的自我认识的学说，它要运用唯物辩证法来发展和完善历史唯物主义从而解决社会发展问题，从而驳斥了机械的、线性的、庸俗的经济决定论，具有深刻的现实价值和理论价值。但是，如果仅仅以资本主义社会的自我认识来表征历史唯物主义，那么又陷入了另一种片面性之中。显然这种认识针对的是庸俗马克思主义滥用资本主义这个概念而言的，是为了批驳这种行为衍生的后果即消解了无产阶级革命性而存在的。历史唯物主义不仅是共时代社会结构的认识，更是历时代的人类社会结构的历史规律的总结。除此之外，在卢卡奇看来，唯物辩证法和历史唯物主义存在着根本性的差异，因此，要解决社会发展新问题就必须将历史唯物主义发展

① 卢卡奇．历史与阶级意识．杜章智，任立，燕宏远，译．北京：商务印书馆，2017：279.

②③ 同①289.

和提升为辩证法，即必须“在革命的转折点上，在实践中认真地对待全新事物的范畴、彻底变革经济结构的范畴、改变过程方向的范畴，也就是飞跃的范畴”①，这样就能更好地把握、解决、统筹资本主义向社会主义过渡过程中出现的问题。实际上，辩证性质是历史唯物主义的题中之义，马克思既强调它的历史性，又表明辩证运动过程构成人类历史发展过程的一个侧面。这在经典的历史唯物主义表述中就有所体现。卢卡奇之所以做出区分，一方面是为了与经济决定论相抗衡，否弃将历史唯物主义经验化、实证化的观点，另一方面也是为了凸显总体性辩证法的理论硬核。据此，卢卡奇高扬了人的主体性，第一个举起了人道主义的西方马克思主义的哲学旗帜。但他将历史唯物主义理解得较为狭隘，导致无法深入政治经济学层面而只是停留于意识形态层面来展开对资本主义社会的批判，必然无法触及资本主义的本质问题，也就无法与历史唯物主义相提并论。在现实中，历史唯物主义的基石——实践概念被矮化和歪曲，阶级至上导致仅仅从情感意识层面去迎接当时的无产阶级革命高潮，走向一种夸张的高调姿态，从而触及不到资本主义矛盾内部机理的乌托邦主义的革命路径。

柯尔施不仅是西方马克思主义的重要奠基者，而且在 20 世纪 20 年代前期积极参与德国共产主义运动的理论建构和社会实践活动。在《马克思主义与哲学》中，柯尔施主张一种“新马克思主义”，顾名思义，“新”是相对于旧的第二国际正统马克思主义而言的，他也被认为是“试图重建马克思的原本哲学的最杰出的人物”之一。在这本代表性的著作中，柯尔施与卢卡奇一样，有意识地忽略了经济和政治方面的解构建构，而着重说明辩证维度之于马克思主义哲学的重要性。在他看来，第二国际的主要理论家忽视无产阶级革命失败的原因主要在于无产阶级心理、意识条件准备不充分，着眼于对人之外的客体因素（如经济）的解析，使理论脱离实践而被束之高阁，使主体超脱于客体而游离于现实之外。因此，柯尔施认为，研究重心需要从经济因素转向“社会—历史过程的总体”即转向哲学视域，借助黑格尔的辩证法来恢复或重释马克思主义的任务。在对历史唯物主义进行重释、重解时，柯尔施认为哲学才是马克思主义最重要的理论维度。其哲学研究对象是始终与社会、历

① 卢卡奇．历史与阶级意识．杜章智，任立，燕宏远，译．北京：商务印书馆，2017：302.

史处于交互作用中的自然，而不是自在自足的、超脱于历史和实践之外的自然。因此，在他看来，对历史唯物主义的理解必须首先突出其定语是历史的、辩证的，其次才能看到其主语即唯物主义，而这种历史唯物主义才是马克思主义的本质。“马克思主义是完全非教条和反教条的、历史的和批判的，因而是最严格意义上的唯物主义。这一观点包括把唯物史观应用于唯物史观本身。”① 柯尔施认为历史唯物主义在方法论维度上并不能诉诸一种哲学方法，而是一种总体性、批判性的认识方法。这是他抹杀了唯物辩证法对旧哲学的变革的真实意蕴的产物，是将马克思哲学与黑格尔哲学的亲缘关系加以强调的结果。柯尔施与卢卡奇同出一辙，都是力图将一种体现总体性、批判性的认识方法与马克思主义实质联系起来。但这种方法其实是一种主观的辩证法，强调在无产阶级革命过程中主观因素的重要作用，而否弃现实客观因素，本质上是放弃了历史唯物主义既是科学方法论又是科学世界观的双重特性。而柯尔施所宣称的“哲学”概念内涵并不明晰，他是以矛盾的、反复的、二分的理论姿态来理解历史唯物主义的。他有时将哲学看成是唯物辩证法的本质，有时用科学的认识方法来注解马克思主义哲学，有时又认为马克思主义主张“废除哲学”，这种局面不可避免地导致柯尔施在重释马克思主义哲学（历史唯物主义）的过程中矛盾重重。基于这种理论出发点，柯尔施将马克思主义体认为一种价值维度的认识，大力批判了实证主义，认为要把革命的重心转移到无产阶级主体自身上来，解决革命的主观条件问题，即在意识形态领域里进行革命的理论根据问题。但是，由于柯尔施的极端立场，在理论形式上统一了价值判断和科学认识，在实践中却片面强调主体性，走向抛弃客观规律的分析和遵循，催生了人道主义的西方马克思主义的理论风潮雏形，使一种对历史主体的研究高于对历史客体的研究的风向开始出现。在《〈马克思主义和哲学〉问题的现状——一个反批评》中，柯尔施将这种思维方式体现得淋漓尽致，在哲学路线上，他坚持从唯物主义导向辩证法，批判列宁从辩证法导向唯物主义，表现出对唯物主义的极端蔑视。这不仅是对列宁思想的严重歪曲，而且是对唯物主义哲学立场的背离。这种倾向也影响着后来的西方学派，存在主义的马克思主义、法兰克福学派都在不同程度上承继了这

① 柯尔施. 马克思主义和哲学. 王南湜，荣新海，译. 重庆：重庆出版社，1989：58-59.

种思维范式，但具体样式由柯尔施偏重于无产阶级总体的理性结构转向个体的人及其非理性结构，漠视社会历史的客观规律则一如既往。柯尔施在《我为什么是马克思主义者》一文中突出强调马克思主义的特殊性、批判性、实践性，事实上走上了用实证主义的模式来论证马克思主义，却将科学性即实践维度和批判精神的前提丢弃，将马克思主义作为人类社会发展客观规律的体现的真义扔在一旁。可以看出，柯尔施对马克思主义的“重建”或者重释本质是对马克思主义的背离。

和卢卡奇、柯尔施类似，葛兰西也是围绕总体性范畴，契合欧洲革命斗争的实践，重新理解历史唯物主义。他通过阐发“实践哲学”概念，表明实践哲学等同于马克思主义，因而实现了对一切旧哲学，即唯心主义和传统唯物主义的理论飞跃。在葛兰西看来，历史唯物主义借助“实践哲学”的阐释，不仅将理论和实践有机统一起来，还在历史总体的意义上实现经济基础和上层建筑的融合。在这个历史总体中，人确立了自身的主体性意识，确立了实践活动之于历史进程的重要作用，这样才能消除宿命论和决定论。具体来说，葛兰西在反驳当时意大利工人运动中流行的“经济主义”和“工团主义”时提出了重释马克思主义实质的任务。葛兰西认为，上述思潮都忽略了社会发展的上层建筑领域，将经济基础和上层建筑的关系剥离、割裂开来。葛兰西以实践哲学指称马克思主义，指出其“统一的中心是实践”①。这种哲学有别于实证主义或自然主义所理解的唯物主义，更非新康德主义意义上的唯心主义，而是像拉布里奥拉实践哲学那样坚持理论与实践的统一。葛兰西以“实践一元论”来表征马克思主义哲学。何谓“一元论”？“它肯定既不是唯心主义的一元论，也不是唯物主义的一元论，而是具体历史行为中对立面的同一性，也就是与某种组织化（历史化）的‘物质’，以及与被改造过的人的本性具体地、不可分割地联系起来的人的活动（历史—精神）中的对立面的同一性。行为（实践，发展）哲学，但不是‘纯粹’行为的哲学，而是在最粗俗和最世故意义上的真正‘不纯粹’的行为哲学。”② 葛兰西得出这种引发争议的论断是受黑格尔思想的影响，因为他的“实践哲学等同

① 葛兰西．狱中札记．曹雷雨，姜丽，张跣，译．开封：河南大学出版社，2014：494.
② 同①448－449.

于黑格尔加大卫·李嘉图"[①]，"在某种意义上，实践哲学是黑格尔主义的一种改革和发展；它是一种已经从（或企图）从任何片面的和盲信的意识形态要素中解放出来的哲学；它是充满着矛盾的意识，在这种意识中，哲学家本人——不论是被作为个人来理解，还是被作为整个社会集团来理解——不仅理解矛盾，而且把他自身当作矛盾的一个要素，并把这个要素提高到认识的原则的高度，从而行动的原则的高度"[②]。在葛兰西看来，实践哲学如果以黑格尔的哲学思想为基础，就能更好地诠释历史的现实，理解人类精神的统一，即历史与自然的统一。在这里，葛兰西试图借助黑格尔来解读自己的实践哲学，也就是他口中的马克思主义哲学。他的实践哲学将现实解读成矛盾，解读成对立面的统一和主体自身与外部世界的统一，进而将主体及其观念提升为实践行动的基本准则，这无非是黑格尔有关"人根据思想，按照思想去构造现实"的思想的复写和发挥。葛兰西将历史唯物主义解读为实践哲学是与无产阶级革命的现实指向紧密联系在一起的。一方面，这是对资产阶级意识形态和思想体系的反对，另一方面，又是出于武装无产阶级的阶级意识，从而引导其进行文化斗争，使其"导向更高的生活概念"[③]的需要。从这也可以看出，葛兰西聚焦于经济基础与上层建筑矛盾中的上层建筑领域，实践哲学就是其上层建筑理论的哲学基础，其霸权理论正是实践哲学发展的产物。霸权理论关键在于思想意识和文化理论，这是同经济现象相等同的现实存在。由此，葛兰西用以理论行动、精神实践为导向的总体性革命代替了无产阶级的现实斗争。质言之，葛兰西的实践哲学在其主要理论倾向上还是过于夸大了思想的力量。当然，葛兰西高度重视历史唯物主义的价值功能还是值得肯定的。

虽然卢卡奇、柯尔施、葛兰西等西方马克思主义早期代表人物没明确提出"修正"和"重建"历史唯物主义的理论诉求，但不可否认的是，他们基于各自的理论建构对历史唯物主义进行不同程度的重释，也提出了一些新的观点乃至新理论。从某种意义上来说，这种重释本身就是一种"修正"和"重建"，比如，西方马克思主义的鼻祖卢卡奇将"阶级意识"看成是比经济因素还重要的要素，提升到人类自我认识的

---

① 葛兰西．狱中札记．曹雷雨，姜丽，张跣，译．开封：河南大学出版社，2014：490.

② 同①497－498.

③ 同①380－381.

理论高度，最终将人类社会发展问题演变为一个人类的自我意识不断完善提升的问题。葛兰西从当时欧洲国家的革命境况出发，提出了与俄国十月革命经验不同的西方社会主义革命战略。葛兰西认为，欧洲国家与俄国不同，有着自身独特的社会历史文化背景，有必要建立无产阶级大众的新文化，从而废除资产阶级的文化传统，因而夺取文化领导权使无产阶级从从属的、被动消极的地位摆脱出来是比夺取政治领导权更为迫切和紧要的事情。这是因为，知识分子将在欧洲的社会主义革命战略中占据主导地位，而文化领导权的本质是教育而非暴力，唯有知识分子才能承担起这个重任。所以，葛兰西为欧洲国家的社会主义革命开出了一副以夺取文化领导权为核心的文化革命路径的药方。柯尔施则将意识形态（包括哲学）当作现实来理解和对待，因此号召无产阶级要用思想行动来摧毁资本主义社会总体的意识形态所构成的精神结构，从而实现社会的变革。总体而言，西方马克思主义早期代表人物立足于复归马克思的“总体性”理论，强调和凸显历史主体在马克思主义和社会现实中的地位，强调主体与客体从克服物化现象、意识形态批判和文化斗争等方面来进行一种“总体性”革命。这是他们重释历史唯物主义的基本原则和基本旨趣，也是他们对历史唯物主义走向“修正”“重建”无法回避的结果。这尤其表现在：卢卡奇忽视甚至否认自然辩证法，过于重视“总体性”而忽视历史自身的运行规律，将历史唯物主义简单化为一种方法论；柯尔施则在解读马克思主义与哲学的关系中，将历史唯物主义主要看成是一种经验和科学的方法而非哲学方法；在历史总体的概念体系中，葛兰西突出强调上层建筑的作用，其宽泛的实践概念在一定程度上混淆了实践与理论的界限，夸大了理论在历史总体中的指导作用，为唯心主义的渗透留下了缝隙。

由是观之，卢卡奇、柯尔施、葛兰西等西方马克思主义早期代表人物，都是从总体性辩证法的视角来“重读”和“重释”历史唯物主义，不过是重溯历史唯物主义的“芳华”，使其面对资本主义社会变幻莫测的惊涛骇浪仍然坚守住革命性质和批判精神，使得历史唯物主义这一20世纪的理论产物在任何现时代都能解决理论与实践的问题。但由于他们常常片面夸大人的主体性和上层建筑的作用，据而提出的“文化领导权”“阶级意识”“总体性辩证法”等概念，不可避免地背离历史唯物主义，走向对立面。显而易见，早期西方马克思主义者在总体性原则下力图建构一种以人为中心的社会历史理论，着眼于凸显人在社会历史中的主体活动。这与西方人道主义思想传统有着莫大关联。在这个历史时期，学者们结合现时代的问题建构新的方法论，但他们在依照此原则对历史唯物主义进行重释、重建时，为了一劳永逸地批驳马克思主义的反对声音，为了建构解决现实问题的有效方案，失去了历史唯物主义本真意义上的客观性和辩证性。在理解、肯定某个理论维度的同时陷入了片面的、为反对而反对的泥沼之中。因此，他们将理论束于纯粹学术的空中楼阁，过分强调无产阶级意识，有意忽视辩证法，既在思想基础上背离了马克思，又在现实实践中忽略了客观规律的制约性，这就意味着他们的重建主张不可避免地导向了破产。纵然西方马克思主义的早期学者的理论出发点，即对历史唯物主义理论地位的重新梳理和确立的主张值得赞扬，但其重释过程中的失败和错误事实上在一定程度上为后来的西方马克思主义和西方马克思学重建甚至肢解马克思提供了理论“依据”。

第二节　发展：早期法兰克福学派从“重释”走向“重建”

20 世纪 20—30 年代，以霍克海默组织创办的法兰克福社会研究所及其刊物《社会研究杂志》为中心从而发展壮大的思想流派，后人称之为法兰克福学派。该学派总体上属于宏观社会学理论或社会哲学理论，一如他们所宣称的“社会批判理论”。新时代、新问题使得法兰克福学派与马克思面临的境况大不相同。20 世纪的世界经历了政治、经济、文化等各方面的大变革事件，相应地也产生了关切人们现实生活的诸多问题，这些问题显然又与历史唯物主义的基本原理发生着深浅不一的关系。历史唯物主义在面对时代巨变时是否依然自洽？是否依然能对现实世界发挥强有力的解释、批判和实践作用？面对这一疑问，既有马克思主义“过时论”“危机论”以反叛的姿态夺人眼球，也有马克思主义的捍卫者们迎难而上，力图克服历史唯物主义的理论危机。由是一些西方马克思主义者基于自身理论诉求纷纷提出了“重释”“重建”历史唯物主义的理论目标。法兰克福学派作为西方马克思主义的“明星”学派，以重释、重建历史唯物主义见长，在他们看来，马克思主义的理论本质在于批判，甚至可以直接将马克思主义等同于社会批判理论。因此，“批判”构成了二者理论的共通之处，法兰克福学派自然而然地将对马克思主义的重释和重建作为其理论核心和主要任务。相关的著述如阿多诺的《否定的辩证法》、霍克海默的《唯物主义与形而上学》、马尔库塞的《苏联马克思主义》、哈贝马斯的《重建历史唯物主义》、弗洛姆的《马克思主义关于人的概念》、施密特的《什么是历史唯物主义》等。紧扣时代变迁，法兰克福学派在由“重释”历史唯物主义走向“重建”历史唯物主义的进程中做出了巨大努力和应有的贡献。深入梳理发掘法兰克福学派的“重释”和“重建”工作，厘清其对历史唯物主义所做出的贡献和存在的局限，对于我们与时俱进阐释历史唯物主义有着重要价值和意义。

一、对历史唯物主义的基础和方法的重释

二战后，资本主义国家的发展并没有像马克思主义经典作家预想的那样走向衰亡，其内在生命力反而十分强劲，经济更加繁荣，人们生活水平不断改善。种种情境使法兰克福学派的学者们不禁产生了对历史唯物主义中某些基本原理的质疑，他们不断地结合现实境况调整理论思路。“无论是马克思主义哲学在当代的出场还是历史唯物主义的‘重建’，都不是纯粹理论独立发展的必然要求，而是社会历史情境变化的结果。”① 马克思主义经典著作未曾涉及的新时代、新问题、新状况的出现必然会促使法兰克福学派谋求新发展、新探索，以新视角、新方法来审视、改造历史唯物主义。法兰克福学派成员众多，各自的理论倚仗不尽相同。他们在看待历史唯物主义问题上由于理论立场的差异，态度不可避免地存在历史差异。但总体而言，他们以方法上的扩展和理论上的补充对历史唯物主义进行重释。

以《1844年经济学哲学手稿》为起点，法兰克福学派开启了对历史唯物主义的重释之旅。他们将这个文本中的人道主义和异化理论提高至历史唯物主义基础理论的地位，完全丢弃了马克思主义哲学中的实践和变革维度。他们甚至认为在马克思、恩格斯和正统马克思主义者的思想之间存在不可逾越的鸿沟和本质上的差异，只有历史唯物主义才

① 沈江平．现代性与重建历史唯物主义．哲学研究，2013（7）．

是马克思主义的真正“代言人”。与此同时，他们将人本主义看成是历史唯物主义的基本旨趣，甚至认为人本主义和异化批判理论贯穿于马克思全部著述之中。从理论渊源而言，法兰克福学派之所以得出这个结论在于他们对《1844 年经济学哲学手稿》中人道主义和异化思想的重视，他们认为现实世界中的异化已经不再局限于马克思所说的劳动异化，而演变为囊括宏观层面的政治、经济、科技、文化以及微观层面的心理、生理和语言的“总体异化”，我们“发现的异化几乎是无处不在的，它存在于人与他们的工作、与他所消费的物品、与他的国家、与他的同胞，以及与他自身的关系中”①。也就是说，当代资本主义社会的“总体异化”使得资本主义社会形成了“形式上的合理性和实质的不合理性”的矛盾怪相。革命批判精神是马克思思想的实质所在，因此，法兰克福学派将人道主义看作是历史唯物主义的基石。另外，依照西方马克思主义的人本学传统，法兰克福学派之所以有这样的看法和结论，很大程度上是受西方马克思主义的鼻祖——卢卡奇的思想的影响。卢卡奇作为西方马克思主义的开山始祖，也是第一位直接将马克思主义与历史唯物主义相等同的西方学者。他认为，“方法”才是马克思主义的真正要义和精髓所在：“正统马克思主义并不意味着无批判地接受马克思研究的结果。它不是对这个或那个论点的‘信仰’，也不是对某本‘圣’书的注解。恰恰相反，马克思主义问题中的正统仅仅是指方法”②。因而，卢卡奇不赞成一个真正的马克思主义者等同于“拿来主义式”地背诵和遵循马克思主义现成结论，判断是否正统取决于是否掌握了马克思的方法，即以总体性为核心的历史辩证法。在早期卢卡奇的思想观念中，恩格斯的自然辩证法只是基于自然界的解读，而马克思则是在社会历史领域应用辩证法，历史唯物主义由此诞生。因而，卢卡奇告诫人们，如果我们不能正确理解或者否弃马克思的历史辩证法，便无法真正准确把握和传承马克思的思想。卢卡奇有关正统马克思主义的判断对法兰克福学派形成了深远的影响。霍克海默和阿多诺否弃自然辩证法，认为只存在实践辩证法，马尔库塞则将马克思的辩证法视为一种历史方法。可以说，法兰克福学派的学者们纷纷沿袭了卢卡奇的观点，重视人在历史过

① 弗罗姆. 健全的社会. 王大庆，等译. 北京：国际文化出版公司，2007：109.

② 卢卡奇. 历史与阶级意识. 杜章智，任立，燕宏远，译. 北京：商务印书馆，2017：44-45.

程中展现的主体地位，强调主体与客体之间的辩证关系，这与西方马克思主义的人本主义传统是一脉相承的。由此，从这个理论传统出发，法兰克福学派视域中的历史唯物主义是深切关注人类命运的批判理论，即“批判的唯物主义”、“实践唯物主义”和“社会批判理论”，而绝不是将物质视为本原和基础的机械形而上学。这样，在他们看来，历史唯物主义摇身变为单纯的“人类学的历史观”，批判精神、否定意识、主体性原则成为其核心代名词，昭示着历史发展的要素，决定着历史变革的方向。按照这样的思路，历史唯物主义就简化为一种社会理论或历史观，消弭了马克思早在博士论文时期就提出且贯穿其整体思想发展历程中的实现哲学变革的诉求，丧失了马克思思想中实践性和革命性的本真所在。不仅如此，法兰克福学派致力于寻找马克思与黑格尔哲学的勾连之处和亲缘关系，催生出一种历史唯物主义孕育于黑格尔的理性范畴的幻象。这样一来，法兰克福学派就把马克思主义变为一种纯粹的学术理论，囚禁在象牙塔之内，消解其现实维度，哲学批判取代了对现实社会生活的解析，那么马克思就走向了自己批判的对象：“只是以词句反对词句”。

法兰克福学派早期学者突出马克思思想中批判维度的重要性，强调总体性的方法论原则，其本质诉求在于试图用马克思主义的基本原理和范畴来解读纷繁复杂的现实世界，使马克思主义理论紧密联系现实问题。霍克海默对历史唯物主义的人道主义做了深刻的注解，在承认普遍人性的前提下，指出社会发展的动力在于人性的实现，无产阶级革命的主体应当是无产阶级中先进的知识分子。当然这种精英革命论是不妥的。阿多诺提出的“否定的辩证法”虽然在一定程度上促进了历史唯物主义的发展，但其将辩证法推到绝对否定层面直至走向否定一切也是不可取的。哈贝马斯从“交往行为”即主体间的相互交往入手，重建历史唯物主义基础理论中的“社会关系”范畴，认为历史唯物主义忽略了人的问题，只有建立在主体间相互交往的基础上才能使历史唯物主义成为一门人的科学。在法兰克福学派看来，历史唯物主义的核心在于对现存事物的批判和否定，而不是仅仅停留于表象上的对现存事物的认识和解释。理性范畴是法兰克福学派理论建构的基点和出发点，而彰显人类理性本质的特质就是否定和质疑，历史辩证法的基础就在于“否定的理性”。因此，要使得批判维度重新在历史唯物主义中焕发出生命活力，就必须重释乃至重建历史唯物主义，这条道路就在于主体自身理性的重塑。其中，霍克海默、阿多诺等法兰克福学派第一代成员着重借鉴历史唯物主义的社会批判性，用它来指导和推动重建启蒙理性。霍克海默等学者主要把历史唯物主义作为一种批判工具和一种批判当代资本主义的社会批判理论工具来加以发挥；以哈贝马斯为代表的第二代法兰克福学派学者在传承第一代学者衣钵的基础上，进一步指出，启蒙理性不仅需要重建，而且作为指导其重建的历史唯物主义自身也面临这个问题，它的基本概念框架和解释原则已经无法对时代做出有效解答。这样看来，在哈贝马斯之前，法兰克福学派总体上依然承认和接受历史唯物主义的基本原则，认为这些原则在面对时代新变化时依然具有强劲的解释效力，虽然在某些具体领域存在空场。但在新情境下对历史唯物主义的重新理解，并不是法兰克福学派学者们的主要目的；在重新理解的前提之下，用自身的理论来“补充”“完善”历史唯物主义中“过时”、“空白”和“遗漏”的部分，进一步发挥、展开马克思的基本观点和主张才是他们的工作重心。比如，出于从理论上说明法西斯主义的起源和危害、揭露潜藏在西方发达工业国家繁荣表象下“文化控制”和“福利暴政”实质的需要，法兰克福学派填补历史唯物主义“空白”和“不足”的方式之一是将马克思主义与弗洛伊德的理论拼凑、嫁接起来。弗洛姆用“分析的社会心理学”来弥补马克思较少提及的经济基础和上层建筑之间转化机制的“空缺”，以“社会性格”构成其转化纽带，充分彰显人之于历史的主体地位。马尔库塞则将人道主义的要素加诸马克思的社会革命理论之上，用弗洛伊德的性压抑作为出发点，认为人的解放不过是出于人的爱欲本能而进行的革命，是一种“爱欲的解放”，由此马尔库塞构建了历史唯物主义的生物学基础即生命的“爱欲”。

法兰克福学派早期学者对历史唯物主义的“重释”又存在不同路径，其中包括霍克海默与阿多诺等人的社会批判路径、马尔库塞与弗洛姆的人本学路径、施密特的实践论路径。霍克海默、阿多诺则力图使历史唯物主义在社会批判上重新彰显活力。在《传统的和批判的理论》《论哲学的社会功能》《独裁国家》《工具主义批判》等著述中，霍克海默对有关历史唯物主义的主题做出了批判性研究。某些历史唯物主义的结论在他看来已经脱离了现实时代的境况，无法构成有效解释：“哲学理论和经济学理论之间，理论和革命实践之间的关系是非常错综复杂的，这种关系只有通过对整个形势的分析（历史唯物主义由此而得以发展）才能加以阐明。"[1] 接着，他以"独裁国家"为例来说明资本主义并没有像马克思所预测的那样很快会在西方社会走向消亡，反而在现阶段表现为"独裁国家"这种异化状态。霍克海默将改变现存资本主义社会状态的希望寄托于以精英知识分子为主体力量的无产阶级革命，陷入"精英革命论"而不能自拔。阿多诺在《真实的妄言：论德意志意识形态》《否定的辩证法》《社会批判论集》中对马克思主义和历史唯物主义展开了相关论述。他将"否定的辩证法"看作历史唯物主义的新发展。通过"否定的辩证法"，阿多诺将辩证法中的"否定性"本质加以强调，认为它是历史变革中的本质性力量，有其合理性，但这种"否定"走向了绝对，必然会割裂历史发展的"联系"，将历史的"非同一性"片面化、绝对化。最后，阿多诺将主体的态度和立场以及主体的自身追求都归诸"否定的辩证法"，主体自身的理性力量才是改变现存社会的关键。可以看出，虽然霍克海默和阿多诺意图彰显马克思主义哲学中的社会批判功能，但最后将这种批判功能的实现寄托在社会精英或理性力量上面，显然会不可避免地走向一种观念决定论。马尔库塞和弗洛姆在弗洛伊德精神分析学和西方人道主义传统的双重影响下，以《1844 年经济学哲学手稿》这个文本为蓝本，挖掘出其中的"异化"理论和"人道主义"思想对历史唯物主义做进一步重释。马尔库塞将弗洛伊德精神分析学中的"性本能"嫁接到历史唯物主义中，用生物学基础代替物质生产基础，人的解放也趋向与生物学相关的本能的革命，历史唯物主义也变成关于人的本能自由的学说。在具体的论证细节上，他将"爱欲本质论"和"人类解放说"糅合成"爱欲解放论"。面对现存社会境况，"爱欲""表现着生命本能对攻击性和罪恶的超升，它将在社会的范围内，孕育出充满生命的需求，以消除不公正和苦难；它将构织'生活标准'向更高水平的进化"[2]。他最终的价值取向仍然是一种生存美学，即寻求以劳动为基础的"新感性"作为人的本质而破除文明压抑、获得解放的改良主义的革命方略。与马尔库塞相似，在弗洛姆的视域中，历史唯物主义既不是拜金主义和利益至上的心理学，也不是寻求价值判断和伦

---

① 马尔库塞. 历史唯物主义的基础//西方学者论《一八四四年经济学哲学手稿》. 上海：复旦大学出版社，1983：94-95.

② 马尔库塞. 审美之维. 李小兵，译. 桂林：广西师范大学出版社，2001：98.

理原则的道德学说，而是一种本体论意义上的唯物主义。弗洛姆承认历史唯物主义从现实生活的人出发和有关社会生产方式决定人的心理和思想，其核心概念是人道主义和异化。在他看来，历史唯物主义的最终目标是“使人在精神上得到解放，使人摆脱经济决定论的枷锁，使人的完整的人性得到恢复，使人与其伙伴们以及与自然界处于统一而且和谐的关系之中”①。但弗洛姆同时指出，历史唯物主义没有对经济基础与上层建筑相互作用的具体机制进行研究和阐释，由此他提出只有用“社会性格”概念才能弥补这个“空缺”。“社会性格”包括“生产性社会性格”和“非生产性社会性格”，作为经济基础与上层建筑转化机制中的纽带和中介，指的是在某个特定的文化时期内由社会经济基础所决定的大部分人都共有的性格结构的核心。弗洛姆提出，必须祛除盛行于当代资本主义社会中的非生产性社会性格，消解社会无意识，开展微观心理革命和进行社会结构的革命，释放和恢复人自身的生产性潜能，才能建立一个有利于人的个性发展的健全的人道主义社会。因此，在弗洛姆看来，历史唯物主义只不过是人本主义的一个类别，是“批判了资本主义的唯物主义，批判了资本主义对真正的人性力量的摧残”②。可以说，人道主义既是弗洛姆重释历史唯物主义的脚手架，也构成区分资本主义和社会主义的判断依据，但这种思想的实质始终遵循着人本主义的西方文化传统，同时又夹杂着非理性主义的色彩，因而陷入人道主义乌托邦。与其他人不同，施密特既反对窒息马克思哲学批判精神来庸俗化地理解历史唯物主义，又不赞成丢弃唯物主义基础而依托“异化”和“人道主义”来诠读历史唯物主义。他比较重视马克思中后期的思想著述，将实践概念贯穿其全部思想，将“被实践中介了的自然”作为理论出发点，将历史唯物主义理解成一种以批判资本主义社会的“第二自然”为理论指向的无产阶级批判性的解放理论。施密特认为，自然概念才是区分历史唯物主义与一般唯物主义的关键所在，是对马克思主义哲学做出正确理解的理论起点。而马克思正是通过“被实践中介了的自然”，构建了以实践为中介的自然和社会辩证统一的、非形而上学的历史唯物主义。因此，施密特以自然概念为中心完成了对马克思主义哲学的非形而

① 弗洛姆．马克思关于人的概念//西方学者论《一八四四年经济学哲学手稿》．上海：复旦大学出版社，1983：22.

② 弗罗姆．健全的社会．王大庆，等译．北京：国际文化出版公司，2007：205.

上学性质的论述——“不是所谓物质这抽象体、而是社会实践的具体性才是唯物主义理论的真正对象和出发点”[①]，由此将历史唯物主义解读成以“实践”为中介，是关于自然和社会辩证统一的唯物主义历史观。历史唯物主义的理论旨趣在于批判资本主义社会的“第二自然”。“第二自然”是指在资本主义无政府状态的生产条件下，以自然规律的形式出现，构成与人相对立的、无法被人所掌控的客观的社会经济规律。“个人一直不是作为自由的主体，而是作为‘经济范畴的人格化’出现的”[②]，只有深入政治经济学层面对资本主义进行批判，才能使人脱离“第二自然”的控制和支配。施密特从马克思中后期的思想著述出发，深入挖掘、凸显马克思自然概念中的社会—历史意蕴，以此为逻辑起点重释马克思哲学思想，彰显历史唯物主义在社会实践、社会批判、社会革命中的变革性品质和功能。但凸显的同时意味着隐藏与倒退。当施密特仅仅将“物”视为自然物，视为非社会关系式的存在，人与自然的关系就无法超脱旧唯物主义物质实体性的窠臼，无法跃迁为人与人之间的关系，于是马克思社会关系的本真意蕴和理论架构荡然无存。另外，施密特从“物质变换”中进一步延伸出了“社会存在退化论”，自然与社会的关系退变为一般的物质变化关系，又由于自然力的不断破坏，社会一步步向自然退化，最终复归为自然物质。这样，就不难理解他为何否认本体论却又掉入自然物质本体论的窠臼了，最终，他直言马克思关于“共产主义是人与自然界之间矛盾的真正解决”的构想不过是哲学史上最大的乌托邦幻想。

总体而言，法兰克福学派的早期学者坚持理论观照现实、观照人的命运和现实生活，认为历史唯物主义应当随着时代变化而不断调整、更新，不能固步守旧，而要面对现实，力图消解资本主义社会中的异化现实，找寻人类自由解放的道路。法兰克福学派着眼于人性问题和对现存世界的批判态度当然有其积极意义，但同时将历史的连续性进行了切割，片面强调资本主义的历史进步性，必然会把历史唯物主义的革命性精神和批判性维度也消弭了。大体而言，虽然法兰克福学派学者们高扬马克思主义哲学中的批判维度、人道主义和实践本质，但他们却不可避免地被唯心主义的人本史观所吞噬。如马尔库塞在揭露人性受压抑和高

① 施密特. 马克思的自然概念. 欧力同，吴仲昉，译. 北京：商务印书馆，1988：31.
② 同①36.

扬人性的时候，历史唯物主义的社会性和历史性被消解，社会完全沦为只是满足生命本能需求而运作的手段，人与社会的辩证统一关系隐而不现。从爱欲解放论到审美救世论，马尔库塞一步步滑向偏离历史唯物主义原初理路的轨道，寄托于人的感官审美旨趣来试图改变资本主义现状的做法无疑是缘木求鱼，不过是浪漫主义式的乌托邦幻想罢了。

二、借鉴与反思中的早期法兰克福学派的重释

面对资本主义社会中生产力和生产关系的新变化、新局面，法兰克福学派随之在理论上做出相应调整，他们对晚期资本主义社会中国家的经济干预职能的性质和作用的揭露和阐释在一定程度上可以启发我们认识当今世界发达资本主义国家。在法兰克福学派的理论视域中，历史唯物主义要对现实社会和时代变革中出现的新问题及时做出回应，直面现实，改变现实。“光是思想力求成为现实是不够的，现实本身应当力求趋向思想。”① 伴随着资本主义社会中的实践变革，相应地也产生了对新理论的呼唤。如何重新确立人的主体性意识、如何消解人的异化状况、如何理解人的非理性状态、如何注解新的社会意识形态、如何重新认识资本主义、如何看待无产阶级的历史作用以及未来社会主义革命道路等一系列问题横亘在每一个马克思主义者面前。面对这些问题，我们要以历史唯物主义的基本方法为原点，但不能固守成规，而是具体问题具体分析，灵活运用，才能不断趋近于对现实问题的最佳解答。只有这样，马克思主义在遭遇接踵而至的理论困境时才能不断创新、与时俱进，始终成为社会主义革命的理论旗帜、指导社会主义革命实践的科学理论。正是在这种思路的指导下，法兰克福学派的学者们纷纷提出自己的独到见解和主张。一方面，我们要承认他们的理论主张都具有一定的理论价值，足以成为我们的分析和研究对象。但另一方面，他们又将资本主义社会国家对经济生活的干预这一新现象绝对化，忽视了经济规律的客观作用，这种失去了辩证色彩的理论路径必然会使其理论具有片面性，其重建历史唯物主义的主张也因而无法自洽。

首先，法兰克福学派的学者们在面对历史唯物主义时有一些共通的思想倾向。自第二国际一些学者提出将历史唯物主义解读为机械决定

---

① 马克思，恩格斯．马克思恩格斯文集：第1卷．北京：人民出版社，2009：13.

论、经济决定论、庸俗唯物论等片面错误观点以来，这些错误言论就成为发展历史唯物主义必须予以回应的重要课题。法兰克福学派驳斥了这些片面的、机械的观点，认为历史唯物主义的逻辑起点在于对异化和非人道主义的批判，其价值旨趣在于对人的自由解放的追求。此学派的学者们充分发扬历史唯物主义中的人本主义因素与精神，将《1844 年经济学哲学手稿》视为马克思著述中最重要的文本，将其中的异化理论和人道主义精神进一步发扬光大。而且，在他们看来，历史唯物主义致力于从两种统一性即人与自然的统一、自然与社会的统一来阐释自然界不仅仅是自在自然，更是历史的一个重要维度。同时，他们也关注到了科学技术的飞速发展和广泛应用所带来的晚期资本主义社会中的“生活世界殖民化”现象，纷纷强调历史唯物主义理论绝非是一种单纯的技术至上学说、生产力决定论，对历史唯物主义在科学与价值领域中的呈现进行了确认，这也说明他们对历史唯物主义的批判性、实践性和人本主义性质有所肯定。法兰克福学派在批判经济必然性和历史决定论原则时，同时也否弃了社会发展的终极原因是生产方式的矛盾运动的观点，但依照这样的思维范式，再前进一步，便是对社会发展客观规律性的抛弃，得出历史发展归诸人的决定作用、过分高扬人的主体性的结论。除此之外，在对历史唯物主义进行重释、重建时，法兰克福学派注重与现代其他西方哲学文化思潮的交流、对话，积极吸收借鉴其有益成分，比如马尔库塞和弗洛姆借鉴弗洛伊德的精神分析学、施密特契合西方哲学向生活世界回归这一大的哲学文化背景等，他们都与时俱进，吸收最新成果，力图使历史唯物主义能够诠释当代社会现实生活变迁和社会问题。马克思历史观的独立完整性也是法兰克福学派学者的关注对象，他们从理论源头入手，探寻了黑格尔哲学与马克思主义千丝万缕的联系，对历史唯物主义中的历史意蕴进一步深化认知。法兰克福学派反对马克思主义理论中生产力的决定作用，片面高扬生产关系对生产力的反作用、一味强调国家权力干预经济生活的强制力。尽管上层建筑中出现了这一新现象，但他们的观点过分夸大这一现象，从而丧失了历史唯物主义视域中生产力与生产关系的相互关系的辩证色彩。法兰克福学派认为晚期资本主义社会科技迅速发展和生产力不断提升，来到了发展相对平稳的新的历史时期，无产阶级意识、政治意识日益消退，因此强调要在重构历史唯物主义的危机理论、解放理论等理论的基础上建构一种微观政治学。

其次，不同的法兰克福学派学者对历史唯物主义的诠释有着不同的理论侧重点和特质，形成了不同的路径。霍克海默和阿多诺认为文化、科学技术等领域的意识形态控制已取代政治经济学领域的控制，成为资本主义支配、统治人的主要方式。他们据而逐渐淡化了历史唯物主义从生产力与生产关系的矛盾运动视角批判资本主义社会的路径，着眼于从工具理性和文化视域批判视角来重释历史唯物主义，从科学技术和文化批判视角来透视当代资本主义社会的病灶。马尔库塞和弗洛姆等人则是将马克思的异化理论和人本主义思想与弗洛伊德的精神现象分析学契合起来展开对历史唯物主义的解读，在他们看来，历史唯物主义需要爱欲、社会意识、社会性格等概念加以填充、丰富，以“异化”和“人道主义”为理论基石来指导人的本能解放、爱欲解放直至实现人的自由全面发展，最终导向人本主义的解释范式。施密特等人主要是从自然与历史的关系来解读历史唯物主义，他认为马克思是从实践维度来阐释人与自然的关系，抛弃了从本体论的视角解读人与自然之间谁为第一性的路子。立足于马克思的实践概念，他围绕“自然”和“历史”的关系这条主线，深入辨析了马克思与黑格尔、费尔巴哈等人以及马克思主义发展史上有关“自然”概念的不同解读，力图构建一种“自然”与“历史”相融汇的实践唯物主义理论体系，对人、自然、社会三者关系加以诠释。到哈贝马斯那里，以对历史唯物主义的补充、完善来达成重新理解的方式已无法满足他的理论诉求，对历史唯物主义的重建才是他的终极目标。在他看来，曾经能够依托其社会劳动概念阐明人类同动物的区别和人类生产方式特质的历史唯物主义已无法诠释现代社会的发展。在哈贝马斯看来，对人的问题的忽略是历史唯物主义的缺憾，必须借助“交往行为”来重新建构一种以社会交往为基础的“学习机制决定论”，将人类社会历史发展寄托于以道德实践为主导的交往和社会劳动领域的共同发展。同时，我们还要看到，法兰克福学派是从两条不同的理论进路来展开对历史唯物主义的理解的。一条是对卢卡奇“总体辩证法”的继承，即在反对第二国际和苏联的马克思主义哲学体系过程中形成的人本主义哲学。卢卡奇“总体辩证法”的批判维度被霍克海默、弗洛姆、哈贝马斯等学者承袭和深化，他们着重批判资本主义社会中存在的工具理性、系统对人和生活世界的侵蚀，突出强调人的主体维度。另外一条就是阿多诺反思“总体辩证法”“同一性哲学”时形成的以“否定的辩证法”为标志的否定哲学。马尔库塞、阿多诺等人深刻反思同一性和主张否定性，他们既反对实证主义下客体对主体的吞噬，也与卢卡奇等人将马克思的历史辩证法解读成主体向度的人本主义保持一定距离。法兰克福学派之所以以殊异的理论形式来理解历史唯物主义，既是由各自理论诉求差异引发的，也是由不同阶段出现的问题导致的。

最后，早期法兰克福学派对历史唯物主义的重释乃至重建在一定程度上深化和拓展了历史唯物主义的理论研究视域，但总体上存在内在缺陷，偏离了历史唯物主义的正确道路。显而易见，法兰克福学派结合时代最新发展变化，以新视野、新洞见来解读历史唯物主义，无疑具有一定的理论价值，但它对历史唯物主义关键概念和基础理论所进行的有意无意的误读是值得质疑和反思的。所谓的重建，到底是真理还是噱头，需要我们审慎辨明。比如，马克思始终持辩证态度来看待资本主义社会，既说明资本主义在未来必然走向灭亡，又肯定资本主义相对于封建社会的进步性和创造物质财富的历史作用，但法兰克福学派着重于批判其弊端，一味地否定资本主义，最终不得不诉诸精英主义乌托邦的来临或陷入无望的悲观主义。由于人道主义的思想意蕴主要存在于马克思的早期思想中，法兰克福学派对历史唯物主义的人本主义解读也是基于其早期著述进行的，这显然无法真正把握马克思人的解放的真实意蕴，而且它抛却了人的社会性维度，仅仅从市民社会的表象出发，将人理解为孤立的、原子式的个人。这与马克思的思想，即使是马克思的早期文献，如《1844 年经济学哲学手稿》《关于费尔巴哈的提纲》中所体现出的对人的理解根本冲突。正是基于此，弗洛姆将区分资本主义和社会主义的依据视为人道主义，认为马克思主义的核心思想在于人道主义。包括马尔库塞在内，他们认为马克思主义应从对社会历史的宏观阐释转向宏观阐释与人的微观心理研究结合起来。但是，历史唯物主义与弗洛伊德主义的结合并没有真正实现，反而与历史唯物主义背道而驰。他们所给出的“爱欲”解放路径以及将人类社会历史看成人的本能压抑的异化史等论断决定了他们永远无法实现人类的真正解放。施密特等人虽然提出要正确处理“自然”与“历史”的关系，反对人本主义和物质本体论的提法，但其用“社会范畴”来定义自然，用历史辩证法替代马克思的辩证法，最终走向了“历史”湮没“自然”的不归路，无形中就将“自然”与“历史”的关系问题给消解了，而不是来解决这个问题，同样走向了一种人本化的历史唯物主义解读。最后提出要彻底重建历史唯物主义的哈贝马斯自始至终存在一种二元论的思维方式，从劳动与相互作用的区分到系统与生活世界的分化，提出要用交往方式来替代生产范式，摒弃用生产方式的演进来划分社会发展的历史阶段的手段，从而一劳永逸地推翻诸如“机械决定论”和“经济决定论”等对历史唯物主义的误解，但这样又会走向另一个极端，即忽视社会发展中客观物质的基石性作用，而以“社会一体化水平”作为衡量社会进化的尺度。哈贝马斯最后以“社会一体化”为出发点，认为社会进化的根本条件在于“学习机制”，根本动力和主要原因在于道德实践知识的增长，因而马克思关于经济基础与上层建筑的二分是错误的。哈贝马斯混淆社会经济领域同政治和社会生活其他领域之间的区别，究其实质是人本主义的唯物史观的再现。

大体说来，随着资本主义社会发展动力结构的变更，法兰克福学派看到了科技革命对社会发展的重大作用，从而在一定程度上揭示出科学技术在当代生产力发展和社会经济发展中的首要变革作用，在一定程度上有理论和实践上的双重价值，也提供了解读历史唯物主义现实维度的新课题。但要避免主张“科学技术至上”或将科学技术作用绝对化，放弃生产关系视角的做法会陷入一种技术史观窠臼。法兰克福学派以对历史唯物主义的重释和重建为目标，据此从哲学层面、文化意识形态层面、社会层面批判资本主义社会，但他们无法找到经济斗争、政治斗争和文化意识斗争的结合点，无一例外地都走向了一种消除异化、解放人的乌托邦道路。当然，我们也要看到，法兰克福学派着力于将历史唯物主义从第二国际理论家的实证主义诠释路径中解放出来，将以卢卡奇为代表的早期西方马克思主义学者的理论关注点进一步深化，从人的生存境况出发来建构历史唯物主义的当代存在样态，竭力激发和复原内生于历史唯物主义中的批判功能。同时，法兰克福学派在阐发历史唯物主义时，为人们展示出了当代西方社会发展的图景，他们立足于当代西方社会历史变迁和新问题，提出了一系列新的批判方式和角度，进一步丰富和发展了历史唯物主义的理论视角和思想资源，诸如工具理性批判、意识形态批判、大众文化批判以及微观心理分析。此外，法兰克福学派特别注重历史唯物主义与现实问题的勾连，进一步凸显其现实性、实践性和批判性，也对我们全面正确理解历史唯物主义的科学性、现实性、批判性和革命性有所启发。

第三节　高潮：哈贝马斯的“重建”与莱尔因的“重构”

历史唯物主义自从19世纪中叶创立以来对世界历史产生了重大影响。理论的命运同历史的进程息息相关。每当在历史转折时期，新的实践、新的时代便会对原有的理论提出挑战。此时，原有的理论往往会出现某种危机。历史唯物主义的命运也是如此。随着西方社会步入晚期资本主义阶段，其尖锐的社会矛盾由于科技的发展被极大地缓解，借助制度调节的政治制度的危机取代以往的经济危机，资本主义社会发展进入相对平稳时期。以往的经济异化现象逐渐弱化，生产力与生产关系的矛盾关系逐渐缓解，科学技术成为一种新的意识形态主导要素，控制范围更为广泛，马克思的经典理论面临新挑战。斯大林的一系列错误以及社会主义运动事业相继出现问题，导致人们对苏联社会主义制度产生质疑，由苏联主导下的历史唯物主义解读模式的弊端日渐凸显，扼制了历史唯物主义存在和发展的空间。早期法兰克福学派在重释历史唯物主义进而恢复理论价值的同时，也存在较大局限，比如忽视对资本主义政治经济体制的批判。哈贝马斯借助20世纪哲学语言学转向的大背景，为其重建交往行动理论提供了重要机遇，进而在建构自身语言哲学的基础上，力图重建历史唯物主义。哈贝马斯据此开创了西方学者重建历史唯物主义的先河，其重建行为和相关理论极大地影响着西方马克思主义对历史唯物主义的理解和阐释。

一、“重建历史唯物主义”第一人

作为德国当代最著名的哲学家之一，哈贝马斯同时也是法兰克福学派第二代领军人物，他以其独特的思想贡献和对晚期资本主义的深度研究，被称为“后工业革命最伟大的哲学家”“当代的黑格尔”“当代最有影响力的思想家”。资本主义发展到晚期所发生的一系列显著变化是哈贝马斯开启对历史唯物主义重建的现实出发点。自20世纪70年代，哈贝马斯正式着手这项工作，与此同时，他也构建了具有社会批判色彩的交往行为理论体系，并对全球化语境下的政治哲学命题进行了深入严肃思考，对国际学界解释和解决晚期资本主义的社会问题具有重要的启发意义。

哈贝马斯试图重建历史唯物主义并非心血来潮，这个理论行动背后有着多重考量。其一，资本主义社会的晚期巨变与种种现实状况似乎与马克思主义经典作家的批判语境不再契合，这就意味着绝不能生搬硬套马克思主义的论断，而是必须灵活运用。在哈贝马斯看来，晚期资本主义社会存在着两个显著特征：(1) 国家对于经济活动的角色已经由以往的“守夜人”转变为“干预者”，市场经济从“放养”状态转变为被“强制干预”的状态。(2) 科学技术革命的快速推进，已然成为社会发展的第一生产力。资本主义社会进入垄断时期的一系列发展变化，被哈贝马斯作为其历史唯物主义重建所依据的现实素材。其二，哈贝马斯认为马克思对自由资本主义的政治经济学批判理论已经“过时”。在看到晚期资本主义发展的这两个特征后，哈贝马斯做出马克思建立在自由资本主义之上的政治经济学批判已然“过时”的判断，认为必须以一种新的、具有彻底反思性的批判理论代替它。其三，传统的历史唯物主义理论被哈贝马斯看成先天不足的理论“早产儿”。他认为，传统的历史唯物主义存在三个天然的缺陷：“第一，不加反思的历史客观主义；第二，从存在和意识的关系上批判资产阶级的规范内容时，也同时否定了资产阶级的规范和价值中的内在的有用的因素；第三，忽视了道德规范结构在社会进化中的重要意义。后来，斯大林把历史唯物主义法典化，并且把它禁锢在他所确立的理论框架中。这就进一步堵死了这一理论发展的道路，使这一理论成了一种没有生机的僵死的教条。”[①] 其四，哈贝马斯指出马克思的社会革命理论也落后于时代了。他认为，在晚期资本主义社会中，尽管阶级冲突依然存在，但这种冲突已经趋于温和。资本家与工人阶级之间不再是你死我活的剥削与压迫关系，而是尝试建立“双赢”的雇佣关系。

哈贝马斯在重建历史唯物主义时所展现的理论思路，不仅体现了他对后期资本主义社会发展的独特的思考，还表征出他对传统历史唯物主义的独到见解。总的来看，他主要从以下四个方面展开其研究缘起和研

① 哈贝马斯. 重建历史唯物主义. 郭官义，译. 北京：社会科学文献出版社，2013：译序 8.

究思路：

其一，以“创新性理解”代替“教条主义理解”。马尔库塞诞辰70周年之际，即1968年，哈贝马斯写了《作为“意识形态”的技术与科学》以示缅怀。马尔库塞认为：“自十九世纪的后二十五年以来，在先进的资本主义国家中出现了两种引人注目的发展趋势：第一，国家干预活动增加了；国家的这种干预活动必须保障（资本主义）制度的稳定性。第二，（科学）研究和技术之间的相互依赖关系日益密切；这种相互依赖关系使得科学成了第一位的生产力。”① “随着大规模的工业研究，科学、技术及其运用结成了一个体系。……于是，技术和科学便成了第一位的生产力。”② 哈贝马斯认为：“自19世纪末20世纪初，特别是第二次世界大战之后，西方资本主义社会发生了质的变化。它不再是马克思所分析的古典的、具有破坏性的自由竞争的资本主义社会，而是进入了由‘国家管理的晚期资本主义阶段’。由于这种变化，人们不应该采取‘教条主义’的态度去运用马克思主义的某些基本范畴，而应根据情况重新考虑，对它们做出新的、实事求是的解释。”③

其二，以“科技增值论”替代“劳动价值论”。在哈贝马斯看来，虽然晚期资本主义社会遭遇重重危机和困境，但这些危机和困境并非不能克服。哈贝马斯对于马克思运用劳动价值理论和剩余价值理论对资本主义社会展开的批判予以赞同，但他同时也表明“今时不同往日”，在现代资本主义社会中，科学技术摇身变为“第一生产力”，对社会生产起着越来越重要的作用。同时，价值的主要来源不再是社会劳动生产而是技术，技术不断进步就意味着价值的不断增殖。“所以他在分析了晚期资本主义社会状况之后指出，在这个社会里，由于科学技术直接运用于生产，从而大幅度地提高了劳动生产率；科技进步实际上决定着生产的发展和经济的增长，已经成了‘第一生产力’，成了‘独立的变数’和‘独立的剩余价值来源’，‘马克思本人在考察中得出的剩余价值来源——直接生产者的劳动越来越不重要’，‘运用马克思的劳动价值学说

① 哈贝马斯. 作为“意识形态”的技术与科学. 李黎，郭官义，译. 上海：学林出版社，1999：58.

② 同①62.

③ 哈贝马斯. 重建历史唯物主义. 郭官义，译. 北京：社会科学文献出版社，2013：译序6.

的条件不存在了’。”①

其三，以“普遍的社会进化理论”确立历史唯物主义的原有目标。在哈贝马斯看来，没有一劳永逸的社会理论。所有的社会理论包括历史唯物主义或是其他一切社会理论都只能对某一个领域或某一个社会现象予以解释和说明，而不能完整地说明社会进化的过程、展现社会进化的理论思路。他认为，只有对历史唯物主义进行重建才能使其成为充满生命活力的社会进化理论，实现其最初的理想蓝图。“在马克思的理论传统中，每当人们倾向于压制哲学问题，而有利于科学的理解时，滑入拙劣的哲学中去的危险就特别大。早在马克思的著作中就已经出现了历史哲学的遗产有时不加反思就起作用的现象；这种历史客观主义首先渗透在第二国际的进化论中，例如在卡尔·考茨基的著作中，以及在辩证唯物主义中。因此，当我们今天重新接受历史唯物主义的社会进化的基本观点时，须特别谨慎。”② 在哈贝马斯看来，马克思以及马克思的继承者都用科学实证主义的方式错误地解读了历史唯物主义，消解了历史唯物主义的批判气质和反思精神。他认为“人们并没有理解历史唯物主义——无论是马克思和恩格斯，还是马克思主义的理论家们，都没有理解历史唯物主义；在工人运动的历史中，人们也没有理解历史唯物主义。因此，我不能把历史唯物主义看作启迪学，而看作理论，即看作一种社会进化论。由于这种理论具有反思能力，因此它对政治行动的目的也是有益的，并且在有些情况下，是同革命的理论和战略联系在一起的”③。此外，哈贝马斯认为：“马克思的社会理论的规范基础从一开始就是不明确的。”④ 马克思对道德规范结构在社会进化中的重要作用也不闻不问，因而也要对此进行重新建构。

其四，以“阶级缓和论”替代“阶级对立论”。哈贝马斯认为，马克思通过剖析资本主义社会的基本矛盾，洞见了资本主义必然毁灭以及无产阶级必然胜利的客观历史趋势，他对资本逻辑的说明，具体展现了无产阶级成为资本主义掘墓人的生成过程。然而，随着西方社会行进到

---

① 哈贝马斯. 重建历史唯物主义. 郭官义，译. 北京：社会科学文献出版社，2013：译序 6-7.

② 同①3-4.

③ 同①104.

④ 同①4.

晚期资本主义阶段，资本主义的治理模式也随之出现诸多改变，一方面，科技进步使得资本家和无产阶级成为利益有关的互有诉求性存在，即资本家不再对无产阶级进行惨无人道的压迫和剥削，而是以改善无产阶级的工作条件和生活福利来调和他们的矛盾。另一方面，无产阶级在自己生活条件不断改善的基础上对资本主义的仇恨也逐渐减小。由此“任何革命的理论都失去了它的接受人”，“无产阶级，作为无产阶级自行消失了……阶级意识，尤其是革命的意识，今天，即使在工人阶级的核心阶层中也难以得到确认”①。资本家与工人之间在社会生产过程中的密切的相互协作关系代替了原先的对抗性的剥削与压迫关系。

哈贝马斯的重建并不仅仅停留于简单的方法论层面的讨论。像早期的法兰克福学者，还有阿尔都塞、莱尔因等学者都强调从方法论视域来对历史唯物主义进行重释，以求“补充”“完善”。与之不同，哈贝马斯的重建在更大程度上是将理论分解、拆开、放置到另一种新的理论形式中，属于知识界的流行认知，超越了方法论上的变革：“超过了只是把相同要素重新安排一下的做法：一种本身需要修正的理论，特别是只能对由交往行为理论提供给它的规范和一般原则作详细说明”② 的逻辑思路。这就意味着对马克思文本的说明和诠释并不是哈贝马斯的目标，他要用自身理论体系中的范畴概念来对历史唯物主义进行重建。哈贝马斯用一种替代的方式来进行重建，无疑与上述重释者截然不同。为了实现重建历史主义的目标而采取理论置换和取代的方式，必然要求放弃原有理论模式，选取与之相对立的理论样态，即用交往方式取代历史唯物主义的生产方式。与历史唯物主义相关的哈贝马斯的著述中，理论重建的目标借助不同的话语一直贯穿其中，从早期对理论的解释、批判、修正到后期用新的理论范式，为达成重建目标可谓矢志不渝，变化的只是他达成这一目标的方式和他所借用的不同的理论资源。具体来说，历史唯物主义的核心范畴“劳动”被“交往”所取代，同时，基于“交往”范畴发展而来的交往理性则构成了重建历史唯物主义的脚手架。首先，“交换”和“劳动”这两个范畴的置换，使得历史唯物主义的理论基础发生改变。他对“交往”和“劳动”做了区分，前者是按照有效性规范

① 哈贝马斯．理论与实践．李黎，郭官义，译．北京：社会科学文献出版，2010：译者的话 2-3．

② 赫立忠．理论与实际统一的马克思．济南：山东人民出版社，2006：290．

进行的、以符号为媒介的相互作用，后者则是按照技术规则展开的工具目的理性活动。通过这种界定，哈贝马斯指出马克思“对相互作用和劳动的联系并没有做出真正的说明，而是在社会实践的一般标题下把相互作用归之于劳动”①；这样一来，作为人与人之间关系表征的“交往”和作为人与自然关系的“劳动”被混淆，交往活动仅仅是一种工具活动，那么，以劳动为基础而构建的历史唯物主义绝不是真正的关怀人的科学，只能从生产力的视角来解读社会历史发展，导致历史唯物主义披上浓郁的“技术至上”色彩和工具理性的外衣。因此，哈贝马斯提出用交往理性来替代工具理性。所谓交往理性，乃是指在有着不同利益诉求的主体之间，能够依托交往、对话、商谈来达到协调各方利益，寻求合作、共存和发展的目的，以规避掉入对工具理性和生产力的过度推崇的泥潭中，这本质是一种行为态势和心理指向。历史唯物主义要实现作为一种真正彰显人文关怀的科学理论的目标，就必须强调社会发展中交往行为所起的基石性作用。在他看来，人类社会发展进步除了包含工具目的理性行为的“社会劳动”领域的进步外，还有作为“交往行为”的“道德实践领域”的进步，两者不可或缺。技术进步和组织知识增长是“社会劳动”推动生产力发展的手段，而“道德实践领域”的交往水平则在道德实践性知识的增长中不断得以提升。这么说来，“知识的内在增长，是社会进化的一个必要条件”②。学习和学习机制就成为社会发展的重要动力，无疑可以取代“生产力决定论”。社会变革离不开道德实践领域中人们交往活动和交往关系的推动，以此来解决生产力发展所带来的体制等问题。在哈贝马斯看来，依托于交往行为与交往理性来重建历史唯物主义，能够有效消解“经济决定论”过于倚重生产力作用的弊端，进而建构出一种社会一体化形式的演变规律，以便克服用生产方式概念划分社会形态的线性范式的缺陷。我们要看到，哈贝马斯对历史唯物主义的重建在某种程度上是他所处的这个时代出现的对传统历史唯物主义尤其是其机械解读模式或“经济决定论”倾向的反思，同时代的哲学家都在不同程度上进行过或明或暗、或多或少、或隐或

① 哈贝马斯．作为“意识形态”的技术与科学．李黎，郭官义，译．上海：学林出版社，1999：33.

② 哈贝马斯．重建历史唯物主义．郭官义，译．北京：社会科学文献出版社，2013：119.

现的对历史唯物主义的重释或重建，诸如阿伦特、列斐伏尔、鲍德里亚及其他后现代主义者的理论都对此有所涉及，“生产主义”范式似乎是他们所批判的共同目标。但得到大多数人赞同的观点并不意味着它就是真理，哲学家们的共通理论倾向并不意味着哈贝马斯对历史唯物主义的重建获得了合法性。

总的来说，哈贝马斯以病理学诊断的方式开启对晚期资本主义发展的批判，为解决全球化新时期的社会发展问题提供了可供参考的建设性诊疗方案；他用马克思主义经典理论注解最新的晚期资本主义社会发展现实，并以此洞见后期资本主义社会困境，尤其具有启发意义。但他所主张的口号一直是“重建”，这不同于“复辟”或“复兴”，而是采取新的批判形式进行重建，在此过程中他的最终目标并不是消灭资本主义，而且他认为历史唯物主义已经“过时”的种种论调和“西方中心主义”的做派，不仅扼杀了历史唯物主义的革命性功能，而且也使自己的理论离马克思主义的本真精神越来越远。

二、历史唯物主义“重建”思潮的开启

西方马克思主义者们始终在为“重建”历史唯物主义付出努力和智慧。经过法兰克福学派早期学者们即霍克海默、阿多诺、马尔库塞、施密特等人从各个角度“重释”历史唯物主义后，哈贝马斯作为法兰克福学派的第二代领军人物站在他们的肩膀上，在《重建历史唯物主义》这一著作中明确主张对历史唯物主义进行“重建”。正如有学者指出：“如果说‘重建’的话，至少马尔库塞与弗洛姆已迈出了相当大的一步，而且，哈贝马斯所进行的‘重建’，在许多问题上沿袭了他们的观点。但是，要求把对当代资本主义社会的分析达到一个更高的抽象，给予一个哲学的基础，从而摆脱马克思的历史唯物主义的框架，而明确提出‘重建’历史唯物主义口号的，则是哈贝马斯；在这方面做得全面系统的，无疑也是哈贝马斯。”① 哈贝马斯的重建以交往合理性为出发点，在重新彰显历史唯物主义的社会批判功能基础上，重新构造“新的”历史唯物主义理论架构。

站在当代资本主义社会的巨变与新时代的洪流之前，哈贝马斯提出

① 欧力同，张伟．法兰克福学派研究．重庆：重庆出版社，1990：388-389.

了“晚期资本主义理论”。在哈贝马斯看来，当代资本主义社会与马克思主义经典作家所处时代已大相径庭，产生的新变化似乎预示着马克思的剩余价值理论、劳动价值理论和阶级斗争理论都失去了对资本主义现实的解释力。具体来说，首先，在经济上，上层建筑的能动作用加强，不再依附和决定于经济基础转而成为经济基础的主导力量，具体表现为国家不断加强对经济的干预。其次，社会的矛盾运动难以再用单一的生产力与生产关系的相互作用来说明，科学技术转而成为第一生产力。再次，合法斗争成为新的斗争形式，阶级冲突已经得到极大缓和甚至不复存在。据此，哈贝马斯指出历史唯物主义如果不寻求变革和创新就会陷入前所未有的理论危机之中，必须对其进行修正和完善，必须重建历史唯物主义。最初，哈贝马斯所倡导的“重建”，是将历史唯物主义进行分割和重组以便更好地达成其没能实现的内在目标。到后面干脆直接抛弃所谓“重建”，力图用交往理论替代历史唯物主义有关物质生产的理论，用抽象的主体间性替代在实践中形成的主体间关系。质言之，哈贝马斯重起炉灶，最后走向了一条与历史唯物主义完全南辕北辙的所谓社会批判理论的道路。具体来说，哈贝马斯集中对经济基础与上层建筑的关系、生产力和生产关系的辩证法、生产方式的发展序列及作用等三个重要原则进行了批判，还进一步指出上层建筑要素已取代在早期资本主义时期起决定作用的经济基础要素，转而决定着晚期资本主义社会的运行和发展。哈贝马斯认为社会发展的进程不应再由生产方式的变更所表征，晚期资本主义社会成为一种物欲横流的消费型社会，阶级问题被生产消费等问题所湮没，文化冲突代替阶级冲突成为社会冲突的主要表征，劳动和相互作用应当置换生产力和生产关系，重新构成对晚期资本主义的解释范畴。“劳动”意指理性选择或工具行为，而“相互作用”表征着社会交往行为。通过这种理论解读和建构，以“交往合理化”为内容的社会变革方案就成为哈贝马斯“重建”历史唯物主义的旨趣。在发达资本主义工业社会中，随着科学技术对社会各方面或显或隐的统治，具有价值取向的批判理性被工具性的科技进步标准所取代，人文关怀被加速主义所取代。在这种超价值判断的工具理性方式日渐全面主宰社会的过程中，衍生出来的“劳动”的“合理化”不断消解、奴役人的自由的理性，人们的“交往行为”日趋“非合理化”。“生产力似乎并不像马克思所认为的那样，在一切情况下都是解放的潜力，并且都能引起解放运动，至少从生产力的连续提高取决于科技的进步——科技的进步甚至具有使统治合法化——的功能以来，不再是解放的潜力，也不能引起解放运动了。”[①] 据此，“劳动”和“相互作用”之间的冲突就决定着发达资本主义工业社会的发展进程。哈贝马斯由此认为，交往行为的不合理化取代资本逻辑成为科学技术异化的动因，因而建构合理交往模式是消除科学技术异化的唯一路径。历史唯物主义在哈贝马斯的理论建构中就成为一种社会进化理论而非启迪学：“我不能把历史唯物主义看作启迪学，而看作理论，即看作一种社会进化论。”[②] 哈贝马斯认为这种进化理论能够更好地呈现和诠释人类社会的发展历史。这样一来，哈贝马斯实际上是以“语言性交往行为”而展开其重建历史唯物主义的理论框架，以考察人类历史以及合法性批判晚期资本主义国家为理论旨趣。不难看出，哈贝马斯重建历史唯物主义的主张不过是作为建构其“交往行为”理论的工具和手段，最终是为了建构一种批判晚期资本主义却又仅限于对资本主义制度的细枝末节进行修补的改良主义社会方案，虽然他以承认历史唯物主义的价值为前提，但最终却使历史唯物主义沦为社会进化理论，抛弃了理论原初的革命性维度，不可避免地滑向历史唯物主义的“对立面”，事实上是对理论的“修正”而非创新。

由是观之，作为第一个明确祭出重建历史唯物主义大旗的法兰克福学派学者，哈贝马斯并不满足于仅仅恢复历史唯物主义中的某些原生思想，而是意图从整体上实现重建历史唯物主义的目的。这种重建本质上是力图通过彻底置换和代替历史唯物主义的核心概念和基础理论。哈贝马斯也曾对“重建”一词做过专门界定：“复原这个词意味着回到那已被讹用的初始含义，但我对马克思和恩格斯的兴趣并非教条式的，也不是历史—哲学式的；复兴意味着一段时间内已被埋葬的某种传统的再生，而马克思主义并不需要这种再生；在现在这个场合，重建意味着把一个理论分解开，然后在某种新形式中，再将其整合在一起，以便更充分地实现它为自己确立的目标。”[③] 除此之外，哈贝马斯还在《重建历

① 哈贝马斯．作为“意识形态”的技术与科学．李黎，郭官义，译．上海：学林出版社，1999：72.

② 哈贝马斯．重建历史唯物主义．郭官义，译．北京：社会科学文献出版社，2013：104.

③ 哈贝马斯．交往与社会进化．张博树，译．重庆：重庆出版社，1989：98-99.

史唯物主义》一书中阐发了其重建过程的逻辑进路，大致是："首先我想谈的是历史唯物主义的基本概念和基本假说和对它们的批判考察，然后列举一些人们在使用这些假说时所遇到的某些难题，提出和说明我的抽象的解决这些难题的建议，最后来考察人们从相互竞争的理论观中能够学到的东西。"① 在哈贝马斯看来，其重建历史唯物主义的目的是要对马克思主义的历史唯物主义做出进一步澄明。哈贝马斯进行重建是出于理论和实践的双重考虑。在理论上，庸俗的、独断的"马克思主义"盛行，对历史唯物主义造成了一定的误解，必须加以批判。在实践上，斯大林将辩证法与历史等同起来，认为唯物辩证法扭曲了马克思的思想，必须加以反对。事实上，哈贝马斯对马克思和马克思主义的理解也是变化性的、生成性的。从开始聚焦于马克思早期文本，对马克思思想展开哲学人类学和非基础主义、非形而上学的多维诠释，哈贝马斯将马克思思想看成一种历史理论和一种社会进化理论的复合体，并对马克思的文本和一般意义上的马克思主义进行了切割。在这个阶段，哈贝马斯将自身理论建构与马克思理论的关系作为关注焦点，试图借助马克思的思想来呈现自身理论，以求改变历史唯物主义的形式从而实现历史唯物主义的重建意图。到了后期，哈贝马斯在展开交往行为的理论建构时，逐渐将解读视域转向经济学领域，直至彻底对马克思思想包括历史唯物主义进行经济学层面的解读并逐渐固定下来。在这个阶段，哈贝马斯则试图借助与生产范式相异的交往行为范式来对历史唯物主义核心概念进行置换，从而形成服务于交往行为理论的历史唯物主义。此时，哈贝马斯的理论重心由处理两种理论关系转向用马克思理论来为他所理解的马克思主义做注脚。这种转变已表明，哈贝马斯所建构出的历史唯物主义与原初意义上的历史唯物主义已不再是同一种理论了。

显然，哈贝马斯认为，晚期资本主义由于科技成为第一生产力使政治领域的统治有了合法的意识形态功能，国家对社会生活的全面干预，导致晚期资本主义社会呈现出以社会劳动领域为核心的经济与政治的大力发展和相互作用结构的滞后发展之间的矛盾，出现生活世界的殖民化现象，资本主义的合法性危机开始浮现。哈贝马斯以生产关系进化为起点，说明其进化动力在于道德实践知识的增长，消解生产力和生产关系

① 哈贝马斯. 重建历史唯物主义. 郭官义，译. 北京：社会科学文献出版社，2013：105.

的紧密联系，将生产关系神秘化。当哈贝马斯一味凸显“劳动”和“相互作用”理论中主体的地位和作用时，他同时也就抛弃了历史客观因素的制约性，这无疑与历史唯物主义的基本立场分道扬镳。这样，生产关系与其强调的社会交往关系的关联就不可避免地非常脆弱了，虽然哈贝马斯有时会将生产关系作为社会交往形式的一部分，但最后它都会演变为“制度的结构”或“意识的形态”。最终哈贝马斯得出社会的发展取决于知识的发展，这无疑是在重建历史唯心主义，将历史发展的客观规律性弃之如履。而用依托于社会交往行为理论基础上的社会进化理论来取代建立在生产力与生产关系辩证基础上的社会革命理论，与历史唯物主义本真意蕴中的科学性和革命性背道而驰。因此，面对社会交往中的错误行为仅有道德的谴责是远远不够的、不彻底的，借助道德来论证历史的发展，恰恰走向了马克思曾经的批判对象——德意志意识形态家。实践证明，只有对资本主义社会进行深刻的政治经济学批判才能从根本上揭露出资本主义的病灶。

三、莱尔因对历史唯物主义的“重构”

一直以来，有些人对哈贝马斯的“重建历史唯物主义”理论似乎情有独钟，对他的“重建”论思想不断地进行阐释和批判。在20世纪下半叶，英国学者莱尔因就向世人宣称，他要重构历史唯物主义，有别于哈贝马斯，要建构出一种不同于前人所理解的马克思主义。其重构思想主要体现在《重构历史唯物主义》一书中，这是在当时对历史唯物主义阐释的一部时髦著作。他认为马克思主义思想内部存在矛盾和困境，因此，莱尔因提出以实践为历史唯物主义的关键性范畴，试图以实践概念为核心，以人的学说来重新解释和建构历史唯物主义。“实践”理论成为莱尔因贯穿该书的主要纽带，通过以人的学说为中心来重新阐释和建构马克思的历史唯物主义。正如作者在引言中所言：“我的目标是，把实践的观点引进这场争论之中。……我所使用的重构概念，其含义不是用教条的传统马克思主义立场来对待马克思、恩格斯，而是特别注意在马克思和恩格斯的著作中能够找到的同教条的传统马克思主义绝然不同之处，以及解决这一问题的必要性。”①

① 莱尔因. 重构历史唯物主义. 姜兴宏，刘明如，译. 北京：中国社会科学出版社，1991：2.

首先要追问的是，莱尔因何以要去重构历史唯物主义？或者说促使莱尔因去重新审视历史唯物主义的动因是什么？莱尔因在书中给出了答案。他在书中通过对西方马克思主义与工人运动的发展结合轨迹的分析，认为西方马克思主义只是工人运动冒险实践的结果，并不是革命的实践，虽然这也算是实践的一种形式。因为这种实践形式“也是和目前流行的那种关于国家概念的理论研究是一致的，它为了使社会主义获得机会而不必对统治阶级发动正面攻击”①。而非欧洲工人阶级的革命实践却被欧洲的马克思主义所讨论，被理论化和发展着，理论和实践严重的局限性使西方马克思主义抽象化和想象化。西方马克思主义过分强调知识论和方法论，而一些历史学家把历史唯物主义归结为历史的编写，因此含蓄地否定了历史唯物主义的理论地位及其与现存社会分析的关联。莱尔因还指出，历史决定论思维的复活无意识地重复了苏联的马克思主义传统，以致常常割断了历史唯物主义与实践思想的联系。在这一过程中，历史唯物主义面临失去理论表征和被实践分割的危险。因此，莱尔因给出了如下重构的因素：其一，西方马克思主义赋予历史唯物主义批判性质，试图用不同于苏联教条的非决定论、非经济方式来发展它的做法，已陷入困境。其二，马克思主义在英语国家新的活力导致一种趋势：要么低估历史唯物主义的理论地位，要么严格用公式化的附加力量来恢复苏联决定论的解释。

莱尔因在书中对前人的重构理论的含义进行了归纳：一是把重构理解为对马克思著作进行解读的一些特殊方法，以此试图彰显他们真正要表达的旨趣。这种重构认为马克思的学说以不系统、不集中的方式示众，因此，为了马克思学说的更严密、更系统，必须借助像阿尔都塞提倡的“症候阅读”的方法来重新建构隐藏在马克思著作之中的科学“难题”。二是对马克思主义的范畴框架进行系统澄清和重新组合，或者借助英美分析哲学的方法来祛除马克思论说中的不确定性。引进新的原则是这种重构观点的前提条件，目的是恢复马克思思想的本真面目和复杂性，而不是把它看成僵化的东西。另外，莱尔因还对哈贝马斯和萨特的重构学说进行了评价。他认为哈贝马斯赋予重构这一术语更加流行的看法，哈贝马斯所说的重构是“把一种理论拆开，用新的形式重新加以组

① 莱尔因. 重构历史唯物主义. 姜兴宏，刘明如，译. 北京：中国社会科学出版社，1991：7.

合，以便更好地达到这种理论所确立的目标”[①]。莱尔因指出，哈贝马斯的“重建”超过了只是把相同因素重做安排的做法，更何况是由交往行为理论取代生产劳动成为这种重构理论的规范的一般原则。莱尔因认为，萨特是从所谓的马克思主义把未经研究的事物概念化、先验化和教条化为决定一切事物的真理认识，通过这种批评，萨特推论出重构的必要性。因此，萨特试图通过加入新的原则，这才有存在主义的马克思主义之说。而事实上，马克思早就说过：“抽象本身离开了现实的历史就没有任何价值。它们只能对整理历史资料提供某些方便，指出历史资料的各个层次的顺序。但是这些抽象与哲学不同，它们绝不提供可以适用于各个历史时代的药方或公式。”[②] 莱尔因同意从“方法论”的视域来理解重构概念的前提，认为马克思的学说中存在模棱两可的地方，需要进一步完善和修正，但又不单纯是为了增加一点严密性和系统性。他既反对阿尔都塞认为马克思著作中存在一贯的分裂而马克思的贡献被他本人全面掩盖了的先验的思想，以及预先界定隐含在马克思著作中的“科学难题”，认为马克思主义是借助筛选符合外在构想出来的标准的前提来重构，也反对哈贝马斯和萨特的方法，认为凭借交往理论或存在主义和心理分析主义等自成体系的原则，来填充马克思思想中的断裂，是毫无意义的。莱尔因认为，从生产到交往的转移，哈贝马斯轻视以物质生活为基础的阶级冲突，并试图以“曲解的交往”思想取代它们。而萨特认为人类一直面临生存、繁衍、异化等问题，他企图通过找寻先验的辩证方法，把历史发展的中心从阶级剥削的历史具体形式转换出来。莱尔因批评这两种重构改变了历史唯物主义的本真面目。

莱尔因认为马克思的历史唯物主义确实存在模糊不清的问题。他列举了三个方面：第一，马克思的研究对象范围极广，这为理解社会和历史的真实前提提供了可靠的依据，但特定生产方式的具体分析是否能与它们在历史上的嬗变的更一般的原则相吻合，具体的历史事件与历史的抽象整体看法能否相协调？第二，不同的理论渊源、不同的解释原则、不同的构成要素融合在更高级的理论整体之中，它们之间能否匹配、融汇？第三，马克思的社会和历史的认知是为了寻求人类的解放，这种“自然科学的精确性”和“本质上是批判和革命的”理论，在现实中就

① 哈贝马斯. 重建历史唯物主义. 郭官义，译. 北京：社会科学文献出版社，2013：3.
② 马克思，恩格斯. 马克思恩格斯文集：第1卷. 北京：人民出版社，2009：526.

是一般科学规律和具体政治实践关系的问题，以及把对现实的严格解剖同对现实的异化和矛盾的特性作批判相结合，它们之间能否协调？莱尔因认为以上类似因素使马克思的思想常常陷入困境，由此导致马克思对一个问题同时显现两种不同的诠释：有时强调科学规律，有时又把政治实践作为其出发点；有时用传统的唯物主义前提来批判唯物主义，有时则强调用唯心主义的前提来批判旧唯物主义；有时黑格尔历史整体和辩证法的思想得到了彰显，有时历史发展不可忽视的差异性占据统治地位。莱尔因认为，要解决这些问题，既不需要对马克思学说的本义是什么进行独断的肯定，也不需要对马克思主义进行根本的和系统的修改，而只要借助原有要素构建新的平衡就好了。而接下来莱尔因又说："摆脱困境也需要变化一下所强调的重点，排除不适宜的解释成分。"① 从这里可以看出，莱尔因自己对历史唯物主义的理解存在矛盾。

在莱尔因看来，他的重构概念采纳了马克思本人有时认为理论自身的实践和理论本义不吻合的认知，重构的含义不能脱离对马克思的思想进行整体的考察，对矛盾的章节进行厘定和考量。恰当的重构概念必须能够探索理论的一切要素是否是一以贯之的，各种要素之间的关联是否行之有效。重构必须能够找到原有理论的断裂所在，从而寻求原有理论中各种要素的平衡，或者排除不恰当的既有结论。

莱尔因言说他重构历史唯物主义的观点，在于他坚持认为马克思的学说中存在所谓的断裂，从而导致其思想上的前后不一致。他的重构实际上是一种"返回"真正马克思的努力。因此，莱尔因认为要重构历史唯物主义，就必须承认马克思、恩格斯著作中存在困境。请看他所谓的马克思、恩格斯的四个"思想困境"究竟是怎么回事吧。(1) 马克思一方面确认辩证法是世界的普遍原则，另一方面又把矛盾看成是历史进步的有限条件的社会结果，这表明马克思的辩证法不是物质世界独立的客观运动，而只是与无法摆脱的阶级对抗和阶级实践相关联的。(2) 马克思一方面认为意识是现实物质生活的反映，另一方面强调意识的积极方面和预见作用，这是由于马克思试图把哲学唯物主义的要素与唯心主义所发展的"能动方面"结合起来造成的冲突。(3) 关于社会变革的机

---

① 莱尔因. 重构历史唯物主义. 姜兴宏，刘明如，译. 北京：中国社会科学出版社，1991：15.

制，马克思提出了两个公式：“一是《〈政治经济学批判〉序言》中的‘客观’公式，强调生产力的发展及其与生产关系的冲突；一是《共产党宣言》中的‘主观’公式，侧重于阶级斗争。”它们涉及主体和结构的关系问题，作者认为这是“重要的断裂”。（4）马克思一方面强调历史是一种直线发展的普遍过程，另一方面又强调各国历史发展的特殊性，不再表现为高度严密的目的论进程。这两种观点是对立的。根据莱尔因的看法，造成马克思、恩格斯思想困境的来源主要有四个方面。

首先，辩证法思想。马克思的辩证法思想的一些重要成分和恩格斯的辩证法思想是不相符的。按照莱尔因的说法，恩格斯晚期著作中所阐述的自然辩证法思想主要聚焦于辩证法普遍存在这个事实，而马克思并不同意把辩证法作为解释所有事物和运动的普遍原则，这就构成了两者在辩证法思想上的不一致，即恩格斯脱离了马克思认为不能离开人类实践谈辩证法的真理。莱尔因认为，马克思不喜欢那种以普遍原则代替具体分析、不喜欢对辩证法规律作抽象的使用，“在马克思看来，矛盾的存在不是一切存在物所固有的形而上学原则的结果，而是具体的短暂的历史条件的社会结果，这种条件可以在实践中改变”①。莱尔因接着说，当马克思在《资本论》中断言从手工业向机器大工业的过渡包含了从量变到质变的过程时，正是通过具体的历史分析得出结论的，而不是辩证法普遍规律的应用和推理。

其次，对社会意识的分析。按照莱尔因的分析，马克思、恩格斯反复强调了意识是物质世界的表达和反映：“不是意识决定生活，而是生活决定意识。”② “观念的东西不外是移入人的头脑并在人的头脑中改造过的物质的东西而已”③，是现实事物的反映。他认为，这个理论本身并没有承认意识的积极作用，“常常表现为一种仅仅在头脑里再生产并且本身独立于意识而被建构的客观过程的消极结果”④。莱尔因认为，自从和费尔巴哈分手之后，马克思、恩格斯又强调意识的积极方面和预见作用，“从前的一切唯物主义（包括费尔巴哈的唯物主义）的主要缺

① 莱尔因．重构历史唯物主义．姜兴宏，刘明如，译．北京：中国社会科学出版社，1991：20.

② 马克思，恩格斯．马克思恩格斯文集：第1卷．北京：人民出版社，2009：525.

③ 马克思，恩格斯．马克思恩格斯文集：第5卷．北京：人民出版社，2009：22.

④ 同①22.

点是：对对象、现实、感性，只是从客体的或者直观的形式去理解，而不是把它们当做感性的人的活动，当做实践去理解，不是从主体方面去理解”①。据此，莱尔因断定，这就表明，意识不仅是现实的反映，而且是构建现实的要素，是由人类实践构建的而非现成的。人类实践不仅具有主动性，而且具有不同于动物的能够预见目标的特性。莱尔因还指出，马克思在分析生产与消费的关系时也认为“意识不仅是现实的反映，而且也是建构现实的要素，只要这种现实不是现成既定的，而是由人类实践建构的。”② 莱尔因在文中给出了产生这种困境的原因：这是马克思试图把哲学唯物主义的要素与唯心主义所提倡的“能动性”结合而造成的。

再次，对社会变革机制的解释。莱尔因告诉我们，许多学者都承认，马克思对社会变革机制的解释存在断裂。不同之处在于，以往学者对这种断裂存在于对社会变化的主要动力的解释中，究竟是生产力与生产关系之间的矛盾还是阶级斗争的问题。莱尔因认为，这种看法没有明确回答同一个矛盾中哪一个对立面占首要地位的问题，或者说两种矛盾哪一个更基本的问题。因此，莱尔因认为：“真正的困境并不存在于一方是阶级斗争另一方是生产力与生产关系之间的矛盾，而是在于生产力和生产关系这两者中哪一方占据首要地位。”③ 按照莱尔因的说法，学者们是因为对主体层次和结构层次的混淆而产生了错误理解。前者包含阶级与集团等机构所需的意识、目的与策略的主观因素，后者是客观的、非主观臆造的冲突。莱尔因认为，马克思和恩格斯就存在用两种不同模式来表达同一种矛盾的困境。如他们认为：“生产力和交往形式之间的这种矛盾……每一次都不免要爆发为革命，同时也采取各种附带形式，如冲突的总和，不同阶级之间的冲突，意识的矛盾，思想斗争，政治斗争，等等。从狭隘的观点出发，可以从其中抽出一种附带形式，把它看做是这些革命的基础。……因为进行这些革命的个人都由于自身的文化水平和所处的历史发展阶段，而对他们自己的活动本身抱有种种幻

---

① 马克思，恩格斯．马克思恩格斯文集：第1卷．北京：人民出版社，2009：499．

② 莱尔因．重构历史唯物主义．姜兴宏，刘明如，译．北京：中国社会科学出版社，1991：23．

③ 同②24-25．

想。”① 莱尔因同时又说，马克思、恩格斯似乎采用两种不同矛盾的说法。这在《共产党宣言》中尤为明显，在这部著作中，作者既认为阶级斗争是社会历史变革的动力，又用生产力与生产关系的矛盾来解释封建社会向资本主义社会的过渡：“封建的所有制关系，就不再适应已经发展的生产力了。这种关系已经在阻碍生产而不是促进生产了。它变成了束缚生产的桎梏。它必须被炸毁，它已经被炸毁了。”② 另外，莱尔因认为，马克思、恩格斯暗示我们：只有阶级斗争的作用能够解释历史变革的原因，而这种作用也是以结构因素为条件的。因此，莱尔因认为：“客观环境的条件只能靠阶级实践本身来改变；反抗的革命群众的存在并不是必然由现存生产力预先决定的。在这两种要素中间存在着相对的独立性。”③ 通过这些分析，莱尔因得出结论：马克思一方面提供了以生产力（包括劳动关系）进步为基础的狭隘的机械论解释；另一方面告诉我们社会变革能够在经济结构中发生，生产关系最终能够实现自我更新。

最后，历史观念问题。莱尔因分析了马克思的历史概念的发展演变。他认为，马克思在早期著作中把历史进化定义为一个强加给人类的必然过程，这就意味着人类认识的必然终结。后来，历史又被看成服从特定规律的自然历史过程，如在《1844 年经济学哲学手稿》中，历史被表述为经过异化阶段以人的真实本质的复归而结束的人类化的过程。从“大体说来，亚细亚的、古希腊罗马的、封建的和现代资产阶级的生产方式可以看做是经济的社会形态演进的几个时代”④ 到“历史什么事情也没有做，它‘不拥有任何**惊人**的丰富性’，它‘没有进行**任何**战斗’！其实，正是**人**，现实的、活生生的人在创造这一切，拥有这一切并且进行战斗。并不是‘历史’把人当做手段来达到**自己**——仿佛历史是一个独具魅力的人——的目的。历史**不过是**追求着自己目的的人的活动而已”⑤。莱尔因认为，马克思似乎把历史描写成社会秩序的必然更替，表现为一种直线发展的普遍过程。马克思在强调人类实践的重

---

① 马克思，恩格斯．马克思恩格斯文集：第 1 卷．北京：人民出版社，2009：567.

② 马克思，恩格斯．马克思恩格斯文集：第 2 卷．北京：人民出版社，2009：36.

③ 莱尔因．重构历史唯物主义．姜兴宏，刘明如，译．北京：中国社会科学出版社，1991：29.

④ 同②592.

⑤ 同①295.

要性、强调人类改变环境的能力的时候，历史就不再表现为高度严密的目的论的进程。莱尔因同时认为，马克思、恩格斯不相信哲学的抽象所提供的历史现实与之相适应的普遍图解，因为“如果不把唯物主义方法当做研究历史的指南，而把它当做现成的公式，按照它来剪裁各种历史事实，那它就会转变为自己的对立物”①。所以，马克思反对直线发展的普遍的历史概念，即使谈到历史过程的确定性时，仍然把“这一运动的历史‘必然性’明确地限制在西欧各国的范围内”②。莱尔因认为，马克思在分析印度和中国等非欧洲的和殖民地的社会时，承认英国统治的文明作用，殖民主义在那里为发展资本主义起了一种历史进步作用。马克思在论述爱尔兰的历史时，认为爱尔兰发展的前提是摆脱依然抑制它的工业的殖民统治。因此，莱尔因认为，马克思在讨论借助殖民统治来发展资本主义的问题时存在矛盾的观点：强调自然界的对立性和优先地位与注重当代科学和科学规律之间的博弈导致了马克思、恩格斯思想上的困境。一方面，社会的发展被马克思、恩格斯看成自然历史的必然过程。另一方面，黑格尔的整体历史观念也得到马克思、恩格斯的重视。莱尔因认为，这些思想是和与必然的自然过程的思想相对立的实践的理论、轻视抽象哲学的理论紧密联系的。

对于历史唯物主义理论体系的建构，应为历史唯物主义的重构，而不是重构历史唯物主义。历史唯物主义的重构，说明历史唯物主义是马克思创立的理论，而其理论体系却是后来人们阐发和建构的。因为对这种理论体系不满意，认为它与马克思的体系不完全相符，所以需要重构。马克思虽然没有正式表达这个概念，但是，恩格斯 1878 年在得到马克思支持的《反杜林论》中，提出过“唯物主义的历史观”这个新概念，然后恩格斯又在 1892 年《社会主义从空想到科学的发展》英文版导言中说：“因此，我在英语中如果也像在其他许多语言中那样用‘历史唯物主义’这个名词来表达一种关于历史过程的观点，我希望英国的体面人物不至于过分感到吃惊。这种观点认为，一切重要历史事件的终极原因和伟大动力是社会的经济发展，是生产方式和交换方式的改变，

① 马克思，恩格斯．马克思恩格斯文集：第 10 卷．北京：人民出版社，2009：583.

② 马克思，恩格斯．马克思恩格斯文集：第 3 卷．北京：人民出版社，2009：589.

是由此产生的社会之划分为不同的阶级，是这些阶级彼此之间的斗争。”① 恩格斯明确提出了“历史唯物主义”概念，但是它的体系究竟如何，他没有做过完整的表述，它的体系是后来建构的。因而，重构是针对这种建构的，而重构历史唯物主义则不同。这里的“重构”有两种可能：一种是“历史唯物主义”这个命题需要重新建构，改变恩格斯提出的命题和内容；二是理论体系的当代重构。显然，莱尔因的第一种“重构”是不妥的。历史唯物主义科学命题是由马克思、恩格斯创立的，它的理论体系也是由他们创造的。但是如何展现出来？这才发生建构的问题。而莱尔因以“重构”来修改历史唯物主义，显然也是不科学的。步入新世纪，历史唯物主义在当代的体系应该重新解读和建构，这是与莱尔因完全不同的一种“重构”。

莱尔因认为，“重构”意味着“这种理论的主要原则是不能令人满意的，需要进行全面修改”。这显然是一种偏见。因为衡量历史唯物主义理论体系的根据不是“应当”，而是“是”，即是否符合马克思历史唯物主义的文本原意。“应当”与否只产生于“是”的基础之上。历史唯物主义建构是不是历史唯物主义的，这是关键之所在。自从斯大林对历史唯物主义做了系统阐述，或所谓“建构”以后，“重构”问题就随之提了出来。改革开放以后，中国学术研究进入第二个春天，为适应时代需要，人们再一次提出了历史唯物主义重构的论题。有人提出了以实践为起点的重构论，有人提出了以人为核心的重构论，还有人提出了建立类哲学的重构论，等等。

莱尔因为我们了解西方学者研究马克思主义的境况提供了一个新颖视角。而其将实践范畴看成历史唯物主义核心范畴的观点，由此围绕实践构建出的新理论架构以及总结的 32 条主要原则，都给了我们极大的启示。但是，莱尔因重构的初衷不是为了再现经典作家的原生态思想，仅仅是为了消解其认为的马克思思想中存有的四大“思想困境”。在他看来，辩证法思想、对社会意识的分析、对社会变革机制的解释和历史观念等领域都处于“困境”中。显然，我们要正视这个大胆的批评，但在经典作家的文本及思想中事实上没有上述所谓的“困境”，倒是莱尔因这个重构者自己由于没有正确理解马克思、恩格斯的思想，自身掉入

① 马克思，恩格斯．马克思恩格斯文集：第 3 卷．北京：人民出版社，2009：508-509.

困境的陷阱之中。

第一，重构定义的自我困境。重构历史唯物主义是莱尔因的出发点和归宿。但通读《重构历史唯物主义》全书，我们会发现作者对重构的定义本身就存在困境。“我所使用的重构概念，其含义不是用教条的传统马克思主义立场来对待马克思、恩格斯，而是特别注意在马克思和恩格斯的著作中能够找到的同教条的传统马克思主义绝然不同之处，以及解决这一问题的必要性。”① 开门见山，莱尔因重构的基调已然定下。但在第一章中莱尔因又做出了另外的解释：“我的重构概念与其说是重视在形式上使历史唯物主义似乎是合理的，不如说是从实质上摆脱马克思著作中的困境，以便使它成为一种更充分的理论。”② 这样，他从两个方面定义了重构概念，而这两个定义又是相互对立的。从第一个定义看，他批判的是所谓教条的传统马克思主义，将它与经典作家的思想看成是“截然不同”的东西。从第二个定义看，莱尔因又将目标指向了马克思主义本身，断言马克思主义不充分、不完善，内含诸多“困境”。第二个定义从根本上就否定了第一个定义，如果马克思主义本身存在困境，又何来与传统马克思主义的“绝然不同之处”。

第二，形而上学的思维困境。莱尔因认为马克思的思想不是一贯的，在不同地方有着相对立的思想理论。莱尔因把这种对同一问题的理解存在两种不同的诠读看作是经典作家著述的“令人困惑之处”，是“明显的矛盾或者人为地把相反的观点结合在一起”③。莱尔因由此认为诸种对立之处使经典作家的思想走向“困境”。这种论断显然是非客观、非辩证的，其思想被形而上学的“非此即彼”观念死死地禁锢着。莱尔因显然没有分清楚矛盾的普遍性和特殊性，即矛盾和阶级矛盾（即一般矛盾在社会中的特殊表现形式）混淆不清。所谓的“客观公式”与“主观公式”二分法显然不对，这两者本质上都是客观公式。阶级斗争与人的主观想象无关，是不受人的意志支配的客观存在，是所处社会政治、经济、文化等因素的综合产物，不承认这一点就等于否弃了历史唯物主义。同时，两者本身也并不冲突，具有内在关联，何谈“断裂”。阶级

① 莱尔因. 重构历史唯物主义. 姜兴宏，刘明如，译. 北京：中国社会科学出版社，1991：2.

② 同①16.

③ 同①15.

是现实生产力与生产关系的执行主体，阶级斗争则是生产力与生产关系矛盾激化的阶级主体关系的呈现，是这个矛盾得以获解的现实力量。关于“反映”与“预见”，两者也并不矛盾，“反映”是对意识本质的再现，“预见”是对意识作用的呈现，两者联系密切。反映构成预见正确与否的前提条件，预见则是在一定反映基础上的深化和提升，是在遵循客观规律条件下对事物发展走势的预测。因此，预见也是一种反映，是对发展走势的反映，而这恰恰是反映的能动性的彰显。无论是因为无知还是故意歪曲，莱尔因将线性发展的观点强加在马克思身上都是错误的。特殊性蕴含普遍性，历史的普遍过程必然要从历史发展的特殊过程中得以概括和呈现。马克思认为，历史发展不是直线的，而是螺旋式的上升过程。莱尔因正是忽视了或不用辩证的思维方式来理解马克思的思想，从而导致其思维上的困境。

第三，无“物”原则的困境。见“人”不见物，尽管莱尔因提出的主要重构原则中，大量采用了模仿马克思话语的用语，但究其根本和马克思的思想并不一致。让人无法理解的是，在莱尔因列举的重构原则中，“物”的要素极其鲜见。请看他所列的几条原则：(1)“历史只是在人的本质赖以实践地展开自身的过程中才‘成为’合理的”；(2)“技术进步与社会关系质的发展，并不是历史本身所固有的，它只是当良好的社会条件具备时，在实践基础上的一种可能性”；(3)“历史唯物主义并不认为一切历史转变都是由矛盾和阶级斗争引起的”；(4)“它不提出任何必然到来的最后目标，它也不相信有推动历史前进的自然的和内在的动力”①。从上述原则我们可以认为：历史是人及人类本质展开的过程，没有前进的自然和内在的规律或者说根本动力，它的一切进程和矛盾与阶级斗争毫无关系；历史发展不是必然的，只是一种可能性和偶然性，历史的结果纯粹是偶然的。一句话，人类历史发展并无规律可循。如此相关的历史理论，跟历史唯物主义毫无共性可言，必然成为唯心主义历史观的同盟者，走向历史唯物主义的对立面。作为科学的历史理论，历史唯物主义揭示了人类社会发展有其内在规律可循，生产力与生产关系的矛盾、经济基础与上层建筑的矛盾是社会的基本矛盾，是推动社会发展的根本动力；它还告诉人们，阶级斗争是上述两对矛盾的必然产物和

---

① 莱尔因．重构历史唯物主义．姜兴宏，刘明如，译．北京：中国社会科学出版社，1991：146.

基本呈现方式，进而论证了人类社会发展规律的客观性和不以人的意志为转移的必然性。实践本身就是马克思思想的一个基本范畴，莱尔因试图以实践为核心来重构历史唯物主义，从一开始就背离了马克思的本意，他的重构只能是海市蜃楼。

第四，重读与重构的困境。作者一方面宣称自己是要与传统教条的马克思主义和斯大林式的马克思主义区别开来，重读马克思、重读经典，剔除教条主义和经院化理论的理解，正本清源，恢复历史唯物主义的地位和权威；另一方面又认为马克思思想本身存在理论断裂，试图找到新的要素以更替原有要素的平衡，重构历史唯物主义。莱尔因的重读是建立在预先假设马克思思想存在缺陷的前提下，这样的重构必然是这种预设的产物。这种重构与阿尔都塞的“症候阅读法”一样断章取义，而非其所宣称的系统解读，进而达到重构目的。

莱尔因对历史唯物主义的解析和对其困境的认知，必然要求其对历史唯物主义进行自身意义上的重构。莱尔因的合理之处，在于他提出了“重构之必要”。他认为这种理论依然是有价值的，仍然能够为社会科学的政治实践提供重要的指导作用，这是对的。莱尔因在一定程度上看到了第二国际和苏联模式的失误和不足，并对其进行了批判。但是，莱尔因对历史唯物主义重构采取的方法，就是把完整的历史唯物主义原理进行肢解、批判和歪曲，然后按照他的建构模式，曲解马克思、恩格斯的思想。他没有看到社会发展的阶段性与连续性的统一事实，所以他无法理解生产方式发展的逻辑和社会发展的逻辑之间的历史的统一，将历史发展看成是非连续性的、偶然性的，否认历史必然性和规律性。

第四节　拓展：历史唯物主义“重建”思潮的演变

立足于批驳第二国际实证化解读历史唯物主义的模式，以卢卡奇、柯尔施和葛兰西为代表的西方马克思主义早期学者从不同视角契合现实境况对其弊端展开了揭露和批驳。从此，西方马克思主义开始注重对历史唯物主义的研究，当然在某种意义上也是其由重释日益走向重构乃至重建的开启。经历了西方早期马克思主义者卢卡奇等人以及法兰克福学派学者尤其是哈贝马斯明确提出“重建历史唯物主义”后，历史唯物主义已成为包括西方马克思主义学者在内的西方学者绕不开的理论话题。围绕历史唯物主义，西方学者绘制出了一幅复杂多样、色彩斑斓的“重建”画卷。这些学者在各自的学术领域契合不同时代境遇和时代问题，在文化学、历史学、政治学、经济学、生态主义等领域，扛起对历史唯物主义进行重建的大任，继续发出自己的声音，重新考量和重新阐释历史唯物主义的本质内涵及其价值意蕴，塑造着他们理论建构中的历史唯物主义面相。在这股持续不断的重建潮流中，既有法兰克福学派后期学者基于对资本主义文化批判以及与英国文化马克思主义者共同开启的历史唯物主义“文化转向”，又有分析马克思主义者试图切中肯綮，从历史唯物主义的本质出发，开启“重建”之旅，生态马克思主义面对当前生态危机，尝试用历史唯物主义解决现实问题，结构主义与存在主义者从重新思考“人”出发展开对历史唯物主义的“重建”工作，世界体系学派基于“世界历史”范畴建构一种“世界体系理论”来进行历史唯物主义的“重建”，还有都市马克思主义者、有机马克思主义者、后马克思主义者等思潮从各自理论出发纷纷进行“重建”历史唯物主义的工作。从总体上来看，我们应该对西方学者对历史唯物主义进行重建时的不足加以批判，但西方学者在继承和运用哲学思维的同时，注重文化、生态、社会、历史、政治、经济以及文艺等学科思维的运用也是值得肯定的，他们进一步挖掘出了历史唯物主义的理论生命力和创造力。

一、重建思潮影响辐射地域广泛

伴随着哈贝马斯旗帜鲜明地发出了“重建历史唯物主义”的呐喊并付诸实践，在西方理论界逐渐形成了一股势不可挡、席卷欧美大陆的历史唯物主义重建思潮。这股思潮影响之大、辐射范围之广、涉及学者之多，恐怕是哈贝马斯举起重建大旗时未曾想到的。随着西方社会经济政治文化发展，尤其是20世纪下半叶国际共产主义运动事业相继陷入低潮，对马克思主义的各种反思、批评的声音此起彼伏。历史唯物主义被重建、被重构和被解构的现象层出不穷，从美国到法国，从法国到德国，众多国家的众多流派及其学者纷纷加入这个队伍中来。在这里，我们主要列举英美法德等国家有代表性的学者来进行阐述。

第一，法国的结构主义代表人物阿尔都塞和存在主义代表人物萨特。法国马克思主义学派在20世纪时的发展历程纷乱而复杂，尤其是人文主义和科学主义（结构主义）与马克思主义的相遇，引起各种各样的马克思主义流派接连问世。阿尔都塞结合结构主义的方法论试图对马克思主义进行重新理解和建构。阿尔都塞的“重建”受索绪尔、列维-斯特劳斯等结构主义思想家的影响，也受到拉康的“伪主体说”和“镜像说”的影响；对实证主义推崇的“拒斥一切形而上学”“只求描写经验和现象，不问事物的本质”等观点的认同，使阿尔都塞拒斥主体性哲学，反对人本主义的科学观。此外，由于反感20世纪50年代法国左派的“要么是资产阶级的科学，要么是无产阶级的科学”的口号和斗争方式，同时认为苏联和斯大林模式对马克思主义产生较大消极影响，也反对东欧马克思主义者对马克思主义的人本主义的解读，阿尔都塞提出，只有对马克思及其基本哲学理论进行重新解读，才能消除上述影响。在他看来，“马克思历史观的核心是结构。马克思解释历史的依据是把社会整体看作一个结构”①。对于东欧马克思主义从人本主义来理解马克思主义，阿尔都塞也同样提出了批评。在他看来，人们可以对马克思理论中的反人道主义问题进行回应，因为马克思也是在彻底批判其青年时期基于人的哲学而形成的哲学思想的基础上，才得以确立科学的历史观。青年马克思接受了费尔巴哈人本学的理论模式，因而在早期形成了人道主义思想，这种思想是与科学主义针锋相对的、关乎整体意识形态哲学的总问题。但以《德意志意识形态》为标志，马克思与以往的人道主义思想倾向划清了界限，并创立了历史唯物主义和辩证唯物主义，这也就是阿尔都塞提出来的“认识论的断裂”的问题。由此出发，阿尔都塞批评了卢卡奇所开启的力图证明黑格尔的历史观和辩证法以及马克思的历史观和辩证法的亲缘关系的人本主义和历史主义的解释路向。因为“认识论上的决裂”横亘在马克思思想史中，这种决裂意指与人本主义、历史主义、经验主义的理论决裂。阿尔都塞认为与意识形态的决裂构成了马克思“历史科学”创立的基石，这一决裂使“从意识形态的大踏步倒退中重新退回到起点”，“没有这一重新退回，马克思思想解放的历史就不能被理解；没有这一重新退回，马克思同德意志意识形态的关系，特别是同黑格尔的关系，就不能被理解；没有向真实历史的这一退回（这在某种程度上也是一种倒退），青年马克思同工人运动的关系依然是

① 阿尔都塞，巴里巴尔．读《资本论》．李其庆，冯文光，译．北京：中央编译出版社，2017：译序13.

个谜”①。基于此，阿尔都塞用结构主义重新诠读了历史唯物主义。“黑格尔的总体是带有‘精神’统一性的总体，在这种统一体中，每个决定性成分都是总体的部分，而可见领域只是内在本原的异化和恢复的表现而已。”②“马克思讲的统一性是复杂整体的统一性，复杂整体的组织方式和构成方式恰恰就在于它是一个统一体。”“复杂整体具有一种多环节主导结构的统一性。”③ 因此，阿尔都塞认为，黑格尔的历史不过是理论的历史、思想的历史，而马克思的历史则是社会结构变迁的历史。阿尔都塞还从反面论证了不是人决定社会结构变迁，而是人的社会实践活动被社会结构变迁所决定。在阿尔都塞看来，历史唯物主义的理论表明，社会结构变迁导致了社会形态的转换。他认为，“归根到底的决定作用确定了其他那些诉求的现实差异、它们的相对自主性和它们反作用于基础本身的固有方式”，同时，“归根到底的”这个范畴表明，辩证法“自身的形式是由它自身条件的物质性所规定的”④。他反对经济因素的“还原论”，经济基础发挥主导作用必须要经由社会整体结构和各个要素的共同参与来实现。因为“一个简单范畴都意味着社会是一个有结构的整体”，而生产总是“一个有结构的社会整体之中的生产”⑤。“归根结底”只是一个矛盾性的存在。

学界对阿尔都塞的重建多半表达了一种不满。伍德就批判了“结构决定论”所引发的要素平均论的结论陷入自相矛盾，摒弃了马克思主义的人本主义精神和科学维度。就连重建论的首倡者哈贝马斯也认为结构主义无法科学地解释社会结构的历史性。阿尔都塞的结构主义“在语言科学和人类学中，只是由于客体领域的静态性质才很少被觉察。结构主义大多都把自己限制在现有结构的逻辑关系上，而没有把自己的眼光扩大到构成结构过程的模式上”⑥。事实上，历史唯物主义的精髓正是体现在了历史主义和结构主义的完美结合上。阿尔都塞以结构主义重建历

---

① 阿尔都塞. 保卫马克思. 顾良，译. 北京：商务印书馆，2016：57.

② 同①174.

③ 同①172-173.

④ 阿尔都塞. 哲学与政治：阿尔都塞读本. 陈越，编译. 长春：吉林人民出版社，2003：186.

⑤ 同①169.

⑥ 哈贝马斯. 重建历史唯物主义. 郭官义，译. 北京：社会科学文献出版社，2013：138.

史唯物主义体现了20世纪50年代法国思想界受结构主义的影响至深。他为了突出反历史主义，掩耳盗铃式地将德国古典哲学、英国政治经济学与法国空想社会主义与马克思主义割裂开来，认为它们之间毫无理论上的继承联系。这显然使他走向了反历史主义的极端化。而且，阿尔都塞否弃了人作为主体之于社会的作用，将社会发展仅仅视为客观的社会结构运行的产物，这显然与马克思的本意背道而驰。对此他后来也做了反思："结构主义的命题是飘浮不定的，它的范围是很不确定的，但这并不妨碍它具有其独特的总倾向，即唯理性的、机械的尤其是形式主义的倾向。"① 但就其沿着结构主义路径对历史唯物主义单向度的深思而言，它为我们反思人道主义马克思主义的理论缺陷提供了一面很好的镜子。比如，其对"一元决定论"的批判和对"多元决定论"的多视角阐发。这对拉克劳和墨菲产生了深远的影响。后者进一步深入研究了"多元决定论"，进而为对新社会运动的研究与剖析铺设了理论基石。

法国除了结构主义的阿尔都塞外，还有以存在主义马克思主义著称的萨特。在20世纪的法国，学界对历史唯物主义的重建主要围绕着科学主义范式和人本主义范式展开。其中最夺人眼球的莫过于以萨特为首的存在主义马克思主义试图填补马克思"人学的空场"的理论尝试。萨特作为20世纪最著名的法国哲学家，以存在主义和马克思主义的结合创立了存在主义马克思主义流派。由于存在主义有着人本主义的思想传统，故而萨特的存在主义马克思主义不过是人本主义马克思主义的一脉分支。萨特认为人的问题应该成为历史唯物主义的一个根本性问题，但是"当代的马克思主义"（尤其是苏联马克思主义）囿于过分强调实证主义和教条主义的理解，使对人的观照从历史唯物主义的理论视域中隐退，"完全失去了人的含义"。另外，苏联马克思主义的辩证法的实证主义倾向偏离了实践的轨道，走向了"外在的""先验论的"理解歧途。在萨特看来，对马克思主义的辩证法的正确理解应该从现实的具体的人出发，将人的主观能动性、实践的整体性进一步突出和昭示出来，于是他主张要对马克思主义的辩证法重新阐释。因而，在1960年出版的《辩证理性批判》的导言中，萨特喊出了马克思主义出现"人学的空场"的口号，提出用存在主义"历史人学"对其进行补充和重建的必要性。

① 阿尔都塞. 是结构主义还是理论主义?. 张烨，译. 哲学译丛，1981（4）.

萨特主要从两个方面展开重建工作：一是以“马克思的马克思主义”的批判性对“当代的马克思主义”的教条性重构。在他看来，苏联、波兰、法国等从现时代的斗争中产生的“当代的马克思主义”漠视人的存在，导致严重背离了“马克思的马克思主义”的理论本意，无疑错误地理解了“正统的马克思主义”。而“马克思的马克思主义”聚焦于人的维度，“研究的中心是具体的人，这种人同时由他的需要、他生存的条件和他劳动的性质，即他反对事物和人的斗争的性质来确定”①。萨特认为，“当代的马克思主义”对具体的个人的忽视和对“马克思的马克思主义”的僵化运用，不仅无法进一步创新、发展马克思主义，而且也扼杀了它的生命力。为了恢复“当代的马克思主义”的人学维度，萨特认为必须以人本主义范式在马克思主义内部重新恢复人，重建马克思主义的人学辩证法。二是以“个人的辩证法”回应“总体性辩证法”。不同于“当代的马克思主义”理解的辩证法——从现实的人所展开的具体实践活动出发，萨特的历史辩证法同时也是展现人的历史性实践的生成的辩证法。这种生成的辩证法由于打开了现实的人的历史的维度，因而不同于“当代的马克思主义”的抽象的教条主义既成辩证法。教条主义的辩证法由于其普遍主义的运用，往往会以其总体性的宏大叙事遮蔽个体的人的特殊性。萨特认为，个体生命与人类历史发展具有内在一致性，为了消除普遍主义对个体性的压制和统治，必须重建个人辩证法，将现实的个人的实践活动纳入社会发展的历史中考察。如他所说，“具体的马克思主义应该深入研究实在的人，而不是使他们在硫酸溶液中解体”②。在他看来，虽然“马克思主义的力量和宝贵之处，在于它曾是整体性阐述历史过程的最激进的尝试”③，但是，马克思主义并不抑制或否定个性和个体的整体性，相反，它是整体性和个体性的统一即包含着具体的丰富多样性。正是基于整体性和个体性的统一，基于自由与必然、个体与整体、理论与实践的统一，马克思主义才能够实现对人类社会发展规律的科学把握。

总的来说，萨特从存在主义的人学范式出发的重建，在于破除对历

① 萨特．辩证理性批判：上．林骧华，徐和瑾，陈伟丰，译．合肥：安徽文艺出版社，1998：15-16.

② 同①40.

③ 同①27.

史唯物主义的教条式解读路径，重新确立人学辩证法的理论地位，这也正是其代表性著作《辩证理性批判》的核心内容。客观来说，其存在主义人本学理解范式有利于二战后的主体性和自由的彰显，有利于进一步加强对人的关注、促进人的发展。但萨特在重建的过程中把辩证法严格限制在人的历史领域，创立所谓历史人本学，而把自然辩证法排除在外。这种基于个人实践的新人本主义对历史唯物主义的重建不可避免地引发争议。国内有学者就指出，萨特认为马克思主义没能为理论的根据和界限设置前提而导致前后矛盾，必须用存在主义来消解这种矛盾，构筑可理解性的基石。但由于这种存在主义本身仍囿于意识哲学，因而其重建本身的理论承诺是否如其所愿尚不明确。

第二，在北美加拿大出现不少对历史唯物主义进行重建的学者，主要有以阿格尔、莱斯为首的生态马克思主义学派和以伍德、尼尔森为首的分析马克思主义学派。这里以伍德为例做一简单梳理。伍德是当代著名的政治马克思主义学者，也是马克思主义左翼的代表人物。作为左翼杂志《新左翼评论》的编辑和《每月评论》的主编，伍德在捍卫马克思主义方面做了很多努力。20 世纪后半叶，随着东欧剧变、苏联解体，世界经济和政治格局发生巨大变化。世界上社会制度的竞争和斗争发生了不利于社会主义的变化，世界各国共产党的力量被严重削弱，西方资产阶级乘机掀起了一股国际性的反共、反社会主义逆流，社会主义陷入了低潮。为了适应资本主义和国际社会主义运动发展新形势，作为左翼马克思主义学派的一员，伍德扛起了捍卫马克思主义、重建历史唯物主义的重任，她在《民主反对资本主义：重建历史唯物主义》中重新解读了有关历史唯物主义的一些观点并进行了重建。

首先，伍德否弃了将国家作为阶级统治工具的传统马克思主义观点。在她看来，作为文明和理性长期发展演变结果的国家表征着公共权力，具有阶级中立性，不偏向于任何一个阶级。脱离了现实语境的马克思在想象中建构未来国家图景，只能是一种虚妄的乐观。其次，伍德不认同传统历史唯物主义将历史抽象化的理解。在伍德看来，马克思本人的历史观与其后来者教条主义的历史观是不同的。伍德认为，马克思所理解的历史，是包含政治、经济、文化等丰富的现实因素在内的具体历史。而传统的历史唯物主义则把历史完全做抽象化的理解，把历史当作游离于政治经济社会发展现实之外的抽象历史。再次，伍德批判了有关

“经济基础决定上层建筑”的经典论述。她认为这是恩格斯和苏联理论家的说法，和马克思本人的观点相去甚远。在伍德看来，“经济基础决定上层建筑”将经济基础的单一因素无限放大，而对社会因素关注较少。它将原本有机联系着的二者抽象地割裂开来，与马克思的初衷相悖。要用辩证的态度而不是机械的眼光来审视。最后，伍德不赞同历史唯物主义把历史的发展等同于生产力的发展的看法。在她看来，这种看法不仅不具有实质性的现实内容，同时也是一种荒诞无稽的理论。

在这种解读的基础上，伍德展开了对历史唯物主义的重建。她重新界定了生产力与生产关系，认为生产力与生产关系之间的矛盾是资本主义制度下的特有现象，因为“可获得的生产能力确实对可能性设置了限制，但这既不是说较低生产水平的体系一定被较高的体系所代替，也不是说生产力的发展动力决定着历史变革的必然性和方向”①。她进而也不赞成将社会历史发展规律与生产力的发展规律等同起来的做法，认为传统马克思主义的这种看法只有在资本主义社会才有效。“马克思从没有偏离过资本主义动力是特殊的而且是前所未有的这一观点，并且他认为无论在历史上被观察到的进步倾向是多么普遍，资本主义的特殊逻辑和它通过技术手段提高劳动生产率的强迫性冲动都不能被简化为这些普遍倾向。它们需要特殊的解释。”② 质言之，生产力决定生产关系的规律不仅是资本主义社会的一般规律，而且是其特有的规律，在其他社会是不存在的。接着伍德又对历史及其动力机制展开了重建。她认为斯大林的历史观完全是背离马克思的历史的“技术决定论”，如她所说：“技术决定论的思维框架驱策我们将劳动的技术过程作为阶级形成的决定性因素，而不是将生产关系和剥削关系作为它的决定性因素，而后者正是汤普森（马克思也是如此）所认定的关键因素，生产关系和剥削关系本身就能解释资本主义积累逻辑对从事不同劳动过程的工人所施加的共同经历与体验。”③ 在她看来，如果仅仅把生产力的发展当作决定历史发展的唯一性因素，在思维惯性上就会将生产力与其他因素割裂开来，并被无限放大，这是典型的历史进步的单一决定论。在看待经济基础和上

① 伍德．民主反对资本主义：重建历史唯物主义．吕薇洲，刘海霞，邢文增，译．重庆：重庆出版社，2007：133.

② 同①137.

③ 同①68.

层建筑的关系时，伍德认为，无论是传统历史唯物主义将两者看成直接性的交互作用还是西方古典政治经济学有关政治等上层建筑对于经济基础毫无意义的观点都偏离了马克思主义。她采取“回归式论证”方法，引用唯物史观的经典表述来说明经济基础与上层建筑两者是辩证统一的关系，唯有如此才能揭露隐藏在资本主义社会繁荣表象背后的内在矛盾，也得以对资本主义实现批判性超越。“回归式论证”为其重新阐释历史唯物主义的基本原理做了很好的方法论铺垫。伍德认为，作为历史唯物主义的核心理论的宏观的阶级斗争和阶级理论在资本主义社会中的变化已不合时宜。在她看来，当今的资本主义社会已经在微观上为无产阶级修筑了多方面的各种制度牢笼，无产阶级已经很难再发动宏观的阶级革命和阶级斗争。无产阶级只能通过微观的政治斗争来实现自己的利益诉求，捍卫自身的权益。伍德甚至认为，在当代资本主义社会中仍然强调宏观的阶级剥削已经意义不大，它已经从社会主要矛盾的位置中悄然退却，社会矛盾“已经不再产生于马克思经典理论中的剥削与被剥削的关系中，而是产生于人在主体性实践中所要努力争取的个人的政治权力与政治空间中”①。她认为无产阶级通过各种政治方式为自己争取利益才是正途。因此，伍德着眼于从民主视角来重新发掘和理解历史唯物主义的当代性，发挥理论的现实价值。

学界对伍德的重建评价不一。在一些学者看来，虽然她重建的努力没有得到传统马克思主义学者的广泛认同，但她对历史唯物主义的基本概念、基本范畴、基本原理的重新梳理无疑是值得肯定的。她还着重强调了历史唯物主义并不试图构建历史的一般普遍规律，而是聚焦于资本主义社会这个特殊的、具体的、历史的社会形态进行分析。尽管伍德的看法与马克思有所出入，但她却启示我们要根据不同的时代情境，具体而审慎地运用历史唯物主义的理论来研究前资本主义和当代资本主义社会②。有学者认为，伍德不仅通过考察作为历史主体的人在历史唯物主义中的作用，批判了“决定论”的各种论调，积极地维护了历史唯物主义，而且揭示了以美国为典型代表的资本主义社会的发展新情况，为基

① 刘晓，文吉昌．艾伦·伍德历史唯物主义的叙事逻辑．苏州科技大学学报（社会科学版），2020（4）．

② 朱华彬．对历史唯物主义普遍性的再思考：兼评艾伦·伍德《民主反对资本主义：重建历史唯物主义》．理论界，2010（11）．

于无产阶级立场来反思全球化问题提供了好的视角。伍德对资本主义特性的新型叙事方式，也为人们理解批判当代资本主义意识形态提供了新的视角和方法论。也有学者如哈泽尔·沃特尔斯就认为，伍德通过对“民主”概念的剖析揭示了古代社会和现代社会的区别，揭露了何种因素对前资本主义的经济发展产生了影响，这对不同历史时期的民主区分无疑是有积极意义的。大卫·哈维则对伍德的国家理论提出了质疑，认为她过分强调了资本主义的物质积累过程中国家所产生的影响，对资本主义、帝国主义等界定模糊不清。事实上，在我们看来，作为政治马克思主义的代表人物，伍德虽然在重释和重建历史唯物主义的某些观点方面还存有不少问题，但她根据时代变化反思、坚持和发展历史唯物主义的努力有目共睹。她始终捍卫阶级分析法，运用多元分析法，对新帝国主义、全球现代性问题进行批判性反思，毫无疑问这有助于历史唯物主义发挥其时代价值、彰显其理论活力、促进其理论创新。

第三，美国也是历史唯物主义重建思潮流行的重镇，包括以罗默、埃尔斯特和布伦纳等人为代表的“经济马克思主义”和以莱文、奥尔曼和詹姆逊等人为代表“文化马克思主义”以及以奥康纳、帕森斯、福斯特等为代表的美国生态社会主义学派。我们此处聚焦于美国生态马克思主义学派，重点分析奥康纳的重建思想。奥康纳强调在生态维度上重构历史唯物主义，因为“不管是马克思本人，还是其他的马克思主义者，都没有能够发展出一种理论，来解释由危机所导致的资本主义生产条件方面的变化，与生态学社会主义的条件的建立之间的关系问题”①。其《自然的理由：生态学马克思主义研究》一书也彰显了西方生态社会主义的价值诉求。奥康纳在书中指出，马克思主义存在着生态维度的“理论空场”，必须重新解读自然、文化和社会劳动的关系，将它们融合为三位一体的生态历史唯物主义理论，于此表明资本主义中的双重矛盾和双重危机，并针对生态社会主义的相关理论和实践问题提出了自己的独特见解。

奥康纳对历史唯物主义的重建缘由有：其一，20 世纪中叶独特的历史背景为奥康纳重建历史唯物主义提供了理论契机。自 20 世纪 50 年代以来，在资本逻辑的主导下，凯恩斯主义福利国家制度和社会民主逐

---

① 奥康纳. 自然的理由：生态学马克思主义研究. 唐正东，臧佩洪，译. 南京：南京大学出版社，2003：268.

渐衰弱，西方国家中阶级和解代替了阶级对抗，主要在东方国家活动的“真正的社会主义”遭遇一系列挫折，南部国家（传统意义上的不发达“第三世界”）社会经济发展模式也开始瓦解。这些巨变促使奥康纳在理论上运用生态历史唯物主义对现实困境进行突围。其二，马克思主义的“生态感受性”缺失为奥康纳重建历史唯物主义提供了直接动因。在他看来，“马克思和恩格斯本人不是‘生态经济学家’，但他们都清楚地意识到了资本主义对资源、生态及人类本性的破坏作用。他们由以出发的一个理论前提是：自然（或‘生产的外部条件’）仅仅是资本的出发点，而不是其归宿。”① 这一方面使自然向度在传统马克思主义的视域中隐形了，但另一方面，生态向度隐藏在传统历史唯物主义宏大的理论框架中，“理论空场”本身就是重建生态历史唯物主义的理论生长点。其三，资本主义造成的生态危机为奥康纳重建历史唯物主义提供了现实动因。在奥康纳看来，生态危机之所以不绝如缕、周而复始地始终存在，其根本病灶在于资本主义制度。资本逻辑于生态规律的二律背反必然造成资本主义生态危机的周期性爆发。“自然界本身发展的节奏和周期却是根本不同于资本运作的节奏和周期的”②，这个危机“可以被视为先前存在过的各种历史类型的一个发展顶点”③。资本逻辑在今天已经让人们见证了生态环境的恶劣后果，因而对资本主义制度展开生态向度的批判不容忽视，把生态环境问题作为重建历史唯物主义的现实切入点同样迫在眉睫。

奥康纳对历史唯物主义的重建路径为：其一，对历史唯物主义中的“自然”范畴进行重新解读，构成重建工作的理论基石。“自然”概念在历史唯物主义视域中处于边缘地位甚至被漠视，“历史唯物主义事实上只给自然系统保留了极少的理论空间，而把主要的内容放在了人类系统上面”④。奥康纳从词源学视角考证了自然概念的四种用法，包括原初意义上“出生”的意义、肇始于亚里士多德的从“基质”“本质”到趋势和规律、表征资本主义启蒙精神的“物质世界的整体”“种类”以及

---

① 奥康纳．自然的理由：生态学马克思主义研究．唐正东，臧佩洪，译．南京：南京大学出版社，2003：196.

② 同①17.

③ 同①87.

④ 同①7.

“自然景观”“人的初始状态”。奥康纳对上述用法表示不满，认为“经典历史唯物主义理论凸显了自然界的人化问题，却没有强调人类历史的自然化方式以及自然界的自我转型问题”①。在他看来，“历史唯物主义的确没有一种（或只在很弱的意义上具有）研究劳动过程中的生态和自然界之自主过程（或‘自然系统’）的自然理论”②，原因在于传统历史唯物主义漠视了“自然界之本真的自主运作性”和“自然的终极目的性”的自然特征。但资本逻辑主导下的资本主义制度否认自然本身有其存在目的，而历史唯物主义过于凸显“人化自然”的做法试图征服、驯化、支配自然，同样导致漠视自然本身。奥康纳认为，传统马克思主义过分突出技术决定论着实将自然的本真运行“边缘化”了。理解自然概念必须把它和资本主义社会的日常生活实践相联系。自然概念的题中之义就蕴含着“条件”和“环境”，这同时也是人类进行生存活动，得以顺利发展的基石和前提。其二，对历史唯物主义的“协作”模式进行重构。奥康纳指出，“协作范畴是一个明显的介入点，从此出发，我们可以深入到对历史唯物主义观念加以修正的计划之中，以此来有效地清理文化、社会劳动与自然界之间的辩证关系”③。在奥康纳看来，协作意味着彼此尊重、平等、独立自主的合作关系而非支配与压迫，但“马克思本人把‘文化’视为社会上层建筑的一部分，而不是把它视为与社会的基础相互交织在一起的，……这种‘缺陷’导致了他对协作方式，以及由此而涉及的生产力和生产关系本身的理论研究是不完全的”④。传统历史唯物主义对自然的忽视造成了文化形式和自然系统中的“协作”被单向度化，进而把生产工具、生产对象和技术水平作为决定“协作”模式的关键因素，导致“技术决定论”。奥康纳对此显然不赞成。他认为，自然因素是形成集技术、权力关系、文化和自然为一体的合理的健康协作模式的前提。奥康纳构造了“文化的生产力”与“文化的生产关系”以及“自然的生产力”与“自然的生产关系”两组新概念来展开其重建，意图为历史唯物主义注入自然向度，从而给予它们同等重要的地

---

① 奥康纳．自然的理由：生态学马克思主义研究．唐正东，臧佩洪，译．南京：南京大学出版社，2003：8.

② 同①62-63.

③ 同①66.

④ 同①68.

位。自然的限制和影响体现在所有生产领域中。他认为“‘自然’的生产关系意味着自然条件或自然过程（不管是否受人类活动的影响）的一定形式，与任何其他因素相比，对任何一个既定的社会形态或阶级结构的发展，提供更为多样的可能性”①。“自然的生产力”既是生产进程中的“合作者”，又是一种“自主的合作者”，“由于没能领悟社会历史或现代人类学的真实意蕴，马克思事实上是不可能真正历史地建构历史唯物主义的”②。其三，对历史唯物主义的劳动范畴进行重构。奥康纳认为，传统马克思主义仅仅用“物质生产活动”来阐释劳动的含义，这虽然重要，却没有准确把握其核心要义，也无法阐明劳动之于历史唯物主义的真正意蕴所在。奥康纳由此提出必须重建社会劳动范畴的口号。在他眼里，劳动绝不是传统历史唯物主义所说的那种“物质生产活动”，事实上，它是构建起人类历史和自然历史的桥梁，是联结人类社会和自然的“一个物质性的临界面”，是“广泛的社会劳动”，包含自然和社会双重属性。“社会劳动仍然保持着它在历史唯物主义中的中心范畴的地位，但作为日常生活之规范和意义的现代人类学维度上的文化范畴，以及作为一种自主（往往是不可预测的）生产力的现代生态学维度上的自然范畴，都对社会劳动范畴进行了质疑和丰富。”③ 通过赋予社会劳动“自然”和“人化”因素的双重规约，奥康纳相信，可以“建构一种能够阐明文化与自然界对所有者或统治阶级的力量产生影响或起促进作用的方式，所有者或统治阶级的这种力量正是把生产过程中的劳动因素联合起来并对之施加强制作用的力量”④。其四，对历史唯物主义的范畴“生产条件”进行重构。在奥康纳看来，虽然马克思区分了包括“自然条件”（“外在的物质条件”）、“生产的物质条件”以及“社会生产的公共的、一般性条件”在内的三种“生产条件”，但并没有进行系统阐释和说明，“有关基础设施的供应条件的论述是很少见的，至于对空间、都市及其他一些问题的阐述，则根本没有”⑤，对于“对生产条件的物

① 奥康纳．自然的理由：生态学马克思主义研究．唐正东，臧佩洪，译．南京：南京大学出版社，2003：74.

② 同①72.

③ 同①66.

④ 同①68.

⑤ 同①235.

质维度与社会维度之间的关系问题也没有展开理论分析”①。在奥康纳看来，从“交换价值、抽象劳动、资本利润和资本的生产过程”入手进而展开对资本主义制度的分析和批判是传统马克思主义的研究核心，但也缺少对“使用价值、具体劳动、需求和资本的生产条件”的关注。他如此定义“生产条件”：“不是作为商品，并根据价值规律或市场力量而生产出来的，但却被资本当成商品来对待的所有东西。”② 在奥康纳看来，这些因素对于资本主义社会向社会主义社会转化的意义同样不可小视。由于传统马克思主义对“交换价值、抽象劳动、资本利润和资本的生产过程”过于看重，致使其“只能从资本主义内部的生产和再生产过程描述资本主义的危机以及资本主义向社会主义的转变，而不能从资本主义的外部条件，即资本主义生产与生产条件的关系上，说明资本主义是如何造成包括自然环境在内的生产条件的破坏”③。奥康纳按照他重建生产条件的思路，重新厘定了生态危机与资本主义制度的关系，以此为基石建构其生态社会主义理论。

大体而言，奥康纳没有简单肯定或否定，而是有意识地与环保主义者的理论区分开来，立足于生态维度修补历史唯物主义。奥康纳基于“理论空场”，重释“自然”概念、“协作”模式、劳动范畴、“生产条件”等，突出自然之于历史唯物主义的重要性，推动了人们对资本逻辑主导下的生态环境问题的反思。但学界对奥康纳的理论并不完全赞同。有批评声音认为，奥康纳的重建不外乎是“一种理论上的折中主义和多元决定论”，其用生态学理论与历史唯物主义进行嫁接也是不成功的。客观来说，奥康纳说历史唯物主义缺少“自然理论”，这是彻底的误解。历史唯物主义将自然和历史这两者看成辩证而统一的整体和进程。自然离不开历史，历史也同样离不开自然。“自然向我生成的历史”是理论的应有之义，刻意“绿化”马克思主义的做法并不可取。

第四，英国也有不少学者参与和关注历史唯物主义重建话题。从莱尔因到伯明翰学派的文化马克思主义再到后马克思主义，还有分析马克

---

① 奥康纳．自然的理由：生态学马克思主义研究．唐正东，臧佩洪，译．南京：南京大学出版社，2003：256．

② 同①486．

③ 何萍．马克思主义哲学史教程．下卷．北京：人民出版社，2009：806．

思主义学派代表科恩、生态马克思主义学者本顿以及麦金太尔、吉登斯等学者，可谓声势浩大。吉登斯是凯恩斯之后最著名的社会学家之一，他与沃勒斯坦、哈贝马斯和布迪厄齐名，被冠以英国前首相布莱尔的“精神导师”的美誉。吉登斯对历史唯物主义的重建主要是围绕着他所认为的历史唯物主义存在着“化约论”（又译为“简化论”“缩减论”“减约论”）、“进化论”和“功能论”三大明显理论缺陷进行的。吉登斯认为，社会结构、运行机制等要素已发生改变，“当世界上所有国家出现前所未有的危机之时，当财富和权力的不平等鸿沟足够宽阔之日，在这些情况下，可以肯定，马克思主义仍将存在其中肯的地方”①。“批判理论的复兴需要马克思的现实主义精神，即政治策略必须通过诊断制度发展的内在趋势来加以制定。”② 但历史唯物主义存在“化约论”、“进化论”和“功能论”等不足。他认为，面对前资本主义和后工业的重重危机，历史唯物主义显然是手足无措的。吉登斯于此契合“结构化”理论，结合现实情境展开了对历史唯物主义的反思、批判和重构。

吉登斯提出了历史唯物主义的重建路径。正是在系统性地反思、批判、重建历史唯物主义的过程中，吉登斯也构建了独到的社会历史学理论。但是在批判和重建历史唯物主义这一问题上，吉登斯表示：“我把本书称作《历史唯物主义的当代批判》，但我关注的决不是完全的批判或者解构；在背离马克思的时候我想提出历史解释的某些替代性因素。”③ 其一，批判与重构“化约论”。吉登斯认为，历史唯物主义把人类社会的发展史化约为生产力的发展史是站不住脚的，“事实当然不是这样：因为物质生产是维持人类生存的必要条件，所以社会生产组织在解释社会的存在和变迁方面比任何其他制度形式都更为根本”④。我们显然不能因为物质资源对维持人类生存来说是必要的，所以就认为社会的生产制度不论在维持社会存在，还是在促进社会变革方面都比其他任何制度具有更为根本的作用。吉登斯认为，物质资源对人的衣食住行虽

---

① 吉登斯. 历史唯物主义的当代批判：权力、财产与国家. 郭忠华，译. 上海：上海译文出版社，2010：2 版序 4.

② 同①2 版序 10.

③ 同①3.

④ 同①89.

然具有不可替代的作用，但对于“配置性资源”（allocative resources）诸如物质因素的过于重视，使历史唯物主义缺乏对“权威性资源”（authoritative resources）诸如政治权力、宗教信仰、血亲关系和军事力量的作用的观照。在他看来，血亲关系、政治权力、宗教信仰和军事力量是社会赖以维持的支柱，“配置性资源”是在资本主义制度下生成的，在非资本主义社会根本起不了主要作用，相反作为调控人与人之间的关系的“权威性资源”发挥了更为根本的作用。再者，在吉登斯看来，历史唯物主义有过分夸大阶级斗争的作用之嫌，“被马克思形容为资本主义支点的阶级关系事实上只是更为普遍的理性化的一个因素而已”①。总之，吉登斯之所以反思“化约论”，“主要在于消除历史唯物主义有关社会发展的动力机制以及划分社会类型的生产力标准”②。在吉登斯看来，根本没有历史的“原动力”，不同情境下“权威性资源”与“配置性资源”相互交织、作用、组合，同时人类对这两种资源的储备状况决定了如何划分社会类型，这种划分与生产力的发展水平无关。基于此，吉登斯将社会类型的依据和标准定义为其独创概念“时空层级标准”（level of time-space distanciation）。“权威性资源”与“配置性资源”在不同的时代情境有不同的作用，二者在不同时期分别占据主导地位。依照“时空层级标准”，不同的历史时期产生的重大变革可以被划分为部落社会、阶级分化社会和阶级社会三种社会类型。吉登斯基于所谓的“权威性资源”与“配置性资源”的组合创立的“时空层级标准”，是不是对历史唯物主义某些基本原理的超越，仍有待辨明和厘清。其二，批判与重建“进化论”。在吉登斯看来，历史唯物主义将历史发展过程简单还原为由生产力即改造、利用、支配自然的能力所推动的按照五种社会形态进化的进程，这是典型的进化论观点，不可避免地会为人类社会发展带来“单线压缩”、“时间歪曲”和“历史目的论”的危险。所谓“单线压缩”是指将单纯的生产力发展历程代替纷繁复杂的社会历史过程。“时间歪曲”则是指人类社会发展的鲜活的实际过程被思维中的进化逻辑所取代。“历史目的论”表现为将最终走向共产主义作为历史发展的目的。虽然历史唯物主义也强调“调适”（adaptation）对人类历史的进

① 吉登斯．资本主义与现代社会理论：对马克思、涂尔干和韦伯著作的分析．郭忠华，潘华凌，译．上海：上海译文出版社，2018：323．

② 郭忠华．吉登斯对历史唯物主义的反思与“重建”．现代哲学，2005（4）．

化作用，但是无论如何“调适”，都是荒诞的，“体现了单线压缩和时间歪曲的局限”[①]。社会没有必要去“调适”（掌握、征服）它们的物质环境，应当将人类基于基本的生存活动而从自然界中获取物质资料的过程以及将人类历史视为人类对自然的调适过程区分开来，而历史唯物主义正是在这一点上犯了错误，将二者等同起来，认为人类历史就是人类对自然的“调适”过程[②]。吉登斯还认为，历史唯物主义在阐释社会进化时只重视社会的内生性因素，却忽略了外部作用，这在他看来是十分危险的。吉登斯主张，社会进步是“内生性”（endogenous）因素和外部环境共同作用的结果。总的来看，吉登斯之所以批判历史唯物主义进化论，主要诉求在于消解马克思主义经典作家所勾画的未来社会图景。“人类历史并没有一副进化论的‘外观’，而如果硬要将人类历史塞入这样一种‘模式’中，我们就不能准确地理解这一历史。”[③] 吉登斯试图以“片断”（episode）和“时空延展”（time-space edge）为视角重建人类社会历史的发展轮廓。其三，批判与重建“功能论”。吉登斯认为，历史唯物主义中包含着显著的功能主义色彩，这体现在生产力对生产关系、经济基础对上层建筑的决定作用的基本原理上。功能主义是不足取的有缺陷的阐释方法。如果历史唯物主义仅仅用“需要”和“功能”来说明社会历史发展的动力和过程，这显然是有失偏颇的，是浓厚的功能主义的体现。吉登斯认为历史唯物主义的一大缺陷就在于它把社会有机体设想成像生物有机体一样，进而从有机体的需要的满足中解释社会发展。比如，人的意识是远比经济基础复杂的东西，是受多种因素影响的心理现象。如果仅仅把它的变化归因于经济基础，显然是不合理的。功能主义把历时性和共时性、静态性和动态性相分离的研究范式也是不合理的，如他所说：“社会研究的核心在于将时间和空间有机地结合起来，如果将时间和空间人为地割裂开来，只会导致以想象的时空逻辑来代替人类历史的实际变迁过程。”[④] 为了实现“重建”历史唯物主义的目标，吉登斯提出了“随机性社会变迁”（contingent social change）设想。在

---

① 吉登斯．社会的构成：结构化理论大纲．李康，李猛，译．北京：生活·读书·新知三联书店，1998：360．

② 郭忠华．吉登斯对历史唯物主义的反思与“重建”．现代哲学，2005（4）．

③ 同①351．

④ 同①196．

他看来，“社会变迁与社会再生产是联系在一起的，因此，从最基本和最一般的意义而言，任何社会变迁也都是极其‘随机性’的”①。吉登斯认为，研究社会变迁必须从对行动者行动的研究入手，因为行动者的行动奠定了社会结构再生产的基石，“结构化理论为后者即现代社会变迁提供理论框架”②。按照吉登斯的理解，行动者要时刻随着行动境况的变化随时随机调整自己的行动。所以在他看来，行动者行动的随机性决定了社会也是随机性变迁的。

吉登斯以“化约论”批判重建了社会类型的分类标准和动力机制，以“进化论”批判重新描摹了社会历史发展的进程，以“功能论”批判重构了人类社会如何进行随机性变迁的时空范式。总的来说，这些重建理论已不是新鲜论调。马克思和恩格斯在批判国民经济学和社会达尔文主义者时已经再三强调历史唯物主义与“化约论”、“进化论”和“功能论”等论调是严格分开的。从消极的方面看，吉登斯利用这些指摘老调重弹，一方面反映了他对历史唯物主义的理论精髓的理解深度还有待提升；另一方面也反映了他基于诸学科的新发展对历史唯物主义的刻意误读，这种误读很明显地带有为当代资本主义制度辩护的味道。但他也为经典马克思主义的理论持久力和生命力所拜服。国内学术界认为，吉登斯的某些批判与误读恰恰可以为历史唯物主义基本理论立场的科学性正名。③ 从积极的方面看，吉登斯进行的一系列重建、重构工作为历史唯物主义打开当代视窗、结合当代社会发展深入研究经典理论提供了契机。而且他提出的关于历史唯物主义的批判和重建的一些论点，也是正统马克思主义研究应该予以回应的。

二、出现了大量与“重建”相关的著述作品

西方马克思主义者沿着第二国际和早期西方马克思主义者以及法兰克福学派一些学者开启的“重释”“重建”道路，不断拓展着这条道路，推动着“重释”“重建”历史唯物主义从无形转向“有形”，从单一走向

① ANTHONY G. Central Problems in Social Theory：Action Structure and Contradiction in Social Analysis. London：Macmillan Education Ltd.，1979：144.

② 黄旭东，田启波. 结构化理论：吉登斯现代社会变迁思想的理论基础. 兰州学刊，2009（6）.

③ 蒋红. 论吉登斯对历史唯物主义的“批判”. 马克思主义与现实，2010（6）.

多元，从口号式转向实实在在的理论建构，从少数个人的努力转向多数人的集体发声，从隐性的思考转向显性的描绘。从此，重建风潮席卷西方马克思主义理论界，大量有关历史唯物主义的重建派别、重建著作纷纷出现在大众视野中，传播力之广、影响力之深不可小觑。

首先，文化马克思主义的一大特点是著作丰富。从某种程度上而言，西方马克思主义与“重建马克思主义”可以等同起来。法兰克福学派以及后来的英国文化唯物主义等都是借助于发掘历史唯物主义的文化视域，来达到对历史唯物主义的重建的目的。自从卢卡奇等西方早期马克思主义哲学肯定历史辩证法而否定自然辩证法以来，马克思主义俨然被历史唯物主义所“代言”，而修正、完善乃至重建历史唯物主义也伴随着整个西方马克思主义的发展发生演变。随着 20 世纪西方社会文化意识形态的作用强力凸显，尤其是消费文化对大众的操纵，表面上以娱乐和盈利为目标的“文化工业”事实上演绎着统治的意识形态的角色。西方学者大都生活于书斋和大学里面，从事着哲学或者文学批评之类的研究工作，与现实的政治斗争和政党活动关联不多。从文化观念和社会心理层面来找寻社会现实问题的解答显然成为他们的一个标签，他们将人视为观念，从人的内心世界寻求现实答案和人类解放就成为他们的主要路径。因此，文化问题、文化批判、文化转向乃至文化马克思主义、文化唯物主义等理论话题也就成为这些学者关注的重点和历史唯物主义发展的理论增长点，相关的著述也随之涌现。从法兰克福学派来说，作为法兰克福学派的编外成员的本雅明较早地开辟了从上层建筑角度对资产阶级文化的批判，阿多诺则基于自身独特的精英文化立场对消费社会文化产业进行了批判，马尔库塞则批判资本主义抽象统一的理性文化，以美学抗议是他们的文化理论共同特征。像本雅明的《机械复制时代的艺术作品》《摄影小史》《迎向灵光消逝的年代》《发达资本主义时代的抒情诗人》等作品，马尔库塞的《单向度的人》《爱欲与文明》，阿多诺的《论音乐的拜物教特征与倾听的退化》《文化工业再思考》《论爵士乐》等。后期的西方马克思主义者如汤普森、威廉斯、安德森、吉登斯、伊格尔顿、詹姆逊、贝尔等学者也较为集中地涉猎了文化问题，出版了大量相关著作。比如汤普森的《共有的习惯》《英国工人阶级的形成》等，安德森的《西方左派图绘》《后现代性的起源》《文明及其内涵》《英国问题》等，威廉斯的《漫长的革命》《马克思主义与文学》

《文化与社会》等，吉登斯的《现代性的后果》《现代性与自我认同》《历史唯物主义的当代批判：权力、财产与国家》，伊格尔顿的《放逐与侨居》《作为语言的身体》《勃朗特姐妹：权力的神话》《文学理论导论》《批评的功能》《批评与意识形态》《马克思主义与文学批评》等，詹姆逊的《政治无意识》《表征资本》《马克思主义与形式》《文化转向》《后现代主义与文化理论》，贝尔的《资本主义文化矛盾》《意识形态的终结》《后工业社会的来临》。西方马克思主义从文化视域着手，力图建构一种以文化为轴心的辩证法，走向一种政治文化学批判的文化范式，以此来重建历史唯物主义，宣扬一种以主体性为前提的革命理论。

其次，生态马克思主义者的著作被广为传阅，具有较大影响力。生态马克思主义诞生于20世纪后半叶，面对日益严重的资本主义生态危机，他们力图用现代生态学注解马克思主义，以求得现实问题的解决办法。该学派以资本的全球性扩张为背景，立足于社会和自然关系的视角展开对晚期资本主义生产方式的批判。这个学派的代表人物有佩珀、阿格尔、福斯特、奥康纳、高兹、格伦德曼、莱斯等。大体而言，生态主义马克思主义重建历史唯物主义时主要从以下三个角度进行。首先是基于人的需要的异化所引发的消费异化的考察，认为在马克思主义的理论视域中，缺乏生态学的观照，但在现实中，资本主义社会的主要危机已经不再是经济危机，而是生态危机和消费危机。其次，从“自然”和“文化”的辨析出发，强调历史唯物主义技术决定论是反生态的，一些学者力图建立实践基础之上的人与自然的三元和谐辩证法。最后，与前二者相反，有些学者认为生态学思想一直存在于马克思的思想中，但较为隐蔽，不易被发现，因此应当从经典文本出发，深入挖掘、剖析文本中的生态学思想，从而在方法论和哲学双重维度构建生态唯物主义。这些思想蕴含在生态学马克思主义者的相关著作中，如高兹的《作为政治的生态学》和《资本主义，社会主义，生态学：迷失与方向》，奥康纳的《自然的理由：生态学马克思主义研究》，福斯特的《反对资本主义的生态学》《脆弱的行星：环境的经济简史》《生态危机与资本主义》《马克思的生态学》，佩珀的《生态社会主义：从深生态学到生态正义》《生态环境主义根基》《现代环境主义导论》，莱斯的《对自然的统治》和《满足的极限》，阿格尔《论幸福和被毁灭的生活》和《西方马克思主义导论》，拉比卡的《生态学与阶级斗争》，格伦德曼的《马克思主义和生态学》等。以上著作基于不同的理论视域和逻辑起点，对历史唯物主义的重建形成了不同的向度，当然也造就了不同的理论运思和重建路径。

然后，分析马克思主义的相关著述也让人惊叹。以科恩、J. 罗默、埃尔斯特、帕里斯、赖特、布伦纳、伍德和威廉姆·肖等学者为代表的分析马克思主义者围绕历史唯物主义的基本理论，拓展和形成了新的重建路径、研究方法和问题视域，由此也产生了大量相关著作。如科恩的《卡尔·马克思的历史理论：一个辩护》《历史、劳动和自由》《历史唯物主义的再探讨》，罗默的《剥削和阶级的一般理论》《社会主义的未来》《在自由中丧失：马克思主义经济哲学导论》《共产主义后的社会主义可能存在吗?》《机会平等》《分配正义理论》，埃尔斯特的《理解马克思》和《马克思主义和个体主义》，帕里斯的《重建马克思主义》《信念的进化解释》《阶级理论中的革命》《功能主义马克思主义的复兴》，赖特的《阶级分析法》《展望真实的乌托邦》《取代资本主义：一个民主经济方案》《指南针：指向社会主义的替代性选择》，布伦纳的《商人与革命》《从繁荣到泡沫》《欧洲资本主义的土地起因》《马克思社会发展理论新解》《经济社会发展的社会基础》《全球动荡的经济学》，伍德的《民主反对社会主义：重建历史唯物主义》《是解释一切还是零?》《理性选择的马克思主义：博弈上算吗?》《公正与阶级利益》《资本主义的起源》《自由与财产：文艺复兴至启蒙运动的西方政治思想之社会史》，威廉姆·肖的《历史唯物主义与发展命题》和《统治地位的观念》等。分析马克思主义学者认为，他们的职责所在、核心任务在于对历史唯物主义的重建、修正和捍卫，借助分析哲学方法试图在批判和超越近代哲学的主体性困境和传统思辨的形而上学的基础上对历史唯物主义展开新的诠读，用功能解释和方法论的个人主义来代替传统马克思主义方法论。

对世界体系马克思主义有关著述的反应较热烈。20 世纪后半叶，世界体系学派作为新马克思主义理论的一支新秀兴起，与法兰克福学派分庭抗礼。20 世纪 70 年代，沃勒斯坦、阿瑞吉、安德烈、阿明、霍普金斯等学者，将世界体系理论与马克思主义的理论和方法结合起来，相互修正、补充、发展。他们主要在美国纽约州立大学宾厄姆顿分校的布罗代尔经济、历史体系与文明研究中心开展工作，由此“世界体系的马克思主义”随着《现代世界体系》第一卷的出版而正式诞生了。20 世纪50至60年代，沃勒斯坦世界体系学派的奠基人关注到了非洲极其贫困与落后的现象，同时试图探寻世界资本主义如何演进、规律何为。在理论方面，他借鉴了依附理论中“不平等发展”、“中心-边缘”、西方马克思主义的激进批判理论和西方的“市场经济”理论；在视域方面，他又采用了马克思的“大历史视野”，承袭其批判精神，同时又借助年鉴学派的“长时间”研究范式，多重理论、方法、视域交错，构建了其“世界体系分析”的研究范式。对于如何构建世界体系理论，霍普金斯、阿明、法农、多斯桑托斯、彼得拉什、阿瑞吉等从不同的理论视域、研究范式出发，做出了一定的贡献。这些学者出版了大量考察资本主义的演变特征和世界历史本质特征的著作，对历史唯物主义的本质何为、价值何在做出了思考和回答。比如沃勒斯坦的《现代世界体系》（三卷本）、《自由主义的终结》、《世界体系分析法》、《世界—政治经济学：国家、社会主义运动与文化》、《历史资本主义》和《开放社会科学：重建社会科学报告书》，阿瑞吉的《半边缘的发展：20世纪南欧政治》《反体系运动》《现代世界体系的混沌与治理》《世界收入的不平等和社会主义的未来》《漫长的20世纪》《亚当·斯密在北京》《东亚的复兴：以500年、150年和50年为视角》《新自由主义的性质和前途》《帝国主义的谱系》，弗兰克的《依附论》《拉丁美洲：不发达还是革命》《发展的社会学与社会学的不发达》《流氓资产阶级：拉丁美洲的流氓式发展、依附性、阶级与政治》《依附性与不发达：拉丁美洲的政治经济学》《依附性积累与不发达》《世界经济的危机》《全球危机的动力》《第三世界的危机》，阿明的《世界规模的积累》《不平等的发展》《不平等的交换与价值规律》《资本主义的危机》《脱钩：为了走出世界体系》《价值规律与历史唯物主义》《全球化时代的资本主义》《世界一体化的挑战》《欧洲中心主义与自由主义毒素》《为多极世界进言》，以及霍普金斯和沃勒斯坦的《世界体系分析：理论与方法》等。这些著述对资本主义历史以及人类历史演变特征和规律性问题、世界一体化实质、非洲大陆的现代化进程等世界历史问题进行了阐释，进而对历史唯物主义的本质、历史的本质以及社会主义社会的历史必然性进行重新阐释。

都市马克思主义著述风头正盛。都市马克思主义也许还可以称为“空间马克思主义”，因为其关注的焦点是资本主义“空间”问题。当然这种“空间”不是物理学上的空间，而是社会学、哲学层面的“空间”

视域。“空间”成为都市马克思主义者对马克思主义理论体系进行发掘和反思的一个重要视域，同时也是对资本主义进行批判的核心视域。这股批判风潮肇始于20世纪50年代，主要代表人物有列斐伏尔、卡斯特、哈维、苏贾、奈格里、哈特、鲍曼、福柯等。尽管立足于不同的理论起点，导向了异质的价值取向，但他们有着核心的理论聚焦点，即空间，他们认为空间生产已取代物质生产成为资本主义发展的主要支撑，空间成为资本主义最重要的生产力与统治工具，正是空间生产的不断延展得以维系资本主义的存续，全球性金融重组与政治经济文化结构重组主要表现为社会空间化发展这个地理景观。这些思想在他们的著述中得以体现，如列斐伏尔的《日常生活批判》《空间与政治》《现代世界的日常生活》《都市革命》《资本主义的幸存》，卡斯特的《认同的力量》《网络社会的崛起》《信息化社会》《都市问题》，哈维的《社会正义与城市》《资本的限度》《资本的城市化》《意识与城市经验》《后现代的状况》《希望的空间》，苏贾的《后现代地理学：重申批判社会理论中的空间》《第三空间：去往洛杉矶和其他真实和想象地方的旅程》《后大都市：城市和区域的批判性研究》《寻找空间正义》，奈格里和哈特的《帝国》《诸众》《共同体》，鲍曼的《被围困的社会》和《全球化》，福柯的《疯癫与文明》《规训与惩罚》《权力的眼睛》等。这些学者指出，只有将空间维度糅合到辩证法和历史唯物主义中，马克思主义理论才不会丧失对现实的解释力，才会具有更强劲的理论生命力。

后马克思主义著述风靡一时。20世纪50年代，后马克思主义思潮即后马克思主义在理论界崭露头角，他们在“五月风暴”后开始形成，由墨菲和拉克劳所撰写的《领导权与社会主义的策略：走向激进民主政治》一书标志着后马克思主义的真正问世。他们在后现代主义的理论基础上，用话语分析来批判、消解蕴含在历史唯物主义中的客观性、总体性、普遍性，试图湮没经典马克思主义的生产方式分析范式，以说明经典马克思主义在后现代的现实情境下无法再构建有效解释，亟须重建。事实上，有关后马克思主义的定义较为模糊，其涉及人物也并不确定，但可以肯定的是其代表人物是拉克劳和墨菲。而波兰尼、麦克弗森、贝尔在一定意义上也被纳入后马克思主义的范围内。墨菲和拉克劳作为后马克思主义的代表人物，陆续写作出版了《领导权与社会主义的策略：走向激进的民主政治》《对我们时代革命的新反思》《无须认错的后马克思主义》《政治的回归》等著述。

三、提出了不少“重建”的新观点和分析方法

在对历史唯物主义进行重建时，各个流派和思潮基于各自理论预设和价值立场提出了各自的重要观点，又不断借鉴、糅合、融解其他各学科的理论方法，进而形成了自己的独特研究方法，是在新的时代，在面临新问题的境遇中对历史唯物主义的新阐释。其观点和分析方法为我们理解历史唯物主义及这些重建者的自身理论提供了重要的思想资源和解读视角。

文化马克思主义者在重建历史唯物主义的过程中提出了不少新的观点，形成了一些新的研究方法。文化马克思主义在研究方法上受到分析哲学的影响，在方法上融入了西方马克思主义的结构主义和解释学，建构出了文化的意识形态批判研究路径。可以说，“文化”转向选择性地继承马克思主义的某些原理，同时有意识地超越马克思主义的某些思想方法。法兰克福学派和英国的伯明翰学派等无疑都是以意识形态批判为核心的文化批判理论，都将文化批判和文化研究视作马克思主义的理论生长点，他们坚信以意识形态为核心的文化斗争乃是推动社会变革的前提性存在。通常来说，文化马克思主义者的文化批判不可避免地将马克思的意识形态批判引入进来，由此表征为在文化层面上的意识形态批判，但在具体运思上，又呈现出融汇现象学研究、结构主义研究和解释学研究等的方法特质。这其中，莱尔因就将解释学方法运用于重构方法，创建了解释学重建方法。在重构历史唯物主义时，不仅“应该对我们所普遍接受的对历史唯物主义理论的传统解释进行重新理解，重新审视”，而且“应该找出马克思主义经典作家关于历史唯物主义的本来含义，破除后人对这一理论的附加成分和教条主义的理解，抓住唯物史观的精髓和实质，并在吸收当代科学成果的基础上加以发展，使之能成为认识和改造现实世界的锐利武器”①。对结构主义方法的重视，是安德森的特点，在他看来，理解历史唯物主义需要理解其体系结构，也要明白批判者——主体及其批判活动，因为“历史唯物主义仍是唯一的这样一种文化范型：它包容面很广，能够把未来社会主义的理想展望与当前

① 莱尔因．重构历史唯物主义．姜兴宏，刘明如，译．北京：中国社会科学出版社，1991：译者序 11.

的种种现实矛盾和运动及其从过去的结构那里继承下来的东西结合在一起，形成一种关于整个社会发展的独特动态的理论”①。所以，单纯采用结构主义方法是不够的，必须联合主体一起来重建历史唯物主义。安德森认为，结构和主体的关系本身也是历史唯物主义批判理论要解决的重要问题，“除非马克思主义能够充分地解决这个问题，否则它就没有完成作为批判理论本身的使命”②。正因如此，安德森不同意科恩完全否弃阿尔都塞的结构主义方法，而是要对其进行修正，因此，对历史唯物主义进行重建的一个重要方法就是与主体的契合。在伊格尔顿看来，“结构主义不是可以追根溯源到帝国主义的唯一文学理论分支。阐释学与这个项目几乎没有什么联系，精神分析也是如此……而后结构主义，它的一位主要阐释者来自前法属殖民地，对它认为完全是欧洲中心论的形而上学提出了怀疑。……事实上，人们也许会宣称文化是一个前现代或后现代的，而不是现代的观念”③。有学者认为伊格尔顿在重建马克思主义的方法上的尝试是融合了阿尔都塞的结构主义研究方法和科恩的分析马克思主义研究方法，吸收了他们的“认识论断裂”和“症候式阅读”研究法以及“功能解释”法，建构出解构式的文化意识形态批判，进而重新阐释了历史唯物主义的某些基本理论。实际上，上面伊格尔顿的话暗示了他本人更倾向于后结构主义研究方法，且带有解构性质的文化批判。詹姆逊也将解释学方法融进后现代文化研究中，将解构的文化批判渗透到其研究方法中去。在此基础上，詹姆逊建构出一种既源于又超越结构主义方法的“元叙事”研究方法，类似于披着后现代外衣的马克思的总体性研究方法。贝尔则鲜明地将意识形态融进后现代文化研究当中，但与传统的意识形态批判有所不同，解释学和分析哲学方法被吸收到这种研究方法中。整体而言，对资本主义社会的文化批判是文化马克思主义的理论出发点。法兰克福学派从正反两个维度对文化进行了解读，而英国伯明翰学派则将文化看成整个社会生活方式，成为日常的斗争方式，是一种现实的物质力量。他们认为，社会的变革关键在于文化的变革，而文化变革的关键与意识形态斗争的成功与否密不可分。

生态学马克思主义存在欧洲生态学马克思主义传统和北美生态学马

① 安德森. 当代西方马克思主义. 余文烈，译. 北京：东方出版社，1989：149-150.

② 同①118.

③ 伊格尔顿. 文化的观念. 方杰，译. 南京：南京大学出版社，2003：32.

克思主义传统两种基本的逻辑理路。这两种传统之间并非是一种“断裂式”的关系，而是一种逻辑起承转合关系，两者应是联系性关联。从理论渊源上来看，早期的欧洲生态学马克思主义主要沿用卢卡奇开启的人道主义的马克思主义哲学批判方式，批判用自然本体论来诠读马克思主义的方式，而北美生态学马克思主义除了坚持这个传统外，同时又强调要重视历史唯物主义的“历史”向度和人文向度，将历史唯物主义的“自然”维度和“唯物主义”维度进一步凸显。这些差异在一定程度上也造成了两种传统在方法论上的差异。比如以高兹为代表的欧洲生态学马克思主义强调运用存在主义的现象学和马克思的历史唯物主义、政治经济学批判的理论和方法从生态学的学科内部发掘出一种具有政治意蕴的政治生态学方法。这显然与科学的生态学方法迥然相反，是生态学自身具有的方法。“政治”的概念在高兹这里承袭了古希腊雅典人的“城邦”“家”“积极行使公民权”的意蕴，作为存在论的前提和向度，蕴含着生态、规范、创造性的含义：“在不断要求促进另一种文明的同时成了一种生活方式，一种日常的实践”①，“体现了马克思政治经济学批判的唯物主义基础特征”②。奥康纳将经典马克思主义的生产方式范式改造为生产条件范式，以此剖析资本主义生产和社会危机的病灶。在他看来，资本与其生产关系之间的关系最终使资本主义国家“生产出了，或者说管理着获得、使用以及脱离包括‘环境’在内的生产条件的整个过程”③。国家就成为连接资本主义和自然两者的桥梁和中介，资本与自然之间的对立冲突有赖于在国家层面予以解决。奥康纳由此将生产条件问题转变为一个政治问题，也就是把外在于资本主义制度的生态问题提升到政治的高度。同时，在奥康纳的视域中，“文化”既是经典马克思主义所言的“社会上层建筑”的重要构件，又作为社会经济基础互相交融的实践行动而存在。质言之，奥康纳认为文化、自然以及劳动即联结自然与文化的劳动是三位一体的，以此为出发点，他自然而然地得出了社会经济基础即建立在生产力和生产关系之上的劳动和物质生产过程也

① 高兹．致D情史．袁筱一，译．南京：南京大学出版社，2010：70-71．

② 俞吾金，陈学明．国外马克思主义哲学流派新编·西方马克思主义卷：下册．上海：复旦大学出版社，2002：576．

③ 奥康纳．自然的理由：生态学马克思主义研究．唐正东，臧佩洪，译．南京：南京大学出版社，2003：247．

打上了自然和文化的烙印的结论。由此，奥康纳将“文化—自然—实践”的研究范式贯穿在对生产力、生产关系、生产条件以及资本主义社会出现的新矛盾的研究中，对历史唯物主义做了修正和补充。作为第一个提出“生态学马克思主义”术语的阿格尔强调理论与实践的相互作用。首先，他认为马克思主义不过是方法论的一种，即“一种把解放理论和关于社会主义可能性的设想与被压迫人民的日常斗争联系起来的方法”①。阿格尔进一步将这种方法诠释为理论与实践双重交互的具有革命性质的辩证法。基于这种“理论—实践”辩证法，阿格尔指出人类历史创造出的资本主义制度虽然具有极强的特质性，但终究走向灭亡之路。莱斯则紧扣“自然的控制”观念作为解析生态危机问题的切入点，在分析历史上的控制思想后，揭示出这种观念虽然由来已久但只有在资本主义生产条件下才被异化为资产阶级意识形态，成为生态危机的发源地。这种研究方法突出了意识形态批判的地位和作用。总之，生态学马克思主义借鉴吸收了系统学、控制学、未来学以及马克思的唯物辩证法思想，建构出了生态学理性批判研究方法，解读人与自然的关系，就此提出了自己的解答方案。在深入剖析现代西方生态危机产生的社会病灶时，生态学马克思主义立足于历史唯物主义，说明要实现人的自由全面发展、社会的公平正义的理想，必须同时变革社会结构、培育环境道德价值观，构建生态政治战略。

分析马克思主义在研究方法上主要体现在对英美语境中的分析哲学方法的借鉴、吸收和发展上。分析马克思主义学派主要运用的研究方法有逻辑和语言分析的方法、经济学分析的方法和描述选择、行为和策略的各种方法。分析马克思主义的主要代表人物如科恩、埃尔斯特和罗默将这些方法充分运用到了他们的著作之中，但他们对上述分析马克思主义方法的运用又各有侧重。比如，科恩对逻辑和语言分析的方法情有独钟，罗默则擅长经济学分析的方法，埃尔斯特惯常使用描述选择、行为和策略的诸类方法。总之，用非马克思主义的方法来澄清马克思主义的理论目的是分析马克思主义者的显著特征，他们力图使研究方法与理论旨趣之间保持着适当的距离并具有一定程度的区分。但仍然有一部分人走向了反面，采取了极端的方式，用分析的方法来批驳、对抗辩证的方

① 阿格尔. 西方马克思主义概论. 慎之，等译. 北京：中国人民大学出版社，1991：5.

法。“一些人认为马克思主义拥有一种被称作‘辩证法’的方法。但我们认为，虽然‘辩证的’这个词在被使用时并不总是含义不清，但它却从未被明确用来指称一种同分析的方法相匹敌的方法。”① 因此，“广义的分析方法是与辩证法相对而言的，它带有很强的技术性，它要求陈述精确、论点明晰，它的分析技术包括逻辑和语言分析方法、与数学方法相结合的经济分析方法等”②，他们“除大量运用分析哲学的方法外，还使用了当代社会学、经济学甚至数学所常用的最先进的方法，如量化法、统计法、博弈论法等等”③。从广义的角度而言，分析马克思主义的方法既包括来源于新古典经济学及与此一起发展的“决策论”或“博弈论”以及一般意义上的“理性选择论”方法等描述行为、选择和策略的各种方法，也包括肇始于实证主义和后实证主义的逻辑和语言分析的方法，即包含严格的数学形式的经济分析的方法。狭义的分析哲学的方法，只有少部分分析马克思主义者才认同，即“从某一事物的微观组成和微观机制上去分析它的诸种现象和构成这一事物的基础。根据这一方法，他们反对这样一种观点，即不是从组成社会的个体，而是从社会形态和阶级层次来描绘社会的规律”④。这种狭义的分析方法显然是同“整体主义”的方法相对抗的，它强调从个体行为和微观机制来解释社会和阶级。后来，随着范·帕里斯、埃里克·赖特、罗伯特·布伦纳、艾伦·伍德和威廉姆·肖相继成为分析马克思主义者，分析马克思主义学派的研究方法逐渐转向政治学、解释学和伦理学等领域，尤其是博弈论的引入和运用，从而在历史唯物主义的经典理论中，分析马克思主义也能有所突破、有更精致的论证。博弈论又称对策论，是研究竞争（联盟）局势的数学理论分支，研究利害冲突的双方或多方各自的最优策略的格局。他们用博弈论来分析技术发展趋势，解读阶级斗争格局，解析资本主义国家、资本与工人三者关联等具体问题，他们“对构成整体的微观成分和构成总体转变过程基础的微观机制进行分析研究，以便说明宏观现象和总体理论，作为理论研究方法来说，这无疑也是一个重要的方法”⑤。分析马克思主义对马

① 科亨. 信奉而不恭维：对分析的马克思主义的反思. 马克思主义研究，1996（1）.

② 魏小萍. 分析的马克思主义怎样看社会主义市场经济：访 G. A. 科亨教授. 哲学动态，1995（12）.

③ 曾枝盛. 20 世纪末国外马克思主义纲要. 北京：中国人民大学出版社，1998：33.

④ 同②.

⑤ 同③35.

克思主义的"分析"首先在于对基本概念、命题和理论的澄清、补充、修正，因而他们反思了何为历史的本质、何为历史唯物主义的本质以及生产力与生产关系、经济基础与上层建筑之间的关系。具体来说，罗默分析了剥削概念，微观地追溯了剥削的历史形态，通过对历史中的剥削过程的展现，批判资本主义社会中不合理的剥削，转而为社会主义社会中的合理剥削而正名。埃尔斯特则反思了阶级概念，揭示出阶级的复杂含义，认为文化领域的斗争是阶级斗争的最基本的斗争，等等。

世界体系学派在研究方法方面做了不少理论整合和创新工作。该学派主要吸收了法国史学派的"时段"研究方法、俄国经济学派的"长周期"研究方法和马克思的"世界历史"理论方法，建构了世界体系分析，对资本主义世界体系的演变特点进行了解读。从某个层面上来看，作为一种典型的西方批判性理论，世界体系学派的批判指向的对象更多的是某种理论方法而不是某种理论观点。其标志性人物沃勒斯坦就坦言，世界体系论并非是一种具体的思想理论，而是解析世界的一种方法——世界体系分析法。因为世界体系分析法"不是一个关于社会世界或关于部分社会世界的理论。它是对一些方法的抗议"①。所谓"抗议"的对象方法是指 19 世纪中叶以来所沿用的、流毒甚深的已经"结构化"的学科研究方法，包括基本路径和体制。具体而言，沃勒斯坦主张要广泛融合社会科学资源，突破学科限制，融合不同的交叉学科，走一体化学科研究路径，建立以世界体系为视域的研究方法，否弃以历时态为线索的历史研究法，建构以共时态为线索的世界体系分析，解析世界体系的不平等性和扩张性及其产生根源。阿瑞吉主要围绕世界体系动力、世界体系扩张的实质等问题对亚洲和欧美在世界体系中的地位和角色变化对世界历史的影响做了一个梳理，展示了边缘与中心互换的演变规律，突出了金融霸权在转换过程中的关键作用，并就中国在未来世界体系中的重要作用和发展做了展望。在对世界体系的分析中，阿瑞吉采用了包括经济学研究方法、东西方比较研究方法、周期性分析法、结构主义分析法、矛盾和差异研究法。在这些方法里面，经济学研究方法和东西方比较方法是阿瑞吉较为独特的研究方法，尤其注重"金融周期"的方法论意义，在今天还具有意义。可以说，阿瑞吉将经济领域为研究的主导

① 沃勒斯坦．沃勒斯坦精粹．黄光耀，洪霞，译．南京：南京大学出版社，2003：162.

这种方法贯穿始终，通过东西方比较研究，展现了全球性视域中经济发展的客观规律，描绘出其发展图景。弗兰克着重研究了 5 000 多年来整体设计的发展历程，对人类整体主义、中心主义、长周期、世界历史以及结构主义的分析方法加以运用，从而将世界体系内部的关联和相互作用悉数呈现。弗兰克以世界经济为出发点，以整体性视窗开启对政治、社会、文化、军事的研究。他以世界体系的基本理论单位为前提，考察其各个组成部分之间的相互联系和作用。除了横向的分析，他还从纵向上历时性地把握世界体系的历史发展过程，呈现出其内部发展动力和结构，进而反对欧洲中心论。在他看来，世界历史应为全部人类的经验与发展的体现，欧美资本主义世界体系扩张史不过是人类史的一个“插曲”和“拐弯”，真正的世界体系并不是奠基于欧美资本主义经济体系之上。阿明则是紧紧围绕“中心-边缘”结构和不平等的交换对世界体系展开分析，力图体现了非洲欠发达状态的实质和根源。在他看来，“三元体系”下的非洲等落后地区沦落为世界体系的最底层，构成了世界体系中的“第四世界”，深刻体现了中心对边缘的剥削和压迫，进而充分暴露了当今资本主义世界体系的剥削实质。于此，立足于马克思主义政治经济学的理论立场和方法，阿明深刻揭示出中心与边缘日益分化的物质利益动因。阿明将“不平等的交换”和“中心-边缘”结构作为其世界体系理论分析框架的主要线索，对丰富世界体系的马克思主义研究方法做了一定贡献，其“坚信社会主义是人类唯一可行的、解决资本主义的各种弊端的方法”的信念也是值得学习的。

都市马克思主义主要将空间作为马克思主义分析资本主义的切入视角来批判资本主义，进而对资本扩张带来的生态危机和人类社会问题加以批判。传统马克思主义理论往往聚焦于物质生产这个维度的生产问题，空间实质上是作为人类物质生产的一个中介。在都市马克思主义者看来，现代化已经赋予了空间作为人类生产结果的新功能，以列斐伏尔为代表的都市马克思主义学者将空间的生产与国家的政治意识勾连起来作为一个有机体来考察，认为空间的生产成为表征国家政治机理的生产模式，事实上具有了政治属性，也日益成为呈现资本主义政治文化与政治意识教化大众、剥削大众的基本领域。因此，总体上来说，空间成为都市马克思主义者审视、批判资本主义的主要视角。具体来说，立足于政治经济学批判，列斐伏尔认为当代资本主义的空间生产囊括了日常生活、城市化和全球化三个向度。他试图搭建“时间-空间-社会”三位一体的辩证法，用空间注解马克思的历史辩证法，空间不再外在、游离于生产关系而成为其现实载体，从而凸显空间的社会性，在空间与社会之间搭建起辩证关系，进一步，空间生产与社会形态的历史演变之间的内在关联也是无法忽视的。这种三元辩证法不再局限于历史、时间等一系列历时性的纵向结构，而是加入了空间的横向结构，使其更多元、更开放。苏贾则在承袭列斐伏尔的空间生产理论的基础上创建出了“社会-空间辩证法”。他认为，社会空间的实质是社会关系与空间关系共生共存的辩证性，这里的“生产关系”是指经济学意义上的“生产”关系，试图以此来改变历史决定论“一统天下”的局面。苏贾的社会-空间辩证法强调空间包含在时间与社会的二元之中并与其相互交织，时间性、空间性、社会性三者之间不存在谁决定谁或者谁比谁优先的现象，三者相互容纳、相互作用。哈维是马克思主义立场较为坚定和明确的都市马克思主义者。哈维的空间理论分析方法同样也是在列斐伏尔开启的空间生产的分析路径上发展出来的，其方法论的衍生，在某种意义上是对历史、空间和社会关系再思考、再定位的演变过程。这种方法论经历了早期的结构主义到逻辑实证主义再到关系辩证法的方法论变化，进入空间研究方法论的新阶段。哈维在谈到如何理解并把握空间生产这个根源于马克思主义的抽象复杂体系时，在谈及自己的方法时，他认为要遵照辩证法的精神，将马克思的学说看作需要批判检视和可发展完善的理论体系，而不要沉溺于细枝末节以致无法抽身。具体说来，哈维在阐述空间问题时，注重阶级分析的方法，在地理学中恢复辩证法和“历史地理唯物论”。

后马克思主义和有机马克思主义等思潮也从不同的视角运用各种方法切入对资本主义的批判。用话语理论置换经典马克思主义以实践总体为核心的辩证法是后马克思主义一直以来的理论努力，它借助霸权逻辑来颠覆传统的本质主义，追求绝对的否定，强调建构性的外在，对抗和异质性成为其辩证法的特质。有机马克思主义走向了“后现代主义的马克思主义”的路径，强调对马克思主义的“文化嵌入”。在解决生态危机的问题上重视文化和地域的特殊性，是一种将有机、生态、社会主义原则相结合的新的思维方式。在怀特海哲学的基础上，有机马克思主义超越将人与人自然主客二分的思维方式，遵循马克思主义的唯物辩证法，尝试建构一种“能动的主体与主体之间的关系”，即实现人与自然、人与社会、人与人相统一的共同体。

四、在一定程度上深化了历史唯物主义的认识

在对历史唯物主义的理解中，西方马克思主义者与实践唯物主义者是“志同道合”的，即他们都不认同要用近代西方哲学的范式即实证化来研究马克思主义。相反，他们寻求与近代西方哲学截然不同的路径，在基本的理论立场方面，他们认为马克思主义之于近代西方哲学而言是断层的、割裂的、超越的。在这种重新思考的过程中，不同的西方马克思主义有着不同的回答，进而不同的理论派别和风潮也随之诞生。这些带有主观印记的思想理论建构终归是在资本主义发展过程中面临新问题、新境况的产物，这里面既有重建者自身的努力，也有对时代问题的理论解答。如此来看，在新的时代情境中，西方马克思主义对历史唯物主义的重新诠释既有对经典理论的“重建”，也有在解答现实问题基础上的创新发展，这是无法否认的客观事实。由于时代在不断发展，对于历史唯物主义的重建必然会带有时代气息，带有时代烙印和问题意识，从某种程度而言这有利于人们加深对历史唯物主义的认识。

文化马克思主义在强调文化功能、激发主体创造性的同时，也对破除经济决定论和宿命论的负面影响做了一定贡献。由卢卡奇开启、法兰克福学派发展、英国伯明翰学派推进的致力于资本主义文化和意识形态批判，使文化马克思主义的影响延续至今。文化马克思主义秉持马克思主义的固有立场，深刻批判了资本主义社会，但其视角已从政治经济领域向文化领域转变。进入 20 世纪后，文化的逻辑表征了时代的逻辑，在资本主义社会中，文化矛盾成为比政治经济矛盾更为突出和主要的矛盾。人们被文化工业批判生产的“大众文化”所操控，民众日益陷入拜物教的泥潭。随着时间的推移，民众已麻木且失去思想鉴别力，完全被资产阶级的思想文化和意识形态所浸染、吞噬。因此，文化马克思主义的重要任务就是唤醒被资本主义文化所控制、所腐蚀的民众。基于对现实的资本主义社会发展状况的观察，他们及时对资本主义社会矛盾的变化做出了回应和批判，这表明他们及时洞悉了新时代下资本主义社会的新发展、新现象、新特质，对我们认知和把握资本主义社会发展新状况具有一定启示。从卢卡奇等人着力提升无产阶级的革命意识到葛兰西的

“文化霸权”建构，再到法兰克福学派基于文化维度展开的批判，都在不断彰显文化在资本主义社会批判中的地位和作用，构成一幅“文化转向”的图景。威廉斯等英国文化马克思主义者提出“文化唯物主义”，更是将文化问题提升到了一个更高层次来审视，使“文化精英主义”成为过去式，文化的日常性浮出水面：“主张文化并不是少数人的特权；……坚持文化不过是普通人的生活方式和共有经验”①。由此，文化便作为物质存在、生产方式和整体性的生活方式而存在。文化不再是经济的副产品，而是与生产、贸易、政治一样有着自身独特的作用，直接变成了“基础”部分。文化唯物主义者正是通过突出文化的物质性和生产性来还原其应有的社会基础性地位，并由此凸显文化的实践精神和创造性质，发掘文化作为社会斗争场域的政治意蕴和价值。这显然是对历史唯物主义以往没有充分涉及的研究视域和理论维度的强调和拓展。事实上，作为经典的传统马克思主义以及作为后起之秀的文化马克思主义和文化唯物主义都从未与时代脱离，它们致力于解决文化问题以及广大工人阶级和各种边缘群体的解放，这种政治性理应肯定。同时也要看到，早期文化马克思主义者过于关注中心化、霸权式的一体化力量，没有看到大众在抗议和消解资本主义文化工业操控上的付出，后来的文化马克思主义者将文化的主体转向大众并强调其主体价值则具有积极的政治意义。质言之，在文化马克思主义的视域中，他们用文化批判置换了政治经济学批判，从文化层面揭示出资本主义借助工业化的大众文化实现对大众从经济政治的控制转向思想文化的控制。究其根源，这是由于文化马克思主义对文化批判的过度依赖和强调导致忽视了更深层次的政治经济学批判这个武器。文化马克思主义“文化决定论”的实质决定了这种批判路径最终掉入泥潭而无法自拔。正因为如此，文化马克思主义最终无法找到解决问题的钥匙，因而直接用表象上的文化矛盾取代了内在的资本主义的根本性矛盾，否弃了文化背后的经济政治和制度原因，其局限性和缺陷不可避免。伊格尔顿清晰地指出：“在广义的人类学意义上，经济也是文化，但是在这种超容量的意义中，有什么不是文化呢?”②文化马克思主义很可能会将一切要素都物质化，这注定与历史唯物主义既

---

① 欧阳谦.“文化唯物主义”的理论建构及其意义．教学与研究，2010（12）.

② 伊格尔顿．再论基础与上层建筑．张丽芬，译//马克思主义美学研究．第5辑．桂林：广西师范大学出版社，2001：462.

强调文化的精神意蕴又重视文化的物质意义的辩证法底蕴相对立。

生态马克思主义十分重视生态问题，试图将其与历史唯物主义结合起来，但又认为生态维度应该是马克思主义和社会主义的题中之义。实际上，由于资本扩张本性的驱使，它只追求利益的无限增殖而将自然与生态和谐抛诸脑后，因此在资本主义社会根本不会设想任何生态文明图景。生态马克思主义同时也承认马克思主义经典作家所处的时代尚未出现严重的生态问题，只是在二战后，西方工业化快速发展，一系列生态问题凸显，进而造成日益严重的生态危机。生态问题是人类无法回避的重大问题，必然也是历史唯物主义无法回避的重要论题。在此背景下，生态学马克思主义将生态问题纳入自身逻辑系统中，深入探索这一话题，建构新理论，提出新观点，使历史唯物主义能在新状况、新时代中不断创新、与时俱进。“历史的变化已使原本马克思主义关于只属于工业资本主义生产领域的危机理论失去效用。今天，危机的趋势已转移到消费领域即生态危机取代了经济危机。”① 从表象上而言，生态马克思主义观照到了在资本主义社会中由资本增殖本性而生发出的对经济增长和物质利益的片面追求，从根源上而言，他们洞察到了源于资本主义生产方式的固有矛盾本性决定了人与自然的关系无法和谐共处，质言之，生产与消费之间的矛盾不仅使人异化，而且导致自然异化，经济危机和生态危机在资本主义社会中是一而二、二而一的。因此，盛行于资本主义社会中的消费主义与生态问题如影相随，因而对西方消费主义价值理念展开批判，首先成为生态马克思主义的主要批判对象。实践中，生态马克思主义融生态批判、社会制度批判与消费主义价值观批判为一体，呈现出其批判理论的鲜明特征。在生态马克思主义者看来，单纯的无产阶级革命无法有效地消除因资本主义工业化而产生的生态危机，既然资本主义生态危机的矛盾在于生产与消费之间的矛盾，就只能通过控制人的消费需求，以生态革命的方式将资本主义的生产方式和生活方式完全改变，进而使生产、消费、生态之间三元和谐，彻底解决生态危机。生态马克思主义将历史唯物主义视作解析资本主义生态问题的重要方法，又从不同视域、角度、层面诠读了历史唯物主义。比如，莱斯就认为，马克思的辩证法教会人们辩证地思考生态危机，因为生态危机既是一个

---

① 阿格尔. 西方马克思主义概论. 慎之，等译. 北京：中国人民大学出版社，1991：486.

自然问题，也是一个社会问题。阿格尔则在马克思辩证法的指导下建构出一种“破碎了的期望辩证法”作为分析生态危机的一种解读工具。佩珀更是将历史唯物主义看成“一种阐释历史和自然—社会关系的结构主义方法”①。对生态马克思主义的建构主要体现在奥康纳和福斯特的理论中。奥康纳将经典马克思主义理论中生产力与生产关系的矛盾置换为“自然与文化的矛盾”，从而得出资本主义的根本危机不是以往理论家所认为的生态危机和经济危机，而是可以调整和转型。福斯特则从哲学层面重新建构历史唯物主义，重新理解“物质变换”概念，突出历史唯物主义中的自然维度，强调历史唯物主义的生态底蕴和革命性因素。

综上，生态马克思主义既试图从资本主义制度内部的改革来解决生态危机，也试图跃出资本主义制度之外而彻底解决问题，不同的生态马克思主义者持有不同的观点，导向了不同的路径。所以，当生态马克思主义从各自理论和价值层面出发，借助重建历史唯物主义来指导生态危机的解决，并力图探索一个理想社会的建构方案时，我们不应抱有太大的期望。生态马克思主义所憧憬的是一种“生态社会主义”社会理想，无论是激进政治规划还是技术主义方案，生态马克思主义的“计划”都与马克思的科学社会主义有着本质的不同。

20 世纪 70 年代，英美地区兴起了一股新马克思主义风潮——分析马克思主义即“分析的马克思主义”。其出现和发展是源于对传统马克思主义的抗议和重释，因为“马克思逝世后，有些以‘正统的马克思主义者’自诩的人更是肆无忌惮地篡改并曲解马克思的基本思想。在这样的情况下，准确地诠释马克思的基本思想就上升为一个重大的问题”②，此时，分析马克思主义应运而生。由此看来，分析马克思主义的出现承载着重要的历史责任和担当，其重任就在于如何重建历史唯物主义。分析马克思主义诞生于欧美地区即普遍怀疑马克思主义的英语世界，这不仅是马克思主义基本原则和经验哲学传统的一次伟大结合，也是 20 世纪后半叶西方马克思主义遭遇困顿的一种历史回应。分析马克思主义吸收了现代社会科学中成熟的科学方法，主张理论上的干脆利落、大刀阔

---

① 佩珀. 生态社会主义：从深生态学到社会正义. 刘颖，译. 济南：山东大学出版社，2005：97.

② 俞吾金，陈学明. 国外马克思主义哲学流派新编·西方马克思主义卷：下册. 上海：复旦大学出版社，2002：505.

斧，因此在对马克思主义的研究中，它摒弃模糊、晦暗不明的思辨话语，强调明确、清晰的概念与逻辑，有效地消解了解读历史唯物主义时存在的某些歧义、误读与偏差。从理论层面来看，分析马克思主义致力于消解结构马克思主义对历史唯物主义曲解所带来的消极影响，但又继承了结构主义的严谨性，力图凸显马克思主义科学性之所在。同时，反思历史唯物主义的传统主题成为其主要工作，这其中包括对生产力、生产关系、经济基础、上层建筑、阶级与阶级斗争、剥削以及社会基本矛盾、决定论、能动性作用和意识形态等的微观分析，进行增补、修订和完善。例如，罗默对剥削概念的诠释，他基于思想史的梳理，既批判了资本主义剥削的不合理性，又为社会主义中的剥削正名；埃尔斯特反思了传统的阶级概念，论证了马克思主义理论中阶级概念是合理的，认为思想文化领域的阶级斗争是最基本的斗争；等等。分析马克思主义更多的是从微观层面对历史唯物主义的基本概念、范畴进行重新叙事，并不像一些重建者那样进行彻底替换。分析马克思主义创造性地解读了马克思主义的基本概念和方法论，重新聚焦经典马克思主义中的剥削、阶级、革命等概念和命题，马克思主义不仅在欧美国家获得长足发展，使英美理论界改变了对它的偏见，而且在始终观照现实问题的伦理学和政治哲学领域也占有一席之地。即使这种声音不一定是原汁原味的马克思主义理论的声音，但分析马克思主义在英美世界扎根也算是一大突破。当然，我们也要看到，某些分析马克思主义者喊着保卫历史唯物主义的口号，却将自己的一些“私货”掺杂进经典理论中，这实际上与本真的历史唯物主义背道而驰。比如，罗默提出社会主义剥削存在且是好的判断实际上混淆了马克思对剥削概念的界定。科恩、埃尔斯特等人在承认阶级斗争存在的基础上，又认为思想文化斗争是最基本的斗争。这些言论无疑都与历史唯物主义的理论旨趣和精神实质相违背。尤其在分析马克思主义的后期发展过程中，为了凸显其科学性和学术性，其实践维度却日渐消逝。这表现在分析马克思主义凭借科学的视域研究将英美世界主流的自由主义政治哲学抛在身后，却只保留了马克思有关社会秩序的理论和观点。也就是说，实践维度在分析马克思主义的不断推进中日益退居幕后，分析马克思主义事实上变成一种思维层面上的马克思主义。

都市马克思主义所指向的对象是城市及其空间，但本质上是对资本主义社会空间化问题的哲学反思。20 世纪伊始，资本主义社会生存的物质基础产生了明显改变。全球化进程所向披靡，“空间”成为新时代的核心表征，不仅资本主义自身开启了各类空间实践活动，而且在资本逻辑的驱使下，城市也在不断重构、发展与变革。“空间”开始崛起，诸多社会理论体系开始把焦点转移到“空间”，从福柯的“异托邦”到哈维的“时空压缩”，再从列斐伏尔的“空间生产”、苏贾的“第三空间”到詹姆逊的“后现代空间理论”，无不与空间勾连紧密。在都市马克思主义者看来，空间问题往往与城市联系在一起，“在 20 世纪 90 年代通过不同学科的交叉得以发展，与当前人们对城市与都市生活重新兴起的兴趣浪潮密切相关”①。在这里，苏贾将空间问题与城市问题架构进行了鲜明的确认。这也是都市马克思主义者一个极具现实性的批判视角，将城市的居住功能呈现出来，并进一步将城市作为重要元素参与经济社会发展的地位和作用以及为资本主义持存做贡献的现实职能揭示出来。在都市马克思主义者看来，城市不仅是人们生活的空间，是其展开生活的介质，而且作为资本主义中社会关系的核心环节而存在，承担着资本的全球化以及空间生产的重任。都市马克思主义者从不同研究路径尝试将“空间”作为一个积极的因素整合到马克思主义的理论体系中，并契合现实空间问题，使得马克思主义对现实的解释力又前进了一步。列斐伏尔以“空间生产”为出发点，在赋予空间社会性的基础上，从理论和政治双重角度来解读资本主义的空间生产，凸显了空间在资本主义社会关系中的作用。他认为政治领域的斗争和变革已经转移到以空间为媒介的日常生活中，日常生活也是差异空间的策源地，需要引起高度重视，因此他构建了以日常生活空间为基础的空间政治学。哈维则聚焦于城市来考察空间，重点关注社会空间关系。他相继提出了“不平衡地理发展”“时空压缩”等社会空间问题，在他看来，资本积累在空间上的分布必然会导致“不平衡地理发展”；而“时空压缩”则是源于马克思“用时间来消灭空间”思想的发展，“侧重于把社会生活的不断提速当作带有普遍意义的资本主义发展动力”②。事实上，哈维的上述观点对于我们认识资本主义发展现实和全球化都有一定的借鉴意义，而从资本积累模式中寻找其社会经济基础逻辑理路恰恰是对历史唯物主义基本原则

---

① 苏贾．后大都市：城市和区域的批判性研究．李钧，等译．上海：上海教育出版社，2006：5.

② 冯雷．理解空间：20 世纪空间观念的激变．北京：中央编译出版社，2017：174.

的坚守。苏贾则发展了马克思有关资本原始积累以及城镇乡村之间对立的研究所蕴含的地理（或部门）发展不平衡思想，进一步明确指出资本主义“内在地建基于区域的或空间的各种不均等，这是资本主义继续生存的一个必要手段。资本主义存在本身就是以地理上的不平衡发展的支撑性存在和极其重要的工具性为先决条件的”①。但也要注意，尽管基于时代发展的要求，将空间引入对资本主义的批判结构中，但历史始终是资本主义批判的重要向度，始终发挥着重要作用。无论是历史唯物主义空间化，还是都市马克思主义视域中的历史—地理唯物主义，都不是机械地将“时间维度”从历史唯物主义中丢弃，也不是单纯地将理论视域从时间转化为空间。只有基于历史唯物主义这一坚固的理论支撑，资本主义的空间批判才能走得更加扎实、长远。

我们在这里不再一一赘述有机马克思主义、后马克思主义是何以产生、发展、变迁的。自历史唯物主义诞生的那一刻起，由其所处的时代特征和理论本质决定了重解、重建、重构历史唯物主义是必然的，因此这项工作的开展在哲学史上已经有了一定的年限。不同的理论家从不同的视窗、角度、程度重新解读了历史唯物主义，这其中既有历史唯物主义的批判者，又有历史唯物主义的体认者。我们有必要对这股思潮进行一次思想回顾，以便对历史唯物主义“重建”思潮进行一次较为全面的梳理和呈现。站在不同时代的历史坐标中，契合时代呼声和现实问题以及理论诉求来整体诊断不同时期的重建者所展开的“重建”，这既是思想史自身发展逻辑的需求，也是历史唯物主义与时俱进融入时代、面对问题的发展逻辑体现。在接下来的叙述中，我们将按照不同人物、派别、问题等视域对历史唯物主义重建史进行探索。

① 苏贾. 后现代地理学：重申批判社会理论中的空间. 王文斌，译. 北京：商务印书馆，2004：162.

第二章 历史唯物主义“重建”史的新进路

二战后资本主义经过20多年的高速发展，以原子能、电子计算机、空间技术和生物工程应用为主要标志的第三次科技革命极大释放了资本主义社会的发展潜能。各种新兴产业出现，经济发展迅速，新兴阶层不断出现，无产阶级力量发展壮大，新左派运动也日益崛起，资本主义世界的社会阶级结构日益复杂，由过去的单一结构向多维结构转变。社会阶级结构的深刻变化日渐引发社会、政治和文化领域的诸多变化。“六月风暴”“生态运动”“新社会运动”相继出现。人类社会进入20世纪70年代，资本主义发展进入一个相对缓慢甚至出现经济滞胀的时期。“欧洲共产主义”的理论和实践遭遇一系列困难和挫折，左翼政治力量在西方资本主义世界备受打击，新保守主义和新自由主义在西方世界横行。信息产业革命进一步促使西方社会重构，工人阶级及其阶级政治日渐衰落。东欧剧变、苏联解体，虽然给世界社会主义力量带来巨大损失，但没有改变社会进步的大趋势。进入20世纪末21世纪初后，人类社会经历东南亚金融危机和2008年西方金融危机，以中国为代表的发展中国家日益走上世界历史舞台，还有就是自然生态问题和一些重大疫情，都不同程度地促使包括西方马克思主义者在内的人类重新思考人类的发展和命运。在这个过程中，分析马克思主义、世界体系、后马克思主义、有机马克思主义等各个西方马克思主义思潮、流派针对不同的关注视域和现实问题进行着自身的理论建构。而这种理论建构，往往与历史唯物主义密不可分。它们或多或少地对历史唯物主义都进行了不同程度的“重建”。它们主要围绕历史唯物主义的基本概念、基本理论进行重新阐释，契合自身理论旨趣和时代诉求，赋予它们新的内容和解读，为解答时代问题重建出它们予以确认的“答案”。

第一节　分析马克思主义的“重思”

在诸多重建历史唯物主义思潮中，一直存在着人本主义视角和科学主义视角两种研究进路。在第二国际对马克思主义的解释逐渐庸俗化而遭到普遍批判之后，从人道主义视域开始对历史唯物主义进行重建是多数早期西方马克思主义学者的选项。这其中尤以卢卡奇等人为甚，他们突出了文化批判向路。而随着这种文化批判的大潮在实践中不断受挫，西方马克思主义学者中希望以更加科学规范的方式重建历史唯物主义的思潮逐渐发展壮大。这一思潮的代表学派包括实证主义马克思主义、结构主义马克思主义，而分析马克思主义的问世较前者晚，受科学主义影响更深，在历史唯物主义科学化的路上走得更远。这使分析马克思主义者著作的语言风格等方面在西方马克思主义中独具特色。分析马克思主义者在自身的理论系统中并没有否弃人的问题，主要是不认可传统的人本主义解释思路；他们认可历史唯物主义的正确性，却认为传统的解释不够明晰，只有对于社会变迁的宏观把握而缺乏充满实证科学性质的细致分析，缺乏坚实的解释基础是马克思主义在西方不断受挫的主要原因。在分析马克思主义者看来，前人，包括马克思、恩格斯对于历史唯物主义的解释都是不够明晰的，异化、辩证这一类的词语在他们看来语焉不详，唯有通过现代性思维工具的重释才能在当代展现历史唯物主义的真理性及其对于社会转型的价值。因此，他们希望用更加明晰的语言与实证化的方法对历史唯物主义进行重构，揭示资本主义被社会主义所取代这一趋势的到来不可规避。从科恩用功能说来解释说明生产力对生产关系、经济基础对上层建筑的决定性关系，埃尔斯特运用方法论个人主义对历史唯物主义展开重释，到罗默运用数理模型、博弈论对阶级和剥削问题展开重构，分析马克思主义展现出一种风格完全不同的历史唯物主义重释的新路径。在研究方式上，分析马克思主义继承分析哲学的传统，重视语言分析，并运用博弈论、数理分析等多重科学主义鲜明的方法，并且普遍反对辩证法；在研究的问题方面，对传统马克思主义基本原理、理论架构的重视与解读是分析马克思主义者的显著特征，他们同时非常重视政治哲学以及规范性理论，希望通过政治哲学的分析挖掘社会转型的可能性。

一、主要概念的解构与重构

分析马克思主义的诞生不是偶然现象，他们为何十分强调必须用更加明确的语言对历史唯物主义进行重释？当我们对西方马克思主义在欧洲大陆与英美的发展进行大致梳理并结合分析马克思主义者的学术背景之后，我们能更加清楚这种重释的原因与理论旨趣。

在法国学生运动失败之后，西方马克思主义的理论发展遭遇了诸多问题甚至困境。无论是新黑格尔主义的马克思主义、弗洛伊德主义的马克思主义、存在主义的马克思主义还是结构主义的马克思主义都走向了低潮。在英美左派学者看来，主要原因在于就理论本身来说，无论是马克思、恩格斯还是他们的后继者都没能将马克思主义变成一个概念明晰、逻辑明确的系统理论，比如英国新左派马克思主义代表人物安德森就指出："卢卡奇的语言繁琐难解，充满学究气；葛兰西则因多年遭到监禁而养成使人绞尽脑汁的支离破碎的深奥文风；本杰明爱用简短而迂回的格言式语言；德拉·沃尔佩的语句令人无法捉摸，并喜欢反复地自我引证；萨特的语言则犹如炼金术士的一套刻板的新奇词语的迷宫；阿尔都塞的语言则充满女巫般的遁词秘语。……由于当时残暴的检查制度和狱中的困难条件迫使葛兰西采用密码似的隐喻而不用有条理的说明，因此，这部作品里包含了无数暧昧不明的语言，而且其中不少处是当代学者们至今仍然无法弄懂的。"① 虽然早在马克思在世时，英国的马克思主义就已经在一定程度发展起来，其研究方式也确实有英国经验论主义留下的更加重视具体现实分析的特点，但是仍然有一些偏向人本主义和结构主义这种发源于欧陆哲学方法的影子。自二战后六七十年代开始，在理论上，英美国家逐渐接受马克思主义的存在；在现实中，由于

① 安德森. 西方马克思主义探讨. 高铦，文贯中，魏章玲，译. 北京：人民出版社，1981：71-72.

资本主义的经济危机与社会危机的影响，更多的英美左派知识分子看到了马克思主义对于改造资本主义社会的积极作用，并将社会主义作为未来社会的希望。同时，传统西方马克思主义的颓势也使学者转向寻求历史唯物主义新的阐释方式，分析马克思主义在这种转向中得以产生。具体而言，分析马克思主义有机融合了马克思主义的学理内容与分析哲学的研究方法，以分析哲学为代表的英美哲学在传统上对于马克思主义这种欧陆哲学气息浓厚的学说是持否定态度的，因此两者在这里的结合是一种让人眼前一亮的尝试。在分析马克思主义的视域中，马克思主义的核心内容及旨趣所在即历史唯物主义，但前人对于马克思主义的种种解读却蒙蔽了历史唯物主义本身，或者是在文化批判之中，或者是用人本主义、辩证法这些含混不清的方式弱化了生产力决定生产关系、经济基础决定上层建筑这一历史唯物主义最根本的理论，使社会变革缺乏动力。分析马克思主义在内容上致力于对历史唯物主义基础理论的重释，在方法上倾向于科学主义。在它之前的结构主义马克思主义已经致力于科学主义与历史唯物主义的结合了。比如阿尔都塞依托“结构因果性”等概念重塑历史唯物主义，但分析马克思主义者采取的方式更具威胁性和攻击性，在他们看来，“结构性”这种词语仍然是语焉不详的，他们试图用更加精准的逻辑和语言重新解释历史唯物主义的合理性。

分析马克思主义在研究方法上跨学科特征非常明显，学者们希望通过各种实证主义的社会科学方法（包括语言与逻辑的方法、数理分析的方法、博弈论的方法）重新解释历史唯物主义中的生产力、生产关系、经济基础、上层建筑、阶级、剥削等理论，试图以此为历史唯物主义注入科学性，使其有更强的当代适用性。这包括科恩对于经济基础和上层建筑的功能解释，埃尔斯特基于方法论个人主义视角的重释，罗默运用经济学方法和博弈论对于剥削的非劳动价值论的重释，赖特提出用“中间阶级理论”改造传统的两大阶级理论等。这种状况使分析马克思主义者采用的语言和表述在整个西方马克思主义学界成为一个另类。其人员构成也十分庞杂，事实上，绝大部分的分析马克思主义者并不像卢卡奇、柯尔施、葛兰西或者法兰克福学派等西方马克思主义学者一样对于哲学史有深入的研究，我们称之为哲学家的人在分析马克思主义者中并不多，而且他们中许多人也不认为自己在信仰上是一名马克思主义者，而是用社会转型的理论来注解马克思主义，并在此维度上对其进行研究。虽然他们肯定了传统历史唯物主义，但他们不满前人对于历史唯物主义的所有解释，这其中尤以对辩证法的阐释表现得最为明显。在他们看来，只有用他们的解释方式即一种完全不同于以往所有解释方式的思路才能把握本真意义上的历史唯物主义。历史唯物主义被他们看成“关于社会结构和历史发展动力的实证科学”①，因为马克思创建历史唯物主义的时代与他们所处的时代已经大相径庭，必须在坚持历史唯物主义基本目标的基础上，丰富其内容，并运用新的研究方法，使历史唯物主义更科学、更严谨。他们青睐方法论个人主义，在他们眼中没有一种普遍的、能得到概括的“人”，因此宏观叙事的方式是无论如何也没有说服力的，这只会使“在解释的次序中，存在着各种先于个人的超个人的实体”②，影响历史唯物主义的科学性。在他们看来，传统历史唯物主义作为一种理论过于模糊而混沌，并且也无法解释已经发生新变化的资本主义社会。此外，他们对辩证法思想展开了猛烈攻击，认为“虽然‘辩证的’这个词在被使用时并不总是含义不清，但它从未被明确用来指称一种同分析的方法相匹敌的方法。因为根本就不存在一种能向分析的推理形式挑战的辩证的推理形式。对辩证法的信仰只存活于思想不清醒的状态下”③。而“应诉诸一副无情的实证主义的解药”④ 才能拯救马克思主义。在他们看来，所谓的辩证法只是语焉不详，或者仅仅是将已经发生过的事情完美地重复了一遍而已。

虽然在理论建构的方法方面，分析马克思主义与传统马克思主义似乎背道而驰，但是同时，他们又是最接近的，因为它们不像经济决定论那般将马克思的理论牵引到一个极端，而是从理论上抽象地建构马克思主义；也不像特别注重文化与意识形态批判的以德法为代表的西方马克思主义，在传统历史唯物主义的基础理论的内容研究方面，分析马克思主义者倾注了较大心力，科恩明确提出，因为他要辩护的是一种老式的

---

① COHEN. Self-ownership，Freedom and Equality. Cambridge：Cambridge University Press，1995：1.

② 埃尔斯特. 理解马克思. 何怀远，等译. 北京：中国人民大学出版社，2008：5.

③ 科恩. 信奉而不恭维：对分析的马克思主义的反思. 秋华，译. 马克思主义研究，1996（1）.

④ 同②232.

历史唯物主义，一种传统的观念。在这一观念中，“历史的根本性的进步是人的生产能力增长的物质性的进步”①。同时他们又致力于寻找现实的“微观基础”，重视具体问题具体分析，并在种种社会问题上与认同资本主义社会自由、平等的观点针锋相对，力图探寻何种现实因素在推动、促进社会转型。因此，与当时的西方马克思主义相比较而言，分析马克思主义展现出了与众不同的理论气质，显然具有较大的研究价值。

科恩对于历史唯物主义的重释被认为是这股思潮的正式开启。在《卡尔·马克思的历史理论：一种辩护》一书中，科恩指出虽然马克思以坚定的理论姿态论证了生产力对生产关系、经济基础对上层建筑的决定性作用，但并没有对二者之间的决定性何以形成、发展做更多说明：生产力以某种方式解释生产关系，经济基础以某种方式解释上层建筑，但马克思“在这里和其他地方都没有说他假设的是什么类型的解释”②。因此，科恩采用了功能解释的方式，提出“首要命题”和“发展命题”来重释这几者之间的关系，并认为这种解释本身就内含于马克思的思想之内，只是在语言上没说清楚。科恩认为生产力在人类社会发展之中处于首要地位，生产力的发展始终与人类社会历史的发展息息相关，其影响贯穿始末，从根本上来说这是因为人类要解决物质贫乏的问题，理性的人一定会通过发展生产力让自身获得生存并且生存得更好。所谓“发展命题”意指生产关系无法与不断发展的生产力相契合，于是原有的生产关系被抛弃，人们不断寻找最能与生产力发展的齿轮相契合的生产关系。范·帕里斯也有类似的结论，他认为生产力的决定作用在于人们在反复的验证中选择了最适合生产力发展的经济基础和上层建筑。埃尔斯特从方法论上的个人主义着手，主张将一切社会现象归因于个人的行为，以分析个人的意向性为出发点，结合包括情感、意图在内的亚意图因果解释与聚合社会现象的超意图因果解释详细探讨资本主义与共产主义的关系。埃尔斯特认为方法论上的个人主义“是这样一种学说，即全部社会现象——其结构和变化——在原则上是可以以各种只涉及个人

① 科恩. 卡尔·马克思的历史理论：一种辩护. 段忠桥，译. 北京：高等教育出版社，2008：383.

② 同①316-317.

（他们的性质、目标、信念和活动）的方式来解释的”①。此外，埃尔斯特不同于其他分析马克思主义者之处在于他并非一般地为了反对而去反对马克思乃至黑格尔的“辩证法”，其目的在于对辩证法的“合理内核”进行一种分析性的“重建”。埃尔斯特所反对的只是使用黑格尔式思辨语言与思辨推演方法，同时认为在现代逻辑与语言哲学已获得充分发展的时代条件下，完全可以对其合理的方面进行可为分析哲学家所接受的重建工作。换言之，他所要回答的是分析风格的辩证法与辩证逻辑是否可能的问题②。

分析马克思主义者还特别关注这些概念以及与此相关的阶级与剥削问题，这一方面和他们的理论指向有关，他们希望通过对历史唯物主义的重释考察社会变革的必要性与可能性，而阶级的剥削与阶级斗争作为推动历史进程的重要动力，自然也在他们的考察范围之内；另一方面，这其实是和他们推崇方法论的个人主义、注重微观基础分析的方法论密切相关的，而阶级恰恰是和个人最相关的，这是他们在对历史唯物主义进行重建时不能避开的概念。埃尔斯特、罗默、赖特等人均使用自己的方法对这两个概念进行了重新解读。在这方面，分析马克思主义者秉持较为激进的态度，上面提及的学者否弃了传统历史唯物主义的剥削和阶级理论，希望通过新的阐发使在新的环境下社会转型的动力得以保持。马克思主义将是否掌握生产资料作为阶级划分的指标，将资本主义社会中的阶级规定为资产阶级和无产阶级两大阶级，但在埃尔斯特那里，阶级的主要标准在于“禀赋”和“行为”，包括财产、技能、文化以及集体行动的一致性被看作阶级划分的依据。在罗默看来，财产所有的不同决定了阶级的不同，剥削的产生包含了资本与劳动的替代性、市场经济、理性人的最优化选择等一系列因素，其根源在于社会财富的不平等分配，而不是像传统马克思主义认为的与劳动本身有关。因为拥有生产资料的资本家决定分配的规则，只需要制定有利于自身的规则就可以剥削劳动者创造出的新财富。在罗默的视域中，资本主义的生产方式不可避免地导致剥削现象的产生，因为产生剥削的集体劳动同时也带来了更高的生产力，客观讲劳动者在这种情况下即使被剥削，也比之前生活得更好；只要是生产方式没有变化，这种剥削就不会停止。但是罗默的最

---

① 埃尔斯特．理解马克思．何怀远，等译．北京：中国人民大学出版社，2008：4.

② 张建军，曾庆福．关于“分析马克思主义”思潮的几个问题．学术月刊，2010（12）.

终目的仍然是要否定资本主义制度。罗默指出，在马克思看来，剥削不仅包含技术层面上的剥削还包括道德层面的剥削，因此马克思主义经济学的核心任务之一是需要阐明资本主义制度并不像新古典经济学认为的那样是道德中性的而是非道德的。罗默否定了劳动价值论的正确性，就算劳动价值论是对的，基于技术意义的剥削理论也无法从道德角度论证资本主义的不正当性，因而他对剥削展开的批判也是以劳动价值论为根基的，他提出了与劳动价值论不同的，“旨在从道德上批判资本主义的非劳动价值论的剥削理论”①。赖特用中间阶级理论将社会的阶级进行细分，反对两大阶级单向剥削的看法，而是认为在最大的资本家和纯粹无产阶级之间还有依靠技术能力、管理能力的“中间剥削者”，他们之间的剥削关系呈现出阶梯式的层级。赖特认为“过去一百年来的历史使许多马克思主义者确信，那种认为资本主义社会中阶级关系两极分化存在深化趋势的观点是不正确的。……在工资收入者中，专业的和技术的职位的增长、大型公司及国家中经理阶层的发展至少已造成了对简单的两极分化结构的显著的侵蚀”②。赖特和罗默一样，都对资本主义社会中的剥削现象加以考察。在赖特的阶级观发生改变的前提下，其新的剥削理论也呼之欲出。需要强调的是，赖特关于剥削的理论并不是在马克思的剩余价值剥削基础之上的发展，而是立足于罗默的剥削理论进一步前进。首先，他鲜明地指出了什么是组织资产剥削，它指的是生产过程中的组织、协调和管理的权力或能力。在现代企业中，生产性资源的一种表征就是如何组织生产，在组织中地位越高的人能占有的社会剩余也就越高。这其实和中间阶级的理论是相互论证的，在组织中处于中间地位的经理等角色就是属于既受剥削也能剥削他人的中间阶级。接着，赖特还提出一种技术或者说资格证书剥削，也就是说技术人员就像掌握一定组织财产的管理人员一样，因为他们拥有技术，而这种技术通过资格证书来证实，因此相对于没有这种资格证书、不掌握高技术的人群，他们也是可以得到超出平均水平收益的剥削者，这类人和管理人员一样都属于中间阶级。

---

① 段忠桥．理性的反思与正义的追求．哈尔滨：黑龙江大学出版社，2007：149.

② 段忠桥．分析的马克思主义的一般特征及其三个代表性成果．教学与研究，2001（12）.

二、科学化重释的建树与偏离

在语言和研究方法上的科学化是分析马克思主义的最大特点。排斥宏观叙事模式、重视对于微观个体的分析是分析马克思主义者普遍的倾向，因为在他们看来，不论社会历史如何发展，其最终都可以通过分析人的信念、行为等来解释。而宏观叙事对于他们来说只是空话。分析马克思主义认为，解析社会现象的核心范畴是个体，而不是社会整体即社会制度、阶级、组织、群体等非个体的关系、事实。“全部社会现象——其结构和变化——在原则上是可以以各种只涉及个人（他们的性质、目标、信念和活动）的方式来解释的。”①

分析马克思主义意图否定辩证法进而增添历史唯物主义科学性维度的理论行动不由得使我们思考辩证法、科学社会主义与历史唯物主义之间到底是一种怎样的关系。这并不是一个新问题，而是伴随着历史唯物主义的问世就随之产生的一个老问题。在历史唯物主义理论最终成型的过程中，辩证法起着举足轻重的作用。马克思、恩格斯是在对黑格尔的唯心主义辩证法思想进行批判改造、通过改变其唯心主义性质并且将其引入现实社会历史实践中建构的历史唯物主义。辩证法思想在欧陆哲学的范围中极受重视，但是一直遭到英美哲学，比如分析哲学的贬低。关于辩证法在历史唯物主义中所起的作用，罗素轻蔑地指出：“丝毫不提辩证法而把他的主张的最重要部分改述一遍也很容易。”② 欧陆思想家包括西方马克思主义者视域中的辩证法也经历了许多变迁，比如卢卡奇的总体性辩证法、霍克海默的启蒙辩证法、阿多诺的否定辩证法等。辩证法作为一种方法论意图实现对世界的认识和改造，在内容和语言上确实比较开放。但事实在于，正是因为辩证法的广泛适用性，辩证法本身并不一定会被认识到，但是一直被人无意识地运用。分析马克思主义所注重的分析的方法同辩证法并不是相对抗的，而是一个相互补充的关系。在流行的教科书体系划分中，辩证法的一个重要组成部分即科学社会主义，这本身是一种基于社会变革视角的分类模式，这里的科学是和空想相对的，旨在实现对于社会历史的充分把握，而不仅是代表科学实证主义。正如马克思所讲，资本主义将会随着自身生产力的发展而被生

① 埃尔斯特. 理解马克思. 何怀远，等译. 北京：中国人民大学出版社，2008：4.
② 罗素. 西方哲学史：下卷. 马元德，译. 北京：商务印书馆，2018：376.

产力本身所冲垮，要正确认识这种转变，就要全面把握包括物质生产、精神活动、交往行为等社会的多维存在，并且不拘泥于某种特定的方法，辩证法与科学社会主义本身就是不可分割的。

在西方马克思主义式微之际，分析马克思主义应运而生。其本来目的就是要拥护经典马克思唯物主义的主要原则，认同人类社会存在和发展的根基在于物质生产，在生产力发展的变迁中实现社会形态的转变。如果深入了解分析马克思主义的产生背景，可以看到它也是自第二国际的经济决定论思想被多方批判之后，西方马克思主义者为了从多维度对社会发展的要素进行阐释而矫枉过正，对于逐渐抛弃了生产力的决定性地位的回应。卢卡奇率先对经济决定论进行批驳而提出了一种总体性的思想，在他之后的西方马克思主义者越来越倾向于从文化与意识形态的角度揭露资本主义的强制性与欺骗性，比如哈贝马斯的单向度的人思想、马尔库塞的爱欲解放论、列斐伏尔的日常生活批判等，这种批判是尖锐而深刻的，但是这种批判逐渐丧失了生产力的向度，将社会变革寄托于单纯社会关系的调和，而越来越不考虑其物质基础，不考虑生产力的发展，忽略资本批判。结构马克思主义者尤以阿尔都塞为代表率先举起了反对、突破这种思想倾向的大旗，但分析马克思主义者认为结构马克思主义实现的转向并没有实现捍卫传统历史唯物主义的目标。但是狭隘化地理解历史唯物主义，过分地依赖逻辑语言、数理分析不得不说是另一个维度的矫枉过正。分析马克思主义者对于辩证法的理论态度始终是有失偏颇的，甚至认为辩证法除了将已经发生的事物完美地复述了一遍，没有什么其他用处。这种重建不知不觉地降低为庸俗化地理解辩证法的第二国际的水准，已经将哲学性从理论中剥离了出来。在对第二国际进行批判时，柯尔施表明没有辩证法，只是将马克思主义当作一种纯粹的科学进行考察，那么这种考察其实和马克思主义无关。这导致了一种循环，被柯尔施、葛兰西等人已经批判过的理论在分析马克思主义理论架构中又重现了。将历史唯物主义置于资本主义社会的语境之中、用资本主义经济学方法构建为实证科学，最终仍然逃不过用资本的逻辑否定资本本身，这是不可能的，讲来讲去只是在无意识中为资本辩护，而政治经济学批判始终是马克思的批判重点。虽然分析马克思主义者在论证细节上更为细致和精巧，但他们偏偏淡化了马克思的批判立场。总的来说，科学化的分析确实对于历史唯物主义进行了更为精准的阐释与重构，使历史唯物主义在英美学界更具影响力。但同时，分析马克思主义者一味地将英美分析哲学的理论范式嫁接到历史唯物主义之上，在破坏历史唯物主义本身哲学内涵的同时，也导致自身理论矛盾不断涌现。由此，分析马克思主义者对传统历史唯物主义的阐释不可避免地陷入混乱之中，比如他们本想通过对阶级的重新阐释证明阶级斗争出现的可能性，但是走向了问题的反面；他们悲观地发现马克思所指的生活在水深火热之中的无产者越来越少，具有阶级意识、希望通过阶级斗争来推翻资本主义、建立社会主义的可能性已经慢慢消失了。因此在科恩的影响下，分析马克思主义者在后期进行了全面的理论转向，从为传统历史唯物主义辩护转向了对规范性理论的分析，希望通过证明社会主义在维护社会公平正义平等等方面更具有优越性来唤起人们推翻资本主义的决心。埃尔斯特关注平等、转型正义问题，罗默关注机会平等、政党竞争、种族主义、再分配问题，科恩关注平等、自我所有、正义相关问题，伍德、米勒、尼尔森、佩弗、埃尔斯特还集中对马克思主义所指的意识形态问题与道德问题进行了集中的争论。这种研究实际上已经将研究路径从“是不是”的事实判断扩展到了“应不应该”的价值判断，直接与资本主义的合理性进行对抗，在否定资本主义的合理性上起着举足轻重的作用。因此，规范性理论的研究可以说是分析马克思主义者对历史唯物主义的一种延伸，构成了其后期批判的主要内容。

基于现代资本主义的非公平正义性而批驳资本主义存在的合理性，进一步拓展了马克思主义的视野，但这种重建实际上已经慢慢脱离了历史唯物主义的原貌。我们称之为历史唯物主义的东西不是僵死的理论、不是简单用某个单一的学科就能一言以蔽之的理论。分析马克思主义者对辩证法嗤之以鼻，坚持要以实证科学的思路进行重建，这势必使理论目光不断变得狭隘。他们自认为给历史唯物主义补充了许多新的要素，但同时也忽略了许多要素。分析马克思主义者一开始对生产力首要性的证明，虽然使生产力的重要地位得以凸显，但是也走向了经济决定论。在社会历史的发展过程中，生产力起着关键作用，但它从不被认为是唯一的因素，生产力的决定性作用与生产关系对生产力的反作用这二者之间并不是非此即彼的对抗关系，本身没有必要机械分割，将生产力看作唯一的动力。在《德意志意识形态》《共产党宣言》等文本中，马克思主义经典作家数次阐明了生产关系的重要性之所在，这并非一种自相矛盾。生产力的首要性应该从人类社会的存在意义上理解，但是人类社会发展状态如何就不是只靠生产力发展就能解释的了。科恩也在随后表示他对生产力的首要性的辩护在厘清了一些含混不清的同时也制造了许多含混不清。人类社会是无限发展的，但是实证科学只能局限于有限的经验，这本身就无法对等。分析马克思主义者过分追求实证分析也使历史唯物主义的批判向度与多维视角被消解，科恩后来也否定了自己在《卡尔·马克思的历史理论：一种辩护》一书中的功能解释，将历史唯物主义看作“受限制的”，其并不能解释社会上层建筑本身的独立运行，而只能作为解释世界存在的基石而存在。这反而证明科恩并没能真正理解历史唯物主义的全貌，在辩护中将历史唯物主义引入生产力决定论的窠臼而又进行自我否定，甚至进一步否定历史唯物主义。埃尔斯特对于正义与公平实现机制的构想也是指向社会主义的一种制度选择。但关键在于这些制度构想怎么看都可以和传统马克思主义相分离，即使不改变所有制，仅仅作为资本主义法权制度的优化也完全可以实行。

分析马克思主义者注重个人的分析其实是将社会转型的动力放在了个人的选择上，这也符合经验论思维的传统，这比文化批判思潮占优势的地方在于考虑了社会转型的动力问题。这主要表现在分析马克思主义者的阶级与剥削理论。他们认为，无产阶级已经不再处于水深火热之中，也就没有了强烈的反抗意识，工会虽然在工人权利受到侵害时尽力维护并取得重要成果，但这只不过是在资本主义框架下的改良，从另一角度说，将资本主义社会内部矛盾消弭，稳固了资本主义的统治。那么革命的主体在哪里？不只是分析马克思主义者，西方马克思主义者普遍面临自发的群众活动还能不能产生的问题，但是普遍的观点并没有支持这种自发性，而是将唤醒领导群众活动的希望放在了知识分子身上，分析马克思主义者对于个人的关注在一定程度上是对于这种趋势的一种弥补，是对于在没有所谓的精英知识分子领导下阶级活动能否展开的补充。而且从方法论来讲，这体现了研究范式的全面转换，不只是从价值判断的角度，而是依据现实状况，结合理性人假设对于这种活动是否能展开的可能性分析，和卢卡奇、弗洛姆、赖希等人对阶级意识的精神分析不同，分析马克思主义者聚焦于个体，对个人的行为进行意向性解释，以此为基础展开对整体行动的预测。但这不能是对于两大阶级理论和劳动价值论的否定。生产资料私有与劳动剥削构成了这种阶梯式剥削的根源。

三、确定了的非实证科学

在剖析了分析马克思主义的理论进路后，我们发现，历经第二国际将马克思主义机械化、庸俗化的解读思潮以及西方马克思主义对传统马克思主义“物”的隐藏、“人”的凸显，马克思主义似乎来到了循环发展期。分析马克思主义在理论建构之初就力图“还原”马克思主义，聚焦于个人精神的意向性所在，希望运用实证的方式彻底使马克思主义变成科学，但是这又难免在一定程度上使他们重蹈第二国际的覆辙，使理论虽然更加精致，但是变得僵化。历史唯物主义到底是不是分析马克思主义者所讲的实证科学？到底是不是一种拿来即用的公式化的结论？答案是否定的。对这些问题的回答实际上是在回答我们应该如何定位历史唯物主义、在当代我们到底应当如何用历史唯物主义指导我们的实践的问题。

无论是从人道主义还是从科学性维度来阐释历史唯物主义，实际上都难以概括历史唯物主义的全貌。这是一种机械割裂马克思主义的做法。第二国际尤其重视《资本论》这种更倾向于实证考察的政治经济学批判著作，西方马克思主义早期学者对青年马克思的著述尤为关注，尤其专注于考察《1844 年经济学哲学手稿》中运用异化来考察人与社会关系的相关理论。这逐渐造成了一种马克思自身的分裂，有的学者认为马克思后期著作只不过是早期著作的延伸，而另一些学者则认为马克思早期著作中的思想只是马克思研究理论中还未成熟的作品，不能算作马克思主义，只有在马克思正式开始对经济学的批判和研究之后所写作的著述才能代表真正的马克思主义。一般来说，争论点就在于马克思早期的著作到底对于马克思的整个理论建构是否有意义以及有多大的意义。我们认为，马克思的前后期思想并非处于一种分裂状态，而是一种逐步发展的贯通状态。诚然，后期问世的主要著述中，马克思的语言风格变化很大，变得十分重视对于现实经济现象的分析，三卷《资本论》正是针对资本主义的生产、流通、分配、消费行为进行具体的分析以找到资本主义社会变迁的规律。但我们也不能忽略，在为发表《资本论》而写作的一系列经济学手稿中，马克思仍然保持了从人的角度对于社会变革的分析。马克思在《1857—1858 年经济学手稿》中指出：“社会财富的越来越巨大的部分作为异己的和统治的权力同劳动相对立。关键不在于**对象化**，而在于**异化**，**外化**，外在化……这种对象［化］的权力把社会劳动本身当做自身的一个要素而置于同自己相对立的地位。”① 在这里，异化仍然在场。因此，说到底，两种所谓对立的思维方式其实只是分析问题的不同手段，不能笼统地谈论其作用，而是要放在具体情境中看待其影响。

事实上，种种自称继承了马克思主义的真正衣钵的理论思潮，在理论研究方面都带有明显的主观倾向，正像分析马克思主义者本身擅长语言分析、数理分析、博弈论等方法一样，每个研究者都以主观先入的逻辑对马克思主义的内容进行挑选，从而不可避免地对历史唯物主义进行了片面的解读。在历史唯物主义看来，物质生产、人文关怀、文化与意识形态批判、经济学分析都是必不可少的，但是后世的马克思主义者普遍仅摘取其中的一个部分进行发挥，同时对其他部分进行有意无意的贬低。回溯马克思思想发展历程，我们看到历史唯物主义本身正是在批判继承包括哲学、经济学、社会学在内的各种学说的基础上发展而来的，对于人类社会这个复杂整体来说，试图用单一方法进行分析是不够的，不论是宏观的把握还是微观的分析都必不可少，以分析哲学为标准的“明晰”恐怕过于片面。马克思耗费数十年的时间进行经济学的分析，实际上也是看到了宏观、抽象、概括性的理论必须下沉到具体社会中才能更直接指导实践。分析马克思主义带来的最大启示莫过于对政治哲学等规范性理论的分析、对生活于庞大社会的具体个体的聚焦，这些分析可以被视为历史唯物主义基本理论的下沉式论证，但这无法替代历史唯物主义本身。通过将历史唯物主义建构成为一种实证科学来证实资本主义灭亡与共产主义到来的可能性，这无疑是对历史唯物主义理论活力的扼杀，历史唯物主义本身不是、不必要是也不应该是一种实证科学。分析马克思主义者在对历史唯物主义的直接维护失败后一定程度上被迫采用政治哲学这种迂回的方式来支持社会主义，遗憾的是这种方式没能厘清历史唯物主义的理论不足，反而暴露出了方法论上的形而上学特征，这意味着他们始终以一种被动的状态去面对资本主义社会不断涌现的新事物。

① 马克思，恩格斯. 马克思恩格斯文集：第 8 卷. 北京：人民出版社，2009：207.

马克思、恩格斯批判黑格尔用“绝对精神”解释世界历史的生成，费尔巴哈用直观唯物主义认知周围世界，逐渐形成了新的世界观，历史唯物主义也由简单的雏形发展为具有饱满、丰富内涵的理论。在马克思看来，“现实的人”所进行的物质生产活动正是历史的起点：“这是一些现实的个人，是他们的活动和他们的物质生活条件，包括他们已有的和由他们自己的活动创造出来的物质生活条件。因此，这些前提可以用纯粹经验的方法来确认。全部人类历史的第一个前提无疑是有生命的个人的存在。”① 也就是说，从历史的起点来看，人与生产就是密不可分的始基，不管是人本主义还是科学主义，都是在历史的开端就已经同时存在了。马克思主义经典作家在阐述生产力对生产关系、经济基础对上层建筑的决定性关系等历史唯物主义原理时，绝不是用形而上学的、僵化的、庸俗的方式来认知生产力，生产力并非只是指狭义的物质生产力，其本身就蕴含了自然关系与社会关系：“一定的生产方式或一定的工业阶段始终是与一定的共同活动方式或一定的社会阶段联系着的，而这种共同活动方式本身就是‘生产力’。”② 分析马克思主义对于历史唯物主义过分迫切的辩护实际上将历史唯物主义形而上学化了，而忘了“共产主义不是教义，而是运动。它不是从原则出发，而是从事实出发”③。他们的做法具有强烈的指向性和目的性，迫切地论证社会主义社会是必然到来的，但历史唯物主义是开放的，不是规定的，它完全不同于历史目的论：“共产主义对我们来说不是应当确立的状况，不是现实应当与之相适应的理想。我们所称为共产主义的是那种消灭现存状况的现实的运动。这个运动的条件是由现有的前提产生的。”④ 历史唯物主义首先不是公式，其本身也不是超历史的，不是给一个起始点就能自动得到结果的一劳永逸的模型。历史唯物主义研究的资本主义社会灭亡问题，既涉及生产力的发展，又涉及阶级主体的主动变革。或者说，这代表了一种所有人而不是只有少数人能自由发展的可能性，达成这种可能性离不开生产力的发展，但这只是必要而不充分的条件。

既然社会转型不是随着生产力的发展就能自发完成的，那么如何

① 马克思，恩格斯．马克思恩格斯文集：第1卷．北京：人民出版社，2009：519.
② 同①532-533.
③ 同①672.
④ 同①539.

促使这一转变完成？这就使分析马克思主义者必须重提阶级斗争问题，而阶级意识正是阶级斗争的先导条件。阶级意识问题在卢卡奇那里就已经开始讨论了，但是关键在于分析马克思主义者从方法论上就已经否定了这种分析。在埃尔斯特与赖特关于阶级划分与集体行动的分析中，统一的无产阶级意识似乎已经不可能出现了。在当今时代，尤其是欧美国家资本主义仍然在强势发展的时代，论证此时此地社会一定会转型并不符合历史唯物主义的原貌。生产力水平要多高才能实现转型是根据每个国家的国情来区别的。分析马克思主义者否定辩证法的思想倾向一直没有消弭，辩证法作为一种思维方式意味着看待问题的全面性与灵活性，因时因地因人进行不同的分析，并不反对实证分析的方法，但是这种方法不能成为认识问题的唯一方法，分析马克思主义者正是以一种教条化的方式得出了阶级意识的悲观结论。辩证法绝对不反对任何的数理分析、逻辑推理，而是作为一种方法论原则引导上述方法的具体呈现。

虽然在理论建构之初，分析马克思主义者一直朝着“还原”传统马克思主义的方向而努力，他们不着重于文化的批判，而是将目光放在了经济政治上，但前人所遭遇的困境也同样束缚了他们。资本主义在这几十年中愈发强势，因此在经济政治上的斗争方面，分析马克思主义者同样碰壁，并最终将目光投向政治哲学，这简直可以说是西方马克思主义文化转向的一个缩影。回顾历史，可以发现对于马克思主义的辩护，大部分实际上都在颓势之中，只有当今中国走出了一条成功之路，这本身就是历史与现实、理论与实践的统一的结果，也是对于历史唯物主义确定性与实践不确定性相结合的深刻把握。马克思主义不是现实的、拿来就可以用的结论。想要正确使用这些结论，首先要掌握辩证法，进而实现对资本主义社会在经济、政治、文化等方面的全方位批判。如果分析马克思主义者认为这样说过于笼统，那么我们只能说，具体的通达之路本身就没法一概而论。

新的时代情境下，历史唯物主义亦需要与时俱进。不断涌现的新事物、不断更新的新方法使得在不同时代中历史唯物主义呈现出不同于以往的理论形态。这是理论建构的要求，更是实践发展的要求。在各种分析手段发达的今天，模型化与精确化已经成为人们对于理论探索的新要求。不同于以往西方马克思主义者，分析马克思主义者的理论范式给历史唯物主义注入了新鲜血液，在一定程度上使历史唯物主义更加贴近当代资本主义的社会现实。虽然其反辩证法的理论倾向和政治哲学的论辩策略使理论难免有些僵化并且弱化了两大阶级的对立与无产阶级革命，在无意识中使社会变革的动力更依赖资本主义的内部改良，但是其分析问题的具体思路无疑具有一定借鉴意义。用更精准化的现代化手段解决社会问题不失为一种更有效的手段。当前资本主义的生命力依旧僵而不死，面对资本主义社会日益完善的统治体制以及社会矛盾在表面上的不断和解，资本主义对人的异化与压制、对生产力更加全面发展的桎梏被更深地隐藏，“历史终结论”仍然极具市场。两种社会形态的斗争在多个领域展开，形式多样。在信息化、全球化的发展势头依旧迅猛的现时代，针对新的社会历史环境对历史唯物主义的具体研究方法和理论进行补充既是斗争的要求，也是在全面对外开放时代坚持中国特色社会主义的需要。

第二节　世界体系学派的“重释”

世界体系学派[①]是指世界体系的马克思主义阵营。他们运用马克思主义的理论与方法来修正、补充和发展世界体系理论，同时运用世界体系的理论与方法来修正和补充传统的马克思主义理论与方法，从而形成了世界体系的马克思主义。该学派诞生于 20 世纪 70 年代的北美地区，以沃勒斯坦所著《现代世界体系》第一卷的正式出版为标志，开始运用马克思主义考察资本主义世界经济体系的形成与发展。在 80 年代前后，世界体系学派加大了马克思主义在研究资本主义世界经济体系问题上的参与程度，成功解决了世界体系的未来方向问题、周期节奏问题、国家功能问题这三大议题[②]，迎来了自己的发展与完善时期。进入 90 年代以后，学派在苏东社会主义国家改旗易帜的背景下，研究对象也发生

① 北美马克思主义是 20 世纪 70 年代诞生于北美地区（通常是指美国、加拿大和格陵兰岛等地区）的马克思主义流派的总称。这些流派包括分析的马克思主义、文化批判的马克思主义、生态马克思主义、世界体系的马克思主义等。本节所叙述的北美马克思主义特指世界体系学派的马克思主义，简称世界体系学派。

② 江华．世界体系理论研究：以沃勒斯坦为中心．上海：上海三联书店，2007：96.

转向，聚焦苏东社会主义国家的实质及其巨变的根源、西方社会对马克思主义和社会主义的理解、美国的世界霸权走向衰退以及 90 年代的国际政治新格局、中国的经济改革等。总而言之，这一学派研究资本主义世界体系的历史与现状，涉及涵盖马克思主义、自由主义、全球化、资本主义、社会主义以及人类社会历史分期等众多主题。其代表人物有沃勒斯坦、霍普金斯、阿瑞吉、弗兰克、阿明等①。本节所要论述的是世界体系学派对历史唯物主义的“重释”，这对于我们反思历史唯物主义的传统理论以及在当代推进历史唯物主义的理论创新仍然具有启示意义。

历史唯物主义不仅把世界历史作为不可或缺的理论内容，而且将其视为一种重要的分析方法，即将现实问题放置在世界的整体联系中予以解决。世界体系学派以“世界体系”分析替代马克思主义的“世界历史”分析，是对第二次世界大战后不平衡国际政治格局的理论回应，不仅揭开了隐藏于马克思主义理论深处的世界历史理论的面纱，而且顺应了西方马克思主义研究范式转型的内在诉求。世界体系学派以“世界体系”而非“生产方式”作为历史分期单位，采用“结构主义”而非“阶段论”作为分析架构，创立“否思”思维方法取代“政治经济学批判”和“社会批判”范式，对人类社会形态演进、资本主义世界体系内涵要义、资本主义与社会主义关系等问题做出新的理论思考，在丰富与发展历史唯物主义世界历史理论的同时不免具有一定的“修正性”色彩。实际上，唯物史观的诞生离不开马克思、恩格斯对世界历史的分析，生产力和生产关系、经济基础和上层建筑的矛盾运动是世界历史的根本推动力量，唯物辩证法是正确处理民族性与世界性、历史性与人文性关系的有力武器。厘清世界体系学派“重释”历史唯物主义的功过得失，回归历史唯物主义的世界历史视野，是使历史唯物主义理论之树常青的必要举措和要旨所在。

世界历史是历史唯物主义理论体系里面一个不可或缺的概念。马克

---

① 虽然阿瑞吉、弗兰克、阿明国籍不属于北美范畴，但是他们都长期旅居美国从事学术研究，并且在旅美期间与沃勒斯坦、霍普金斯等世界体系学派学者进行长期合作，共同造就了世界体系的马克思主义理论，也使得他们的理论成为北美新马克思主义理论的有机组成部分（吴苑华. 重思历史唯物主义理论：基于英美学者理论的分析. 北京：社会科学文献出版社，2016：256）。

思、恩格斯全面透析资本主义社会创立唯物史观的过程，离不开对世界历史的思考与解析。第二次世界大战结束之后，世界上发达的资本主义国家不仅在内部结构上发生了变化，而且通过建立国家之间的垄断联盟加快对第三世界国家的掠夺。在世界另一极，以苏联为代表的东方社会主义国家受到赫鲁晓夫批判斯大林个人崇拜的消极影响处于危机之中。一些政治上获得独立的亚非拉等广大发展中国家企图向西方学习实现本国的现代化。如此，根植于世界历史的历史唯物主义如何接续诠释资本主义在世界范围内的拓展路径，如何阐发世界范围内国家间的不平衡问题，如何揭示资本主义与社会主义体系之间的矛盾与出路，如何回应第三世界的现代化事业和人民的解放问题等，就成为其在全球化背景下新的出场路径。20 世纪 70 年代以来，以沃勒斯坦、霍普金斯、阿瑞吉、弗兰克、阿明等为代表的世界体系马克思主义学者以第三世界国家的现实发展困境为切入点，在批判继承马克思主义世界历史思想和西方社会科学传统研究方法的基础上建构起“世界体系”的学术分析范式，意图以“一体化”视角整体理解世界资本主义体系范围内每个国家和地区在政治、经济、文化等方面的不平衡境况及其深层原因，进而探求世界历史的演进特征和发展规律。这便为世界历史提供了一个新的理论阐释框架，由之形成了一个补充和重建历史唯物主义的新思想流派。

一、由世界历史分析到世界体系分析

世界体系学派作为北美地区马克思主义思想流派之一，是在沿袭西方马克思主义对工业文明及其意识形态的批判传统中发展起来的。这些思潮包括空间批判的马克思主义、世界体系的马克思主义、文化批判的马克思主义、生态马克思主义等等。世界体系的马克思主义又称为“世界体系学派”，它“将每个国家或地区的历史演进过程和从 16 世纪封建时代转变而来的资本主义世界经济都纳入一个全球性的时空视角”①。从沃勒斯坦的“世界体系分析范式”和“否思性思维方法”到阿瑞吉的“世界体系扩张理论”，到阿明的“批判的不平等理论”，再到弗兰克的“依附理论”等等，都是该学派的理论呈现。这不仅在一定程度上影响

① 多尔蒂，普法尔茨格拉夫. 争论中的国际关系理论. 阎学通，等译. 北京：世界知识出版社，2013：487.

了当下西方资本主义批判理论的发展走向，而且对苏东社会主义运动做出新的理论思考。回顾世界体系学派对历史唯物主义的重建思潮，需要明晰这一时期的历史背景和时代境况，更要认知历史唯物主义理论的发展诉求。

首先，它是第二次世界大战之后不平衡的国际政治格局的产物。世界上任何一个国家都不可能孤立地存在和发展，各个类型国家的相互联系组成世界范围内的政治体系。第二次世界大战后国际政治格局总体上表现为苏联主导的东方社会主义阵营与美国主导的西方资本主义阵营之间的对峙。为医治战争带来的经济创伤和在二元对峙的政治局面中占据有利地位，一场席卷全球范围内的新科技革命兴起。科技作为经济、政治的延伸，为资本主义国家维护其中心地位和实现资本增殖提供了有力载体。西方资本主义国家凭借自身的技术优势，打着民主、合作、援助的幌子，对第三世界国家进行经济、政治以及文化上的扩张和渗透。这一时期的世界政治体系在本质上是一个不平等的分工体系，“既表现为宏观层面的东西方民主政治进程的对抗与碰撞，又表现为各自民主政治进程的内在紧张与冲动”①。世界体系学派对世界范围内不平衡发展的事实表现出了真切关注，并深刻揭露出资本主义国家的经济剥削本质。沃勒斯坦回应道：“资本主义是世界不平衡发展的产物，它必须在国际经济的配合下才能发展。地域的广阔无垠，条件的优劣不一，这是产生资本主义的前提。”② 他进一步将发展不平衡的“世界体系”分为“中心-半边缘-边缘”的三级结构。其中，中心地区是发达国家的集聚地，边缘地区则集中了发展中国家，两者间的半边缘地带集中了较为发达的国家且占据更为突出的地位。阿明认为，帝国主义的剥削本性并没有随着第二次世界大战后资本主义政治殖民体系的瓦解而退隐，反而实际上实现了由政治殖民向经济殖民的转变。他以“中心-外围”的二级结构来划分世界体系，并认为这一体系的实质是“中心”国家对“外围”国家实施帝国主义统治的不平等关系。无论是三级结构还是二级结构，都是世界体系学派对此时不平衡政治结构的理论诠释，这种不平等的交换体系是造成第三世界国家不发达的根源。事实上，马克思、恩格斯的世

① 吴苑华. 重思历史唯物主义理论：基于英美学者理论的分析. 北京：社会科学文献出版社，2016：22.

② 布罗代尔. 资本主义论丛. 顾良，张慧君，译. 北京：中央编译出版社，1997：107.

界历史理论已经初步批判了资本主义全球化的不平衡本质。恩格斯风趣地比喻道："英国是农业世界的伟大的工业中心，是工业太阳，日益增多的生产谷物和棉花的卫星都围绕着它运转"①，并由此初步构建了"中心—卫星"式的资本主义世界体系结构。对资本逻辑的批判是历史唯物主义的核心内容，世界体系学派从思考全球化时代不平等的政治局势出发，尤其是对第三世界国家和地区发展问题的关注，更有助于揭示资本主义在全球范围内"不平等交换"的政治图谋。这种在世界范围内对资本不平衡结构的诠释，无疑增添了历史唯物主义的问题意识和理论阐释力。

其次，它回应了对历史唯物主义在阐释西方资本主义世界和第三世界关系上的质疑。20 世纪 60 年代，许多曾经的殖民地、半殖民地获得解放，纷纷建立起独立自主国家，开始推进本国的现代化进程。这一时期，以帕森斯、阿尔蒙德、罗斯托为代表的西方学者分别从社会学、政治学、经济学角度思考民族国家推进现代化的进程。这些现代化理论暗含的内在逻辑在于：一方面，共同以"民族国家"为分析单位，分析国家的政治制度、经济战略、社会系统，把普遍意义上的现代化与单个民族国家的现代化相混淆；另一方面，发展中国家要想发展就必须走发达国家曾走过的路。此时苏联在推行本国现代化的过程中实行修正主义和帝国主义军备竞赛，加之传统教科书并未着墨国与国之间的关系和资本主义的国家走向，致使马克思主义在同时期一度遭到冷落。随着世界范围内民族主义运动的兴起，特别是南北差距的加大，学术界的知识兴趣和精力"越过了美国甚至欧洲的界限，转向对亚洲、非洲和拉丁美洲的社会进行大量的研究"②。于是，主张以整体视野考察西方世界与第三世界关系的依附理论油然而生。弗兰克的"宗主国—附属国"的关系论，卡多佐的"中心区-边缘区"论，阿明的"依附—世界体系"论等都是该理论的代表。值得说明的是，依附理论家认为，这些观点"并不是新提出来的，而是马克思本人首先提出来的。因为马克思曾指出非洲的发现与远东贸易的开始影响了资本主义的发展。列宁也曾经预见到，帝国主义对资本主义发展发挥关键作用。只是马克思和早期马克思主义

① 马克思，恩格斯．马克思恩格斯文集：第 1 卷．北京：人民出版社，2009：372-373.

② 布莱克．比较现代化．杨豫，陈祖洲，译．上海：上海译文出版社，1996：94.

者还没有形成西方资本主义对第三世界影响的系统观念”①。实际上，历史唯物主义中的世界历史理论对资本主义发展历史的解析，绝不是单纯停留在对民族发展状况的具体概括上，而是立足于整体视野考察各民族国家的交往与分工关系，阐述走向共产主义阶段的最终趋势。这是对资本主义生产方式形成和发展规律的深入概括，其中的阶级斗争、剩余价值、资本积累、社会基本矛盾运动、社会形态更替等理论在思考发达国家和发展中国家的关系问题上都充满真知灼见。阿明认为，要实现改变世界的野心，“就要走出经济学的狭窄框架，而上升到一个历史唯物主义的高度”②。世界体系学派在继承历史唯物主义和依附理论思想衣钵的基础上，提出了“世界体系”的分析概念。世界体系是一个“大于任何法律意义上的政治单位”③。它以单一世界经济为存在基础，内含世界经济体系、世界政治体系和世界文明体系三重维度。它以世界体系为整体视野考察资本主义生产方式，进而把握资本主义世界体系的演变特征和发展规律。这种考察方式由此在批判现代资本主义制度不平等的基础上从纵横两方面重建了人类社会的历史体系。上述观点无疑为我们提供了不少值得批判吸收的思想素材，有助于我们在新的历史条件下坚持和发展历史唯物主义基本理论。

最后，它是对西方马克思主义研究范式当代转型的内在诉求。面对第二次世界大战后全球资本主义经济政治的新变化，西方马克思主义学者从不同角度将涌现出的问题逐步纳入自身研究框架，探讨世界范围的两极分化、资本主义危机、新帝国主义、人类的可持续生存与发展、全球化、现代化、资本主义霸权、中国崛起等，完成了研究主题的转型。世界体系学派并不单纯作为一个思想流派而存在，关键在于它是融合多元理论视野的产物。世界体系学派认为，“如果说马克思的‘世界历史分析’是‘跨学科’或‘交叉学科’研究，那么‘世界体系分析’则是‘一体化学科’研究范式”④。它在内容上以体系代替国家，真正开创了

---

① 曾枝盛．20世纪末国外马克思主义纲要．北京：中国人民大学出版社，1998：234-235.

② 阿明．资本主义的危机．彭姝祎，贾瑞坤，译．北京：社会科学文献出版社，2003：153.

③ 沃勒斯坦．现代世界体系：第1卷．郭方，等译．北京：社会科学文献出版社，2013：13.

④ 吴苑华．简述“世界体系的马克思主义”思潮//当代国外马克思主义评论（7）．北京：人民出版社，2009.

从全球角度系统研究资本主义这一世界性现象的先河。他们把资本主义当作一个整体、把资本主义纳入世界历史进程，从而揭示了当代资本主义世界的内在矛盾、运行规律以及发展趋势，包含了传统西方马克思主义没有的新内容。正如沃勒斯坦所说："我用世界体系这个词指的是某种不同于现代民族国家的东西，某种比民族国家更大的单位，某种可以通过有效的、不断进行的劳动分工来定义的单位。"① 在方法论方面，世界体系学派突破了传统学术范式和研究方法的局限，确立了全新的"否思性思维方法"，意图将分析方法的历史性和体系性有机结合，进而走向"一种统一学科的历史社会科学"。这是对马克思的"政治经济学"批判范式和西方马克思主义的社会批判研究范式的创新。正如弗兰克所言："创建一门世界体系史的历史唯物主义政治经济学是完全有理由、完全正确、且完全有价值的。"② 这种分析方法并非是对单一学科的"肢解"，而是积极引导人们增强学科间对话与合作，融汇各学科资源，在一定程度上保证分析内容的完整性。此外，阿明等学者基于伯恩施坦、考茨基等代表的第二国际正统派对马克思主义的庸俗化理解倾向，反对将历史唯物主义打上"经济决定论"的烙印，认为"如果说经济上需要改造的话，政治上、思想上、文化上同样需要改造"③，主张拓宽研究视野和注重内在要素之间的理论互动。可见，世界体系学派"重释"历史唯物主义，既是对现代资本主义社会遇到新变化的深刻反思，也是对历史唯物主义的研究问题、研究框架、研究内容、研究方法、研究视角的创新，有助于创新历史唯物主义的理论和话语，从而把握当代历史唯物主义理论创新的主动权和话语权。

二、世界体系学派"重释"中的"修正"

唯物史观作为马克思一生"两大发现"之一，自问世之日起就备受学术界青睐，并成为广为讨论的对象。面对第二国际对历史唯物主义的"经济决定论"解读，以卢卡奇、柯尔施、葛兰西等为代表的西方马克

---

① 沃勒斯坦. 沃勒斯坦精粹. 黄光耀，洪霞，译. 南京：南京大学出版社，2003：187.

② 弗兰克，吉尔斯. 世界体系：500年还是5000年?. 郝名玮，译. 北京：社会科学文献出版社，2004：127.

③ 阿明. 自由主义病毒/欧洲中心论批判. 王麟进，谭荣根，李宝源，译. 北京：社会科学文献出版社，2007：133.

思主义学者对这种解读进行学术批判，主张重思马克思的本质内涵及其科学精神。被称为“新马克思主义者”的世界体系学派承袭了西方马克思主义前辈们固有的重思品格，不仅运用马克思主义考察资本主义世界经济体系的形成、发展脉络，完善、补充和发展世界体系理论，而且运用新的世界体系理论与方法来修正传统的马克思主义理论与方法，并在此基础上深入分析资本主义的现实状况和未来走向。沃勒斯坦在《自由主义的终结》一书中写道：“马克思不时地被宣告已死亡，而又常常被宣告已复生。诚如任何一位具有像他这样的有声望的思想家一样，在目前形势下，他的著作是首先值得重读的。”① 大体说来，世界体系学派对现代资本主义世界体系、发达与不发达国家的解读不无道理，我们能从其思想成果中读到浓浓的马克思主义理论韵味，但它所理解的马克思主义却又平添了几分“修正”色彩。

选取“世界体系”而非“生产方式”作为历史分期单位，采用结构主义而非阶段论作为其分析架构，在整体上重建了人类历史社会形态的周期性演进图景。在《〈政治经济学批判〉序言》中，马克思对此有过经典表述：“大体说来，亚细亚的、古希腊罗马的、封建的和现代资产阶级的生产方式可以看做是经济的社会形态演进的几个时代。”② 历史唯物主义以“生产方式”为叙事逻辑，勾勒出人类社会形态更替的历史脉络，生产方式演进史与人类经济社会形态更替史内在一致。世界体系学派并不认同这一观点，主张以“世界体系”作为研究世界历史的唯一合理的分期单位，并把马克思的“社会形态”思想称为西方社会科学中的历史阶段论或社会进化论。它认为，任何一个社会都不可能只存在一种生产方式，通常是以多种生产方式混合并存的。生产方式分析属于静态分析，只能表征历史演变的某些特征，同一历史时期可能存有多种生产方式，与此相对应也有多种社会形态，这样就难以按照生产方式界定多种生产方式并存的同一历史时期的社会形态。沃勒斯坦更是提出，这些“我们所使用的那些涵盖面广的、尽可能一般与简单的规律，这便是一个诱惑”③。弗兰克也认为，历史唯物主义的分析方式是“纯

① 沃勒斯坦，等. 自由主义的终结. 郝名玮，张凡，译. 北京：社会科学文献出版社，2002：215.

② 马克思，恩格斯. 马克思恩格斯文集：第2卷. 北京：人民出版社，2009：592.

③ 沃勒斯坦. 沃勒斯坦精粹. 黄光耀，洪霞，译. 南京：南京大学出版社，2003：189.

粹的意识形态虚构，根本没有事实依据或科学依据。从来就没有过这样一些时代，没有从一种‘生产方式’向另一种‘生产方式’的直线阶段性转变的概念”①。所以，马克思的“生产方式”划分由于不能解释以中国为代表的东方历史的演变特征尚不具备普遍性，真实的历史进程是世界范围内的，只有“世界体系”划分才具有整体性和普遍适用性。在此意义上，沃勒斯坦认为，在迄今人类历史上，出现过两类世界性体系，一类是政治帝国体系，一类是欧洲资本主义经济体系，这两个体系也即人类历史演变的两个阶段。但是，只有后一个开启了世界历史时期，时间上限可定为15世纪末16世纪初。弗兰克则认为，世界历史不是500年时间的欧美资本主义世界体系扩张史，应该是5 000年的人类史，欧美资本主义世界体系扩张史只是人类史或世界历史总进程的一个环节或一个阶段。尽管两人在界定世界历史时间的上限和下限方面存有差异，但都承认世界历史呈现“中心-边缘”逐次扩张的特征。该过程区别于“五形态”呈现的阶段性变化，是由中心国家向边缘扩张的周期性过程。这实际是资本主义在全球范围内横向空间扩张和纵向时间绵延的结合，随着空间生产范围日益扩大，直至把全球各个角落都纳入世界体系之中。

资本积累理论重解了资本主义世界体系的内涵要义，揭示了资本主义世界体系的不平等关系实质，体现了历史唯物主义空间向度在世界范围内的延展。历史唯物主义语境中的“资本主义”是指一个独立的社会形态，世界体系学派并不认同这种解读模式，而是以“经济结构”进行处理。它以大历史视野考察资本主义发展史，认为资本主义是一个市场，市场又是一个体系，资本主义实质上是一个世界经济体系。弗兰克用“相互交融的积累”准则对资本主义世界体系进行重新阐述，“经济剩余的转让或交换是世界体系内相互联系的主要准则。外交、结盟和冲突是体系内相互影响的外加的，也许是推导出的准则”②。在他看来，马克思的资本主义理论无法完整呈现资本主义产生、发展和衰亡的过程，所以要站在世界历史角度进行总体性的把握。其实，马克思在《资

① 弗兰克．白银资本：重视经济全球化中的东方．刘北成，译．成都：四川人民出版社，2017：328.

② 弗兰克，吉尔斯．世界体系：500年还是5000年?．郝名玮，译．北京：社会科学文献出版社，2004：125.

本论》及其手稿中已经从“一般意义”上剖析了资本主义世界体系的结构，论及了中心国家对外围国家的剥削问题，更揭示出这一体系的演变规律和发展趋势。但是，他没有系统考察资本主义世界体系的具体的形式，“因为一般说来，世界市场是资本主义生产方式的基础和生活环境。但资本主义生产的这些比较具体的形式，只有在理解了资本的一般性质以后，才能得到全面的说明”①。世界体系学派接续马克思、恩格斯未竟的事业。沃勒斯坦将经济基础和上层建筑组成的资本主义世界体系结构，进一步细化为世界经济体和国际体系的统一体。世界体系首先是一个“经济实体”，它由国际分工或世界性的区域分工组成并构成经济基础，其发展的根本动力在于国家间的经济竞争，表现为全球范围内的资本积累。同时，世界经济体的存在必然要求形成一种有利于资本主义生产和运营的世界政治结构，这就是由主权国家所组成、以强国欺凌弱国为基本特征的“国际体系”。此外，“霸权”对资本主义而言是一个与生俱来的实质性内容，没有霸权也就没有资本主义。资本主义霸权并非是单一霸权，而是一个由经济、政治、文化、军事等要素组成的霸权体系，为谋求最大化的利润提供了有力的支撑。阿瑞吉将“霸权”视为资本主义世界体系得以扩张的保障力量，并进一步将金融扩张作为其产生和发展的真正动力。这是由于“金融扩张扩大和深化了国家间、企业间的竞争和社会冲突，它把资本重新分配给那些允诺有更大安全性和更高回报的新兴组织，因而加强了上述的力量”②。值得说明的是，世界体系学者把资本积累放在全球范围内进行综合性的考察，认为这是资本主义“空间生产”的现实性体现。“世界体系和国际分工都是资本主义成功生产和再生产自身的重要空间手段和结果”③，这种分析视角与历史唯物主义的“空间转向”在理论上遥相呼应，体现了全球视野下资本主义批判逻辑与空间维度的内在联姻，有助于扩展以时间为叙事偏好的历史唯物主义研究视角，在全面揭示资本主义生产关系实质的同时凸显了历史唯物主义的空间要义。

思考资本主义与社会主义之间的关系，由传统的对立思维转向当今

---

① 马克思，恩格斯．马克思恩格斯文集：第7卷．北京：人民出版社，2009：126．

② 阿瑞吉，等．现代世界体系的混沌与治理．王宇洁，译．北京：生活·读书·新知三联书店，2003：39．

③ 刘怀玉．空间化视野中的全球化、城市化与国家—区域化发展．江海学刊，2013（5）．

的并存与互动思维，重归马克思的和谐发展和全人类解放的价值诉求。资本主义和社会主义的关系问题是历史唯物主义始终思考的问题。资本主义是人类历史的一个发展阶段，资本主义走向衰亡是不可避免的历史趋势，社会主义世界体系是一种取代资本主义的新世界体系。在世界体系学派看来，资本主义走向衰亡与其内在固有的冲突密切相关，这一冲突不等同于马克思所讲的阶级斗争，而是表现为资本主义历史进程中频繁出现的民族国家谋求解放的“反体系运动”，前者以反对政权不平等为目的，后者则以反对资本主义经济不平等为目标。那么，资本主义灭亡之后会出现怎样的体系？世界体系学派一方面承认资本主义必将被社会主义所取代的事实，另一方面又对社会主义进行了重新阐释，将其视为社会主义世界体系。这种新型世界体系是对资本主义世界体系的超越，更有利于世界历史的进步。社会主义世界体系不仅是对资本主义世界经济体系的扬弃，而且是用一种社会主义方式管理世界经济体系的新型方案。“它既不是重新分配的世界帝国，也不是资本主义世界经济体系”①，这是对社会主义世界体系的本质和功能的强调，而非仅仅强调社会主义是资本主义的对立物及其代替意义，一定程度上思考了资本主义与社会主义在当代和平相处与合作的可能性。同时，世界体系学派把非洲、拉丁美洲和亚洲等第三世界国家和地区的发展问题纳入自己的研究主题，不仅推进了国外马克思主义者更多地研究这些国家和地区社会经济生活的不发达状况、实质及其出路，而且体现了这样一种价值取向：“历史唯物主义世界体系史……不应以欧洲为中心，也要防止其他任何形式的中心论。一种综合性的世界体系史应该以全人类为中心”②。但世界体系学派将资本主义“重释”为“经济体系”，将社会主义“重释”为“反体系运动”“社会主义世界体系”等，把社会主义代替资本主义归结为自然而然的进化过程，无疑消解了历史唯物主义阶级斗争的革命性。这种观点没有与马克思所强调的世界历史的最终使命是通过无产阶级的联合走向共产主义联系起来。由此看来，只有坚持历史唯物主义社会基本矛盾运动、社会形态更替等理论，才能科学指明人类社会的前进方向，认知资本主义和社会主义的前途命运，进而使历史唯物主义

① 沃勒斯坦．沃勒斯坦精粹．黄光耀，洪霞，译．南京：南京大学出版社，2003：128．

② 弗兰克，吉尔斯．世界体系：500 年还是 5000 年?．郝名玮，译．北京：社会科学文献出版社，2004：132．

的理论与实践价值在全球化的时代更好地得以彰显。

三、历史唯物主义的世界历史图绘

我们通过以上分析可以看到，世界历史绝非历史唯物主义的新课题。历史唯物主义无论是在其元理论和方法论维度，还是在资本主义批判维度、现代化建设维度，都具有世界历史视野。可以说，马克思的一切具体学说都是在世界历史所搭建的时空坐标中环环相扣地展开。世界体系学派对历史唯物主义的“重释”受惠于马克思和恩格斯研究资本主义世界的宏观视角，并结合当代世界发达与不发达并存的实际赋予其时代意蕴，这种结合确实代表当代马克思主义发展中的一种极有魅力和影响力的思想革命。正如美国历史学家斯塔夫里阿诺斯所言：“只有运用全球性观点，才能了解各民族在各时代中相互影响的程度，以及这种相互影响对决定人类历史进程所起的重大作用。”① 马克思的世界历史理论科学审视了历史发展趋势，揭示了经济落后国家在世界历史的条件下发生社会主义革命和走向社会主义的必然性，展示出社会主义现代化建设向世界拓展的必要性。厘清世界体系理论的合理成分和不足之处，有助于我们在新的历史条件下坚持和发展马克思的世界历史理论。

唯物史观的诞生离不开马克思、恩格斯对世界历史的分析。1843年，马克思在学习成果《克罗茨纳赫笔记》中不仅记载了欧洲国家封建社会近2 500年的历史，而且进一步思考政权更迭背后的经济动因，这就为从经济学研究世界历史奠基了定调。在《〈黑格尔法哲学批判〉导言》中，马克思明确使用“世界历史”一词，并对其更迭次序加以描绘：“历史是认真的，经过许多阶段才把陈旧的形态送进坟墓。世界历史形态的最后一个阶段是它的喜剧。”② 在他看来，走进历史深处旨在为批判现实社会寻找根据，并由之确立人类社会往何处去。马克思在《1844年经济学哲学手稿》中赋予世界历史以“主体”和“劳动”意蕴：“整个所谓世界历史不外是人通过人的劳动而诞生的过程，是自然界对人来说的生成过程”③，面对私有制“以最普遍的形式成为世界历

---

① 斯塔夫里阿诺斯．全球通史：1500年以前的世界．吴象婴，梁赤民，译．上海：上海社会科学院出版社，1988：55.

② 马克思，恩格斯．马克思恩格斯文集：第1卷．北京：人民出版社，2009：7.

③ 同②196.

史性的力量"①，主张积极扬弃私有制从而走向共产主义。《关于费尔巴哈的提纲》、《德意志意识形态》和《共产党宣言》基于新唯物主义"实践"的立脚点，系统研判了"历史转变为世界历史"的未来走向，资产阶级"由于开拓了世界市场，使一切国家的生产和消费都成为世界性的了"② 的现实境遇，无产阶级"改变世界"的历史使命，以及各民族国家在生产力普遍发展和世界普遍交往中实现共产主义事业的必然趋势。求索马克思的世界历史理论，不能受制于经典作家文本中有关"世界历史"的字句，而是要真正领会世界历史的实践性、整体性、批判性、人文性的精神实质。马克思、恩格斯在《资本论》中通过剩余价值理论对资本主义社会基本矛盾和私有制奥秘的揭示，在晚年《历史学笔记》和《人类学笔记》对亚细亚生产方式、俄国集体农庄等东方道路的探索，是对早年世界历史基本理论的一以贯之和补充阐释，更反映了马克思、恩格斯实事求是、与时俱进的理论品格。借助他们世界历史研究史的回顾，我们不难发现，马克思、恩格斯由宗教批判到法哲学批判到国家和市民社会批判到资本主义生产方式批判创立唯物史观的路径，离不开他们对世界历史的含义、动因、表现、动力、实质、趋势、影响等问题的分析探讨。历史唯物主义按照"生产—分工—交往"的生成线索对世界历史内涵做了唯物主义的界定，"特指各民族、国家通过普遍交往，进入相互依存状态，使世界整体化或'一体化'以来的历史"③。这种理解区别于黑格尔提出的人类活动必须合乎"理性"的思辨哲学，是逻辑与历史相统一的研究结果。探讨世界历史又诠释了唯物史观的基本内容，这是"抽象上升到具体"叙述方法的内在要求，一定程度上避免了历史唯物主义对现代社会的认识停留于抽象层次。概言之，世界历史是科学世界观与方法论的统一体，具有统一、多样、开放、具体的鲜明特征。

资本主义增殖逻辑和民族国家权力逻辑是生产力和生产关系、经济基础和上层建筑之间的矛盾运动在世界范围内的延展结果，实质构成世界历史的根本推动力量。马克思、恩格斯首先以历史视野分析了资本主

① 马克思，恩格斯．马克思恩格斯文集：第1卷．北京：人民出版社，2009：182.
② 马克思，恩格斯．马克思恩格斯文集：第2卷．北京：人民出版社，2009：35.
③ 杨耕．危机中的重建：唯物主义历史观的现代阐释．武汉：武汉大学出版社，2011：231.

义的产生：“现代资产阶级本身是一个长期发展过程的产物，是生产方式和交换方式的一系列变革的产物。”① 随着生产力和交往的发展，原始自然分工转变为制度性分工，与分工同行的是财产私有制，由之衍生的资产阶级国家是维护资产阶级私人利益的必要政治力量。资本的本性就是在流通中实现增殖，这使资本家通过在世界范围内到处扩张和建立世界市场实现资本积累，进而形成资本主义生产的世界体系。换言之，资本主义世界体系的形成和发展过程就是以资本原始积累为起点，以生产力发展和交往关系普遍展开为经济助力，从而在世界范围内进行资本积累的全过程。“正像它使农村从属于城市一样，它使未开化和半开化的国家从属于文明的国家，使农民的民族从属于资产阶级的民族，使东方从属于西方。”② 与之相伴随的是各民族国家之间的全球性交往互动日益增加，进一步强化了民族国家在政治层面的集中，由之形成了世界范围内的民族国家关系体系。它使中心国家能够扩大其经济、政治的影响范围以及领土主权，建立殖民体系，由此维护其在世界政治体系中的统治秩序。可以看出，资本主义增殖逻辑与民族国家权力逻辑之间是对立统一关系。一方面，资本增殖推动民族国家权力逻辑的展开，世界历史是各具特色的民族历史在普遍交往的基础上“合力”形成的；另一方面，资本主义生产方式把整个世界纳入全球性生产体系，在使“同质化”趋势日益显著的同时，加剧了民族国家之间的不平衡支配格局，引发世界范围内的阶级斗争。现代世界体系中心与边缘、发达与欠发达以及日益增长的南北差距实际上就是世界范围的阶级分化，正如弗兰克所说：“不论过去或现在，造成不发达状态的正是造成经济发达（资本主义本身的发展）的同一历史进程。”③ 世界体系学派虽然揭示了资本主义世界体系内国家与国家、地区与地区之间经济发展极端不平衡的现象，但不承认马克思所说的社会基本矛盾在资本主义历史演进中发挥的关键作用。沃勒斯坦将资本主义世界体系发展的根本动力视为国家和经济间的竞争，这无疑消解了历史唯物主义的革命性质，实则是对历史唯物主义的一种误读。阿明虽然富有创见性地“提议建立历史唯物主义”，

① 马克思，恩格斯．马克思恩格斯文集：第2卷．北京：人民出版社，2009：33．

② 同①36．

③ 弗兰克．不发达的发展．徐壮飞，译//威尔伯．发达与不发达问题的政治经济学．北京：商务印书馆，2015：168．

但他“从人类行动的主观性来确定它在生产力、生产关系、社会关系中的地位”①，在某种程度上因缺乏对“物质生产”的唯物主义理解而陷入唯心主义的泥潭之中，背离了历史唯物主义既定的运行轨道。

科学理解资本主义世界历史走向无产阶级世界历史最终建立共产主义社会的必然趋势，需要我们回归马克思辩证法，正确处理好民族性与世界性、历史性与人文性的辩证关系。翻阅经典文本，我们既能从“历史运动”“历史发展”“自然历史过程”“历史的联系”“历史的必然性”等术语中读到马克思历史观中所蕴含的辩证法意蕴，又能从马克思、恩格斯矢志批判资本主义私有制的理论与实践中透视其中彰显的革命性与批判性精神。概言之，历史唯物主义不仅是一种辩证的科学历史观，更是一种唯物主义的世界观。“马克思的辩证法所内含的历史性与历史唯物主义所内含的辩证法及其统一，使唯物主义以至整个哲学发生了革命性变革，并为唯物主义以至整个哲学开辟了一条新的发展道路。”② 沿着马克思辩证法的思想足迹，资本主义世界历史走向无产阶级世界历史的过程总体上是一个否定之否定的辩证发展过程。马克思以“生产方式”为划分单位的“五形态”学说正是对这一过程的描述。然而，这种划分是对历史发展规律的抽象揭示，并不意味着遮蔽和忽视了历史发展过程中的偶然性因素和民族发展历程中的特殊状况。实际上，世界历史的形成并不意味着各个民族失去个体特色。各个民族的历史在生产实践和交往实践的基础上展开，不仅以其特有的形态展示着人类历史发展的一般规律，而且体现为作为一个整体的世界历史的发展规律。世界史成为各民族史相互依赖、相互作用、相互影响的一个整体系统。其中，部分民族国家发生了某种程度的“变形”，如俄国跨越资本主义的“卡夫丁峡谷”走向社会主义，取得新民主主义革命胜利的中国经过渡时期建立起社会主义制度，这并非是对历史发展规律的“违背”，而恰恰是对唯物主义历史观的现实运用与深入发展，解决问题的关键在于“随时随地都要以当时的历史条件为转移”③。由此可见，世界体系学派基于对东方国家发展道路的考察，质疑历史唯物主义“生产方式”的分期单

① 阿明．资本主义的危机．彭姝祎，贾瑞坤，译．北京：社会科学文献出版社，2003：323.

② 杨耕．重新理解唯物主义的历史形态及其革命性变革．中国社会科学，2016（11）.

③ 马克思，恩格斯．马克思恩格斯文集：第2卷．北京：人民出版社，2009：5.

位，实则是未能准确理解民族史与世界史之间的辩证关系。尽管如此，我们也要看到它对弱势群体的情感关怀和理论思考，它的理论贡献既有助于阐发西方现代化是中心强国以牺牲第三世界国家和地区发展为代价实现自身繁荣的政治意图，也有助于引导人们在全球化背景下重归历史唯物主义人文关怀的理论向度。世界历史不仅是对民族国家而言的，它更为突出的是个体与整个世界的辩证关系。日渐突破狭隘地域限制的个体，在交往的过程中不仅获得世界性物质基础和精神来源，更以自身行动影响着世界。共产主义是世界历史的最高阶段，也是真正实现个人自由而全面发展的阶段。坚守世界性与民族性相统一、历史性与人文性相统一的辩证法，是生产力与生产关系的矛盾运动越出民族国家地域在世界范围运用的现实要求。它暗含当代资本主义所容纳的生产力尚未达到它的极限，资本主义社会与社会主义社会之间矛盾运动有其发展的空间，这不仅契合历史唯物主义“两个必然”“两个决不会”的实质要义，而且体现唯物主义历史观是科学世界观、历史观、价值观的有机统一，并在全球化浪潮中依然闪烁其真理性光彩。

关于世界体系学派对历史唯物主义的“重释”，我们不能说其理论的各个方面都是高屋建瓴的，但它对现代资本主义世界体系的分析也绝非浅滩上的漫步。这代表理论学者运用马克思的世界历史理论、政治经济学理论、科学社会主义理论分析社会发展问题的研究动向。阿瑞吉评价马克思的思想“是世界范围资本主义发展的理论，这个理论富有洞见地预见了今天对‘全球化’的理解”①。我们在当下重温马克思的世界历史理论，回顾其中涉及的历史唯物主义与政治经济学批判的关系命题，其意义在于让马克思主义在直面全球化问题中探讨全人类的命运与未来前景，在与当前各种现代性社会理论保持明显界限的同时彰显独特内涵和精神实质。与此同时，世界体系学派看到了中国在世界崛起所具有的重要意义，这必将打破国际社会旧有格局，引领广大发展中国家及人民积极平等地参与世界事务。如今，面对当今逆全球化力量横行其道、贸易保护主义不断抬头、地区冲突频繁发生、收入差距拉大的事实，人类命运共同体的议题设置无疑是历史唯物主义世界历史理论在思想竞争中展现出的中国智慧和中国力量。随着中国参与全球化进程的日

① 阿里吉．亚当·斯密在北京：21世纪的谱系．路爱国，黄平，许安结，译．北京：社会科学文献出版社，2009：65.

益深入，人类将会走向更加多样的文明形态。世界历史理论在马克思整个学说中的地位是全局性和基础性的，马克思的世界历史理论在中国致力建设和谐世界的过程中的生命力，正是整个马克思学说不可超越性的生动证明。

第三节 后马克思主义的“重构”

20世纪70至80年代，在马克思主义和后现代主义的影响下，为应对当代资本主义和社会主义出现的新现象、新变化、新状况，一种试图将后现代主义与马克思主义结合起来的理论即后马克思主义应运而生，它是从哲学、政治学、社会学乃至经济学等学科领域进行综合研究而形成的一种客观存在、颇有影响的西方新兴社会思潮。现实中苏联解体与柏林墙倒塌的重大历史事件的发生，直接导致了理论界后马克思主义这颗新星的升起，毫无疑问，这一理论回应和顺乎了社会现实，激发和重焕了马克思主义理论的生命力和解释力。无论承认与否，后结构主义都是后马克思主义对西方马克思主义进行消解和重构的理论基础和工具，而“经济决定论”的判断、“接合”理论的出场、激进政治的社会主义策略等都表明其与经典马克思主义也渐行渐远，与后现代主义具有日渐显著的相似性，某些非马克思主义特质若隐若现。以拉克劳和墨菲为代表的后马克思主义学派的学者们著述颇丰，我国国内相关研究成果时有出现。因此，全面梳理总结国内外研究历史与现状，把握该学派理论得失，对深入透视后马克思主义的理论本质，加深对历史唯物主义的研究具有重要价值。

一、充满歧义的“后马克思主义”

据相关资料考证，后马克思主义最早出现在20世纪50年代匈牙利裔哲学家波兰尼在对斯大林的极权主义思想的批判中所提出的“后马克思主义的自由主义”思想中。麦克弗森在60年代对它的基本精神做了一定的描绘。70年代贝尔对其基本理论做了一定程度的探索。在英国学者拉克劳和墨菲的代表作《领导权与社会主义的策略——走向激进民主政治》中，“后马克思主义”的概念被正式介绍和阐述；两人在书中宣称，“在新的历史时期，应当抛弃原先的‘教条式’的马克思主义，而用具有民主精神的‘后马克思主义’来取代传统的马克思主义”①。美国学者霍瓦恩在《政治思想家》一书中将拉克劳和墨菲称作“后马克思主义的思想首领”②。但事实上，学界对“后马克思主义”到现在似乎还没有一个完全统一的看法。“后马克思主义”本身也是一个有歧义的概念。就连拉克劳和墨菲也说过：“我们应该非常清楚地声明：我们现在正处在后马克思主义领域……不过，如果说，我们这本书的思想规划是后-马克思主义的（*post*-Marxist），那么，显然它也是后-马克思主义的（post-*Marxist*）。”③

“哲学是时代的精华”，哲学的内在本质就是对当下时代、当下现实的解释与回应，这种回应有时委婉，有时直白。后马克思主义也不例外，它的诞生在现实中伴随着西方社会生产方式在20世纪60至70年代的变革，在理论上伴随着后现代思潮的风起云涌、西方马克思主义黄金期的消逝，但对传统马克思主义的解构仍然没有式微。后马克思主义将这些现实问题与理论思潮悉数交融在一起，其理论重心在于重释、重构经典马克思主义和西方马克思主义。具体而言，影响后马克思主义产生的现实因素主要是指发生在20世纪60至70年代西方社会的变革，即“后工业社会”湮没了现代工业社会、“后资本主义”置换了现代资本主义。加拿大学者伍德就认为后马克思主义是20世纪60年代革命以后出现的资本主义发展的黄金时代的产物，也与后福特主义以及弹性生产积累相关。西方福特主义的体制在20世纪70年代逐渐式微，过度的通货膨胀迫使西方资本向全球扩张，生产方式和管理模式不得不随之改变，再加上石油问题的出现，进一步促使西方国家开始重新考虑资本空间布局。在信息技术的推动下，“新的技术、社会及文化形式与资本主义生产关系相结合”④ 构成了当时资本主义的社会母体，并由此孕育出了一种具有“灵活积累”特质的弹性生产方式。阶级构成随着生产方式和生产结构的变革而变革。财产（生产关系）似乎逐渐被技术（生产

①② 俞吾金，陈学明．国外马克思主义哲学流派新编·西方马克思主义卷：下册．上海：复旦大学出版社，2002：705.

③ 周凡，李惠斌．后马克思主义．北京：中央编译出版社，2007：33.

④ 凯尔纳，贝斯特．后现代理论：批判性的质疑．张志斌，译．北京：中央编译出版社，1999：338.

力）所取代转而隐退到时代边缘，知识和技术等非物质性因素成为主导西方社会的主要力量，同时所有权与管理权也由于经理人的出现而分离了。技术和白领上升至社会的主导层，企业乃至整个社会日益科层化，西方社会的阶级结构和性质出现显著变化；发展中国家的“工人”与西方社会中的“工人”已然不在同一个社会层面，革命的主体问题浮出水面；消费主义理念在西方盛行并开始在其他一些区域蔓延，消费符号化并操控着社会大众。这些变化挑战和腐蚀着传统马克思主义的理论解释力。伴随着阶级结构的变化，与之相适应的社会斗争的内容和方式也相应改变。西方社会的社会斗争在被全面控制的社会中日益分散，不同群体的斗争诉求也日渐分化。“当代社会的复杂性和多样化特征不可改变地消解了那种政治虚构的最后基础。”① 西方社会的深刻变化对思想理论界形成了巨大震撼和冲击，从而为后马克思主义的产生孕育了思想的土壤。西方马克思主义无法漠视西方社会阶级构成、斗争、生产方式等方面的变化，对资本主义社会出现的诸多新变化进行了反思和回应。卢卡奇提出物化思想，呼吁无产阶级革命意识的觉醒，试图将主客体的二元对立悉数消融；法兰克福学派则打开了文化批判的视窗，认为资本主义借助于大众文化，将工具理性深刻植入人们意识、日常生活之中，人们自觉地、主动地、隐性地为资本主义所控制，甚至为这种控制而辩护，资本主义的“总体性”由此操控着每一个人；阿多尔诺痛恨这种“总体性”，力图借助否定辩证法的“非同一性”来解构资本主义社会中的虚假的主客体的总体性，以此来祛除社会对人的全面控制，强调“松散星丛”的连接作用，这种彻底否定的去中心化、碎片化的后现代意蕴便呼之欲出。后现代主义逐渐兴起，以一种非主体、非中心、碎片化的面相来重新审视西方社会，建构一种新的文化解读范式和激进政治学。随着西方马克思主义转向关注经济、政治、文化之间复杂的相互关联以及资本主义意识形态、主体、文化实践的差异性，在西方资本主义社会出现诸多新变化和西方马克思主义批判转向及多元化的马克思主义不断涌现的背景下，传统马克思主义中的革命和社会运动范式面对新变化、新问题俨然“无力”。据此，一些学者提出要重新定义马克思主义，基于以上时代背景和理论环境，后马克思主义应运而生。

① 拉克劳，墨菲．领导权与社会主义的策略：走向激进民主政治．尹树广，鉴传今，译．哈尔滨：黑龙江人民出版社，2003：导论2.

后马克思主义并不是一个学派，其内部分支众多，理论差异明显。在理论渊源上，后马克思主义不仅与后现代主义关联紧密，还受到后葛兰西主义、后结构主义等思潮的影响。拉克劳和墨菲曾表示，后结构主义的理论深刻地影响了他们对后马克思主义思想的建构，其理论方法给了他们观察分析新的政治形势诸多启示。总体而言，后马克思主义内部存在着各种分歧。例如在对待马克思主义的态度上，既有赞同并维护马克思主义的声音，也有反对并重构马克思主义的主张，还有既不赞同也不反对的暧昧态度。对于后马克思主义中的“后”（post），有着不同的理论指称。后现代主义和后结构主义是最常见的归属，后葛兰西主义也是合理的。在波兰尼看来，它也可以归于“后斯大林主义”，即东欧社会主义国家在斯大林去世之后所进行的思想解放运动过程。这样看来，要给后马克思主义一个定义明晰、定位准确的界定绝非易事。也有学者认为20世纪70年代后期诞生的“后现代主义”是后马克思主义产生的理论原因，“若把‘后现代主义’视为一根长长的瓜蔓，那么‘后马克思主义’则是其中的一个‘瓜’而已”①。也有人对此持有异议，认为后马克思主义是与后现代主义相区分的，有其独特的政治观点，不像后现代主义那样一味地否拒宏大理论和社会规划。还有学者从发生学意义上将后马克思主义追溯至后现代以前的卢卡奇、葛兰西乃至黑格尔，还得出马克思的理论中也“隐藏”着后马克思主义的身影。齐泽克就断言黑格尔是“第一个后马克思主义者”②。贝尔将后马克思主义的理论起源归于《资本论》第三卷。如此一来，说后马克思主义只是后现代主义衍生出来的理论思潮是不恰当的。从哲学史上看，在《个人知识：走向一种后批判哲学》中，波兰尼比照“后批判哲学”提出了“后马克思主义”这一名词，这也是后马克思主义的首次明确亮相，但波兰尼更多的是指一种寄托架构或是一种信仰澄明，是其个人知识论的内在原则在政治思想与信仰上的践履。由于波兰尼武断地认为所有信仰都不是科学的，他同样拒斥作为科学信仰的马克思主义，从而建构一种反激进主义的自由价值观。可以说，波兰尼在使用“后马克思主义”时并未将其与后现代主义、后结构主义相关联，他看到的理论原点不过是斯大林对马克思的歪解、拒斥、批判，因而他比照“后批判哲学”而提出了“后马

① 曾枝盛．“后马克思主义”的定义域．学术研究，2004（7）．

② 齐泽克．意识形态的崇高客体．季广茂，译．北京：中央编译出版社，2002：7．

克思主义”。但我们也要注意到，在波兰尼看来，马克思主义与斯大林主义是等同的。总体而言，波兰尼为后来的“后马克思主义”言说者留下了一些基本的原则和方向，包括“总体上拒斥马克思主义的思想倾向”“把后马克思主义与意识形态批判、极权主义批判联结起来”“把后马克思主义与反激进主义和拒绝革命的保守主义以及重申自由宪政主义的政治立场联系起来”①。这些基调极大地影响了包括贝尔、拉克劳、墨菲在内的后马克思主义者。

在波兰尼之后，麦克弗森和贝尔在各自领域不同程度地推进着后马克思主义的发展。西方著名的民主理论家和政治学家麦克弗森在《后—自由主义的民主?》中，对后马克思主义和后资本主义展开了评论。麦氏认为，后马克思主义预示着资本主义社会已跨越原来自由资本主义的基本架构，之前对应的经典马克思主义分析模式也就难以为继了。“我们需要对这一理论加以发展变化以至于变到值得给它起上一个新的名号吗？换言之，我们需要一种后自由主义的民主理论吗？我将说，答案是：是的。”② 这说明，后自由主义的资本主义社会需要抛弃原有马克思主义的基本精神和核心要义，后马克思主义就成为必然。麦氏把对后自由主义的民主认同为后马克思主义理论，在对自由主义的不满和对后自由主义的期许中开启了后马克思主义的研究路向。之后的拉克劳和墨菲就受到这种研究理路的影响，他们对新自由主义“反民主攻势”的谴责无疑是沿着麦氏的路径将后自由主义的民主的观念具体化、概念化、理论化。如果说麦氏还只是在后自由主义的框架下来思考后马克思主义，那么，贝尔对“后马克思主义者”的标签毫不排斥，他进一步明确、阐释了后马克思主义的概念。他在《后工业社会的来临：对社会预测的一项探索》中，以“后马克思主义”作为理论原点构建起后工业社会理论。贝尔将资本主义社会出现的新变化命名为“第二种图式”，它包括表象上的白领阶层的扩展、稍微隐性上的利润的社会化、资本积累形式的变化等等现象，如此种种无不昭示着后工业社会已然来临，“20世纪上半叶有关资本主义未来发展的社会学理论……几乎所有这一类思考都是在同马克思的图式二进行对话”③。他认为古典马克思主义以第

① 周凡. 后马克思主义：概念的谱系学及其语境（上）. 河北学刊，2005（1）.

② 周凡. 后马克思主义导论. 北京：中央编译出版社，2010：44-45.

③ 贝尔. 后工业社会的来临. 高铦，王宏周，魏章玲，译. 南昌：江西人民出版社，2018：58.

一套图式为主导思想，后马克思主义则应坚持第二种图式，因为马克思没有预见到“后马克思主义时期中经理与业主的分离、企业的官僚科层化、职业构成的复杂化，这一切都使得一度明确的财产统治权和社会关系变得模棱两可”①。在贝尔看来，经典马克思主义没有预见到后资本主义和后社会主义中社会阶级构成的这一系列新变化，这也是后马克思主义之所以诞生的关键现实语境。而“新中产阶级”的出现是古典马克思主义所没有预见到的，社会阶级的对抗不再是马克思所预言的简单的二元对立的线性发展。贝尔最终放弃了马克思所倡导的以工人阶级为主体的社会变革方案和摧毁制度结构的革命模式，走向其所宣扬的后马克思主义的“政治体制的调整与改良”。这也就不难理解贝尔为什么批评马克思只关注社会不关注国家、只关注经济不关注政体，政治之于社会力量正如月亮之于太阳，前者的光亮不过是后者的映射。也就是说，政治是无法自足的。总体而言，贝尔所谓的马克思的第二种图式以及对后工业社会政治自主性的相关论证都不完备、令人难以信服。但不能否认的是，他是第一个试图从经典马克思主义的理论中来探寻后马克思主义的理论源头的学者，他在批判马克思阶级理论的同时也在构建后马克思主义的理论体系，这也是人们对于后马克思主义的理论构建模式所喜闻乐见的。

后马克思主义学派中的代表性人物还包括拉克劳和墨菲，他们不仅自称为后马克思主义者，而且在理论建构上也表现出了后马克思主义的特征。他们的理论诉求在于重新恢复传统马克思主义的时代性，不至于脱离、落后于时代，这就促使他们对传统马克思主义的基石即经济基础和阶级基础的理论设定进行彻底的批判，契合时代诉求来重新阐释和激活马克思主义理论，使马克思主义的生命之树长青。可以说，“后马克思主义”被当成一面光辉旗帜而飘扬主要得益于拉克劳和墨菲这两位学者。他们在《领导权与社会主义的策略：走向激进民主政治》这一代表作中，毫不隐晦地表明自己就是“后马克思主义者”，他们“抛弃”了传统马克思主义中的历史观、作为社会主要组织原则的生产方式、阶级斗争、经济基础论、关于社会主义革命的主力军和工人阶级先锋队等一系列基本命题和核心范畴，遵循后结构主义和后现代主义的理论路径，认为“全球化问题和信息社会问题在控制马克思主义的话语——首先是

① 贝尔．后工业社会的来临．高铦，王宏周，魏章玲，译．南昌：江西人民出版社，2018：67.

黑格尔主义的，其次是自然主义的——之内是不可想象的"[①]，据而用一种非决定性的、多元性的"文化霸权"逻辑代替"阶级霸权"逻辑，绘制一幅广泛参与式的"激进民主"的政治图景。对于何谓"马克思主义"，拉克劳和墨菲在该书中将其注解为一种"激进、民主、多元的社会主义理论"，并立足于后结构主义和后现代主义，通过诸多解构和论证，将传统马克思主义看成一种与近代哲学相一致的具有表征性的"本质主义"，而本质主义在新的时期已无法对马克思主义发挥整合功能，马克思主义被新的逻辑范式和理论构架所代替是不可逆转的命运，后马克思主义也必然要出场。当然，拉克劳和墨菲对经典马克思主义的本质和特征的解读并不正确。《领导权与社会主义的策略：走向激进民主政治》一经问世，学界各种争议乃至激烈的批评随之出现。在某种程度上讲，拉克劳和墨菲在反本质主义的旗号下不可避免地走向了马克思主义的反面。

英国学者斯图亚特·西姆曾将后马克思主义区分为"后马克思主义"（post Marxism）和"后一马克思主义"（post-Marxism）。将马克思主义与后现代主义、后结构主义拼接、融合在一起的产物便是"后马克思主义"，是一种纯粹的后现代主义或后结构主义，已远离马克思主义。但"后马克思主义"在理论本质上仍然是认同、维护传统马克思主义的，尽管在表象上后马克思主义者自称为后现代主义者或后结构主义者，并力图克服马克思主义的理论不足。自从后马克思主义这一名词在《领导权与社会主义的策略：走向激进民主政治》中首次公开使用，各种"后马克思主义"流派便雨后春笋般涌现。沃勒斯坦对此解释道："马克思主义的第三阶段……这是有一千个马克思主义的时代，是马克思主义'爆炸'的时代。在该时代下不仅没有正统，也难说哪个观点占主流。随着广泛之应用马克思主义覆盖了诸多不同的世界观，它们的内容体系似乎是掺杂了很多内容。"[②] 各种各样的后马克思主义接踵而来，有学者将它们解读成左、中、右三派。左翼后马克思主义者包括詹姆逊、曼德尔、索亚等人，他们以维护"元叙事"为特征；中翼后马克思

---

① 拉克劳，墨菲. 领导权与社会主义的策略：走向激进民主政治. 尹树广，鉴传今，译. 哈尔滨：黑龙江人民出版社，2003：2 版序 4.

② 沃勒斯坦. 否思社会科学：19 世纪范式的局限. 刘琦岩，叶萌芽，译. 北京：生活·读书·新知三联书店，2008：210.

主义者则指在社会主义、资本主义、马克思主义中徘徊不定、态度晦暗不明的学者，包括哈贝马斯、德里达等人；右翼后马克思主义者的主张较为激进，认为要修正甚至丢弃传统马克思主义，他们以墨菲和拉克劳为代表。无论如何划分后马克思主义，其内部派别林立、观点不一，对马克思主义持有不同的看法和态度，这些都是客观事实。尤其是其标志性人物拉克劳和墨菲对待马克思主义者的“修正”和“否弃”态度更是让我们感受到后马克思主义思潮的复杂性。这就决定了外界对后马克思主义的理解和评价存在激烈争议。

学界关注后马克思主义思潮的理论视域和理论态度差异较为明显。正是由于后马克思主义自身内部派别众多，观点不尽相同甚至冲突，学界在考察和审视后马克思主义时的态度、观点和结论也不尽相同。国内学界有观点甚至认为后马克思主义并不能够成为当代国外马克思主义的一个成型的学术流派，至多是具有后马克思主义的思想倾向。当然，后马克思主义思潮终究是一种不容忽视的思潮，学界的学术性研究在20世纪90年代出现不少相关研究作品，例如托费因的《新话语理论：拉克劳、墨菲和齐泽克》、霍华斯的《话语》、巴丽特的《真理的政治：从马克思到福柯》、西姆的《后马克思主义：一种学术思想史》《后马克思主义：一个读本》以及兰德利和麦科里安的《解读拉克劳和墨菲》等，国内也出现了不少后马克思主义的翻印作品和研究论述，尹树广译的《民主的悖论》《批判的国家理论：马克思主义、新马克思主义、后马克思主义》、孔明安与刘振怡译的《我们时代革命的新反思》以及尹树广与鉴传今译的《领导权与社会主义的策略》等，杨耕、胡大平、周凡、孔明安、王平等国内学者也对后马克思主义关注颇多。针对后马克思主义这个概念自身而言，学界也存在多种观点，有学者主张从广义和狭义两个视角来解读后马克思主义。广义而言，是从大范围来看的，只要是运用后现代主义、后结构主义、后分析哲学的研究方法和理论范式来重释、重构马克思主义从而达成批判和超越马克思主义的目的的理论都可以称为后马克思主义。狭义而言，它则仅仅指由拉克劳和墨菲创建的后马克思主义，也就是他们自己所说的“激进、民主、多元的社会主义理论”。我国学者曾枝盛则把广义的后马克思主义又分为三种观点：一种是从时间线上来看的，只要是在马克思、恩格斯之后的马克思主义都可以称为后马克思主义；二是二战后所有“非正统”的马克思主义都是后马克思主义；三是东欧剧变、苏联解体后出现的诸种马克思主义都是后马克思主义。在20世纪60年代后期，以丹尼尔·贝尔所著的《后工业社会的来临》的问世为标志，标榜后现代主义的马克思主义流派则是狭义的后马克思主义。在思想起源和学理路径上，各种后马克思主义都有其独特的理论关注和分析架构。具体而言，拉克劳和墨菲以葛兰西文化霸权理论为根基，有的围绕后结构主义进行解读，还有的则主要基于后自由主义理论。另外，“它的阐释者包括著名的政治与经济理论家、意识形态与文化分析家以及历史学家，这些人可以说趣味广泛且风格各异”①。马赫尔特曾言，有人认为可以清晰地将后马克思主义划定为一个特定的思想流派，也有人认为后马克思主义只是一种模糊而朦胧的思想倾向，不足以划定出明确的学派。而在艾伦·伍德看来，“无论这一运动多么复杂，也不论其所有成员事实上并不都认同相同的原则，我们仍然可能在一些重要观点上作最大程度的概括以表明这种思想倾向的基本逻辑”②。后马克思主义内部哲学观点、思想渊源、学理路径、价值旨趣等混杂多样，严重影响和制约着外界对他们的理解和评价。在戴维·麦克莱伦看来，后马克思主义是一种“试图将马克思主义的社会主义同后现代主义思想结合起来的思潮”③，英国学者雷诺兹则认为后马克思主义者“反映了后结构主义和后现代理论在为21世纪建构一种激进政治的过程中，在拒斥本质主义、还原论、决定论以及功能主义方面的真知灼见”④，他甚至认为后马克思主义者“对马克思的著述、列宁和卢森堡的马克思主义传统等进行的有选择的和独特的解读，造成了一种容易使人误解的、暧昧不明的马克思主义‘模型’，并且根据这种模型为解放派政治的精神进行辩护”⑤。我国学者杨耕则指出，后马克思主义理论“体现了当代资本主义社会知识分子的一种无奈与悲凉的情绪。也正因为如此，后马克思主义已经成为思想博物馆的陈列标本，而不再兴盛于世”⑥。所以，学者曾枝盛将后马克思主义看成只是后现代

---

① WOOD. The Retreat from Class：A New “True” Socialism. London Verso，1986：2.

② 同①3.

③ 麦克莱伦．当代西方马克思主义流派．段忠桥，译．北京大学学报（哲学社会科学版），1997（1）.

④⑤ 雷诺兹．后马克思主义是超越马克思主义的激进政治理论和实践吗？张明仓，译．世界哲学，2002（6）.

⑥ 杨耕．后马克思主义：历史语境与多重逻辑．哲学研究，2009（9）.

主义的衍生物而已。

那么，后马克思主义到底是何种意义上的“马克思主义”呢？如果将后马克思主义等同于“反马克思主义”，这样做肯定有失偏颇，更是不负责任的行为。尽管其契合度有大有小，但所有社会理论、哲学思考都是时代的一面镜子。如果脱离时代情境来看待后马克思主义，是无法全面理解和把握它的。后马克思主义很大程度上是20世纪六七十年代以来西方社会从工业社会转型为后工业社会、从现代资本主义转型为后现代资本主义、从福特生产方式转型为弹性化生产，生产结构、阶级结构和阶级斗争等传统马克思主义话语“失效”和西方马克思主义无力解惑答疑的历史语境和思想语境中产生和发展的。无论如何，后马克思主义是对20世纪六七十年代以来资本主义的新变化做出回应的一个真实呈现。这点是值得肯定的。后马克思主义改造、颠覆了经典马克思主义的核心理论，对传统展开所谓的“去魅”，对资本主义的批判牺牲了对政治经济策略和物质利益更为深刻的解读，必然会在实践中走向一种似是而非的中间路线，甚至滑向自由主义和民粹主义的泥潭。重点关注后马克思主义对马克思主义及历史唯物主义的重释、重建，是历史唯物主义的当代阐释绕不开的一个重要议题。

二、从“接合”到“激进政治”

一般来说，后马克思主义主要指向当代英国政治哲学家拉克劳和墨菲在1985年出版的《领导权与社会主义的策略：走向激进民主政治》一书中对“政治偶然性逻辑”的考察，运用后现代主义尤其是后结构主义、后精神分析学、结构主义所建构的“霸权结合”“激进民主”“话语阶级”等理论，由此，这种对当代西方产生重要影响的政治哲学思潮便诞生了。拉克劳和墨菲被冠以“后马克思主义的旗手”“后马克思主义的思想首领”“后马克思主义的鼻祖”等称号，尽管他们并不是第一个使用“后马克思主义”词汇的学者。这主要源于《领导权与社会主义的策略：走向激进民主政治》导论中的这句话：“在这一点上我们明确地指出，现在我们正处于后马克思主义领域……如果本书的认识主题是后马克思主义的（*post*-Marxist）的，它显然也是后马克思主义的（post-*Marxist*）。”①

① 拉克劳，墨菲．领导权与社会主义的策略：走向激进民主政治．尹树广，鉴传今，译．哈尔滨：黑龙江人民出版社，2003：导论4.

因此，深入分析拉克劳和墨菲的后马克思主义理论，对于我们理解后马克思主义实质、把握其理论特质、批判其理论误区、解读其对历史唯物主义的重建等都有着重要价值。

后马克思主义的理论建构从解构传统马克思主义的核心范畴出发。“为了从当代的问题出发重新阅读马克思主义理论，必然包含对其理论核心范畴的解构。这就是我们所说的‘后马克思主义’”①，因为“其中心定位于阶级斗争和分析资本主义经济矛盾的传统马克思主义话语已很难适应纷纭而现的各种新矛盾，如今正是这些新矛盾深刻地改变了社会主义政治斗争发生作用的场域”②。可以认为，后马克思主义者主要着眼于通过对马克思主义的核心范畴展开解构来试图“与时俱进”地恢复马克思主义的解释力。拉克劳和墨菲无疑遵照这条路线行进，他们解构的最初目标就是马克思主义有关阶级斗争和诠释资本主义社会经济矛盾的相关范畴，即以消解生产力、生产关系、阶级斗争、对抗、经济基础等范畴为理论出发点，从而铺陈其整体理论逻辑。拉克劳和墨菲重新辨析、解构、重建了马克思主义的一些基础理论，包括资本主义理论、共产主义理论、阶级理论、主体理论、经济基础理论等等。具体而言，拉克劳和墨菲不同意马克思关于阶级的对立、斗争构成人类社会的各种政治活动和其他活动的观点，认为马克思将阶级对抗指代了所有的对抗形式，是其本质主义的“最后防线”③的体现，也是一种简单粗暴的阶级还原论，但在资本主义社会中，不仅存在着阶级对抗，还包括性别、文化、种族等等对抗，马克思的做法压缩了对抗的范围。此外，他们辨析了“对立”、“对抗”与“矛盾”的内涵。这一系列做法使其对抗理论置换了马克思的阶级斗争理论。在此基础上，他们所阐述的文化霸权“接合理论”是反决定论的，以此来诠读充斥在日常生活中的各种针对需求或压迫的不具备意识形态色彩的中立的对抗。另外，对于马克思“经济决定政治，政治是经济的集中反映”的观点，拉克劳和墨菲明确表示反对并予以反驳。他们认为，这种“经济决定说”显示经济视域是传统马克思主义“本质主义的最后堡垒”。但实际上政治领域中的统治结构与

① 拉克劳，墨菲．领导权与社会主义的策略：走向激进民主政治．尹树广，鉴传今，译．哈尔滨：黑龙江人民出版社，2003：2版序3-4.

② 周凡，李惠斌．后马克思主义．北京：中央编译出版社，2007：51.

③ 同①96.

经济领域中的生产和剥削等要素之间并不存在本质的、必然的关联，那么经济与政治并不是必然的“决定”与“被决定”的关系。他们认为政治空间可以自足而独立存在，即“经济空间被结构化为政治空间”，进一步说明传统马克思主义的经济决定论已经不符合现代社会内在运动结构的要求了。“在打了折扣的马克思主义理论正确性的资格和范围内，我们正在终结深深内在于理论中的一些东西，即凭借一元论的范畴寻求获取本质或深层历史意义”①，才能昭示出马克思主义的传统范畴是否还能在新的时代情境下获得解释力、有效力。拉克劳和墨菲还消解了阶级主体的范畴。在他们看来，自从进入消费社会，工人阶级就转变为一个符号，它不再像传统马克思主义理论所讲的那样是集体的、统一的、联盟的组织，而是破碎的、丧失了内在联系的。由于阶级主体的消解加之利益多元化的出现，西方社会主义运动的新主体就由“多元主体”或“身份主体”所构成。因此，认同政治取代了经典马克思主义理论领域中的阶级斗争理论和阶级政治。这二者同时也系统性地重构了马克思理论中的“领导权”概念。他们认为本质主义是马克思主义的整体理论气质，在这种气质影响下，“领导权”理论也就或多或少地存有本质主义痕迹。因此人们需要借用后结构主义的方法，赋予“领导权”复杂化、多元化的理论基础，从而为达成激进民主的政治预想铺垫理论基础。由此，“领导权”与后结构主义中的话语理论以及偶然逻辑不期而遇，这样其“接合理论”可见端倪。究其所言，拉克劳和墨菲在重构一系列传统马克思主义核心范畴的同时，也在对其后马克思主义具体理论内容及政治主张进行理论铺垫。

在为重构马克思主义核心范畴做了充分的理论准备事宜后，拉克劳和墨菲正式着眼于后马克思主义理论构架的具体内容的填充工作。理论解构的最终目的是理论建构，无论这种建构是否正确或成功。拉克劳和墨菲之所以重释、解构传统马克思主义，其目的是建构一套具有时代特色、契合其政治诉求的后马克思主义理论。在某种程度上，拉克劳与墨菲所建构的后马克思主义并不能与解构主义完全等同起来，但可贵的是他们始终积极地尝试进行理论建构。因此，他们将后马克思主义表述为*post*-Marxism 和 post-*Marxism*，以说明他们仍然受到马克思的影响，

① 拉克劳，墨菲. 领导权与社会主义的策略：走向激进民主政治. 尹树广，鉴传今，译. 哈尔滨：黑龙江人民出版社，2003：导论 4.

延用马克思的某些观点，毕竟“马克思主义是那些通过它们阐明新政治概念才得以可能的传统之一”①。与哈贝马斯类似，马克思主义也具有强烈的启蒙精神气质，因而在展望现代性图景时，它始终是导向解放性的，由此在新时代的知识境遇下，只有依靠后现代的话语逻辑，马克思主义对资本主义的批判、对共产主义终极价值的诉求才有其理论观照和存在意义。正是在解构和建构的双重意境中，拉克劳和墨菲为我们绘制出一幅“美丽的范型”的后马克思主义景观。所以，西姆说他们建构出消极的和积极的两种意义上的后马克思主义。在巴丽特看来，拉克劳和墨菲“不是在不留痕迹地消灭马克思主义，而是在某种意义上完成它”②。正是出于实现这样一种理论目标，拉克劳和墨菲在具有构建性、增值性的理论空间和思想领域中发挥、运用、推进后马克思主义的话语理论建构。语言学、符号学、哲学、文学、文化研究、社会科学乃至政治学等学科都被拉克劳和墨菲糅合在一起，而霸权、多元决定、能指、缝合、离散规则等范畴也被他们用一种类似按比例配药的方式融会贯通地调配在一起，由此，霸权接合理论作为后马克思主义的理论原则便诞生了。在这个原则的指导下，拉克劳和墨菲反对本质主义、摒弃线性观和还原论、将总体性内化于整体理论之中，由此形成了社会领域中的建构主义，文化领域中的多样化追求、政治领域中的多元主义。拉克劳、墨菲与西方马克思主义以及马克思主义理论之间存有的裂缝和理论旨趣的差异不容忽视，甚至应得到更多关注，因为它潜伏着可能将后马克思主义背离经典理论而滑向改良主义、自由主义的风险。事实也证明了这一点。从后结构主义话语理论中借鉴有用的概念，拉克劳和墨菲阐述后马克思主义的首要理论步骤和前提条件就是从后结构主义话语理论中借鉴有用的概念，以此为后马克思主义的方法论奠基。其中，拉克劳和墨菲借助德里达和福柯的相关理论，建构出了一个话语场域，这也从理论上铺垫他们如何阐释主体多元化和新社会运动；反对普遍主义、摒弃本质主义，而将阿尔都塞的多元决定论纳入理论基础中，主张彻底的多元论，破除了总体性，进而提出了激进的民主革命理论，阐释了各种异质的民主斗争；依托齐泽克等人的思想，建构出新的主体范畴，即一种

① 拉克劳，墨菲. 领导权与社会主义的策略：走向激进民主政治. 尹树广，鉴传今，译. 哈尔滨：黑龙江人民出版社，2003：导论 4.

② SLAVOJ Z. Mapping Ideology. London Verso，1994：246.

去中心的、去整体的行动者而非同质和统一的以及被碎片化的、被多元决定的实在物，话语是连接相关主体的纽带。话语也为其社会主义策略奠定了思想理论基础，拉克劳和墨菲在此基础上提出了霸权和社会主义策略问题，由此祭出了他们的身份政治大旗，用身份政治替代阶级政治，用新社会运动和激进的多元民主代替传统意义上的无产阶级的阶级解放斗争，最终马克思主义的理论核心就被置换为激进的多元民主理论。

以“接合理论”为基础，拉克劳和墨菲重构了“经济决定论”的解读模式即生产力决定生产关系、经济基础决定上层建筑。在社会革命理论上，传统马克思主义的社会革命斗争战略被“激进政治的社会主义战略”所取代，从而使“激进政治”作为一种“接合实践”不断推动现代文明社会的进步与发展。一如《我们时代革命的新反思》所言，生产力决定生产关系，经济基础决定上层建筑之间的辩证关系，在此基础上提出社会发展并不必然具有客观规律，马克思所说的历史发展的客观规律是不存在的，社会是偶然性的产物，因此“社会的建构也是一项不可能的任务”①。显然，拉克劳和墨菲之所以批判历史唯物主义，在于他们将“经济决定论”视为历史唯物主义的理论基础，因此他们驳斥称在现实的人类社会中，所谓的生产力决定生产关系、经济基础决定上层建筑的规律并不存在，它们也无法影响事物的产生与发展。在他们看来，马克思主义仍然是本质主义的，经济是“本质主义的最后堡垒”②，由于经济基础和上层建筑之间已经分离、割裂开来，所以生产力与生产关系、经济基础与上层建筑的矛盾并不必然导致革命阶级主体的产生。他们用社会话语形式来指称经济，整个社会话语系统囊括经济及其他话语形式，因而经济与其他话语形式之间并不是纵向的决定关系，这样他们就将历史唯物主义的基础建构推翻了。同时，拉克劳和墨菲用阶级还原论来指称传统马克思主义的社会革命理论即阶级斗争理论，但发生在经济领域的斗争与其他领域的斗争是无涉的，也就意味着对资本主义积累和剥削现象的反对并不能引起人们其他生活方面的变化。在现代资本主

① 拉克劳. 我们时代革命的新反思. 孔明安，刘振怡，译. 哈尔滨：黑龙江人民出版社，2006：5.

② 拉克劳，墨菲. 领导权与社会主义的策略：走向激进民主政治. 尹树广，鉴传今，译. 哈尔滨：黑龙江人民出版社，2003：83.

义中，参与抗议的主要运动形式——自由民主运动“深刻地改变了社会主义政治斗争发生作用的场域”，这昭示着“修正阶级斗争的观念”不可避免地到来。于此，他们进一步对社会主义运动的主体做了阐释，认为传统马克思主义的工人阶级应当为不确定的、持续变化的、多元化的主体所取代。由于拉克劳和墨菲认为经济决定论中缺乏对生产力与生产关系、经济基础与上层建筑之间转化机制的说明，因此他们月霸权接合理论来衔接其转化过程。所谓的“霸权接合”又可以被称为“接合实践”，其地位等同于葛兰西视域中的“霸权/领导权”，围绕“霸权接合”为中心而生成了发展的、动态的、有机的整体，从而在重构经济决定论的基础上也重建了斗争主体、阶级斗争理论。具体来说，“接合实践”是“一个遇合式的建构过程”① 和“一种磨合的动态效应和建构活动的展现”②，是糅合了各种因素的活动过程，比如经济基础、意识形态等各因素都可以接合，从而生产力与生产关系、经济基础与上层建筑是由“接合所赋予的”统一整体，进而破除了生产力对生产关系、经济基础对上层建筑的决定霸权。当拉克劳和墨菲的理论思路行进到这里，其激进政治的社会主义策略也就形成了。这是一种既表现为“政党多元主义”，又表现为“主体多元主义”的多元民主主义理论；也是一个主张“抛弃具有破坏性的、独裁主义的、作为完全同质的社会的社会主义社会的观念”，走向真正自由民主社会的“接合实践”方案，在社会主义史上具有“哥白尼式革命”的实施意义。

纵观拉克劳和墨菲的整体理论构架，总的来说它是以在新的历史语境中重新解读传统马克思主义的核心范畴为基础而搭建起来的，这样他们宣称自己的理论问题域都属于马克思主义的理论视域便顺理成章。他们用“接合”理论将各个领域、各个主体都结合在一起，由此“霸权”这种全新的激进批判力量产生了，这始终是他们建构后马克思主义理论时的逻辑起点和价值旨归。当然，这个过程是在将历史唯物主义当成“经济决定论”并予以批判中建构的。通过接合而形成的霸权无疑是一种观念层面的认识论范畴，因为“拉克劳和墨菲的后马克思主义试图在20世纪晚期从作为全球文化和政治力量的马克思主义的崩溃中挽救马克思主义，并对之进行调整、重新定位，从而使马克思主义在迅速变化

① 周凡. 后马克思主义导论. 北京：中央编译出版社，2010：94.

② 同①94-95.

的文化氛围中呈现出新的意义”①。或许，拉克劳和墨菲曾坚定地表明自己的理论“根基在马克思主义那里”且“并没有拒绝马克思主义”，他们所做的努力不过是在此基础上使其“呈现出新的意义”，重新恢复理论生机和活力。但摆在我们面前的事实却是，马克思主义的核心范畴被拉克劳和墨菲一一解构，就连历史唯物主义也被当成“经济决定论”而受到批判。这种具有双重分裂性质的理论阐释是一个无法解决的悖论。由此，对拉克劳和墨菲的后马克思主义理论进行批判就是不可避免的。

三、似是而非的马克思主义行动

无论后世如何评述后马克思主义，它的诞生是20世纪人类思想史上的重大事件之一，这显然是毫无争议的。后马克思主义是在20世纪70年代西方新左派日益占领历史舞台中心和西方马克思主义哲学在逻辑上已然消退的复杂背景下，试图对马克思主义、对西方社会进行重新规划的结果。立足于后结构主义或后现代主义的研究思路，它认为传统马克思主义与近代哲学的理论基础是相同的，都遵循着本质主义、普遍主义、基础主义的原则，但现代社会主义运动的主题已经悄然改变，传统马克思主义无法与20世纪社会发展的急速变化“与时俱进”，必然导致认同政治与民主革命取代传统的阶级斗争模式，从宏观反抗转向微观斗争。高举“超越”传统马克思主义的旗帜的后马克思主义并没有让人看到其对早期西方马克思主义的纠偏，反而呈现出一种杂乱激进的与马克思主义存在诸多“对立”的复杂面相。英国当代著名学者雷诺兹曾形象地指出：“后马克思主义是一个保护伞，它保护着一系列主张对马克思主义思想的主要特征进行挑战、重新解释或加以拒斥的立场。”② 显而易见，隐藏在认同马克思主义的表象背后的后马克思主义，实质上与传统马克思主义基本旨趣迥然相异。

首先，后马克思主义的立场走向了极端的文化决定论，表现在它完

---

① STUART S. Post-marxism，An Intellectual History. London & New York：Routledge，2001：1.

② 雷诺兹. 后马克思主义是超越马克思主义的激进政治理论和实践吗?. 张明仓，译. 世界哲学，2002（6）.

全否弃辩证法，遵循唯心史观的立场，坚决拒斥历史唯物主义。它的研究方法和批判思路值得怀疑，由此得出的结论更是与传统马克思主义截然不同。在方法论层面，后马克思主义全面转向后结构主义和后现代主义的话语范式，基于相对主义和怀疑主义的立场，不承认客观性和真理的存在。事实上，始于20世纪六七十年代的后现代主义既不追求所谓建构也没有批判的诉求。在它看来，建构和批判没必要存在，更谈不上实现，可供批判的理论基础在后现代主义视域中从未存在。多元化、异质化是后现代主义的主要方法论，其方法论旨趣和理论实质站在马克思主义的对立面。拉克劳和墨菲秉承后现代主义立场，强调要在马克思主义中注入多元化、异质化、多样化的理论气质，从而将辩证法的核心原则和方法论以及唯物史观都歪解、误读为决定论、还原论和本质论。马克思主义在这种诠读中与客观性、真理性渐行渐远。拉克劳和墨菲却告诉人们，后现代主义之于后马克思主义是友好亲近的关系，而不是敌对的关系。后现代主义为他们提供了有力的理论工具，借助这些强有力的支撑，拉克劳和墨菲批判了马克思主义的“宏大叙事”的历史观和“对一元论渴望”的真理观。但当马克思主义的基本概念、基本立场、理论构架、方法论与思路逻辑都被改造得面目全非时，那么它还能被称为马克思主义吗？这种进路真的能“激活”马克思主义吗？肯定不能。诚然，对经济决定论的批判是值得肯定的，但他们沿袭考茨基的做法，将历史唯物主义看成“经济决定论”加以批判和修正则是一种歪曲。这依然还是在还原论和本质主义的方法论上行进。他们认为，在马克思的历史唯物主义大厦中存在科学的、客观的、内在的与人为的、建构的、外在的、偶然的两种相对的理论架构，即生产力与生产关系理论和阶级斗争理论的矛盾冲突。与马克思相反，拉克劳和墨菲在建构其理论时始终遵循多样化、多元主义的理论原则和逻辑进路来解决马克思主义中可能会出现的矛盾与冲突，因此他们抛弃了传统马克思主义的基本理论和范畴，糅合偶然性和外在性，将导向二元论的一切路径都彻底切断，这同时也是其后马克思主义整体理论气质的表征。这样，拉克劳和墨菲对经济和政治之间的相互关联不屑一顾，对经济基础决定上层建筑的理论嗤之以鼻，对劳资对立的决定性意义置若罔顾，也认为工人阶级作为革命主体的地位和作用不值一提。显然，这与马克思主义的核心原则是对立的，完全抛弃了马克思主义的基本范畴和原理。拉克劳和墨菲是打着

“不能让历史的新变化去适应过时的教条”① 的幌子去歪曲马克思主义理论。正如英国的杰拉斯在《后马克思主义》一文中批评的，从表象上看，拉克劳和墨菲无疑对本质主义持反对态度，但其理论建构中却又完全放弃“历史规律”“阶级和阶级利益”“生产力和生产关系”等马克思主义理论核心范畴。他们声称是“后马克思主义”，但实际上更贴近“前马克思主义”。就连拉克劳和墨菲他们自己也认为：“现在我们正处于后马克思主义领域，不再可能去主张马克思主义阐述的主体性和阶级概念，也不可能继续那种关于资本主义发展历史过程的幻象，当然也不能再继续没有对抗的共产主义透明社会这个概念。”② 这段话足够说明他们的观点与历史唯物主义的一系列基本原理渐行渐远。“更为荒唐的是，他们虽然自称是后马克思主义者，但实际上，在整部《领导权与社会主义的策略：走向激进民主政治》中，他们使用了大量的马克思主义的范畴和分析方法，其中表现最为明显的是他们把新社会运动解释为对资本主义经济、政治以及技术形式之变化所做出的政治反应。”③

其次，激进的多元民主理论真的会成为社会主义运动的新鲜血液吗？欧洲共产主义自 20 世纪 70 年代后期以来就逐渐陷入困境，一些秉持新左派立场的西方马克思主义者将这种挫折和失败归咎于马克思主义理论自身的缺陷，在此基础上对马克思主义的理论原则和基本范畴加以批判、重释、重构。作为充当社会“接合点”的民主和社会主义都未能发挥其应有的功效，“在当代资本主义现实与马克思主义理论范畴能够合法包容的东西之间存在着日渐扩大的裂痕”④。由于资本主义意识形态的虚假本性，民主成为表象上的公意、实质上的专制，因而拉克劳和墨菲将民主和社会主义相结合，以“激进民主”为理论起点为社会主义奠定新的理论基础、铺陈新的实践道路，以拯救社会主义概念、重构社会“接合点”。拉克劳和墨菲为话语赋予结构化总体的新含义，意

① STUART S. Post-Marxism：A Reader. Edinburgh：Edinburgh University Press，1998：57.

② 拉克劳，墨菲. 领导权与社会主义的策略：走向激进民主政治. 尹树广，鉴传今，译. 哈尔滨：黑龙江人民出版社，2003：导论 4.

③ 凯尔纳，贝斯特. 后现代理论：批判性的质疑. 张志斌，译. 北京：中央编译出版社，1999：233.

④ 同②2 版导言 2.

指来自“接合实践”同时又受差异逻辑所支配的总体，在其中，非整体性、差异性是其话语理论的核心原则。他们将社会也注解为话语，按照他们的话语原则，社会不再是统一的、整体的、集体的，而是差异的、破碎的、被接合在一起的。正是在话语理论的基础上，随着以经济为基础的阶级概念脱离社会主义政治实践和理论话语，无产阶级在社会主义斗争中的本体论式的中心地位逐渐被否认，拉克劳和墨菲据此搭建出来的社会主义新策略肯定是反本质主义的。这就意味着马克思主义视域中经济与政治的必然关联消失了，如果要进行领导权斗争，就必须从政治领域入手，批判政治不平等。由此，批判经济不平等的话语就为其他领域的话语实践所置换，其他从属形式的合理性也被质疑，新的权利诉求应运而生。这种“社会主义并不是同资本主义过去的完全决裂，而是‘民主革命的一个内在的发展阶段’。社会主义意味着彻底铲除等级制和不平等现象，把由资产阶级所开创的民主革命推广到存在的所有方面”①。拉克劳和墨菲用“多元激进主义”来指称这种社会主义，以话语分析方法置换阶级分析的方法。所谓“多元”即多元异质主体的联合而非指向某一阶级、组织、政党、团体；所谓“激进”，则指政治认同或者政治身份的锻造具有自主性且与主体在话语的多元决定中同步，也就是说，政治主体对霸权即联盟的主导权力是偶然获得的，这种偶然性发生在主体对自我身份的建构过程中，既不是逻辑在先的先验预设，也不是经验性的安排；而“民主”自然与“平等”相关联，具体指的是异质性、多元化的主体在政治实践活动中的地位平等，即使拥有了主导权也绝不能够支配、主宰其他主体。具体而言，拉克劳和墨菲反对用暴力革命而主张采取和平手段来革资本主义的“命”，在实现社会主义以及人类的自由解放时，也不必完全丢弃资产阶级的政权制度，而要走一条彻底民主化的路径。暂且将其理论的是非对错悬搁，我们仍然要肯定拉克劳和墨菲对时代情境变化的敏锐力和感知力，以及他们试图从新时代和资本主义新变化的历史语境中来重新审视社会主义问题的理论勇气。尽管他们将这种激进的多元民主理论看作批判资本主义的手段，仍将其归属于社会主义规划，但实际上将资本主义的自由民主原则与社会主义的理想目标相耦合，最终走向西方的民主社会主义。这种道路显然不是

---

① 凯尔纳，贝斯特．后现代理论：批判性的质疑．张志斌，译．北京：中央编译出版社，1999：228．

马克思主义的道路。因此，拉克劳和墨菲的后马克思主义虽然打着“激进民主”的旗号，但实质上是保守的资本主义民主。用激进民主和保守的社会主义缝合起来的激进政治的社会主义策略，如果对暴力革命的手段和无产阶级专政的政治前提置若罔顾，这显然是与马克思的社会主义预想背道而驰的。

最后，不能将历史唯物主义简单化为本质主义和还原论。无论是对唯物史观的解构，还是对唯物史观阶级理论的进一步解构，都根源于拉克劳和墨菲对马克思主义的一个重要理论预设，那就是马克思主义是“本质主义”的[①]。拉克劳和墨菲将历史唯物主义误读为本质主义和基础主义的理论思路在《我们时代革命的新反思》和《领导权与社会主义的策略：走向激进民主政治》等书中体现得尤为明显。他们从总体上批判了经济决定论是本质主义的表现，又从具体概念上拒斥革命、阶级、历史必然性和客观规律的基础性和形而上学气质。后马克思主义认为马克思主义仍然是本质主义的，经济是“本质主义的最后堡垒”[②]。因而，在他们看来，本质主义构成马克思主义的病灶，也是马克思主义之所以在新的历史语境中失去解释力和现实性的重要原因。本质主义作为先于马克思主义的西方哲学的根本理论原点，其特征在于不为繁杂混乱的表象所迷惑，而是从中抽丝剥茧，发现事物表象背后的内在本质，这个内在本质决定着事物的基本性质，也规定着事物发展的方向。至于社会系统，本质主义将社会视为以某个中心为基点、遵循自身规律发展起来的、与外界没有联系的封闭式系统。那么，历史唯物主义是否如后马克思主义所指称的那般，不过是还原论和本质主义的一种呢？当然不是。我们知道，马克思主义哲学是对西方传统哲学的理论和实践的双重超越，马克思主义摒弃了观念论、本体论、存在论的唯心主义思维方式，从实践出发，建构出了历史唯物主义。作为马克思主义哲学的主要内容，历史唯物主义绝对否弃了永恒存在的东西，也就不会认同永恒存在的本质的存在，它用变化、发展、联系的视角来洞悉所有事物，用革命的、批判的视窗审视每一种活动，它既是历史的，又是辩证的。毫无疑

---

① 付文忠．新社会运动与国外马克思主义新思潮：后马克思主义研究．济南：山东大学出版社，2009：21.

② 拉克劳，墨菲．领导权与社会主义的策略：走向激进民主政治．尹树广，鉴传今，译．哈尔滨：黑龙江人民出版社，2003：83.

问，历史唯物主义已然超越了传统哲学的思维方式，从根本上抛弃了本质主义。如果说相对于后现代碎片化解析诸理论而言，历史唯物主义是本质主义的，那么它也不是本真意义上的本质主义，而是辩证的“本质主义”。具体来说，首先，在马克思主义的视域中，客观性是一切事物的共有属性，这种客观性外在于任何思维、观念、话语而存在，具有独立自洽性。其次，事物不仅是客观的，而且还是互相联系的，这种联系既体现在事物之内也体现在事物之外，事物的本质就表征在必然的、内在的、稳定的联系之中。再次，现象和本质不过是事物发展的偶然性与必然性相互交叉的产物，历史唯物主义的这种“本质”指的是蕴含着偶然性的必然性，与西方传统哲学的“本质”是截然不同的。历史唯物主义在关于资本主义社会和阶级斗争变迁的分析中，相当多的偶然性与多元色彩论述贯彻于对相对自治和国家的分析中，更不用说历史唯物主义具有历史的、辩证的、与时俱进的理论品格。在马克思主义哲学看来，事物的本质并不是永恒存在、静止而凝固的，而是随着具体的历史条件而不断发生改变，因而它是反形而上学的。但后马克思主义陷入了为批判而批判的泥潭中，反而走向了自己批判对象的形而上学。当后马克思主义对必然性、普遍性、统一性展开批判时，又一味地强调其对立面即偶然性、特殊性、差异性，失去了辩证视角，落入相对主义和诡辩论的沼泽中。后马克思主义是一种“把转瞬即逝的东西当作所有有价值的至关重要的东西，把所有的过眼云烟都当作永恒的社会主义”①，痴迷于偶然性、自主性和个人话语。如果文化、政治的本质不是寻求于经济，经济的本质不是寻求于生产力，那么理论的本质又如何能够在权利的语言和民主责任的扩张中找到呢？颠倒经济与文化、政治的本质关系，用政治自主论来取代“经济决定论”，政治被赋予本体论的地位，造成在实践中走向一种似是而非的中间道路；回到“领导权”的斗争是西方左翼社会主义运动的政治理想，它最终倒向自由主义和民粹主义。

总体而言，拉克劳、墨菲基于资本主义变化来断言马克思主义立足的社会基础已然倒塌，显然过于仓促和武断，但它一定程度上描绘出了当今马克思主义所处的境况。从其构建理论的努力来看，后马克思主义批判理论的单一性和不彻底性以及观念论的思维进路决定了其主张的社

---

① 王晓宁.“后马克思主义”的“前世今生”.内蒙古师范大学学报（哲学社会科学版），2013（5）.

会变革在现实中不具有操作性与可行性，是不可能实现的。它所提出的“新社会主义”与“自由人联合体”有着共通之处，但脱离了工人阶级作为革命主体的支撑，无疑是虚幻和不切实际的。后马克思主义用去意识形态的身份主体代替了意识形态的历史主体，这既是对西方现实的妥协和对历史进程逻辑的否弃，看不到历史前进的方向和对胜利的期待，一如西蒙所言：“后马克思主义综合中的另一种因素是一种在相当大的程度上非马克思主义的观点。”① 从理论话语的产生来看，后马克思主义在一定程度上反映了20世纪人类历史进程逻辑，也是西方马克思主义面对资本主义社会变迁的一种适度回应，总体上是社会实践和理论诉求的产物。后马克思主义思潮的出现启示我们，在观照新的西方理论话语的变迁时，必须同时秉持对马克思主义基本原理的判断和对资本主义历史语境的现实性考察。现代性如白云苍狗，流变不已，马克思主义作为最为贴近现实的理论必然要与时俱进。但这种“变”有尺度和限度之别，马克思主义的基本立场、理论基础、方法论原则不能变，但对马克思主义经典作家的个别论断则可以视情况而进行发展、创新。例如，绝不能修改、丢弃辩证法、历史唯物主义的核心论断和观点，它们仍然可以在新时代中开出绚烂的生命之花。反之，如果走向了如后马克思主义那样消解、重构马克思主义的道路，马克思主义的面相必将日益模糊。

第四节　有机马克思主义的“重建”

有机马克思主义作为国外马克思主义研究的一种“新范式”，自诞生以来就在国内外引起了较大反响，但其是否是一种新的马克思主义值得商榷。从理论渊源和批判指向上，有机马克思主义与生态马克思主义有相通之处，但两者对生态危机根源和危机克服的路径认知存在巨大差异。有机马克思主义企图构建一种“后现代主义的马克思主义”，但实质上这是对马克思主义唯物史观的误读。有机马克思主义所强调的马克思主义与中国马克思主义所指截然不同。有机马克思主义的哲学基础、对待中国传统文化的方式等，只是西方学者在新的时代境况中对马克思

① 西蒙. 社会政治哲学. 陈喜贵，译. 北京：中国人民大学出版社，2009：157.

主义的一种尝试性解读，尚不足以成为指导中国特色社会主义寻求发展之径的21世纪的中国马克思主义。

有机马克思主义理论是由美国过程哲学和建设性后现代思想研究者柯布、克莱顿以及中国学者王治河等人立足于后现代科学，借助怀特海的有机哲学，结合经典马克思主义所创立的开放性的正在生成中的新学说、新流派、新范式。随着2015年《有机马克思主义：生态灾难与资本主义的替代选择》一书的出版，尤其是书中对资本主义的批判立场，对马克思主义的态度，对生态文明的捍卫，加之独特的中国元素，国内外学界对有机马克思主义的研究更是掀起一股热潮。何谓有机马克思主义？它是不是资本主义的替代选择，是不是马克思主义发展的“新形态”？这里基于对有机马克思主义与生态马克思主义、历史唯物主义、马克思主义三层次关系的对比剖析，来揭示有机马克思主义的真实面相。

一、有机马克思主义与生态马克思主义

20世纪下半叶以来，人类社会在享受丰富物质生活的同时，环境污染、生态恶化，以牺牲环境换取发展导致生态危机凸显。阿格尔、莱斯、奥康纳、福斯特等西方学者从自身理论关注出发，契合生态学理论，不断发掘经典作家理论中唯物主义哲学的生态思想意蕴，以消除当代生态运动将马克思主义的“社会主义”误读为反生态的“人类中心主义”和“生产主义”所产生的影响为旨归，力图重建历史唯物主义，建构生态马克思主义理论范式，从生态学的角度敲响了资本主义必然灭亡的“生态丧钟”①，为最终实现生态社会主义提出了理论方案。本质上来说，有机马克思主义分享和借鉴了以福斯特为主要理论代表的思想。同样，有机马克思主义强烈关注人类的生态问题，呼唤生态革命和关注人类的可持续发展问题。不难发现，从理论渊源和批判指向上，有机马克思主义与生态马克思主义有相通之处，但两者却不能画等号。

1. 生态危机根源：从制度危机到现代性危机

两者认知生态危机的根源存在差异。生态马克思主义者把资本主义

---

① 巴里．马克思主义与生态学：从政治经济学到政治生态学．杨志华，译．马克思主义与现实，2009（2）．

制度看成生态危机的源头或者是“生态危机的病根”。而有机马克思主义者虽然反对资本主义，但认为制度因素固然重要，却并非唯一原因，强调现代性才是造成现代文明危机的深层原因。

具体言之，生态马克思主义理论派别众多，但它们无一例外地都认为生态问题与自然无关，而是社会性的产物；与人性无关，而是某种社会制度的必然逻辑结果。从根本上讲，生态问题是资本主义制度问题，资本主义制度扭曲了人与人、人与自然之间的关系。正如佩珀所指出的，生态危机的根源不是生物道德论和自然神秘论，人类本身并不是天生就具有犯罪的基因，也没有所谓原罪腐败等无法拒绝、改变的遗传因子促使人自己去蹂躏自然环境。唯有现行的社会经济生产方式、社会制度才可能是导致以上诸如此类罪行或暴行的因素。进一步讲，生态危机是资本利润最大化在资本主义社会的必然逻辑，是资本主义生产方式的产物。维克托·沃尔斯认为“当前全球严重的生态问题完全是资本主义国家、特别是西方发达资本主义国家无节制的生产和无节制的消费造成的”[①]。在生态马克思主义者看来，资本主义制度才是当前生态危机、环境恶化的源头。生态马克思主义者指出，无休止地追求利润是资本逻辑和资本主义本性使然，而这两者恰恰是当前资本主义社会文明“反生态”面目的本质缘由，因为资本主义与其他社会的显著区别在于它天生就是为无限增长和痴迷利润而存在。

有机马克思主义者认为，资本主义生态危机是多种因素共同作用的结果，制度原因只是资本主义社会生态危机的一个因素，但不是主要的。他们认为，西方现代世界观和现代思维方式才是造成资本主义出现严重环境问题乃至生态危机的主要因素。同时，他们认为社会主义国家今天同样面临与资本主义生态危机类似的生态环境问题，制度差异似乎无法回答这个问题。柯布认为，“如果我们摆脱资本主义形态，生态危机也不会完全消失”[②]。在克莱顿等学者看来，“在世界上，中国最有希望引领生态文明。其原因并不难诉及。现代西方文明的特点是原子论和碎片化。相比之下，中国传统文化强调整体主义。皇帝是人格典范，他

① 陈学明. 苏联东欧剧变后国外马克思主义趋向. 北京：中国人民大学出版社，2000：396.

② 孟根龙，柯布. 建设性后现代主义与福斯特生态马克思主义：访美国后现代主义思想家小约翰·B. 柯布. 武汉科技大学学报（社会科学版），2014（2）.

统治着整个中国，在相对于天与自然的大背景下，人类是一个整体”①。由此把破解生态危机的出路归结为强调整体主义的中国传统文化。他们主张，现代性是生态危机的真正根源，其所蕴藏的无限经济增长嗜好不断驱使着资本主义挑战人类生态的底线。因此，“环境运动的目标不能再局限于象征性的措施，这像是对于一个垂死的星球，人们仅仅是提供了几片‘创可贴’。没有什么比文明的变革更充分和足够的了”②。“环境问题、生态危机的解决需要文明的转变，需要走向生态文明：一种有机的、可持续的、融入具体文化和历史的、建设性后现代的、基于过程思想的、根本性的、本土化的、共同体取向的——简言之：生态的。”③有机马克思主义者认为，他们的学说吸收了生态马克思主义的思想，而生态马克思主义则无法囊括有机马克思主义的视域。因而，整个人类社会不分制度、不分种族都面临着生态问题，无论是经济发展范式还是政府在某些领域政策的局部调整，都无法根除当前人类所遭遇的经济发展范式与地球承载能力之间的冲突，只有从根本上采用一种新的理论框架即有机马克思主义，寻求文明的变革，才可以把经济发展规划到地球的可承载的范围之内。

2. 解决之道：从道德革命到生态革命

两者解决生态危机的路径不同。本质而言，路径的不同基于二者对生态危机的根源认知不同。具体来说，在解决地球所面临的生态问题上，生态马克思主义和有机马克思主义做出的解答既有根本上的差异，也有具体路径的不同。

生态马克思主义产生并发展至今，是因为它在一定领域内满足了人类对美好诉求的构想，也在一定程度上展示了马克思主义寻求人与自然问题的解决之道。诉求上的人道主义、基于“生态合理性”的解读框架和“经济—社会—生态”相契合的研究范式是生态马克思主义理论体系的“三驾马车”，为人类追求未来生态美好社会提供了可能的理论参考维度。资本主义的生产力至上论、生态帝国主义、生态殖民主义成为生态马克思主义的重点批判对象，实行“稳态经济”、消除“异化消费”、提倡“绿色工作道德”“非暴力”政策等成为生态马克思主义的目的。

① 克莱顿，海因泽克. 有机马克思主义：生态灾难与资本主义的替代选择. 孟献丽，于桂凤，张丽霞，译. 北京：人民出版社，2015：中译本序 7.

②③ 同①261.

生态马克思主义所倡导的生态社会主义运动，为人们改造现实社会、重建生活家园提供了行动指南。在生态危机的解决方式上，生态马克思主义提出“生态重建”的口号，在这个口号下，不同流派的生态马克思主义者对生态危机的解决路径又不一样。总的来说，可以分为和平改良与否定制度两种方式。一是和平改良方式。法国学者高兹从政治生态学的角度批判当代资本主义，认为解决资本主义生态危机，应采取民主的、社会主义的方式，主张停止经济增长，放弃旧的生活方式和限制消费，采用更加清洁的技术。二是否定制度方式。德国学者格伦德曼和英国学者佩珀则认为，只有否定资本主义方式才能解决资本主义生态危机。另外，重视社会运动、联合社会现实力量、积极介入社会实践无疑使生态马克思主义具有了一定的实践意义。总的来说，无论是改良介入实践还是否定制度，生态马克思主义期望借助“非暴力”的途径作为斗争策略来解决生态危机。

有机马克思主义认为现代性所鼓吹的生存逻辑造成了生态灾难和社会危机，因此破解的出路在于超越现代性。在有机马克思主义看来，机械主义世界观是这种现代性的核心特征，这种世界观支配下的世界是一堆毫无联系的“死物质”，人与自然割裂开来。由此导致在资本主义社会中出现一种生态毁灭的消费主义——无限占有财富、过度贪婪追求或无度消费，它是现代性最为糟糕的一面。有机马克思主义认为，只有在有机的生态思维理念中，主张有机整体主义，在人类自身系统内部、人类与地球生态系统以及整个生物圈之间保持动态的和谐平衡，才能保持人类社会的良性发展，才能超越人类中心主义和生态中心主义的对立。因此，只有采用一种有机马克思主义指导的后现代社会主义原则，即并非从人类无休止的贪婪以及对资源的强权分配制度出发，而是从人的真正生存发展需求出发，才能限制这些奢靡消费行为，进而避免生态灾难。具体到社会制度和经济生产方式的重构问题上，垄断资本主义和资本成为有机马克思主义者批判的对象，但在究竟选用一种什么样的制度来替换现有的批判对象问题上，学派内部又存在不一致的主张。在克莱顿眼里，只有依靠文明的转变才能彻底解决环境问题，因而要寻求和建设生态文明。越来越多的有识之士意识到建构生态文明的必要性和重要性，生态文明的建构是保障人类这个物种和其他物种得以持续生存、繁衍的关键。它结合了社会主义和生态原则，最终消除穷人为全球环境气候遭受蹂躏、破坏买单的结果。

不难看出，生态马克思主义和有机马克思主义都是时代的产物，与时代需求紧密相关。它们都有一个共同的批判对象即资本主义治理下的生态危机，但解决的方式又不完全一样。有学者主张从根本上消灭资本主义制度及其生产方式才能彻底解决生态问题，有学者则主张通过社会改良、绿色运动等方式逐步推进资本主义生态危机的消解，还有学者认为只有通过马克思主义、中国传统文化、过程哲学的有机融合构建一种新的马克思主义理论形态、建设一种新的生态文明，才能消解危机。两者解决生态危机的方案有一点是相同的，那就是对马克思主义生态思想的发掘。实际上，从总体上而言，生态马克思主义所构想的生态社会主义和有机马克思主义所构建的“第三条道路”都具有一定的浪漫主义色彩和乌托邦性质，即企图在不触动社会制度的前提下把问题的解决寄托于“生态意识”和“文明样态”等“非暴力手段”。比如，福斯特就认为唯有抵制资本主义的生产方式，才能改变生态环境恶化趋势；除此之外，别无他途。但此种抵制是基于道德革命方式的迫切需求而非暴力革命。也就是说，生态危机的解决只能诉诸观念革命，特别是道德伦理革命。而有机马克思主义者把生态危机的解决寄托于“生态文明”的建构，认为“没有什么比文明的变革更充分和足够的了”。显然，生态马克思主义无法将资本主义社会“改造”成真正的社会主义社会，有机马克思主义也无法破解“现代性”所带来的危机。

二、有机马克思主义与历史唯物主义

一直以来，历史唯物主义面临各种各样的挑战，各种唯心主义、非决定论历史观一直不遗余力地否定历史唯物主义，几乎所有的历史非决定论的西方哲学家都指责历史唯物主义是拉普拉斯决定论的翻版，与历史的多元化结构和历史的多线条发展的事实相矛盾。有机马克思主义主张一种“文化嵌入式的马克思主义”，在解决生态危机的问题上重视文化和地域的特殊性，但反对机械论世界观，这是否意味着，有机马克思主义将马克思主义中的“决定论”思想即历史唯物主义指认为“机械的历史决定论”。这就需要我们做出深入分析。

1. 哲学世界观的置换：从历史机械决定论到有机整体论

马克思的历史观是一种基于无神论的理想承诺，有机马克思主义者由此认为，这一理论将随着历史的发展而需要修正和更新。克莱顿等学者一方面强调，“最近 150 年的经验使我们对这种改变的前景并不乐观。一些社会主义政府已经采纳了马克思关于完美社会的话语……但并没有发挥作用”①；另一方面则认为马克思主义是一种无法对未来进行科学阐释的没有普遍意蕴的理论。历史决定论是西方世界众多需要被摒弃的神话之一，马克思所设想的无产阶级革命及社会主义所存在的要素是我们无法预测的。历史不是决定论的而是无限开放的过程，今天的人们不再相信历史是线性发展的。有机马克思主义者甚至从恩格斯那里找到了证据，即恩格斯所说的“黑格尔第一次——这是他的伟大功绩——把整个自然的、历史的和精神的世界描写为一个过程”②。很明显，有机马克思主义的修正和更新同以往的非历史决定者一样，误读和歪曲了马克思的历史决定论。这种牛顿力学基础上的机械决定论的误读必然将历史唯物主义诠释为一种线性的、单向的、机械的历史观。这与马克思的理论本质迥然不同，马克思主义从未企图把历史仅仅当作经济史，也不认为只有经济生活才是“本质的”。恩格斯在分析普鲁士王国组成时指出，社会生活包含着经济的、政治的、文化的、种族的、地理环境的等大量因素的相互作用，并不是唯有经济因素才是原因，才是积极的，除此之外都是消极的结果而已。这无疑是对有机马克思主义把历史唯物主义混同于庸俗马克思主义经济决定论的有力反驳。克莱顿就认为，根据马克思的观点，思想与意识形态无法对历史发挥真正意义上的作用，它们只是上层建筑的组成部分，认为马克思无视文化和精神因素或思想上层建筑的作用。但事实并非如此。恩格斯在给布洛赫的回信中对经济起“归根到底的决定性因素”和“唯一决定性的因素”进行了区分，后来他进一步做了解释：“根据唯物史观，历史过程中的决定性因素归根到底是现实生活的生产和再生产。……如果有人在这里加以歪曲，说经济因素是**唯一**决定性的因素，那么他就是把这个命题变成毫无内容的、抽象的、荒诞无稽的空话。经济状况是基础，但是对历史斗争的进程发生影响并且在许多情况下主要是决定着这一斗争的**形式**的，还有上层建筑的

① 克莱顿，海因泽克．有机马克思主义：生态灾难与资本主义的替代选择．孟献丽，于桂凤，张丽霞，译．北京：人民出版社，2015：65.

② 马克思，恩格斯．马克思恩格斯文集：第 9 卷．北京：人民出版社，2009：26.

各种因素。”① 除了经济要素，包括阶级斗争、政治、伦理等要素都会对历史发展产生各自的影响。由此可见，有机马克思主义所坚持的历史观，实际是唯心主义历史观。这些修正者似乎并没有意识到问题所在，而有机哲学、中国传统文化等成为他们修正更新马克思主义的武器。

以有机整体论为世界观的过程哲学成为有机马克思主义替代现代机械世界观的哲学基础。有机马克思主义者认为他们的理论是建设性的后现代主义哲学，理论的核心就是把历史理解为一个非决定的、开放的过程。在他们看来，过程思想已经取代了进步思想，“将有机、过程研究方法融入马克思主义之所以令人兴奋，部分原因在于它将现实的所有维度都涵盖在其研究框架中了”②。在克莱顿等学者看来，人类社会作为有机过程的一部分，与自然界一样，无时无刻不在发生变化，“相比于牛顿物理学的决定论的封闭系统，网络和生态系统的比喻更形象地说明了过程的不可预测”③。所以，把马克思主义理解为过程哲学是唯一之途。

2. 有机马克思主义：陷入文化嵌入的文化决定论

基于有机整体的世界观，以及对经济决定论和线性历史发展观的批判，有机马克思主义更强调文化传统和精神因素对经济社会的作用。它认为，社会发展和经济增长是马克思主义和资本主义共同关注的对象。因为马克思把历史发展的根本动力看成社会经济发展的结果。在社会问题的研究中，马克思强调“规律论”和“决定论”，并只关注经济的决定性作用，而不关注文化和精神因素。在有机马克思主义看来，与黑格尔不同的是马克思摒弃了“绝对精神”对历史的支配，用资本逻辑尤其是资本主义生产方式的逻辑替代它来解读社会发展的进程。在这个问题上，马克思还停留在黑格尔的思维逻辑中。于此，他的历史观与黑格尔思想一样毫不意外是一种决定论历史观。克莱顿等学者认为，马克思只是置换了历史的决定者而已。所以，有机马克思主义者试图将怀特海“整体有机论”的世界观输入马克思主义，破除机械主义世界观，改造马克思主义，发展一种后现代主义的马克思主义。具体说来，有机马克

① 马克思，恩格斯．马克思恩格斯文集：第10卷．北京：人民出版社，2009：591.

② 克莱顿，海因泽克．有机马克思主义：生态灾难与资本主义的替代选择．孟献丽，于桂凤，张丽霞，译．北京：人民出版社，2015：74.

③ 同②71.

思主义除有选择地吸收马克思主义思想外，还把怀特海的有机（过程）哲学和中国优秀传统文化作为其理论支点。在有机马克思主义视野中，“动在”和“互在”的辩证关系决定了“有机”（过程）哲学在根本上是生态的，有机（过程）哲学的主要任务就是阐明“每一动在都存在于其他动在之中”①，反对用绝对的二元对立、生物与环境隔离的方式来看待事物发展。另外，有机马克思主义者对中国思想和过程哲学进行比较，认为中国传统文化契合人、自然和宇宙，包容、联系、融汇成一体；中国化马克思主义对弱势群体的关注、对实践的重视、对科学生活方式的追求等特征与过程哲学殊途同归。在克莱顿等学者看来，中国传统哲学本质上是一种过程思想。因为怀特海认为他的哲学在一些领域与中国哲学具有相通之处。正因为如此，他们依据三者关联创造出了有机马克思主义理论，认为无论是自然界还是社会系统，只有坚持“对各种相互联系的有机分析，不把任何一个维度视为起决定性作用的，这种有机分析可清楚解释所有领域中的相互联系，包括马克思（继承费尔巴哈）所称的作为‘类存在’的我们与生物系统和社会生态系内其他主体之间的相互联系”②。唯有如此，从这个综合的视角（有机马克思主义）出发，人类进步才会走向共享。

克莱顿等人对历史唯物主义的诘难，实质上还是没有摆脱西方非决定论的窠臼。与李凯尔特、波普等人一样，他们都曲解了马克思主义，认为只有“经济生活”才是本质的，认为历史是线性发展的。其实，有机马克思主义所宣扬的包括整体性、过程性、人与自然和谐、人与社会和谐等观点已经在经典马克思主义著作中被多次阐述，尤其是在《1844年经济学哲学手稿》《关于费尔巴哈的提纲》《自然辩证法》中讲到过。马克思主义把自然、社会和人类思想视为过程，而不是物的集合体，视世界为相互联系的有机整体，未来世界是人与自然矛盾、人与社会矛盾得到解决的社会等等。有机马克思主义所依赖的过程哲学思想无非是马克思以上思想的翻版而已，没有什么新意。历史发展是一种进程或过程，这本身没有任何问题，但如果用偶然性来抹杀历史的规律性，进而否定历史决定论，这是极其有害的。有机马克思主义把经典马克思主义

---

① WHITEHEAD. Process and Reality. New York: The Free Press, 1978: 8.

② 克莱顿，海因泽克．有机马克思主义：生态灾难与资本主义的替代选择．孟献丽，于桂凤，张丽霞，译．北京：人民出版社，2015：74.

视为资本主义时期自然科学的产物，把马克思的历史观视为具有机械性的论断是错误的。那种主张有机马克思主义是后现代时期科学产物的提法，更是不妥。马克思主义创立于19世纪40年代，当时科学不如现代发达，但在概括19世纪上半叶自然科学发展成果基础上创立的马克思主义理论，是最反对机械主义的。唯物主义辩证法和唯物史观才是马克思主义的经典理论，只要认真阅读恩格斯的《自然辩证法》，这一点就不难理解。否定马克思的历史观，实际上就是不承认马克思主义对人类社会最终走向的指引——共产主义社会。由此不难得出结论：有机马克思主义实质上是通过一种改良的态度来对待资本主义社会的生态危机以及其他问题，试图通过一种思维方式即“生态文明”的建构和替代解决现存问题，而不是按照历史发展的规律（社会主义社会取代资本主义社会）来解读问题的根源所在。

三、有机马克思主义与马克思主义

自有机马克思主义诞生以来，有学者热切地把有机马克思主义称为一种开放的“新马克思主义”。克莱顿等人更是宣称在现代重建了经典马克思主义，并把中国当代马克思主义也列入其中。实际上，这种说法很容易引起误解。“建设性的后现代马克思主义”本身就是一个容易引起争论的概念，因为后现代主义即使是建设性的后现代主义，也是针对资本主义现代化的种种弊端而提出的一种批判性意见，它似乎在寻找资本主义的替代物，但在最根本的所有制问题上并没越出资本主义的界限。究竟两者之间关系如何？前者到底有没有修正或更新马克思主义，从而取代马克思主义成为解决资本主义问题的科学方案呢？它与当代中国马克思主义之间有什么联系呢？

1. 有机马克思主义：建构超越马克思的马克思主义

有机马克思主义者把他们的理论看成过程思想的一种形式。在《有机马克思主义》中，克莱顿等学者列出马克思主义亟须重建的五大因素：理论的非普遍性、公有制的非普遍性、非抽象的理论、理论的标签化和非普遍性的方法。基于这些原因，他们认为，有机马克思主义对马克思主义进行修订主要是根源于时代变化、现实变迁和教条化的马克思主义。王治河则认为，有机哲学构成了有机马克思主义的哲学基石，成为理论的源泉；反之，有机马克思主义是有机哲学在政治经济领域的拓展和深化。另外，有机马克思主义者认为，在价值追求上，有机哲学和马克思主义都反思、批判个人主义，追求一种更为合理的以社会整体为出发点的价值理念，主张所有的国家、所有的民族、所有人都能够基于自身的特色理念和价值追求生活在这个星球上；在方法论上，两者都强调与时俱进、实事求是，注重更为机动、更为和谐、更为契合实践需求的思维模式。克莱顿等学者借助有机哲学这一桥梁串联起马克思主义和有机马克思主义，凸显过程思想成为马克思主义在后现代时代的理论推动力，从而转化为一种新生命的有机马克思主义。

有机马克思主义力图构建一种超越马克思的马克思主义。在福斯特这位生态马克思主义者看来，为了重建一个生态的、现实主义的社会理论，马克思主义的唯物主义、历史观和辩证法三个主要视域应该被保留。但在有机马克思主义者看来，这三方面都必须以新的方式加以细致入微的描绘和拓展，并提出了更新措施。突破自然主义意义上的唯物主义，即认为人类所经历的全部领域包括经济的、政治的、文化的、哲学的、宗教的、道德的及整个精神领域都囊括在自然的演进过程中；嵌入文化历史意蕴的历史观，它“不仅研究资本、阶级和生产资料的历史，而且也研究包括思想文化史在内的促使社会进化的所有因素”①，成了囊括一切辩证关系的辩证法。从有机马克思主义提供的更新措施来看，其试图要为文化正名，把马克思主义中不受“重视”的文化和精神因素凸显出来。有机马克思主义认为马克思主义一方面承认“大脑”和“意识”之间相互作用，另一方面却认为文化和思想只是一种完全由社会经济力量决定的“上层建筑”是自相矛盾。实际上，在文化问题上，我们认为马克思主义从来也没有否认文化的作用，而否认的是文化决定论。马克思主义经典作家认为文化是从属于社会历史的，纯粹的文化批判无法改变现实世界，文化的批判不能代替现实的批判。文化批判对现实批判具有反作用，但从属于现实批判。恩格斯晚年专门就文化对经济基础的作用及其独立性进行了阐明，并从“归根到底”层次上阐释经济基础对文化等上层建筑的制约作用。恩格斯指出：“我们把经济条件看做归根到底制约着历史发展的东西……政治、法、哲学、宗教、文学、艺术等等的发展是以经济发展为基础的。但是，它们又都互相作用并对经

① 克莱顿，海因泽克. 有机马克思主义：生态灾难与资本主义的替代选择. 孟献丽，于桂凤，张丽霞，译. 北京：人民出版社，2015：200.

济基础发生作用。这并不是说，只有经济状况才是原因，才是积极的，其余一切都不过是消极的结果，而是说，这是在归根到底不断为自己开辟道路的经济必然性的基础上的相互作用。”① 需要指出的是，时空已不断变化，经典作家论述文化有当时的具体语境，后来者无法也没有必要苛求他们的阐释与今天的情境是否完全相吻合，或百分百得到应验，重要的是经典作家理论中所充满的科学和理性的精神。应该说《有机马克思主义》中对文化的阐述缺乏新的创见，但强调马克思主义与具体文化语境的结合是马克思主义者应有之义。有机马克思主义再三肯定要从嵌入文化情景来理解马克思主义，认为只有当马克思主义在某种具体文化样态中能够发挥现实的影响，同时与该文化中人的实践契合起来，马克思主义才能真实地彰显它的存在。马克思主义有其确定的本质，这种观点的最大障碍是唯心主义的哲学解释学。在这种解释学视域内来研究和阐释马克思主义本质问题，必然走向多元化，正如有一千个读者就有一千哈姆雷特一样。解释者的政治取向、时代背景、历史条件以及个人的学养都会对这种解读产生不可忽视的影响，甚至往往是决定性的作用。有机马克思主义从某种意义上来说走上了这条老路。

2. 有机马克思主义：新儒学的返本开新

关于中国背景下的马克思主义，许多西方学者都在尝试解读。无论怎么解释，有一点已达成共识：与教条的马克思主义不同，中国马克思主义是一种开放的马克思主义，与时代、问题发展同步。马克思主义基本原理和中国实践相结合产生出了中国化马克思主义。它的存在和发展，固然是社会发展的历史逻辑使然，但文化选择也是一个必不可少的重要因素。在中国，创造性地继承和发展中国优秀传统文化是无法回避的现实。这是否可以说与有机马克思主义所借鉴的中国传统思想产生了重合呢？答案显而易见：两者存在一些联系，但有着本质差异。

这种本质的差异主要表现在关于中国传统文化的认知上。有机马克思主义对中国传统文化赞赏有加，但它对中国传统文化的评价并不深刻或者说没有抓住问题的实质。有机马克思主义把当代中国马克思主义视为以儒学为主导的中国传统文化与后现代主义的结合。从根本上说，此观点是新儒学在现代“复兴”的隐晦说法。这种观点是个危险的信号。

---

① 马克思，恩格斯．马克思恩格斯文集：第10卷．北京：人民出版社，2009：668.

中国不存在所谓的第二次启蒙，不需要儒学携手西方后现代主义进行联合启蒙。本质上，中国马克思主义继承和发展了马克思主义的精髓，并没有产生所谓新的马克思主义。因为时代变化、生态问题突出，马克思主义经典著作中关于生态问题，人与人、自然、社会和谐问题的论述自然应受到重视。对待传统文化，如毛泽东同志所言“取其精华，去其糟粕”，或如习近平同志所倡导“创造性转化和创新性发展”，而不是一体全收，更不是所谓原汁原味，照搬儒家学说。例如，我们现在提倡和使用的“天人合一”，实事求是地讲，已经不是原汁原味儒家的“天人合一”，其中融入了马克思主义关于人与自然统一的思想，融入了现代生态科学、环境科学关于生态的思想，吸收了卡逊《寂静的春天》中的生命与环境思想以及罗马俱乐部关于我们只有一个地球的思想，吸取了联合国关于可持续发展决议的思想，等等。我们的一些新儒学学者对这些“吸收”都缄口不谈，仿佛自古以来“天人合一”就是人与自然的统一思想，仿佛儒家学说两千多年前就预知世界要发生生态危机。这不是一种对待中国传统文化尤其是对待儒家学说的科学态度。有机马克思主义宣称其是建立在东西方的、后现代的、宗教抑或哲学的普遍智慧基础上，必然走向无原则立场的折中主义。

有机马克思主义所强调的“马克思主义”与中国马克思主义所倡导的“马克思主义”，具有根本的不同。前面已经阐述过，有机马克思主义要在福斯特等生态马克思主义者所提观点基础上更进一步，对马克思的唯物主义、历史观和辩证法进行修正和更新。这本身就宣布了有机马克思主义中的“马克思主义”已经与原初的马克思主义南辕北辙。马克思主义理论体系中有关政治经济学、历史唯物主义、科学社会主义的学说和有关阶级斗争的学说等构成了马克思主义基本原理的基本框架，成为马克思主义的理论基石。离开了它们，马克思主义的发展和创新就成为空中楼阁。中国马克思主义在当代的形态就是中国特色社会主义理论，因而回到所谓原生态的马克思主义的主张是站不住脚的。马克思主义当然是发展的，但不能因为时代的变迁，以某种形式的“马克思主义”来取代原初的马克思主义。马克思主义并不排斥发展的多样性和民族性，但这种发展无疑是在捍卫和坚持马克思主义基本原理的前提下，结合各个国家、各个民族实际情况，沿着马克思主义基本原理的路径发展。列宁曾言：“沿着马克思的理论的道路前进，我们将愈来愈接近客观真理（但决不会穷尽它）；而沿着任何其他的道路前进，除了混乱和谬误之外，我们什么也得不到。”① 克莱顿等人把马克思主义看成一种后现代的建设性的新马克思主义，把它作为经典马克思主义的当代面相。这种结论并不恰当甚至是错误的。人类只有一种马克思主义，即马克思和恩格斯创建的科学社会主义理论，当代中国马克思主义没有重建更没有创建出一种新的马克思主义，而是在中国语境中、在马克思主义基础上的继承和发展。

不难看出，有机马克思主义打着“坚持”的口号，摒弃了历史唯物主义思想，毫无甄别地对待中国传统文化，从一开始就偏离了正确的历史和理论的分析方法和原则，与马克思主义反向而行。我们不能像有机马克思主义那样，因为时代变化和时代问题（生态危机）的出现就否定马克思主义的基本原理，去“重建”马克思主义或“构建”所谓的后现代的新马克思主义。

总体而言，有机马克思主义者面对全球生态危机，努力尝试从理论上寻求解决问题的方案，勇气令人钦佩。其中一些观点值得借鉴，比如在具体问题具体分析的原则下对中国特色社会主义道路的肯定，对走“别一种”现代化路径的必要性与可能性的探索，放弃无经济增长的生态文明建设思路，对资本主义的批判，等等。这些对于后发展国家探索适合自身的生态文明建设与经济建设协调发展之路都具有宝贵的参考价值。有机马克思主义给予我们最为重要的意蕴就是：中国特色社会主义如何避免走资本主义社会竭泽而渔式发展带来的生态危机之路。但是，如果仅仅因为上面所述，我们就要对有机马克思主义表示赞成，甚至认同有机马克思主义创造了一种新的马克思主义，那就大错特错。仔细研究会发现，用有机哲学取代马克思的历史观并使之成为哲学基础，全面修正、更新马克思的唯物主义、历史观和辩证法的理论替代路径，以及不加批判地接纳中国传统文化的思维方式，在实践中不触及资本主义根本制度的“生态文明”建构模式，这些都充分暴露出有机马克思主义观念论的唯心主义立场。在生态危机成为全球性问题的 21 世纪，有机马克思主义试图抛弃马克思、恩格斯经过实践检验的普遍性规律，如历史唯物主义、辩证法这些规律性认知，企图在后工业时代语境中修正、更

① 列宁．列宁专题文集：论辩证唯物主义和历史唯物主义．北京：人民出版社，2009：50．

新马克思主义。这种做法违背了经典作家的思想，不是对待马克思主义的科学态度。当代中国马克思主义特别是习近平总书记所提倡的发展21世纪中国的马克思主义，都离不开与中国实践结合进而创造性地发展马克思主义，而不是走一些学者“重建”或如有机马克思主义“修正”“替代”马克思主义的道路。真正的创造性发展，不能只是停留在理论自身，而是应该勇敢地面对时代、面对问题。

第三章　历史唯物主义理解史中的四种“转向”

历史唯物主义自诞生之日起，就遭受到诸多诘难乃至恶意攻击和曲解；在两位创建者谢世后更是面临持续不断的诋毁和“重建”。西方马克思主义对此更是乐此不疲，除了自身的理论兴趣外，还有一个很重要的共同的原因乃是资本主义在欧美的新发展和新政治经济社会现象已然“超出”传统的历史唯物主义解释原则和概念框架。无法在原有的历史唯物主义理论架构中获得对现实问题的良好解答促使西方马克思主义者不断开启历史唯物主义的“重建”工作。在这场声势浩大的“重建”浪潮中，有对历史唯物主义的曲解，将之视为“经济决定论”的庸俗解读，有源于对第二国际机械化、实证化理解历史唯物主义的批驳，契合资本主义文化发展现实，着眼于文化批判来开展对资本主义的社会批判，还有认识到全球化带给人类生存空间的变化所引起的空间化问题的思考，致力于历史唯物主义的“空间转向”，将空间维度融入历史唯物主义来从事资本主义的批判事业，还有是随着人类生存环境在工业化时代的日益遭受破坏，从经典理论中寻求生态意蕴的理论支撑的思考。当然，我们还可以看到西方马克思主义者从结构主义、过程哲学、人道主义、实证主义等理论出发，结合时代问题，来开启独具特色的历史唯物主义“重建”工作。在这里，我们主要从经济、文化、空间、生态四个维度所引发的四种转向来考察历史唯物主义“重建”工作。

第一节　“经济决定论”转向

“经济决定论”或“经济唯物主义”这股思潮始于第二国际，时下还存有类似观点。“经济决定论”似乎成了历史唯物主义挥之不去的“原罪”。理论上，“经济决定论”作为一种基于传统理论哲学进路理解人类历史的理论模式，诉诸“基础主义”和“还原论”的思维方式，机械地解读经济基础和上层建筑的关系，必然得出经济因素是唯一决定性因素的结论。实践中，“经济决定论”的教条主义倾向切割理论和实践，变异为一种“旁观的实证科学”，窒息历史唯物主义的价值立场，阻碍革命实践甚至走向革命运动的对立面。据此，有必要从学理上反思和揭示“经济决定论”本质，还历史唯物主义理论真实面相，契合中国发展进程与世界国际关系转型，秉持五大发展新理念，有利于推动蕴含创新驱动机制的中国特色社会主义生产方式、致力于中国与世界各国的互利共赢的人类命运共同体和中国特色社会主义新型文明形态的建构，为实现人的自由全面发展提供理论指导和方法论意蕴。

作为马克思两个伟大发现之一的历史唯物主义是人们认识和把握人类历史发展的科学理论。自诞生以来，历史唯物主义便受到诸种诘难、批判、误读甚至重建。无论是一些西方资产阶级学者还是一些马克思主义研究者、自诩为马克思主义者的思想家，都从各自立场和理论基点出发，建构一个共同目标：将历史唯物主义解读为“经济决定论”或“经济唯物主义”。这种现象在马克思、恩格斯逝世后，尤为明显。这股思潮持续时间久远，涉及诸多学者，最早发端于德国 19 世纪下半叶资产阶级学者巴尔特，历经第二国际，后经李凯尔特、俄国经济派、波普尔、科林武德、威廉姆、哈贝马斯等学者，当前还有类似观点存在。“经济决定论”的罪名，似乎成为历史唯物主义的原罪。无论是蓄意曲解还是误解，都咬定历史唯物主义是“经济决定论”，尽管他们都没有对“经济决定论”的是非曲直加以分析。与此同时，马克思、恩格斯以及之后的一些西方马克思主义者都对此进行了回应和批驳。因此，审视和解析“经济决定论”理应成为理解和把握历史唯物主义不可回避的重大课题。

一、“经济决定论”的演进及其实质

用“经济决定论”范式来解读人类历史进而理解历史唯物主义由来已久。马克思逝世以后，第二国际主流派在理解和传播马克思主义的过程中，逐渐将历史唯物主义解读资本主义的模式实证主义化，将唯物辩证法解释为经验主义发生学，将历史唯物论解释为“经济决定论”，进化主义和折中主义成为其主流走向。这种蜕变伴随资本主义世界体系的形成导致第二国际后期在资本主义理解模式上的分化和断裂。以伯恩施坦为首的“修正主义者”事实上否弃了马克思主义的经典资本主义批判理论及其历史观和方法论，依托实证主义、折中主义、新康德主义和伦理社会主义等思想替代历史唯物主义的资本主义解读模式，进而退化为资本主义主流意识形态的卫道士。他们被称为“经济决定论”的鼻祖。这种退化现象在马克思、恩格斯在世时就已存在。19 世纪 70 年代末马克思对法国浅薄“马克思主义者”的批判，包括恩格斯晚年遇到的一个重大理论问题都与“经济决定论”相关。

“经济决定论”一开始集中表现在庸俗地理解历史唯物主义上。尤其是作为资产阶级意识形态产物的“经济唯物主义”对历史唯物主义的影响巨大。历史唯物主义的庸俗阐释极具迷惑性，其原因在于一股拒斥黑格尔反对绝对唯心主义哲学甚至彻底否定其辩证法的思潮在欧洲盛行，致使哲学又回到 18 世纪唯物主义哲学世界观和方法论的机械论模式。而资本主义呈现出线性发展图景的表象以及受到达尔文进化论的影响，导致人类社会的发展被过度诠释为一种由经济决定的庸俗进化过程。这种非历史的庸俗观点随着历史唯物主义的广泛传播，影响日益增加。“经济唯物主义”理论上源于资产阶级古典政治经济学“利大于义”“见物不见人”的经济生活决定政治的原则，“客观经济现实的优先性几乎成了政治经济学学科的出发点”①，利益至上就成为其社会生活中经济决定一切的理论逻辑。如此看来，“经济决定论”本质上与古典政治经济学非历史的、一般化了的方法论密不可分。这种思维方式对之后的资产阶级理论家和第二国际的一些思想家产生了较大影响。庞巴维克、巴尔特等是其中影响较大的资产阶级学者。还有一批出身于资产阶级知

① 张一兵．回到马克思：经济学语境中的哲学话语．南京：江苏人民出版社，2009：32.

识分子家庭的文学家和大学生，在加入德国社会民主党后，形成党内“青年派”小资产阶级团体，由于他们不懂唯物辩证法，庸俗化和教条化地理解历史唯物主义，将其当作套语和标签，事实上也成为庸俗化解读历史唯物主义的一股力量。

如果仅从名称的缔造来看，“经济决定论”在马克思主义哲学史上的出现至少可以追溯到以考茨基为代表的第二国际正统马克思主义。它的产生具有深刻的现实背景和理论诉求。理论上，当时西方学界实证主义大行其道，伯恩施坦、考茨基、拉法格、库诺夫等第二国际理论家深受实证主义的影响，将恩格斯对历史唯物主义的阐释和发展搁置一旁，把它曲解为“经济决定论”。他们用“唯一”代替了恩格斯所言的“归根到底”，把经济因素作为社会历史发展的唯一决定要素，机械化、绝对化地对待经济因素与非经济因素的关系，缺乏辩证思维，忽视乃至否弃非经济因素在历史进程中的应有功效。“经济决定论”把经济因素作为说明社会历史的决定性基础，而政治、文化、道德、宗教等等都可以还原为经济得以澄明，吸附于逻辑推理与演绎而忽视对历史与现实关系的认知。这种思维范式人为切割推动社会历史发展的诸要素，形而上学机械观是其必然归宿。比如，库诺夫就基于对历史唯物主义的经济唯物主义解读范式，批评了恩格斯的“两种生产”，认为恩格斯将“人的生产”当成经济发展的一个单独的发展因素；还否认社会发展的辩证性和个别国家发展道路存在跳跃式发展的可能性，认为马克思的社会形态演进理论是严格按照规律次序前进的思想。库诺夫由此最终成为一个彻底的社会帝国主义者。可以说，庸俗的经济唯物主义观点即“经济决定论”已然成为第二国际发展当中最大的一颗思想毒瘤。现实中，资本主义从以往的战争与危机、革命与反动混杂的时代进入“和平发展”时期，工人运动得以恢复发展，合法斗争取得显著成果，工人政党在议会中的地位逐渐上升。由此孵化出来一种否认革命尤其是否定一切暴力的合法主义、改良主义倾向，“和平长入社会主义”等与马克思经典资本主义批判理解模式相背离的思想不断登场。这也成为“经济决定论”得以形成的实践背景和深层根源。将“经济决定论”强加到历史唯物主义身上，造成了一定的混乱。客观地讲，考茨基、拉法格等人也不能算严格意义上的“经济决定论”者。例如，作为马克思最为亲近可谓是亲传弟子的法国马克思主义者拉法格先后出版了《马克思的经济唯物主义》

和《思想起源论——卡尔·马克思的经济决定论》，将历史唯物主义称为“经济唯物主义”，认为“经济决定论”是马克思交给工人阶级的新工具。但拉法格的这种看法与狭隘的“经济决定论”还是存在不同。拉法格总是从经济因素中去寻找每一种思想的基础，但又反对用经济来直接解释每一个社会现象。比如，他将意识形态看成是经济的产物，反过来，意识形态对经济和社会发展又具有影响。之所以会存在这种现象，根源在于拉法格不理解马克思的辩证法，混淆了历史唯物主义与旧的机械唯物主义的界限。当然，也要看到，“经济决定论”或“经济唯物主义”作为马克思主义的反对者强加到历史唯物主义身上的一个术语，这并不等同于伯恩施坦或俄国的经济派就是“经济唯物主义者”，或者存在“经济决定论”或“经济唯物主义”的哲学流派。这些人故意将历史唯物主义说成是“经济唯物主义”或“经济决定论”，其目的是歪曲和攻击历史唯物主义，而不是表明他们要信仰被他们称为“经济决定论”或“经济唯物主义”的历史唯物主义。正如伯恩施坦一边鼓吹“我决不想对巴尔特所用的‘经济史观’这一名称感到愤怒，而是不管怎样要把它看成马克思主义历史理论的最恰当的名称”①，一边又强调所谓“正当原动力”，将道德看成是“一个能起创造作用的力量”，因为“马克思社会主义所假定的利益，从一开始就具有了一种社会的或伦理的因素，在相当程度上不但是理智上的利益，而且是道德上的利益，因而它也固有一种道德意义上的观念性”②。他以此来鼓吹社会主义只能由道德“制造”出来，从而与其政治策略上的合法改良主义保持一致。对于伯恩施坦而言，新康德主义的主观唯心论和不可知论才是其理论信仰。俄国的经济派则信奉改良主义和庸俗进化论，混淆经济斗争与经济基础，将经济基础决定上层建筑的原理歪曲为“经济斗争有首要意义”，把追求物质生活的欲望和“经济动机”看成历史发展的动力，终究是历史唯心论的变种。

“经济决定论”在当代西方学者甚至西方马克思主义者中同样不乏拥趸。比如，罗素就称历史唯物主义为“经济史观”，认为马克思的历史哲学过分强调经济的决定作用，忽视其他经济因素如英雄、民族、科学等的决定作用，缺陷很多。波普尔也曾把历史唯物主义称为“经济主

---

① 殷叙彝. 伯恩施坦文选. 北京：人民出版社，2008：150.

② 同①78.

义”，因为“马克思把历史舞台上的人间演员（包括所谓‘大’人物）都看作是被经济线路——被他们无法驾驭的历史力量——不可抗拒地推动着的木偶”①。波普尔一边肯定历史唯物主义的历史价值，一边又认为马克思将社会历史的发展寄托于社会经济条件，尤其是物质生产资料的发展上完全是错误的，决定社会发展的力量恰恰是政治思想、宗教思想和科学思想等这些非经济因素。科林武德同样认为历史唯物主义优劣势非常明显。在他看来，马克思与黑格尔相似，都是从社会的某个视域来解析社会历史发展的决定性因素，不同的是黑格尔选择了政治，而马克思选择了经济这个因素。一些西方马克思主义者也没能摆脱“经济决定论”的思维窠臼。例如，哈贝马斯、阿尔都塞、威廉姆·肖和罗默等人在反思“经济决定论”的同时却又无法彻底摆脱该理论思维的影响。从哈贝马斯断言历史唯物主义有着无法褪去的“经济决定论”烙印到分析马克思主义者威廉姆·肖和罗默将历史唯物主义看成是一个更具原教旨主义倾向的解释机制，赋予社会演进一种经济学上的诠释，更是将“经济决定论”推向高潮。以上学者徘徊于“经济决定论”和尝试自身解读之间，从根本上讲是受机械决定论思维的影响，没有正确理解和把握历史唯物主义所蕴含的辩证法底蕴。

由此看来，将历史唯物主义解读成“经济决定论”绝非个案，已成为制约准确认知历史唯物主义的一个重要因素。作为解读人类历史的一种模式，“经济决定论”依然停留在传统理论哲学思维中。传统哲学的最显著特质就是力图从理论上一劳久逸地解释和把握整个世界，即认为整个世界“是通过一种理性的、连贯统一的方法被我们认识的，随着不断运用这种方法，我们最终能彻底认识这里的一切对象的自在的本身”②。这种方法有赖于观念和命题的严谨的逻辑推演，进而获得对存在者整体的合理构建，而找到一定的理论基点则是保证逻辑推演进程无误的关键。在哲学史上，古代哲学的“独断论”的“理智”和近代哲学的“自我”，先后成为理论基点的重任。秉承“还原论”的方法论和思维范式，“经济决定论”将“经济”因素看作解析人类社会其他所有要

① 波普尔．开放社会及其敌人：第2卷．郑一明，等译．北京：中国社会科学出版社，1999：168.

② 胡塞尔．欧洲科学危机和超验现象学．张庆熊，译．上海：上海译文出版社，2005：30.

素的绝对基点，政治、文化、道德、宗教、艺术等其他要素的存在和发展都可以“还原”为“经济”而得以澄明。显而易见，传统理论哲学思维镌刻其间。而马克思在批判唯心主义中视历史为“想象的主体的想象的活动”时，运用的恰恰是传统哲学理论解读历史的“还原论”思维范式。历史事实在德国唯心主义思想家那里成为可有可无的东西，“没有一个想到要提出关于德国哲学和德国现实之间的联系问题，关于他们所作的批判和他们自身的物质环境之间的联系问题”①。这也就不难理解后来恩格斯批评自称为历史唯物主义的信奉者实质上将其当成套语的德国青年派，以为将“这个套语当作标签贴到各种事物上去，再不作进一步的研究，就是说，他们一把这个标签贴上去，就以为问题已经解决了”②。因而“经济决定论”在历史事实和理论之间的这种断裂集中体现在它对社会有机体的人为切割和重构上。“人们把社会整体的个别方面孤立起来并把它们转变为抽象概念以后，再来研究它们之间的相互联系，如法律对‘经济因素’的依赖性。这种思维方法把人的社会活动的产物变成一些自主的力量，这些力量获得了高于人的至上性。因此，对这些形而上学的抽象概念的任何综合，都只能是一个外在的综合，抽象概念间的任何相互联系，都只能是一种形式上的、具有机械因果关系的联系。”③ 正是在这种外在的、综合的、形而上学的分析和诠释中，“经济决定论”在社会现实中真实关系的外围游离，得出的无疑是一种“先验的”说明不了任何一个特殊历史阶段的抽象理论。“经济决定论”把辩证法从历史唯物主义中彻底抛弃，将马克思主义推向“实证科学”的神坛，丧失了原有的理性批判精神和实践批判精神，结果在理论上无法穿透资本主义日常经验的现象层面，在实践中走向同资本主义现实妥协和改良的道路。

综上所述，作为一种基于传统理论哲学进路理解人类历史的理论，诉诸“基础主义”和“还原论”的思维理路，“经济决定论”把理论构造的必然性法则视为整个人类历史发展进程的本质。这种认知在逻辑和现实中都不可行。当它被一些人用来指称或阐释历史唯物主义时，其危

---

① 马克思，恩格斯．马克思恩格斯文集：第1卷．北京：人民出版社，2009：516.

② 马克思，恩格斯．马克思恩格斯文集：第10卷．北京：人民出版社，2009：587.

③ 科西克．具体的辩证法：关于人与世界问题的研究．刘玉贤，译．哈尔滨：黑龙江大学出版社，2015：79.

害不可小视。这种危害在实践中凸显于人们对马克思哲学的革命性变革的认知和由此变革而形成的对一系列重大历史问题的解读中。“经济决定论”是把全部历史发展解读为自发形成的自然过程，经济关系发挥着唯一的决定性作用的历史哲学。历史成为不受人类主体控制的宿命，这种非历史理解模式与古典经济学的隐性前提趋于一致。在资本主义生产发展进入到较高阶段时，物质生产在社会生活中的决定作用已成为事实，西方资产阶级学者借助新的理论形态遮蔽其非历史性、颠倒其理论本质，由此得出的线性进化的庸俗唯物主义即“经济决定论”便将资本主义的历史凝结在同性质社会结构的自我重复中。无限丰富的人类社会存在被诠释为冷冰冰的经济铁律和社会现实，历史唯物主义变异为一种“旁观的实证科学”即一种物理主义的、自然化了的客观主义的学说，严重窒息了理论的价值批评立场，实质上是资产阶级意识形态的产物，反映了垄断资本主义社会经济和阶级结构变化在意识形态和社会理论层面的侵袭。“经济决定论”的教条主义错误倾向，更是导致理论和实践分离，历史唯物主义的批判性、革命性荡然无存，直接危害工人运动的发展。当资本主义走向危机和无产阶级运动高潮真正来临时，革命理论跟不上实践步伐，最终走向革命实践的对立面。

二、反批判中的“澄清”与推进

在“经济决定论”出现、演进的同时，一些学者对此予以批驳。他们认为历史唯物主义并非“经济决定论”，而是一种科学和正确认识社会历史发展的方法，力图还原理论的真实面相。有的学者着眼于马克思的经典著作，从理论创立的过程中发掘马克思本人对历史唯物主义的理解和阐释，前后呼应和印证，同时也将马克思对“经济决定论”的辩驳呈现出来，以此作为批判“经济决定论”的理论基石。恩格斯在晚年为此做了大量努力。也有学者基于传统马克思主义的立场和自身理论视域，重新定位和诠释历史唯物主义，以求正确理解和把握，比如把历史唯物主义分为唯物论和辩证法，力图在这种二分法中实现统一来驳斥“经济决定论”。尽管理解不尽相同，有的甚至走上重构、重建之路，但力图从人文主义和科学主义回到正确理解马克思主义的轨道上的努力值得肯定。

对“经济决定论”的批判并非当代的理论产物，而是在马克思主义创立伊始马克思、恩格斯等经典作家便已启动。马克思对“经济决定论”没有直接地、正面地专门著述，但不能以此断言马克思认可“经济决定论”或没有表明立场。历史唯物主义的创立本身已表明马克思与“经济决定论”分道扬镳。这是因为“马克思的目的始终是‘政治经济学批判’，这既意味着对资本主义生产方式进行批判，又意味着对它在资产阶级国民经济学说中的理论反映进行批判。马克思并没有在资产阶级古典经济学家的理论之外提出一种全新的、独特的经济理论”①。显然，马克思对“经济决定论”的批判隐含在对政治经济学批判的过程之中。这就不难理解，马克思晚年在处理法国的一些马克思主义者对历史唯物主义做经济唯物主义的浅薄解读时，会以“我只知道我自己不是马克思主义者”来回应。恩格斯则直截了当地告诉人们，“根据唯物史观，……说经济因素是唯一决定性的因素，那么他就是把这个命题变成毫无内容的、抽象的、荒诞无稽的空话”②。他还用历史“合力论”来批驳“经济决定论”，认为历史发展中“有无数互相交错的力量，有无数个力的平行四边形，由此就产生出一个合力，即历史结果，而这个结果又可以看做一个作为整体的、不自觉地和不自主地起着作用的力量的产物”③。恩格斯在晚年还批判了当时德国青年过于看重经济、把历史唯物主义看作“套语”和“标签”的做法，并强调“所有这些先生们所缺少的东西就是辩证法”④。恩格斯不仅为我们通俗地论述了历史唯物主义的基本内容，还以书信的形式纠正了人们对历史唯物主义的诸种误解。尤为重要的是他对历史唯物主义方法论性质即历史辩证法的重视和揭示。在《怎么办?》《第二国际的破产》等著述中，列宁对“经济决定论”进行了揭露和批判。他在驳斥米海洛夫斯基的错误言论时指出，“您究竟在马克思或恩格斯的什么著作中读到他们一定是在谈经济唯物主义呢？他们在说明自己的世界观时，只是把它叫做唯物主义而已”⑤。在批判俄国经济学派的自发经济决定论时，列宁认为，决不能因为经济的决定作用而得出否认政治斗争重要性的结论，“根据经济利益起决定

---

① 费彻尔．马克思与马克思主义：从经济学批判到世界观．赵玉兰，译．北京：北京师范大学出版社，2009：51．

② 马克思，恩格斯．马克思恩格斯文集：第10卷．北京：人民出版社，2009：591．

③ 同②592．

④ 同②601．

⑤ 列宁．列宁专题文集：论辩证唯物主义和历史唯物主义．北京：人民出版社，2009：171．

作用这一点，**决不应当作出**经济斗争（等于工会斗争）具有首要意义的结论，因为总的说来，各阶级最重大的、‘决定性的’利益**只有**通过根本的**政治**改造来满足，具体说来，无产阶级的基本经济利益只能通过无产阶级专政代替资产阶级专政的政治革命来满足”①。十月革命的胜利更是从实践上宣告了“经济决定论”的破产。

早期西方马克思主义者从其特定的哲学文化境遇出发，走上了一条主体性逻辑即主客统一的批判路径。在以伯恩施坦和考茨基为代表的第二国际主要理论家那里，历史唯物主义变成了一种纯粹的经验科学或实证的“历史科学和经济科学”，社会发展乃至一切都由物质生产、经济条件所决定，人就成为历史发展演进的寂寞看客，主体已然缺位。第一个扬起批判大旗的是葛兰西，他把矛头直指第二国际的“经济决定论”见物不见人的错误观点，褒扬社会历史发展中人的主体力量，因为“历史中的决定性因素，并不是冷冰冰的经济事实，而是人，社会中的人，处在彼此的关系中、彼此达成一致，并通过这些接触（文明）发展出一种集体的、社会的意志的人。人们来理解经济事实，判断它们并使它们适应于他们的意志，直到这变成经济的推动力和塑造客观现实，这种现实生存着，运动着，并变得像火山熔岩之流那样，可以无论怎样地被引向由人们的意志所决定的任何地方”②。为了批判“经济决定论”，卢卡奇提出了“阶级意识”理论。在他看来，“如果历史的发展被解释成这样，即资本主义的经济过程将通过一系列危机自动地和无情地向社会主义前进，那么这里所说的意识形态因素则只是一种错误诊断的产物。……因为在这种观点看来，根本不能设想无产阶级的意识形态落后于经济危机，不能设想有无产阶级的意识形态危机”③。因此，消解“经济决定论”的方法“不是经济动机在历史解释中的首要地位，而是总体的观点，使马克思主义同资产阶级科学有决定性的区别。总体范畴，整体对各个部分的全面的、决定性的统治地位，是马克思取自黑格尔并独创性地改造成为一门全新科学的基础的方法的本质”④。柯尔施则认为，历史规律必须通过作为主体的人的能动创造来实现，历史唯物

---

① 列宁．列宁专题文集：论无产阶级政党．北京：人民出版社，2009：92.

② 葛兰西．实践哲学．徐崇温，译．重庆：重庆出版社，1990：170-171.

③ 卢卡奇．历史与阶级意识．杜章智，任立，燕宏远，译．北京：商务印书馆，2017：354.

④ 同③70.

主义超越了作为主体的人受制于外部经济环境的境况，以此来驳斥“经济学体系”甚至“地理学和生物学的体系”等怪论。显然，葛兰西等西方早期马克思主义者揭示了“经济决定论”漠视人类主体的实践能动性的错误倾向，由此提出了总体性范畴，力图恢复马克思主义的历史辩证法，破解“经济决定论”所谓“纯粹科学的事情”、“铁的规律”、宿命论等论断。这种主体性逻辑在理论上回击了第二国际的“经济决定论”，在实践中也推动了无产阶级革命的发展。然而，支撑主体性逻辑的哲学思想乃是现代西方人本主义，对主体能动性和无产阶级意志的过度强调事实上与历史唯物主义相背离，从而为阿尔都塞等人开辟科学主义理论逻辑埋下了伏笔。

20 世纪 50 年代，以阿尔都塞为首的西方马克思主义者试图站在“科学”的角度，真实再现历史唯物主义。为了瓦解“经济决定论”的庸俗逻辑，阿尔都塞赋予“生产方式”新内涵。他认为，生产方式是复杂整体，由经济、政治和意识形态等组成，这其中必然有一个占统治地位的领域或环节。他进一步指出，经济的最终决定作用，体现在由经济掌握着起决定作用的环节的转换，而不是在经济结构中起支配作用。也就是说，历史的发展不是仅仅依赖于经济因素，也不是单纯依赖于上层建筑因素，应是它们相互作用的结果。阿尔都塞由此提出了“多元决定论”。用“多元决定论”来驳斥只见“树木”不见“森林”的“经济决定论”是正确的，特别是他对“生产方式”这个复杂结构中的意识形态国家机器与资本主义再生产之间的决定性关联问题的考察，揭示了经济基础和上层建筑之间相互作用的内在机制，化解了“经济决定论”的机械和僵化。这也表明其对历史唯物主义的辩证意蕴的认可和澄明。阿尔都塞的结构主义分析范式在一定程度上捍卫了历史唯物主义的科学性，承认了多元化因素客观存在的事实，对于反对教条式理解历史唯物主义有其合理性，进一步推动了对“经济决定论”的批判。但是，“多元决定论”不可避免地模糊了主要矛盾和次要矛盾的地位，导致主次不分，同时，历史理论科学主义化的逻辑路径遮蔽了历史主体——人的因素和作用，导致“社会历史成了反人的非主体的客体运转，人类主体被实际地否定了”①，实际上又成了批判的批判对象。与之类似，捷克新马克

① 张一兵．马克思历史辩证法的主体向度．武汉：武汉大学出版社，2010：316．

思主义哲学家科西克针对“经济决定论”的“经济因素论”即把经济因素看成唯一真实的存在并决定其他因素的产生，是社会存在的最终根源，提出用“经济结构论”取代“经济决定论”，来解答“经济本身的起源问题”。他认为经济不是社会发展的一个因素，而是以劳动和实践为本质的社会经济结构，社会经济形态是由经济结构建构起来的，经济结构使社会生活的一切领域获得统一性和连续性。因而，经济结构是人类各种社会形态的基础，在此基础上不同社会形态的具体境况得以澄明。在阿尔都塞、沃尔佩和科莱蒂为代表的科学主义的推动下，马克思主义哲学科学化逐渐形成，试图站在“科学”的角度，将马克思主义哲学区分为“理论”与“实践”两个不同领域，割裂了历史唯物主义理论与实践的辩证统一性，停留于经验事实表面，仅仅从经验主义层面批判逻辑思辨，与“历史的辩证法”渐行渐远，最终无法揭示历史唯物主义的核心旨趣。除此之外，一些西方学者基于自身理论建构来批判“经济决定论”。比如萨特提出“渐进-逆退”法试图恢复马克思的历史辩证法，“结构主义的马克思主义者”普兰查斯则用上层建筑的“国家”层面取代经济层面来阐明资本主义生产方式的危机，他们都试图克服“经济决定论”的经济基础和上层建筑的二元对立论，来科学揭示经济基础和上层建筑之间的辩证关系。尽管囿于各种原因，上述努力都没能实现预期目的，但这种理论探索的精神和对历史唯物主义的捍卫令人钦佩。

“经济决定论”颇具影响，对“经济决定论”的批判同样声势浩大。从某种层面上讲，这意味着存在修正马克思主义还是坚持发展马克思主义两种截然不同的态度。纵观其演进历史，这是批判与反批判之路，也是历史唯物主义理解和诠释不断推进之路。每一种理论的产生和每一次对原著的借鉴，都使得我们对历史唯物主义有着某种新的解读、认识和领悟。而学者们对历史唯物主义的重新诠读，也拓展了马克思主义哲学的研究领域。抛开马克思主义创始人及其发展者对“经济决定论”的回应不说，包括西方马克思主义在内的西方学者高举批判“经济决定论”的大旗，历史唯物主义理论魅力不可谓不大。在肯定西方学者为批判“经济决定论”从而丰富历史唯物主义理论视野做出巨大贡献的同时，也要看到，他们的理论本身存在局限性，对历史唯物主义缺乏准确和完整的理解，注重细节却又过于肤浅，认识和实践分裂，导致这种批判成为后来者和当前须再反思和“再批判”的对象。例如，考茨基从早期对庸俗经济学的批判到晚年则呈现出浓厚的实证主义、折中主义和进化主义倾向，鼓吹“我并不把马克思主义理解为任何哲学，而是把它理解为一种实验科学，即一种特殊的社会观”①，“唯物主义历史观不仅可以与马赫和阿芬那留斯合得拢，而且可以与许多别的哲学合得拢”②，等等。还有就是西方马克思主义者局限于对“经济决定论”思想本身的批判，面对工人运动处于低潮的现实，没能在与经济因素相对的意识领域中提出切实可行的具体斗争方案。科学主义解读模式的出现正是这种有意无意的缺失的结果。因此，对有关“经济决定论”的批判进行某种“再批判”，是全面准确呈现历史唯物主义真实面相不可或缺的一环。而这种“再批判”的展开有赖于对历史唯物主义的真正理解、分析和解读。

三、题中之义中的历史辩证法

马克思主义从实践角度出发，解决了康德提出的“理性”与“价值”的二分难题。第二国际主流理论家在解析资本主义问题时，用一种实证的历史科学或经济学理论取代马克思主义的实践的、历史的辩证法，导致理论与实践、结论与方法、科学与价值的分裂和对立，从而在理论和实践双重视域中掉入了“经济决定论”泥潭，削弱了马克思主义的批判精神。国内有些学者也存在上述误读。他们虽然也强调非经济因素如政治、思想等对经济的反作用，但这种强调显然淹没于对经济因素的过分重视之中。这种反作用极其有限，因而只剩下经济的万能决定论。这是一种极端式解读。另外一种极端式解读同样不可小视，即在承认非经济因素对经济因素具有反作用的同时，却又过分夸大非经济因素的作用。漠视经济因素对非经济因素具有基础性的决定作用是对“经济决定论”的“矫枉过正”，否定历史唯物主义关于经济在社会生活中基础地位和作用的思想，而走向“多元决定论”，同样不可取。因此，对历史唯物主义进行全面准确解析，科学澄清经济因素与非经济因素的关联，厘清二者间的辩证关系以及在社会历史发展中的作用就显得尤为迫切。

可以确认，《〈政治经济学批判〉序言》中有关历史唯物主义基本规

---

① 弗兰尼茨基. 马克思主义史：第1卷. 胡文建，李嘉恩，杨达洲，等译. 哈尔滨：黑龙江大学出版社，2015：328注释1.

② 考茨基. 唯物主义历史观：第一分册. 上海：上海人民出版社，1964：30.

律的概括是经典表述，关于这点学界已达成共识。但它具有时间特征。1859 年是马克思思想发展的重要节点，当时马克思面临的主要任务依然是要厘清人类历史发展规律问题，即要确立一种有别于历史唯心主义的准确解读历史演变规律的历史观。正因为如此，生产力之于生产关系的决定作用、经济基础之于上层建筑的决定作用，以及各自之间的矛盾运动如何来推动社会形态更替等这些问题就成为马克思的关注焦点。而生产关系之于生产力的反作用、上层建筑之于经济基础的反作用等问题由于各种原因尚未引起马克思的足够关注。恩格斯就此问题后来专门做了解释，因为他和马克思早期把理论建构的重心聚焦在经济因素对其他因素的决定性作用方面，是为了集中精力反驳历史唯心主义，这在很大程度上制约了他们对其他要素的关注。这是特定历史时代任务形成的必然局限性，恩格斯在晚年对这个问题做了弥补。这种局限性可以理解。从一开始就苛求马克思主义创始人建构一个相对完整的历史唯物主义体系，这是不可能的。如果说其中存有某些片面性，那也是深刻的片面性。没有这种片面性，就不可能为历史唯物主义奠定唯物主义基础，也就无法完成彻底批判历史唯心主义的任务。从马克思主义发展史来看，马克思、恩格斯在批驳资产阶级理论家对历史唯物主义的歪曲和质疑时，确实如恩格斯所言，突出强调理论中的经济因素，未能“始终都有时间、地点和机会来给其他参与相互作用的因素以应有的重视”①。但只要不是先入为主受“经济决定论”的影响来分析，经济因素在历史唯物主义中担当的绝不是一个僵化、抽象范畴，而是马克思对资本主义制度下人的生存境遇的历史的、科学的呈现。原初意义上的以人为目的生产的经济在资本主义社会中变成了以生产为目的的与人的发展相背离的枷锁。“经济”在马克思眼里，已成为具体地、历史地、辩证地剖析从事感性活动的人的现实状况的切入基点。这与“经济决定论”所关注的纯粹经济学意义上的“从资产阶级出发”的“经济”概念有本质区别，前者关注经济、商品背后的人的发展，深入到具体的、现实的社会关系层面；后者关注外在于人的商品、经济曲线的浮动等，人也只是一种抽象化的物而已。这样，在历史唯物主义中具有原初意蕴的作为人的生命活动之呈现的经济，抽象地作为唯一的关于资本的肯定性表达的范畴来

① 麦克莱伦. 马克思思想导论. 3 版. 郑一明，陈喜贵，译. 北京：中国人民大学出版社，2008：128.

解读时，它就成为“经济决定论”解读社会历史的万能钥匙，成为“永恒的规律，而不是看做历史性的规律”①。

“经济决定论”的始作俑者忽视马克思主义创始人艰辛的理论创建历程和理论变革的世界观意蕴。经济学说成为他们理解和接受历史唯物主义的出发点和落脚点。这与历史唯物主义的建构过程的顺序正好相反，导致他们曲解马克思主义哲学的革命意义，也就无法理解马克思的辩证法与以往辩证法的不同。马克思主义哲学在第二国际这里，就成了一种排除了辩证法的“实证科学”，其归宿只能是“无批判的实证主义”。马克思、恩格斯是从颠覆历史唯心主义史观出发来揭示人类社会历史发展规律而创立了科学的历史观。他们在阐明历史唯物主义的时候始终贯彻一个原则，绝不是单纯强调生产方式或者物质生产实践的决定作用，并非像“经济决定论”者那样认为历史唯物主义将经济活动即物质生产实践或生产方式的运动看作社会发展唯一、线性的东西。他们强调上层建筑、意识形态对经济基础的能动作用、制约作用。恩格斯在晚年特别强调了这一点，在其关于历史唯物主义的书信中专门强调，物质生产方式和物质生产实践在人类社会发展中的作用是创立历史唯物主义初期的基本问题。因为历史唯心主义在历史上根深蒂固，源远流长，严重束缚人们的思想，必须要彻底地颠覆它，就必须始终强调生产方式生产，所以说他们对这个问题强调得比较多。但同时始终强调了上层建筑、意识形态在物质生产实践中的能动作用、反作用。恩格斯在关于历史唯物主义的书信中专门强调了这种互相制约的作用。可见，对历史唯物主义的理解需要从辩证法视角来全面解读。历史唯物主义本质上是一种历史辩证法和历史唯物论相统一的方法论。诉诸还原主义的“经济决定论”，用纯粹的理论构造替代了鲜活的实践过程的解析，必然导致现实与理论的分裂。与之相反，历史唯物主义强调实践的优先性，理论本身并没有自足性，任何理论建构都离不开实践。生活实践是发展的，理论抽象也“绝不提供可以适用于各个历史时代的药方或公式”。马克思强调以生活实践为基础所获得的理论抽象只能适用于一定的历史现实，隐含着承认社会现实乃是由多种因素交互作用而形成的观点。历史唯物主义的辩证意蕴由此彰显。“经济决定论”无一例外地将“经济”因素看作决定性的因

① 马克思，恩格斯．马克思恩格斯文集：第10卷．北京：人民出版社，2009：47.

素，因而就可以很轻易地宣称它的普适性和超验性了，这无疑是一种机械决定论。正如恩格斯在批判“经济决定论”者时所说：“所有这些先生们所缺少的东西就是辩证法。他们总是只在这里看到原因，在那里看到结果。他们从来看不到：这是一种空洞的抽象，这种形而上学的两极对立在现实世界只存在于危机中，而整个伟大的发展过程是在相互作用的形式中进行的……这里没有什么是绝对的，一切都是相对的。”① 恩格斯多次谈及历史中各种要素之间的相互作用。在《致康拉德·施米特》的信中，他就论述了法和国家权力的重要作用。而马克思本人也没有抽象地将经济因素看成绝对地起着支配作用，在一些著作中多次论述了经济因素之外的其他因素的至关重要的甚至决定性的影响和作用。例如在《路易·波拿巴的雾月十八日》中，马克思就特别强调“阶级均势”对政变最终发生的决定性作用，而在《资本论》中关于工作日的那一部分，则表明了立法起着重大的作用。伊格尔顿也认为：“那种以为对马克思来说一切事物都是由‘经济’决定的说法，是荒唐的且过于片面的。在马克思看来，是阶级斗争塑造了历史进程，而阶级并不能被还原为经济因素。”②

马克思在对政治经济学的研究中揭示了经济对人与社会发展的重要地位，将经济置于基础地位，并用基础来指称经济，进而将基础与上层建筑概念转化为经济基础与上层建筑概念，从而成为历史唯物主义的形象的专有化概念。这一思想既体现了历史唯物论，又符合历史辩证法。由是观之，经济的最终决定作用（基础性作用）是就它在社会结构整体中的地位来说的，而不是社会中的一切现象都可以从经济发展中得到解释。恩格斯说过：“要从经济上说明每一个德意志小邦的过去和现在的存在，或者要从经济上说明那种把苏台德山脉至陶努斯山所形成的地理划分扩大成为贯穿全德意志的真正裂痕的高地德语音变的起源，那么，很难不闹出笑话来。”③ 社会现象纷繁复杂，任何社会现象都企图求解于经济因素是不切现实的。在恩格斯眼里，19 世纪经济落后的德国，相比英法而言仍然是第一小提琴手。他对作为上层建筑观念形态的哲学特点的解释，并没有简单求之于经济发展水平。他不仅重视一个民族的

① 马克思，恩格斯. 马克思恩格斯文集：第 10 卷. 北京：人民出版社，2009：601.
② 伊格尔顿. 马克思为什么是对的. 李杨，任文科，郑义，译. 重庆：重庆出版社，2017：91.
③ 同①592.

文化传统，而且非常重视一个民族的民族性对于哲学特点的影响。在《英国状况》中讲到德国发生哲学革命时，恩格斯指出："德国人，信仰基督教唯灵论的民族，经历的是哲学革命；法国人，信仰古典古代唯物主义的民族，因而是政治的民族，必须经过政治的道路来完成革命；英国人，这个民族是德意志成分和法兰西成分的混合体，……英国人也就卷入了一场更广泛的革命，即社会革命。"① 恩格斯认为这需要详细地认真地加以探讨，因为不同的民族所占的地位，至少在近代所占的地位，直到今天在我们的历史哲学里还很少涉及，或者更准确地说，根本就没有阐释。而这种区别是不能简单从经济发展差异中得到合理解释的。由此看来，在历史研究中，在注重经济具有最终决定作用的同时，应该关注上层建筑各个因素的相互作用。在人类社会结构中，无论政治因素、文化因素以及其他各种各样的因素，包括自然因素和地理环境，都有它的作用。即使在现代社会经济生活起首要作用的历史条件下，也不能把任何历史现象归结为"经济基础"一了百了。马克思认为，即便是"相同的经济基础——按主要条件来说相同——可以由于无数不同的经验的情况，自然条件，种族关系，各种从外部发生作用的历史影响等等，而在现象上显示出无穷无尽的变异和彩色差异，这些变异和差异只有通过对这些经验上已存在的情况进行分析才可以理解"②。

社会发展从来不是单一的经济因素作用的结果，而是多因素起作用，在诸多合力相互作用下发展，但经济仍然起着基础性作用。当然，历史唯物主义不是多因素论，因为它在多种因素中抓住其中起基础性作用或决定作用的因素即经济因素。像阿尔都塞的多元决定论显然走入误区，只有两点论没有重点论。恩格斯则提出"中轴线理论"，将经济形象地比喻为中轴线，起最终的决定作用；其他影响因素则归根到底围绕在经济这个中轴线周围发挥作用。"历史研究的基本功能是对发现社会生活中的规律性做出贡献……如果我们没有认识支配社会发展的规律，不管是那些只适用于短时期的规律还是对许多时代都一直在起作用的规律，那么我们就不可能通过控制社会生活的各种因素来组织社会生活。我们

---

① 马克思，恩格斯．马克思恩格斯文集：第1卷．北京：人民出版社，2009：89.

② 马克思，恩格斯．马克思恩格斯文集：第7卷．北京：人民出版社，2009：894－895.

只有掌握了预见我们有意识行动的后果的根据，才能控制社会生活。”① 所以，托波尔斯基说，当我们谈到作为一种理论的历史唯物主义时，我们所指的是一系列的关于过去事件的一般陈述，即揭示社会中的运动和发展的陈述。这个说法有一定道理，它告诉人们：认识世界和改造世界，掌握社会发展规律是前提。历史唯物主义是从生产方式的最终决定作用来揭示社会运动和发展的基础，而不是对任何一种社会现象都要给予经济学的解释。经济发展不能代替社会方方面面的发展，但没有经济发展，社会绝不可能发展。历史唯物主义将经济看成是基础，但并非全部和一切，经济不能取代上层建筑。经济基础与上层建筑只有同时存在，才是一个完整的社会结构。诠释和运用历史唯物主义，理应重视经济在社会发展中归根到底的决定性影响。但据此一叶障目，必然是偏好于宏观大叙事，而忽视每个社会的差异性和特征以及丰富多样的社会事实，就不能从其他多种因素的作用中寻求对现实的合理解答。

事实上，历史辩证法是历史唯物主义的题中应有之义，它与历史唯物论本来就是一体两面，共同构成了马克思的经典资本主义理论的方法论基础。将历史唯物主义看成历史决定论，这几乎是所有反对历史唯物主义的共同借口。马克思他们当然没有使用过“历史决定论”的提法，其承认经济在历史中起主导、最终起决定作用的理论是历史规律论而不是机械决定论。这种理论就是历史唯物主义，是以实践为逻辑起点、中介的历史辩证法。它反对历史无规律论、历史唯意志论和历史多因素决定论。它承认在社会结构或历史发展过程中，与其他因素相比，经济因素起决定性作用。“决定”一词在马克思、恩格斯的著述中时常出现，但就历史唯物主义而言，“决定”一词不是关乎某一具体历史实践和人物形成的必然性和不可改变性，也并非否认历史事件和人物形成的偶然性和不可预测性，“归根结底是直接生活的生产和再生产”②。因而社会发展是有规律的，是关于社会宏观结构的规律理论。这种蕴含历史辩证法的历史观是就历史有规律角度来说的，而非历史一切都已安排好，无须努力和奋斗。历史唯物主义在任何意义上都不否定意志自由，它的

---

① 托波尔斯基. 历史学方法论. 张家哲，王寅，尤天然，译. 北京：华夏出版社，1990：664－665.

② 马克思，恩格斯. 马克思恩格斯文集：第4卷. 北京：人民出版社，2009：15.

“决定论思想确认人的行为的必然性，摒弃所谓意志自由的荒唐的神话，但丝毫不消灭人的理性、人的良心以及对人的行动的评价。恰巧相反，只有根据决定论的观点，才能作出严格正确的评价，而不致把什么都推到自由意志上去”①。可见，人类的意志要真正获得自由，真正对经济起反作用，必须服从规律，在认识和利用规律中获得意志自由和对经济这个决定性因素发挥能动的反作用。历史辩证法同时承认因果性，但因果性不等于必然性。历史必然性是通过人的主观能动作用，实现某种可能性与排除其他可能性发生而实现的。世界上任何事件都有原因，但不能说凡是有原因的都是必然的。西方国家谁当选总统、谁没当选，受多种偶然性因素的影响，有可能是因为某种突发事件，比如自然灾害的发生，但都无法改变资本主义国家的体制和根本政策，这是由资本主义制度和生产方式本质所决定的。历史唯物主义的创建，说到底就是对历史中导致必然性的决定性因素的发现，同时又强调辩证地看待因果联系、必然性与偶然性的关系。

质言之，“经济决定论”绝非历史唯物主义的原罪。历史唯物主义是一种历史唯物论与历史辩证法相统一的历史观，它既主张社会历史发展是具有客观必然性的“自然历史过程”，又强调人的主体存在及其能动性，强调“历史不过是追求着自己目的的人的活动而已”②；既主张经济基础对上层建筑归根到底的决定作用，又强调上层建筑诸因素的相对独立性和反作用。它把主体的作用作为客观历史发展中的一个环节包含在历史必然性之中。将主体排除在外的“经济决定论”，是用自然主义方式来看待社会规律，完全抹杀了社会生活的特点。经济因素归根到底起最终决定作用正是表现在人们的动机和结果中，“这是能够引导我们去探索那些在整个历史中以及个别时期和个别国家的历史中起支配作用的规律的唯一途径”③。历史唯物主义不同于机械决定论，它是许多复杂因素相互作用的结果。它固然取决于经济这个最终决定性力量，但同样离不开包含主观努力在内的其他因素的努力。列宁认为聪明的唯心主义比愚蠢的唯物主义更接近聪明的唯物主义，显然是赞扬黑格尔的辩

① 列宁．列宁专题文集：论辩证唯物主义和历史唯物主义．北京：人民出版社，2009：179.

② 马克思，恩格斯．马克思恩格斯文集：第1卷．北京：人民出版社，2009：295.

③ 马克思，恩格斯．马克思恩格斯文集：第4卷．北京：人民出版社，2009：304.

证法，而非赞扬其唯心主义。作为蕴含历史辩证法的历史唯物主义，不是无人的辩证法，它强调社会历史就是人在既定的现实关系中进行创造的有主体的一元决定和多因素交互作用的统一，是关于在各种社会因素中起最终决定性作用的理论，而不是简单的经济决定一切的理论。如果遗忘掉辩证法，我们就无法厘清历史唯物主义与一般唯物主义的区别。这是理解历史唯物主义的基本准则和出发点。

四、“经济决定论”反思的当代意蕴

梳理和反思“经济决定论”争论史，有利于思考如何对待历史唯物主义、如何对待马克思主义，它启示我们不能把时代变化看成“圣经”，教条地理解时代变化，停留于变化的外在现象层面，以此来否认历史唯物主义、否认剩余价值理论、认为马克思主义辩证法等已经过时，进而彻底否弃马克思主义，把洗澡水和小孩一起倒掉，而应与时俱进，秉持马克思主义的基本原理和方法来研究新现象、新问题，用新的结论丰富和发展马克思主义。新时代，诠释和运用历史唯物主义必须紧扣辩证法特质，抓住作为人类社会基础的物质生产实践与生产力发展这个硬核。在此基础上来理解政治活动、政治架构、政治关系以及文化建设、思想建设，尤其要重视文化、政治对经济所起的巨大的能动作用，它们之间是一种基于物质资料生产基础的整体互动关系。改革开放初期，我们批判了“四人帮”将发展经济污名化为“唯生产力论”的错误观点，正确理解政治对经济的反作用，提出以经济建设为中心，实现了全党工作中心的战略转变。我们要深刻领悟历史唯物主义的方法论意义，用整体辩证方法来指导中国特色社会主义建设。立足新时代，坚持以经济建设为中心，大力发展生产力，贯彻落实五大发展理念，推动蕴含创新驱动机制的中国特色社会主义生产方式、致力于中国与世界各国的互利共赢的人类命运共同体和中国特色社会主义新型文明形态的建构。

反思“经济决定论”有利于深入理解和把握蕴含创新驱动机制的中国特色社会主义生产方式。重复性机制和创新性机制是人类社会发展的两种基本机制。人类社会的进步，包含新的生产工具的发明、文化的发展和科技的进步等，常常是社会创新推动的产物。社会进步的速度与受制于生产方式的创新动力密切相关。历史唯物主义有关生产力与生产关系、经济基础与上层建筑的辩证诠释为人类理解创新和创新动力提供了新视角，也为我们深入理解和把握蕴含创新驱动机制的中国特色社会主义生产方式奠定了理论基石。农业生产方式的狭小和自给自足的生存方式缺乏市场机制的动力，其创新往往是自发的，甚至是无意识的，导致创新动力不足；在资本主义社会，创新成为其生存要素，但资本主义生产方式自带的固有矛盾不断抑制资本主义社会创新能力的发挥。在确立了中国特色社会主义的中国，我们的经济发展、我们的 GDP 的重要性在于它与中国特色社会主义道路、制度和生产方式的先进性紧紧联系在一起。历史唯物主义的本质是关于物质生产方式是社会存在和发展基础的理论，这决定了当代中国的经济发展与其他国家的不同之处是生产方式和经济体制的不同，而不是所谓的经济总量、GDP 的比较。我们的发展依靠中国特色社会主义独特的生产方式及其所蕴含的创新驱动机制。相较于前资本主义社会和资本主义社会，中国特色社会主义生产方式在创新方面具有许多以往社会形态所不具有的优势：我们的政治势能和精神势能。在中国共产党的领导下，我们有能力有条件把创新作为国家发展战略来布局和实施，把创新作为基本制度来进行顶层设计，把重大创新作为国家创新项目来开展；我们能够集中财力、人力重点投入，后备力量雄厚。在精神方面，我们有为中华民族伟大复兴而奋斗的巨大凝聚力和强大动力。我们还有不断完善的社会主义市场经济体制和不断完善的以企业为创新基地、以市场为导向、产学研相结合的创新体系以及国家层面的联合创新体制。只要我们能够客观地看待中国这些年来在科技领域所取得的跨越式发展，就会认识到创新绝不是与生产方式性质、社会形态无关的纯智力、纯 GDP 竞赛。从理论本源来看，这是因为，历史唯物主义重视生产力，但绝不忽视生产关系，而是将两者辩证统一于生产方式中；其视野中的物也不是货币、机器、厂房，而是作为社会存在和发展基础的物质资料生产方式。

反思“经济决定论”对于中国融入全球治理、贡献中国智慧进程、构建人类命运共同体亦具有理论指导和方法论意义。全球化进程日益加快，各个国家各个民族要素禀赋各异，有各自特长，也有各自短板。世界普遍交往程度越来越高而且越来越重要，愈加凸显世界交往整体性协调性的重要性。各个国家在全球化进程中的发展谁也离不开世界、脱离世界之外，必须求同存异、互相包容。闭关锁国、故步自封，只能被孤立，并且越来越落后。历史地解析普遍交往这种历史关系，离不开历史唯物主义整体性、协调性这种辩证特质。历史唯物主义为我们理解当今世界普遍交往，理解当今世界人民互相进行友好的经济政治文化往来，以政治协商解决问题而拒斥、拒绝、杜绝以战争、侵略、不平等解决问题，提供了重要的方法论启示和理论指导。人类命运共同体主要是针对以往的国际政治经济秩序，要替代以资本主义私有制为核心，以资本主义霸权为价值理念的政治经济秩序。这种政治经济秩序在经济上表现为发达资本主义国家与落后国家经济交往的不等价、不平等，在政治上表现为恃强凌弱、以大压小。旧的政治经济秩序已经制约了整个人类社会发展。以美国为首的霸权强调美国利益优先，这种行为有悖于世界历史交往的发展逻辑和发展总体趋势。人类命运共同体思想强调共商、共建、共享、共赢，其核心理念符合世界绝大多数国家在世界普遍交往的历史进程中的共同需要和共同要求。重塑已有资本主义世界秩序，历史唯物主义可能并非唯一的理论路径，但其批判性无疑最为彻底，其理论深度最为深厚。人类命运共同体思想充分遵循和运用了历史唯物主义的辩证法要义，力图揭示现有全球治理体系遮蔽的不平等、剥削性生产的社会关系，抗击与现有政治经济秩序相适应的观念、范畴和思维模式，阻断和粉碎被永恒化、固化的资本主义意识形态生产方式；致力于打破资本主义“虚假共同体”，寻求一条通达人类更高“共同性”水平的符合绝大多数人利益的真正的人类“普遍交往”，追求“自由人联合体”这种“真正的共同体”，在构建新的国际政治经济秩序和实现全球有效治理中意义重大，是新时代世界交往的创造性智慧结晶。作为映现历史唯物主义和马克思主义政治经济学逻辑的全新世界图景建设，人类命运共同体思想在世界秩序重构中开启了一种新的世界治理模式和实践观念，从而破解新旧秩序转化中所衍生的一系列全球性治理难题和挑战。人类命运共同体思想“正是在现实逻辑失灵、步入自相矛盾的死胡同的情况下，找到了一个理想化未来的轮廓。未来的真实景象就是现实的破产”①。但实践任重道远，人类命运共同体思想既是对原有政治经济秩序社会现实的反思和重构，其自身又“构成了历史唯物主义所面对的最重大、最根本的‘社会现实’，这必将带动历史唯物主义基本原理在当

① 伊格尔顿．马克思为什么是对的．李杨，任文科，郑义，译．重庆：重庆出版社，2017：61.

代世界的创新与发展”①。

反思“经济决定论”有利于确立人与自然、人与人、人与社会共生共存的人类新型文明形态。一个社会的文明形态直接与生产方式相联系，它必然属于特定社会形态的文明形态。差异是不同社会发展条件和发展历程的产物。不同生产方式形成不同文明的经济基础，不同文明之间的差异同样如此。就性质而言，文明的基本特征、发展规律受制于生产方式的水平。文明与人的活动、生产方式、社会制度不可分割。文明不是外在于人与社会、人与自然之外的产物，而是存在于人的活动和社会之中。有什么样的社会就有什么样的文明，而文明的形成和作用都是在人类的活动中实现的。文明存在于人类活动中，但并不意味着人类活动都符合人类的根本利益。一种文明形态是否符合人类整体根本利益并不决定于参与活动的人们的意志，更不决定于个人的意志，而决定于每个社会性的实际存在的经济关系和政治关系。文明形态的发展是进步和取代的关系。从古希腊罗马到今天，西方仍拥有丰富的文化积淀，可西方资本主义文明的衰落显而易见。工业社会道德沦丧，银行家和财团的欲望贪婪引发金融危机，极度自我的以欧洲为中心的世界日益衰解。在《人类与大地母亲》中，汤因比对发端于资本主义生产方式中的工业文明予以强烈的批判和反思，他认为：“我们人类所犯下的种种暴行给我们带来的恐怖和耻辱已经告诉我们，文明从来就不曾完全兑现过。它只是一种努力或一种抱负，而这种雄心勃勃的志向，始终就没有达到。”②但我们不能就此放弃工业化、放弃工业文明，这是历史进步使然。我们也不能置于浪漫主义的幻想而沉迷陶渊明式的农业文明。社会主义同样需要工业化，需要工业文明。中国特色社会主义生产方式决定了其工业文明是一种有别于资本主义的工业文明。斯宾格勒早在《西方的没落》中就预见到西方文明的没落，而西方文明的没落又是资本主义制度没落的症候。当下西方之乱和中国之治是如此鲜明，以西方为中心的“历史终结论”“中国崩溃论”不攻自破。以创新、协调、绿色、开放、共享五大理念支撑的发展观包含以人的生命、生命质量、美好生活为本的意

① 刘同舫．构建人类命运共同体对历史唯物主义的原创性贡献．中国社会科学，2018(7)．

② 汤因比．人类与大地母亲：一部叙事体世界历史．徐波，等译．上海：上海人民出版社，2016：27．

蕴。中国经济的发展归根到底要靠创新来带动，而协调发展为创新提供更好的发展环境，共享发展充分彰显社会主义优越性，绿色发展则是中国发展可持续的基本支撑。所有的发展又离不开经济的发展，离不开生产方式、物质生产实践这个基础作用。反过来，创新发展、协调发展、绿色发展、开放发展、共享发展，又对整个物质生产力有着巨大的能动作用，它们是相辅相成的。这是中国特色社会主义生产方式发展的必然逻辑和新型工业文明的映现。这种新型工业文明既要发展农业、发展农村，又要保护自然生态环境，减少工业化带来的危害；既要金山银山，又要绿水青山，致力于人与自然、人与人、人与社会和谐共生的新型文明形态的建构。

历史唯物主义在寻求对新理论和新问题的解答中不断得以丰富和发展。传统理论与新的现象难免会出现冲突甚至对立，这是理论观照现实时常常会遭遇的问题。马克思主义深刻改变了中国，中国因此迎来了从站起来到富起来，直到当前向强起来迈进的伟大飞跃，而其理论框架（其中包括历史唯物主义）仍然是分析和解决现实问题的主要理论依据。新时代，走什么路、如何走这条路，怎么发展、如何发展，建设什么样的社会主义现代化强国、怎样建设社会主义现代化强国，依然行进在历史唯物主义的理论架构中。历史唯物主义作为科学社会主义的基础，是新时代中国特色社会主义的基础。新时代中国特色社会主义，实际上就是历史唯物主义在新时代中国的具体化。新时代中国特色社会主义建设是对历史唯物主义最根本原理的贯彻和运用。作为统摄新时代中国特色社会主义建设的习近平新时代中国特色社会主义思想坚持以人民为中心的根本立场，树立五大思维，推动落实人民美好生活图景的整体诉求；确立新发展理念，完善社会主义市场经济体制和建设现代化经济体系，推动形成全面开放新格局；提出“八个明确”和“十四个坚持”，从道路、理论、制度、文化方面做出了中国特色社会主义的解答，推进国家治理体系和治理能力现代化，推动构建人类命运共同体。它们突破和超越了原有的传统僵化理解，是当代中国马克思主义发展的集大成，推动着 21 世纪马克思主义的原创性发展。当前，经济全球化不断推进、世界政治经济格局不断改变、中国特色社会主义进入新时代等变化都提出了新的挑战，需要人们从历史中吸取理论和实践经验教训，实现时代问题与哲学问题的有力互动，在诠释和解决中国乃至世界的重大现实问题中推进历史唯物主义的研究，彰显其在理论和方法上的独特价值。

第二节 文化转向

历史唯物主义身后各种解读、误读、补充甚至重建不断。西方马克思主义为了反驳“经济决定论”从而凸显文化实践的“文化批判”理论，开启了以“文化转向”为研究旨趣的历史唯物主义重建思潮。历史唯物主义是否真如“经济决定论”者和历史唯物主义重建论者所言，文化范畴是马克思主义（历史唯物主义）缺失的一环？答案是否定的。历史唯物主义内在地蕴含着文化要素，这是它时至今日仍得以存在和立足的基础。笔者将分析西方马克思主义重建历史唯物主义思潮中“文化转向”的得失，发掘历史唯物主义的文化向度，进而诠释文化在历史唯物主义理论中的位置和作用，为正确理解历史唯物主义中的文化要素提供理论依据。

自历史唯物主义诞生以来，文化概念就成为一个挥之不去的影子。无论是对历史唯物主义的批评者还是其赞成者而言，文化概念在其中都充当了非常重要的角色。批评者认为，历史唯物主义是一种“经济决定论”，忽视甚至抛弃了文化、精神层面的作用，从德国社会民主党内的“青年派”、第二国际修正主义伯恩施坦到俄国的“合法马克思主义者”经济派和孟什维克等都是经济唯物主义的鼓吹者，李凯尔特、科林伍德、罗素称之为机械决定论，德国哲学家、社会学家巴尔特直接称之为“经济决定论”，美国博厄斯学派甚至提出了“文化独立论”。西方马克思主义更是从总体上抛弃了马克思主义所安身立命的政治经济学批判，转向文化政治学批判。西方马克思主义为了回应现代社会的诸多矛盾，试图重建、发展马克思主义的文化理论，把文化范畴作为社会变革的催化剂，把社会变革的希望寄托在一种以精神或理论行动为基础的总体性革命的爆发。在西方马克思主义者看来，文化既是资本主义世界人们的一种“整体的生活方式”，同时也承担着“社会斗争方式”的角色和功能。断言历史唯物主义是“经济决定论”，无非是排他性地把经济看作社会发展的唯一决定性因素，忽视甚至否认文化的作用。质言之，以反对“经济决定论”的名义成为责难和“重建”历史唯物主义最为持久和最具代表性的借口。有机马克思主义同样也持类似的观点，提出了“文化嵌入论”，认为历史唯物主义否认文化的作用。在支持者看来，历史唯物主义并没有否认文化的作用，他们认为文化在马克思主义思想里面是一个不可或缺的理论范畴，它构成了马克思主义终极目标的重要价值之维。当然，支持者也指出，马克思、恩格斯对文化的论述相对较少给了反对者以口实，但这不能成为否认的理由。基于此，反对者、同情者和支持者都以文化为突破口，开始了补充、重阐和重建历史唯物主义的思潮。

一、从政治经济学批判走向文化政治学批判

回顾这股思潮，人们不禁要问：究竟西方马克思主义是如何借助文化向度来重建历史唯物主义的？这个问题的阐释在一定程度上能够让人们了解文化在这股重建思潮中所承载的角色究竟是什么以及它的出发点和价值旨趣是什么。

作为对第二国际以及所谓“经典”马克思主义的回应和反叛，西方马克思主义者主要由一群激进知识分子组成，他们怀有解放人类的梦想而投入马克思主义的怀抱。但是理论与现实的反差将西方马克思主义赶入了理论的绝境，特别是看到：俄国革命由于主体意识被激发而走向成功，工人运动在欧洲却走向失败；法西斯暴政在现代欧洲国家出现；战后“福利国家”和“富裕社会”的出现使得无产阶级革命意志弱化直至被同化，革命主体出现变化；东欧剧变、苏联解体，与西方体制的全球化态势产生强烈的反差。社会发展变化以及其对马克思主义的巨大冲击使得西方马克思主义必然走向重新理解马克思主义理论原则的路径，消除一些人将马克思主义视为“经济决定论”的负面影响。社会发展现实和西方理论研究趋势使得文化范畴站在了历史的舞台中央，“文化”一词也就成为西方马克思主义重新诠释马克思主义的制胜武器。由此，西方马克思主义从以往一种政治上的自觉走向一种文化上的自觉，从“经济决定论”走向“政治文化本体论”，从文化与上层建筑的视角来理解社会结构，先前的经济基础的视窗逐渐被遮蔽。“经典马克思主义的焦点放在经济的历史和阶级斗争的政治上面，而西方马克思主义则主要关注文化和意识形态……从整体上可以将西方马克思主义描绘为上层建筑的马克思主义。”① 由此，一条有别于以往马克思主义解读路径的范式

① MERQUIOR. Western Marxism. London：Granada Publishing Ltd.，1986：4.

出现了，其特色在于以文化批判为诠释通道，比如卢卡奇的物化批判、柯尔施的实践哲学、葛兰西的文化霸权、列斐伏尔的日常生活批判、法兰克福学派的大众文化和意识形态批判、英国的文化唯物主义等。虽然这些理论家之间存在着观点和方法上的差异和分歧，但他们有一个基本的理论出发点：为了理解和诠释现实世界，同时也是为了改变现实世界，在坚持马克思主义基本观点的同时，从自身的现实出发，解读增加了一些新的观念。观其初衷，西方马克思主义的这种诠释转向和观念增量并不是彻底否定历史唯物主义的基本原理，而是发掘和拓展历史唯物主义的理论视域及其方法论基础。这种改变的原因在于19世纪末20世纪初资本主义走向垄断阶段，西方无产阶级在各种利益的幻象中被“俘虏”，随着所谓“中产阶级”的孵化，西方社会内部阶级矛盾得到一定程度的缓和。因此，单纯的经济思维在西方马克思主义者看来，已无法适应社会发展的变化。卢卡奇对此指出：“不是经济动机在历史解释中的首要地位（Vorherrschaft），而是总体的观点，使马克思主义同资产阶级科学有决定性的区别……无产阶级科学的彻底革命性不仅仅在于它以革命的内容同资产阶级社会相对立，而且首先在于方法本身的革命本质。总体范畴的统治地位，是科学中的革命原则的支柱。”① 这里凸显出一种总体把握社会结构的思维范式，它强调在片面的经济之后还有文化政治的因素，西方社会发展也似乎证明了这个道理，即文化并非作为派生物和附属物简单地依附于经济活动，而是在社会结构和社会发展中起着不可替代作用的一种构成性要素。

在由西方马克思主义开启的这股文化政治转向进程中，西方哲学史或者人类思想史不断得以丰富。总体性范畴（无产阶级意识）、哲学实践、文化霸权与领导权斗争、乌托邦精神、大众文化批判（文化工业）、爱欲解放、总体革命、多元决定论、日常生活批判、文化唯物主义、文化研究与文化认同等新概念随之涌现，这些探索契合现实变化，深入具体地探索了文化在社会进程中的应有作用，进一步挖掘出文化与政治二者间的有机联系。总体而言，在西方马克思主义中文化批判的这种转向，是要将历史唯物主义从第二国际视野下的“经济决定论”的论调中解放出来，力图将社会看成一个复杂性的、解构性的、矛盾性的整体。

---

① 卢卡奇．历史与阶级意识．杜章智，任立，燕宏远，译．北京：商务印书馆，2017：70.

正是借助文化范畴，西方马克思主义将经济基础与上层建筑统一起来，走上了一条反驳“经济决定论”和克服马克思主义危机的思想路径。毋庸置疑，“经济分析”和“阶级分析”更多关注宏大叙事的历史规律描绘，比较疏于“文化分析”和“文化研究”。与经典马克思主义不同，西方马克思主义的理论探讨集中于文化层面，文化的辩证法取代了经济的辩证法，文化政治学批判取代了政治经济学批判。与此同时，西方社会走向消费社会，大众文化对社会大众的操作促使西方马克思主义者要适应这种变化，用“文化范式”瓦解“经济决定论范式”。凸显作为人的主体意识集大成的文化要素，就成为西方马克思主义学者改造马克思主义哲学和重建历史唯物主义的主要任务。

西方马克思主义者认为，文化向度是历史唯物主义理论缺失最为突出的视域，文化向度的消隐和缺场使得经济基础和上层建筑之间的关系呈现出一边倒的“经济决定论”趋势，社会历史的发展演变简单化、机械化。阿尔都塞曾经指出：“我的要求无非就是对马克思以及马克思主义的著作逐一地进行‘征候’阅读，即系统地不断地生产出总问题对它的对象的反思，这些对象只有通过这种反思才能够被看得见。对最深刻的总问题的揭示和生产使我们能够看到在其他情况下只是以暗示的形式和实践的形式存在的东西。”① 文化问题或者说马克思主义的文化理论就成为西方马克思主义者打破沉默、补充空白、完善缺陷的着力点。正如威廉斯所言，“文化唯物论，它是一种在历史唯物主义语境中强调文化与文学的物质生产之特殊性的理论”②。理论和现实使得马克思主义文化理论问题成为西方马克思主义一脉相承的研究主题。在强调整体性的总体性方法视域中，文化一词就成为西方马克思主义者消解“经济决定论”的关键武器，契合社会发展变迁，他们将社会实践斗争的主战场置换成文化和日常生活领域，马克思主义批判中资本逻辑被文化逻辑取代，一种全新的文化政治学批判理论从此出场了。

综合已有的研究成果可以发现，西方马克思主义与“历史唯物主义重建思潮”二者轨迹大体是重合的。在西方马克思主义者看来，当文化成为其重建历史唯物主义的启动杠杆和言说场域后，文化的内涵和外延

---

① 阿尔都塞，巴里巴尔．读《资本论》．李其庆，冯文光，译．北京：中央编译出版社，2017：25.

② 威廉斯．马克思主义与文学．王尔勃，周莉，译．开封：河南大学出版社，2008：6.

的扩展就成为他们的主要旨趣。作为“整体的生活方式”的文化，这种生活方式囊括了经济生活、政治生活和文化生活等方式。人的主体性和自觉意识的彰显，离不开政治生活，同样也离不开文化生活。从卢卡奇开始，文化主义的逻辑贯穿于西方马克思主义的思想脉络之中。在《历史与阶级意识》中，卢卡奇提出了“革命的文化主义”和“文化的共产主义”的口号和理论逻辑。卢卡奇认为，物化要彻底克服，就必须从根本上批判物化这种意识形态，因为“任何一种异化，无论其存在是何等坚实地取决于经济，但若没有意识形态的形式作为中介，它是永远都不能够得到相应的发展的，因而我们也就永远都不能够从理论上正确地、从实践上有效地克服它”①。卢卡奇赋予无产阶级的阶级意识解放自身的重大历史作用，无产阶级意识“不是个别无产者的心理意识，或他们全体的群体心理意识，而是变成为意识的对阶级历史地位的感觉”②，是整个阶级对其所处的社会历史和生产过程中特殊地位的认识。在卢卡奇看来，历史唯物主义是以“实践”为基础和中介，以“人类社会历史”（包括人类社会历史和人化自然）为自己的专属研究对象，以如何探求和获得“人的自由和价值实现”为哲学任务，它本质上是一种以“人及其实践”为基础的文化革命的哲学。柯尔施在《马克思主义和哲学》中，从一开始就定下了“基本规范”，把主观辩证法作为马克思主义的本质。在他看来，马克思主义主要是一种价值认识。因此，要克服马克思主义的危机，就必须变革以往关注点偏离人之外的世界的做法，把革命的主体——无产阶级自身作为整个马克思主义研究的重点，张扬人的主体性和激发无产阶级的革命意识即创造革命的主观条件，进一步讲就是要在意识形态领域里解决何以能够进行革命的问题。意识形态应当作为同社会中其他因素即物质因素一样的现实来看待，而当作非经济因素的附属物简单对之。没有意识形态，资本主义的物质生产关系就不能生存下去。葛兰西则提出了一个全新的“领导权”概念，认为社会主义成果与否的先决条件并不在于经济发展的必然性，而在于建立起无产阶级大众的新文化，即确立起无产阶级的新的价值观念，使他们在精神

① 卢卡奇．关于社会存在的本体论：若干最重要的综合问题：下卷．白锡堃，张西平，李秋零，等译．重庆：重庆出版社，1993：811.

② 卢卡奇．历史与阶级意识．杜章智，任立，燕宏远，译．北京：商务印书馆，2017：121.

上从从属的、消极被动的地位摆脱出来，把资产阶级在教育、新闻媒介、法律、宗教等方面推行的文化传统废除掉。葛兰西把文化表述为现实社会中一切哲学、道德宗教等等意识现象，并把这种文化上层建筑视为同经济现象一样的现实存在。他还因此用文化斗争（批判）来区分欧洲国家革命与俄国十月革命之间的差异，据此探讨了“有机知识分子”在社会革命中的担当。接下来的法兰克福学派，借助社会心理学和文化社会学的结合来研究社会问题，对文化工业及其新型控制模式进行批判。当然，法兰克福学派本身也是一个观点复杂的学派，马尔库塞从技术入手，批判了“单向度的人”；哈贝马斯指出发达资本主义的社会革命不可能源于经济危机或政治危机，而是源于“合法性危机”即“意识形态危机”；阿多诺认为，大众文化实质上是资本主义大工业生产的文化消费品，从属于交换价值的需要，使大众不经思考而予以认同进而实现思想顺从和行为上的趋同；弗洛姆认为连接社会经济基础和上层建筑的纽带是社会性格和社会无意识；萨特用他的存在主义结合马克思主义提出了总体化的“历史人学”；鲍德里亚从他的媒介理论出发构建出符号消费理论；阿尔都塞则用他的多元决定论和无主体的历史观来重构历史唯物主义。以威廉斯、汤普森为代表的英国伯明翰学派的“文化唯物主义”，把文化从“经济决定论”中拯救出来。随着“后马克思主义”的出现，德里达、福柯、利奥塔、拉克劳和墨菲等人积极地继承了马克思主义的批判精神，对西方后福特制的资本主义进行了文化批判层面的解读。

可以看到，文化范畴这条线，几乎能够串联起整个西方马克思主义的发展线路。综上所述，尽管西方马克思主义没有一个统一的理论体系，却有着一个普遍共同的思想特质，即由过去的对政治与经济二者关系的探讨转向现在的对政治与文化二者关系的探讨，或由政治经济关系的自觉向政治与文化关系的自觉转变即由政治经济学批判向文化政治学批判转变。在西方马克思主义者的理论体系中和他们的世界发展变革中，“经济决定论”和“机械反映论”已被丢进历史的垃圾堆，文化成为辩证法的中心。文化问题上升为“社会本体论”问题，文化不再是一种附属和寄生的东西，而是体现社会存在总体性的积极的构成性力量，而人及其实践的主体性则可以借助文化得以实现。特别是随着文化主义的马克思主义和文化唯物主义的出现，文化批判取代经济分析具有鲜明的政治意义，文化的物质性和生产性日益凸显。

二、被误读的历史唯物主义文化面相

哲学和文化是西方马克思主义的标签。社会变革与主体性问题成为西方马克思主义者深入挖掘历史唯物主义文化维度的重要原因，因为他们坚信以意识形态为核心的文化斗争乃是推动社会变革的前提所在。文化辩证法成为西方马克思主义一以贯之的理论基石，自始至终表明和践行着对“经济决定论”的否弃。在西方马克思主义者看来，“社会生活固然是以经济生产活动为基础的，但是这种生产活动不会是自动生成和自发进行的……在社会实践的过程中，思想观念往往显示出巨大的作用”①。在他们看来，正是因为“经济决定论”的固化理解曲解了马克思主义的革命原则，导致了庸俗马克思主义决定论的流行，使得现实政治斗争常常归于失败。西方马克思主义对现实和理论的解读不无道理，但又不完全正确，特别是对历史唯物主义的理论旨趣缺乏全面和深刻的理解。

借助现有研究能够得出，马克思、恩格斯通过宗教批判、法哲学批判、政治经济学批判和意识形态批判等理论批判的路径，创造性地对人类社会历史发展规律进行科学的唯物主义理解，从而创建了历史唯物主义。按照这一路径可以得出，马克思、恩格斯对旧的历史观的颠覆和超越是从文化层面启动和展开的。但是，从历史唯物主义创立之后的种种遭遇来看，马克思主义的文化思想或者说历史唯物主义的文化向度被诸多诠释者有意无意、明里暗里地遮蔽和漠视，经济话语和政治话语如海水般淹没了马克思主义中所蕴含的文化思想。这就不难理解西方马克思主义重建历史唯物主义的动因了。恢复马克思主义、历史唯物主义中的文化思想，发掘历史唯物主义的文化向度就成为马克思主义理论工作者的应有之责。不难发现，马克思、恩格斯在其浩如烟海的文本中，文化一词使用的频率很低，有关文化的定义在其论述中也难觅踪迹，更不用说系统的文化理论。必须澄清的是，“文化话语”和“文化思想”不可等同，“文化话语”的缺席不能否认，但是否可由此推出马克思、恩格斯“文化思想”的缺场？答案是否定的。“文化”一词在经典作

① 欧阳谦. 文化与政治. 北京：中国人民大学出版社，2012：40.

家文本中的稀缺存在，并不能说明马克思、恩格斯的理论中文化思想的缺场。辩证地看，没有蕴含文化要素的精神层面的上层建筑理念的存在，经典作家就无法合理、辩证地分析经济基础与上层建筑的科学关系，更无从谈论历史唯物主义。与诸多否认、漠视历史唯物主义文化向度的观点相反的是，根据已有的相关研究，历史唯物主义“不是由给定的理论范畴和命题构成的抽象的哲学理论体系，而是一种立根于人的实践活动的超越本性之上的理性批判与反思活动，其本身就是一种以‘改变世界’‘使现存世界革命化’为己任的深刻的文化批判精神”①。

如前所述，与其他文化学家、人类学家、哲学家、历史学家不同，马克思主义创始人并没有从一个侧面或者向度对文化进行专门研究，没有形成具体的专门化的文化理论。但这不能成为某些人否定历史唯物主义内含文化元素的缘由，这种差异恰恰表明马克思、恩格斯理解文化问题的独特方式，不是就文化而研讨文化，而是在更大的视域中来把握文化问题。“更大视域”就是历史唯物主义，那么，在历史唯物主义中，是如何理解文化、精神要素的呢？实际上，历史唯物主义的诞生与马克思、恩格斯的文化理论几乎是同步进行的。17—19 世纪的欧洲，作为近代理性主义历史观的反馈，“文化史观”开始泛滥。所谓“文化史观”，即“认为理智的发展是文化发展的原因，而文化发展的本身又构成了政治历史最主要的基础”②。康德、黑格尔、鲍威尔、施蒂纳等人正是这种史观的追随者。对此，马克思曾一针见血地指出：“所谓的文化史全部是宗教史和政治史。”③ 马克思、恩格斯对文化史观的批判以宗教批判为前提，历经法哲学批判、政治经济学批判、意识形态批判，涵盖了政治、经济、文化三大社会领域。这个进程既是马克思对文化史观的批判即他的文化理论的建构过程，也是其历史唯物主义的创建历程。马克思、恩格斯在政治、经济、文化三大领域批判的基础上，实现了对政治、经济、文化的总体性把握和诠释，探索和确立了对人类社会

① 衣俊卿，胡长栓，等. 马克思主义文化理论研究. 北京：北京师范大学出版社，2017：37.

② 库诺. 马克思的历史、社会和国家学说：马克思的社会学的基本要点. 袁志英，译. 上海：上海译文出版社，2006：170.

③ 马克思，恩格斯. 马克思恩格斯文集：第 8 卷. 北京：人民出版社，2009：33.

历史规律的科学认知，历史唯物主义得以创立。是否可以说，没有正确考量社会整体中文化的角色担当，不能全面把握政治、经济、文化三者的相互关系，就难有历史唯物主义的出场？答案是肯定的。同时，正是因为经典作家创立了历史唯物主义，以及创造性地指出现实的人及其生产劳动创造了人类的整个历史，从此人类科学地揭示出了文化的来源、本质及其发展规律以及文化在社会发展中的角色和功能。

“从前的一切唯物主义（包括费尔巴哈的唯物主义）的主要缺点是：对对象、现实、感性，只是从**客体的**或者**直观**的形式去理解，而不是把它们当做**感性的人的活动**，当做**实践**去理解，不是从主体方面去理解。”[①] 由此可见，马克思坚持以人的实践为基础来理解人的本质和人的存在，把关于文化和价值理论的反思变成关于人本身的深刻理解。人首先是自然存在物，但是，人又并非像动物一样与自然具有直接的同一性。人的生命活动即劳动是有意识的生命活动，人的感性、对象性是在劳动中产生、实现和得到确证的。“人类活动的这两个方面是相互依存的，一方面，人只有在改造自然的对象化活动中，不断地再生产‘整个自然界’，以扩展属人的对象化世界；另一方面，人也只有在这种活动中‘能动地、现实地复现自己’，以实现和提升自己的本质能力。毫无疑问，人的对象化活动的这两个方面正是文化的本质内涵所在。”[②] 在马克思看来，对象性活动的客体，是作为主体的人通过对象性活动对自然界、外部世界的占有和改造来实现的。人类创造的一切包括文化都要在人与自然的统一中展开。文化是“人化的自然”、“自然的人化”和对象化活动中介三者的有机统一体。文化作为人的本质规定性，是通过人的生存方式呈现出来的。当人的生命本质界定为“自由的有意识的活动”[③]，人的自觉性获得了对象性的表现，就使人与动物区分开了。同时，马克思又指出“环境的改变和人的活动或自我改变的一致，只能被看做是并合理地理解为革命的实践”[④]，因而人的本质“不是单个人所固有的抽象物，在其现实性上，它是一切社会关系的总和”[⑤]。显而易

① 马克思，恩格斯．马克思恩格斯文集：第1卷．北京：人民出版社，2009：499.

② 左亚文．马克思文化观的多维解读．学术研究，2010（3）.

③ 同①162.

④ 同①500.

⑤ 同①505.

见，历史唯物主义从实践及其形成的现实的社会关系出发来观察人、规定人，把历史存在本身视为人类活动的产物，作为现实社会中的人，在文化上要意识到自己是社会的存在物，是社会的主体和客体的互动统一。这就从根本上超越了自然唯物主义和历史唯心主义，历史唯物主义视野中的“物”不再是自然唯物主义中的“自然之物”，也不再是历史唯心主义视域中的“自我意识”。历史唯物主义的“物”囊括了人的本质力量的对象化和生产实践，即人类生产实践和实践活动本身以及这种活动的方式及其成果的总和。由此，历史唯物主义中的“物”之本质内涵得以凸显，是人与自然、社会的有机统一。对历史唯物主义的“经济决定论”的误读以及西方马克思主义的重建历史唯物主义思潮，二者都没能正确理解历史唯物主义之“物”的诠释。

显然，以哲学和文化问题为出发点，西方马克思主义的面纱展示在世人面前。安德森就指出，西方马克思主义“整个传统中最引人瞩目的一件事实就是：专业哲学家在其中占了压倒优势”①。由这些专业哲学家发动的历史唯物主义重建思潮遵循上述原则，以文化为重建的突破口。哲学、美学、社会学和政治学成为西方马克思主义视域中的显学，政治经济学无人问津。在重建者眼里，资本主义社会的主要危机已经由经济和生产危机向文化、生态危机转变。这也就不难理解福山的“历史终结论”、亨廷顿的“文明冲突论”为什么风靡西方世界。直到今天，所谓“有机马克思主义”者依然遵循着这一“文化”重建路径，提出“文化嵌入论”，认为人类的未来应该由一种“新的生态文明”来改变。由此推动的重建思潮，的确走出了一条有别于“正统”马克思主义的诠释和重建之路。但是不难发现，他们拥有共同的理论突破点——文化的西方马克思主义，同时也拥有一个致命的根本性缺陷——忽视资本的批判。处在历史唯物主义重建思潮中的西方马克思主义者在批判“经济决定论”的同时，从根本上也抛弃了马克思分析现代社会的资本和经济尺度，从而在根基上背离了历史唯物主义。这种抛弃和背离最为根本的原因就是：他们不想触动资本主义生产方式，而是想通过文化政治学来完善资本主义。哈贝马斯曾直白地表述道：“资本主义是由一种生产方式决定的，这种生产方式不仅提供了统治的合法性问题，而且也解决统治

① 安德森．西方马克思主义探讨．高铦，文贯中，魏章玲，译．北京：人民出版社，1981：65.

的合法性问题。”① 毫无疑问，重建论者正是秉持这个理念，从“意识研究”“语言研究”“结构研究”“象征研究”到“符号研究”，西方马克思主义者借助这些范畴理念不断深化着文化问题的研究，突出文化批判维度而忽视了经济批判维度，过分放大了资本的文化霸权功能，走向以资本主义价值预设为基本取向的文化批判路径，忽视了对晚期资本主义经济矛盾的揭示。正是长期以来对政治经济学问题研究的缺乏，导致以鲍德里亚为代表的后马克思主义者同样误入歧途，在鲍德里亚那里，生产方式的政治经济学基础也同样被观念和文化的逻辑颠倒了，“因此，就与物质生产的关系而言，对符号和文化的生产进行分析时不再将其看作是外在的、隐蔽的或‘上层建筑的’；它是作为政治经济学本身的革命而出现的，它因象征性交换价值在理论上的和实践上的介入而获得了普遍的意义”②。由此，以物质生产为基础的历史唯物主义不是对资本主义现代性的超越，相反，它是资产阶级意识形态的构成要素之一。西方马克思主义的这种文化批判和去经济化导向在修正“经济决定论”的同时，也不可避免地滑向文化主义或历史经验论的漩涡。

当然，我们不能抹杀西方马克思主义者在这股重建思潮中的贡献，他们在一定程度上深化了意识形态上层建筑的认知，开启了“文化生产”及其机制的科学认识，促进和拓展了大众文化和消费文化问题的解读，将研究的视角伸向微观的日常生活领域和复杂的社会文化问题。从某种意义上而言，这种研究取向弥补了历史唯物主义的理论空白和缺失。在这股重建思潮中，西方马克思主义在以文化为路径重建历史唯物主义的同时，打出了实践哲学口号，倡导以实践为基础的唯物主义历史观，比如葛兰西明确把自己的哲学称作“实践哲学”。它对后来南斯拉夫“实践派”和中国20世纪70至80年代“实践唯物主义”的提出起到了重要的推动作用。它颂扬人的主体性，克服庸俗的自然主义史观和社会达尔文主义历史观，批判“经济决定论”和“经济人”的形而上学的思维方法，强调人的实践性、能动性、社会性、具体性，对于深化历史唯物主义具有重大的启迪作用。它回到生活世界，在传统的经济、政

---

① 哈贝马斯. 作为“意识形态”的技术与科学. 李黎，郭官义，译. 上海：学林出版社，1999：54.

② BAUDRILLARD J. For a Critique of the Political Economy of the Sign. New York：Telos Press Ltd.，1981：130.

治思维范式之外，确立起一个新的重要视域，来度量政治、经济的合法性和正确性。相对于经典作家对历史规律的宏大叙事，生活世界是对人的微观世界的张扬，它也是文化视角的一种延伸和深化。

三、历史唯物主义的文化向度

由是观之，无论是从西方马克思主义以文化为路径的重建思潮来看，还是从整个西方马克思主义的发展乃至后马克思主义的发展轨迹来看，马克思主义越来越表现出一种理论与实践脱节的面相，“物”的色彩越来越模糊，学院化、学究色彩日益明显。西方马克思主义对待“正统”马克思主义矫枉过正，往往走向了“经济决定论”的另一面即主观主义和唯心主义。这就要求我们正确对待这种倾向。由此，一个重要的问题就浮出水面，马克思是如何将文化批判和经济批判契合在理论体系中，换言之，历史唯物主义是如何内在地包含了文化理念、文化批判，又是如何超越这种文化进化论和历史经验论，从经济路径对资本、生产方式进行批判，为人类指明了发展的方向。接下来要讨论的问题就是：文化向度是否存在于历史唯物主义理论中？历史唯物主义究竟有无文化向度以及是如何阐释的？这是近年来学术界一直都在关注的问题。这个问题的解答既关系到历史唯物主义的理论解释力，也是对一直以来西方马克思主义或者说西方学者对历史唯物主义文化漠视论、缺失论的回应。

有别于以往的“神话史观”“文化史观”“英雄史观”“环境决定论”，历史唯物主义认为，在纷繁复杂的历史现象、历史要素和历史活动中，物质资料生产即经济活动处于首要的、基础性的地位，它影响并决定着其他活动与要素。在《〈政治经济学批判〉序言》中有一段经典论述，充分体现了以上思想。这段话对经济基础与上层建筑的关系进行了归纳：“人们在自己生活的社会生产中发生一定的、必然的、不以他们的意志为转移的关系，即同他们的物质生产力的一定发展阶段相适合的生产关系。这些生产关系的总和构成社会的经济结构，即有法律的和政治的上层建筑竖立其上并有一定的社会意识形式与之相适应的现实基础。物质生活的生产方式制约着整个社会生活、政治生活和精神生活的过程。不是人们的意识决定人们的存在，相反，是人们的社会存在决定人们的意识。……随着经济基础的变更，全部庞大的上层建筑也或慢或快地发生变革。”① 在这段马克思主义历史观的经典表述中，马克思确立了经济基础的决定性地位，并凸显出生产方式即经济基础对整个社会发展的决定性作用。马克思在这里提出这样一组概念：物质生活的生产方式制约着的社会生活—政治生活—精神生活。于是，人们就形成并固化出这样一种逻辑关系：经济基础决定上层建筑，上层建筑决定思想文化建筑，即不是社会意识决定社会存在而是社会存在决定社会意识，不是意识决定生活而是生活决定意识。

众所周知，“经济唯物主义”“经济决定论”随着这种固化的理解而发展起来，从德国社会民主党内的“青年派”到第二国际伯恩施坦、考茨基，从俄国的“合法马克思主义者”经济派、孟什维克等经济唯物主义的鼓吹者到持“经济决定论”观点的德国哲学家、社会学家保尔·巴尔特，无一例外都是对马克思历史唯物主义“经典论述”的片面解读的后果。这些“机械经济决定论”者将历史唯物主义歪曲为片面强调经济基础的决定作用而漠视上层建筑反作用的“线性历史决定论”。将历史唯物主义还原为经济唯物主义或“经济决定论”，无疑与理论旨趣相违背，也对马克思主义产生了相当坏的影响和危害。如果回溯马克思历史观的形成过程，就不难正确理解马克思这段话的真正含义所在。马克思历史观的产生离不开他对黑格尔哲学的批判，尤其是与对黑格尔的法哲学的批判密不可分。马克思批判了黑格尔关于国家规定家庭和市民社会的思想，“家庭和市民社会把国家作为自己的‘内在目的’来对待”②。通过进一步论述，马克思指出“受到迄今为止一切历史阶段的生产力制约同时又反过来制约生产力的交往形式，就是市民社会”，并认为“这个市民社会是全部历史的真正发源地和舞台”③。直到在经典论述中，马克思简明扼要地论述了经济基础与上层建筑的关系。不难发现，马克思正是在批判黑格尔法哲学的过程中形成有关经济基础和上层建筑关系的论述，并没有经历和涉及对社会经济领域的全面深入解析，这是马克思从法哲学出发来建构自己关于政治国家和法哲学的关系理论，进而来解读社会结构理论。直到1857—1858年，马克思都没有深入、系统地

① 马克思，恩格斯．马克思恩格斯文集：第2卷．北京：人民出版社，2009：591-592.

② 马克思，恩格斯．马克思恩格斯全集：第3卷．2版．北京：人民出版社，2002：8.

③ 马克思，恩格斯．马克思恩格斯文集：第1卷．北京：人民出版社，2009：540.

研究过资本主义生产关系。因此，此时马克思有关经济基础与上层建筑的论述更多的是回应当时资产阶级社会国家和市民社会相分离以及黑格尔的国家观，只是进行总体概括性阐释，进一步的研究还有待于政治经济学的分析。因此，马克思指出，“我的研究得出这样一个结果……对市民社会的解剖应该到政治经济学中去寻求”①。所以，有关经济基础与上层建筑的关系的论述还需要通过对资本主义生产关系的深入分析加以深化，这个过程是动态的。经典作家显然意识到这个问题，随着研究的全面和深入，马克思、恩格斯都非常注重考察经济以外的因素在历史中的作用。1890年，恩格斯在给约瑟夫·布洛赫的信中就指出：“根据唯物史观，历史过程中的决定性因素归根到底是现实生活的生产和再生产。无论马克思或我都从来没有肯定过比这更多的东西。如果有人在这里加以歪曲，说经济因素是唯一决定性的因素，那么他就是把这个命题变成毫无内容的、抽象的、荒诞无稽的空话。”② 后来，恩格斯在给瓦尔特·博尔吉乌斯的信中进一步明确了这个观点：“政治、法、哲学、宗教、文学、艺术等等的发展是以经济发展为基础的。但是，它们又都互相作用并对经济基础发生作用。这并不是说，只有经济状况才是原因，才是积极的，其余一切都不过是消极的结果，而是说，这是在归根到底不断为自己开辟道路的经济必然性的基础上的相互作用。”③ 伯恩施坦看到这一点，他说：“历史唯物主义根本不否认政治力量和思想意识力量的自在运动，它只是反对把这种自在运动绝对化，并且指出，社会生活的经济基础的发展——生产关系和阶级发展——对这些力量的运动所发生的影响是较强的。”④ 在伯恩施坦看来，经济因素、政治制度和意识形态因素、文化因素都起作用，不过经济因素作用更大而已。卢森堡这样评价历史唯物主义：“至于他全部学说中最有价值的部分，即辩证唯物史观，就我们所知，它不过还是一种调查研究的方法和一些卓有见地的思想而已。这种思想使我们约略见出一个崭新的世界，给我们展示出了进行独立活动的远景，激励我们勇敢地跃入那尚未探明的天地。”⑤

---

① 马克思，恩格斯．马克思恩格斯文集：第2卷．北京：人民出版社，2009：591.

② 马克思，恩格斯．马克思恩格斯文集：第10卷．北京：人民出版社，2009：591.

③ 同②668.

④ 殷叙彝．伯恩施坦读本．北京：中央编译出版社，2008：227.

⑤ 所罗门．马克思主义与艺术．王以铸，杜章智，林凡，等译．北京：文化艺术出版社，1989：156.

如何来理解这个“尚未探明的天地”，正如卢森堡所言，这是理论发展和社会现实发展的必然之选，这也正是西方马克思主义者重建历史唯物主义，进行“文化转向”和“文化批判”的重要因素。

在批判费尔巴哈的“半截子唯物主义”中，马克思、恩格斯创建了新的唯物主义，实现了自然与历史的统一，承认人的实践活动是自然和人类社会发展中的“第一个历史活动”，人类实践活动是整个历史的源泉和基础。任何社会规律都是在作为历史主体的人有意识的、有目的的活动参与中构建出来的，不会自动出现和生成。任何实践活动的进行如果没有一定形式的文化参与最多是一种毫无价值的盲目的实践活动，作为历史创造者的历史主体——人，通过人的生存方式表现出来的文化，决定了人类的实践活动必然会走出盲目、盲从的状态，因为一定样态的文化元素是人的个体性存在、社会历史发展无法舍弃的要素和环节。正是如此，马克思等超越了费尔巴哈有关人是自然产物的论断，抛弃了“自然之物”，创造出“历史之物”，即一种处于社会历史发展进程中的“物”，新的唯物主义历史观——历史唯物主义才得以诞生。如前所述，文化是人和社会历史发展不可或缺的要素，历史又是人的历史，更是人的充满主动性、实践性、创造性的历史。作为社会存在的“历史之物”，正是内含精神文化等属人要素的人的积极主动的实践过程。在马克思他们看来，文化从一开始就是并永远是社会生活的产物，“只能是被意识到了的”人们的“实际生活过程”，是随着人们的社会生活的变化而不断变化的。这种文化认知不仅是唯物主义的，而且是辩证生成的，“在再生产的行为本身中，不但客观条件改变着……而且生产者也改变着，他炼出新的品质，通过生产而发展和改造着自身，造成新的力量和新的观念，造成新的交往方式，新的需要和新的语言”①。因此，人的文化发展及其形态的变更是随着人类生产实践的发展而不断发展。正如卢卡奇所言：“马克思要求我们把‘感性’‘客体’‘现实’理解为人的感性活动。这就是说，人应当意识到自己是社会的存在物，同时是社会历史过程的主体和客体。”② 这恰恰为后来卢卡奇注重总体性视域，要求激发无产阶级革命意识等精神文化要素埋下了伏笔。

---

① 马克思，恩格斯．马克思恩格斯文集：第8卷．北京：人民出版社，2009：145.

② 卢卡奇．历史与阶级意识．杜章智，任立，燕宏远，译．北京：商务印书馆，2017：64.

前面已经分析过，马克思关于历史唯物主义的经典论述有其特定指向。马克思针对当时人类所遭受的资本主义社会这个异化环境论述了经济基础对上层建筑的决定作用。只有在以物的依赖关系为主的社会形态中，“决定”才会体现为严格的、强制的作用方式，文化仅仅作为经济发展的伴随现象，起着一般性反作用。在资本主义异化条件下，社会经济形态的发展是一个“自然历史过程”，“这个过程不是在自觉意识的控制下完成的，而是作为一种自然的过程实现”①。随着人类知识的积累和文化自觉的提升，这种自然过程会被逐渐改变，先进文化对人类社会发展所起的作用会越来越明显。因此，历史唯物主义从来就没有在一般意义上说经济基础决定上层建筑，而是特指资本主义异化阶段；相反，它看到了文化等上层建筑对经济基础的能动的反作用的条件和必然趋势。马克思看到了文化对经济基础的反作用，但又反对夸大文化作用，批判“唯心主义文化史观”的文化决定论。他指出：“如果从观念上来考察，那么一定的意识形式的解体足以使整个时代覆灭。在现实中，意识的这种限制是同物质生产力的一定发展程度，因而是同财富的一定发展程度相适应的。”② 当然，理论本身的高度概括性也给错误解读和重建思潮提供了口实，恩格斯晚年在有关历史唯物主义的书信中对上层建筑与经济基础的关系进行了有益的补充说明，认为“这里没有什么是绝对的，一切都是相对的”③。

不难发现，“文化”始终是历史唯物主义理论内容的重要组成部分。马克思的历史唯物主义并非所谓的“经济决定论”，经典作家在理论创建中没有对文化精神领域进行专门研究，但是在存在论的意蕴上为理论的诠释和展开奠定了思想基础。正是历史唯物主义的这一文化底蕴使得理论本身具备了与实践主体和时代俱进的品质。这一品质的存在无论是对理解历史唯物主义还是对当下文化建设都具有重要意义：既正视文化的存在价值又避免文化理解滑向观念论的唯心主义路线。

历史唯物主义的发展是一部不会终结的历史。人类创造历史又不断加深对历史的认知。与此同时，历史唯物主义的诠释和解读也在持续进

---

① HEIMER M H . Materialismus und Moral，Zeitschrift für Sozialforschung，1933：2(2).

② 马克思，恩格斯. 马克思恩格斯文集：第 8 卷. 北京：人民出版社，2009：170.

③ 马克思，恩格斯. 马克思恩格斯文集：第 10 卷. 北京：人民出版社，2009：601.

行。人类的文化自觉、知识积累及视野不断拓展，人们对现实和理论的认知深度与日俱增。人们对文化、精神的追求更是不可同日而语，文化软实力的影响已深入人心。西方马克思主义基于文化向度的考量，开启了历史唯物主义重建的思潮。它除了是对经典理论的诠释，更是时代现实呼唤理论的产物。这股重建思潮无疑在现实层面呼应了大众对精神、文化层面的需求，也在一定程度上深化了对理论的认识，具有积极意义。但不可否认的是，历史唯物主义自身所蕴含的文化要素以及所体现出来的文化等上层建筑与经济基础之间的辩证关系，是理论时至今日得以立足的基础。虽然以文化为基础的重建论者由于放弃了资本批判最终不免走向失败，但这种努力已足以让我们明白：文化不仅仅是一种理想性的精神存在，还是一种现实的物质力量；它不仅仅是一种武器批判，还是一种批判的武器；它不仅仅是一种整体的生活方式，还是一种日常的斗争方式。中国特色社会主义文化建设应该积极吸收这些营养元素，真正构建出一种既能从精神层面影响大众，又能从行动层面推动大众去改变社会的文化样态。人类已进入 21 世纪，这是一个文化、理论空前自觉的时代。曼海姆曾指出，在今天“我们所有的科学（除自然科学外）都已成为文化的科学，而我们所有的哲学则都已变成文化的哲学”①。文化自觉、文化理论建构成为每个国家的不懈追求。在发达资本主义国家内部，一些思想家对发达社会背景下西方理性文化危机及其后果进行全景式的文化批判。人类的文化建设实践和历史进程进一步丰富了马克思主义文化理论，彰显出历史唯物主义的当代价值。在全球化时代，在 21 世纪进一步发展和丰富历史唯物主义理论，凸显其文化向度就成为发展 21 世纪中国马克思主义的重要任务。

第三节　空间转向

历史唯物主义空间转向思潮大体上是顺应晚期资本主义发展变化，回应西方学者对生产主义的质疑和西方批判理论逻辑演进的产物。历史唯物主义空间转向为我们提供了解码资本主义矛盾危机的新视窗，孵化

① 曼海姆. 文化社会学论要. 刘继同，左芙蓉，译. 北京：中国城市出版社，2002：11.

出了反抗资本主义的新力量，在一定程度上丰富和促进了对历史唯物主义的阐发。但据此认为历史唯物主义空间缺场值得商榷。事实上，马克思及其继承者始终保持通过空间视域的管道，在现实的生产逻辑和社会关系中来诠释“空间”，空间维度内嵌于现实逻辑中。因而对历史唯物主义的当代诠释必须契合资本主义历史和当代现实，而不是以纯粹的逻辑来断言马克思空间思想的缺场，也不是简单地从时间走向空间，用空间本体论来取代生产逻辑、资本逻辑。

一般说来，历史与时间理应成为马克思解析资本奥秘和阐释人类社会发展之合规律性即自然历史过程的基本工具。但是，以“社会存在”这一全新范畴为基石的新世界观中的“社会—空间”维度却在不经意间被遮蔽和忽视。在传统解读中，空间的社会属性常常被主导性的历史叙事逻辑所遮蔽，时间优先于空间成为叙事主题，这种叙事方式就日益成为西方马克思主义和西方批判理论的关注焦点。正如福柯所言：“从康德以来……空间遭到贬值，因为它站在阐释、分析、概念、死亡、固定还有惰性的一边。”① 20世纪下半叶这种情况开始转变，“空间”作为一个被忽视的范畴和领域被重新提出，哲学社会科学领域出现一股“空间转向”思潮。由列斐伏尔、哈维、苏贾等人基于资本主义社会结构的事实的判断，认为在资本主义社会中，“物质生产”的地位已被“空间生产”所替代，“空间资本化”“时空压缩”“地理不平衡发展理论”甚至“空间本体论”等纷纷登上理论舞台。这股思潮影响颇大，历史唯物主义的当代阐发无法回避它。

一、空间转向的肇始

空间这个以往被忽视的范畴和领域在社会演进中重新浮出水面，成为诸多学科、诸多学者的关注对象，对空间问题的聚焦催生了一种新的理论转向——“空间转向”。“空间转向”与“语言学转向”“文化转向”“后现代转向”一道成为20世纪后半叶西方社会科学知识和政治发展中的重要事件。众多学者投身其中，从列斐伏尔的“空间生产”、苏贾的“第三空间”到詹姆逊的“后现代空间理论”，从福柯的“异质空间”到哈维的“时空压缩”，都影响和改变着当代西方批判理论走向。上述学

① 包亚明．权力的眼睛：福柯访谈录．严锋，译．上海：上海人民出版社，1997：152－153．

者从历史唯物主义对时间维度的偏好出发得出空间缺场的论断，而且这股空间转向思潮很大程度上又与历史唯物主义的重建、重构密切联系在一起。当然，“空间转向很难是一些象牙塔里知识分子的杜撰。这种社会思想的变化更多反映了当代世界中更加广阔的经济、政治和文化的转型”①。除了理论自身发展需求之外，空间转向有其深刻的时代背景和境遇。

首先，它是晚期资本主义社会政治经济发展的产物。在晚期资本主义社会，生产过剩、过度积累这些资本主义生产方式自身无法消除的问题成为统治者和理论家必须面对和力图解决的问题。国家层面的宏观政策调控和“时间上的转移”成为当时资本主义政府和学者们能够提出的解决方案。比如凯恩斯主义，即依托新的调节方式与国家管理新策略来配合福特主义生产，延缓资本过度积累的危机和消解资本主义生产的非理性要素，来推动资本主义的经济社会发展。列斐伏尔和哈维等学者认为“资本的第二循环”即利用时间补救的方法并不能彻底地解决晚期资本主义社会过度积累危机，只能相对延缓和推迟危机的到来。特别是随着福特主义与凯恩斯主义结合的效用逐渐减弱，通货膨胀、滞胀、财政危机等一系列社会问题接踵而来，一种新的生产模式即“弹性生产”开始取代福特制的大规模生产。作为一种全球性生产体系，基于运输与通信成本降低基础上的“弹性生产”，跨越空间与地域的时间大为缩短。这种改变表明晚期资本主义生产形式与管理方式的改变推动资本积累模式也开始改变，资本主义生产实现所谓“灵活积累”。哈维将这种由于运输与通信成本降低而产生的全球生产过程中周转时间的缩短和空间范围的缩小称为“时空压缩”。由于时空压缩机制在资本主义生产中的出现和不断践履，空间问题的重要性日益突出，空间转向由此衍生。作为资本第三次循环的“空间生产”与“不平衡的地理发展”有效缓解了资本中过度积累这个内在矛盾以及资本主义世界经济危机。列斐伏尔、苏贾等学者就认为“空间”已成为当代资本主义得以延续存在和发展的主要原因。哈维甚至认为：“如果没有内在于地理扩张、空间重组和不平衡地理发展的多种可能性，资本主义很早以前就不能发挥其政治经济系

① BARNEY，WARF，SANTA. The Spatial Turn：Interdisciplinary Perspectives. New York：Routledge，2009：4－5.

统的功能了。”① 如此看来，晚期资本主义经济发展生产运行模式的转变是列斐伏尔、哈维等学者提出历史唯物主义在当代发生空间转向的根本原因。资本主义正是借助空间生产找到了新的资本增殖路径，将危机转移到其他地方。这也就不难理解为何资本主义在丧钟已敲响一个多世纪之后依然能相对平稳繁荣。

其次，回应对“生产主义”的质疑、解构，以此化解自身理论困境。大家知道，历史唯物主义空间转向的开启既顺应了晚期资本主义经济发展与后工业时代文化境况，同样是因理论自身的需要而建构的。面临晚期资本主义经济政治文化发展的转变，西方学者反应不一。以哈贝马斯、吉登斯、鲍德里亚等为代表的学者们认为，伴随消费社会的来临和非物质性生产（信息、服务等）的增加，马克思所强调的生产的基础性地位在晚期资本主义社会中日渐削弱，以生产主义著称的历史唯物主义就无法诠释这些新问题、新发展。由此，哈贝马斯等人认为，“生产力与生产关系”的经典诠读范式日渐式微，劳动生产在社会中的基础性地位已发生改变。生产范式无法承担原有任务，历史唯物主义的重建不可避免。以上学者的理论内核可能不一，但出发点是相同的，即质疑和解构“生产主义”，试图否认“生产方式”的基础性地位，试图消解历史唯物主义的根基。正是面临这种试图从根基上消解历史唯物主义的现象，列斐伏尔、哈维等人依然强调生产的基础性地位，坚信“资本主义生产方式的基本规律继续在历史的一地理的发展中作为一种不变的塑造力量在起着作用”②，提出“空间生产”概念，将“历史叙事空间化”。列斐伏尔就认为，资本主义经济发展的重心正从“物质生产”开始向“空间生产”转变，进而引起资本积累方式的变革，“占有空间并将空间整合进资本主义的逻辑是资本主义得以存续的重要手段”③，空间生产与不平衡的地理发展成为资本增殖的新来源，空间资源的争夺和拓展已成为当代资本主义转嫁资本过度积累危机、维系资本主义生产关系再生产的主要路径和方式。空间生产“就是作为一个整体的资本主义制度借

---

① 哈维．希望的空间．胡大平，译．南京：南京大学出版社，2006：23．

② 哈维．后现代的状况：对文化变迁之缘起的探究．阎嘉，译．北京：商务印书馆，2013：161．

③ LEFEBVRE H. The Survival of Capitalism：Reproduction of the Relations of Production. Trans by Frank Bryant. London：Allison Busby，1976：85.

此有能力通过维系自己的规定结构延长自己的存在的诸过程”①。空间生产在一定程度上就拓展了历史唯物主义有关生产力与生产关系的“空间”，将以往聚集于物质领域的生产拓展到空间领域，而空间本身也成为被生产的对象。这就从理论自身的发展上回应了对历史唯物主义的各种曲解和诘难，拓展了生产的内涵，在一定程度上承认和恢复历史唯物主义的生产逻辑解读模式。由此，哈贝马斯等人对“生产主义”的质疑就不攻自破。

最后，空间批判成为推动西方社会批判理论的主要路径。西方社会批判理论视角的转变与西方马克思主义关注现实和反思马克思主义紧密联系。从关注阶级斗争、文化批判、技术理性批判再到晚期资本主义空间批判，它们成为包括西方马克思主义者在内的西方学者的理论切入点。直到哈维等人建构的历史—地理唯物主义走上理论舞台，西方马克思主义社会批判理论也开启了空间转向的批判视角，两者几乎同步而行。向空间批判视角的转变也意味着西方马克思主义向政治经济学批判的回归。因为“空间不是一个被意识形态或者政治扭曲了的科学的对象；它一直都是政治性的、战略性的”② 社会经济关系、政治关系的汇合，空间生产与重组本质上就是各种生产关系与社会关系的映现和再生产。空间资本化的进程本身也就是资本主义生产关系的再生产过程。以空间批判为视角，基于剥削形式、生存模式、统治方式等视域的变化，西方马克思主义者开启了资本主义的空间批判。具体来说，剥削对象由无产阶级逐渐向落后、不发达国家与地区转变，剥削领域由过去的劳动力向原材料、能源、金融以及生态马克思主义者批判的“生态灾难”等领域转变，空间生产则演变为当代资本主义资本积累的主要形式而成为资本主义剥削的新形势；空间的同质化、资本化逐渐导致当代人同质化存在这种异化新生存模式；空间与消费主义成为维持现代社会统治的“共谋”即传统的“强权统治”转变为“控制”。不难发现，空间批判已触及资本主义社会政治经济的深层次问题，从早期“规训空间”对个体的管理与控制到空间对日常生活的影响和介入，直到现在成为新的剥削方式、新“异化”现象和

① 苏贾. 后现代地理学：重申批判社会理论中的空间. 王文斌，译. 北京：商务印书馆，2004：139.

② 列斐伏尔. 空间与政治. 李春，译. 上海：上海人民出版社，2015：37.

“控制”同谋，“人们越来越清楚地发现，在历史唯物主义以及更广泛的批判理论框架中引入空间，这并不仅仅是简单的增量变化”①，更意味着人们从空间视角进行资本主义社会批判的深化和拓展，即空间批判成为西方马克思主义者审视和反思资本主义社会新的主要视角。以列斐伏尔、哈维和苏贾等为主要代表的新马克思主义思想家将空间纳入历史唯物主义理论框架，紧扣资本主义发展变化，将西方社会批判理论推进到一个新的理论境界即社会空间批判理论，从而也为他们对历史唯物主义展开新的解读提供了理论支撑。

由是观之，由列斐伏尔等人开启的历史唯物主义空间转向，回应了西方学者对历史唯物主义的质疑和责难，一定程度上呼应了马克思有关物质生产在社会中的基础性地位的论说，也为西方马克思主义的社会批判理论提供了新的视角，即从以技术理性为核心的“文化批判”向以资本逻辑为内驱力的“空间生产批判”转变，促使西方社会批判理论向马克思的“原本”批判——政治经济学批判回归。这种回归实质上代表着政治经济学批判在当代西方社会批判理论界的回归。由此“提出了一条通往后现代世界的马克思主义的途径……在后现代世界中开始的断裂赋予马克思主义理论以一种更新或重建的可能性”②。这种更新和重建无疑体现在对历史唯物主义的解读上，历史-地理唯物主义就是这种解读的产物。在此建构过程中，历史-地理唯物主义者依托马克思有关资本本性以及资本内在否定性的界定，揭示出晚期资本主义空间资本化的内在悖论以及由此导致资本主义总体性危机和全球化空间重新界定，从而使得资本主义空间批判问题与解放政治问题达成有机联系。由此可以得出，历史唯物主义空间转向从形式上遵循了生产逻辑与资本逻辑运行规律，在一定程度上实现了对马克思主义的建设性和创造性发展及自我革命，这种发展、建构以及理论的自我革命无疑是对诸种诘难有理有据的回应。

二、建构与解构共存

显而易见，空间问题在历史唯物主义阐发中的地位不可替代。西方

---

① 苏贾. 后现代地理学：重申批判社会理论中的空间. 王文斌，译. 北京：商务印书馆，2004：69.

② 瑞泽尔. 后现代社会理论. 谢立中，译. 北京：华夏出版社，2003：237.

社会批判理论的演进以及西方马克思主义者对历史唯物主义的解读都证明了这点。历史唯物主义空间转向更是将历史唯物主义与空间问题凸显出来。当哈维等人以历史地理唯物主义来回应对历史唯物主义的质疑和重构，用空间生产、空间正义、时空压缩等范畴来进行理论的重建时，在马克思理论中隐性存在的空间范畴得到进一步的丰富和拓展，但"生产"的基础性地位在一定程度上依旧被承认。总体而言，历史唯物主义空间转向深刻揭示了空间生产和空间资本化在推动资本主义社会发展和延缓其生存危机的同时，依然摆脱不了生产逻辑和资本逻辑的制约，并不断激化固有矛盾和衍生新矛盾，塑造新的反抗力量。因此，我们要全面、辩证地审视历史唯物主义空间转向，厘定其理论与实践经验得失。

历史唯物主义空间转向从空间视角丰富和推动了历史唯物主义的发展。20 世纪中期开始，西方一些学者从方法论和基本内容两个维度着手重建历史唯物主义，认为马克思主义的生产范式无法诠释资本主义的新变化、新问题。列斐伏尔等学者对生产的基础性地位给予了不同程度的确认，并拓展了生产的内涵，但认为"空间生产"已取代"物质生产"成为晚期资本主义的生产基础，资本主义生产已走向一个不断超越地理空间限制和空间不断自我生产的全球性生产。显然，相关学者将空间要素抬到了一个非常高的位置。列斐伏尔就从全球化、城市化和日常生活三个层面对资本主义空间问题展开了阐述。他认为生产关系本身就是一种社会空间，用空间融进马克思的历史辩证法，建构出"时间—空间—社会"的三元辩证法，力图打破传统历史辩证法囿于历史性、历史时间以及与此相关的时间性结构，将空间生产与社会形态的演进置于一种根本的内在逻辑中。这也是他们对传统左派有关时间优先于空间之偏好的回应。哈维则认为"历史唯物主义由于明显倾向于对历史变革的研究而忽略了资本主义是如何生产自己的地理学"①，因而有关"空间生产"与资本主义生产方式辩证联系的分析在历史唯物主义的理论框架中必须得到阐述，哈维由此将历史唯物主义升级为"历史—地理唯物主义"，并进一步提出"不平衡地理发展""时空压缩"等理论来丰富资本主义空间批判的视角。哈维的历史—地理唯物主义既吸收了历史唯物主

① HARVERY D. Consciousness and the Urban Experience. Oxford：Basil Blackwell，1985：8.

义方法论，更是对资本积累空间布局的必然体现的理论化概括和总结即“资本积累的全球历史地理学”。其“时空压缩”思想源于马克思关于资本本性在于“用时间消灭空间”的判断，力图在“弹性积累”与“后现代主义文化样态”中搭建桥梁来更深刻地呈现资本主义的新变化，揭示生活于空间生产中的“我们在始终存在与资本主义动力之核心的通过时间消灭空间的过程之中”①。不平等地理发展与时空压缩等空间生产理论成为资本积累的新鲜血液，“空间生产”则成为资本主义得以延续的根本力量。这也成为空间转向发生的根本依据。质言之，历史唯物主义空间转向在一定程度上促进了历史唯物主义的阐发，将当代剥削形式的变化与现代人的存在状态的新异化、空间资本化与空间生产的界限深刻展示出来，揭示了空间生产对于资本主义的作用，它只能延缓但不能阻断资本主义走向灭亡的步伐。

历史唯物主义空间转向为解码资本主义矛盾危机提供新视窗。秉持政治经济学批判的基本原则，这股思潮着手对资本主义空间生产内在矛盾机理的阐发，力图以此来找寻达成解放路径的内在动力。“资本主义生产的真正限制是资本自身”②，在这个逻辑规律中，空间生产也必然遭遇自身的界限与危机。资本无限的扩张性与空间资源的有限性矛盾日渐尖锐，而资本主义基本矛盾在空间生产视域中充分得以呈现和践行，内含基本矛盾的空间生产必将导致空间自身乃至资本主义社会的整体性危机。随着不平衡的地理发展加速，全球贫富两极分化加剧，发达国家与落后国家、城市与农村、发达区域与落后区域、富人区与贫民窟之间矛盾不断激化，“空间殖民化”现象必然恶化空间生产与城市社会生活空间矛盾，导致城市空间危机反复出现。另外，在列斐伏尔等人看来，“空间”也成为统治的工具。空间作为资本增殖的新载体，开始取代企业、厂房成为资本主义生产关系新的生产地点，从以往的消费与实用空间向生产与交换空间功能转变。于此，资本借助上述系列空间生产运作来巩固和维系资本主义生产体系和制度。资本主义空间生产还利用对“日常生活”空间的管控，将“日常生活”空间变为一个组织化的可操控的领域，大众只能被动接受并生存于其中。福柯就认为：“空间是任

① BAUMAN Z. Ethics of Individuals，The Canadian Journal of Sociology，2000，25(1)：83.

② 马克思，恩格斯．马克思恩格斯文集：第7卷．北京：人民出版社，2009：278.

何公共生活形式的基础。空间是任何权力运作的基础。”① 空间就成为现实权力对社会制度进行排他性安排的场域，对现实的批判与对现实的维护在这个场域中不断酝酿激荡。列斐伏尔进一步指出，城市作为决策的中心和利益的发源地，将会成为未来“城市革命”的主体发源地，而资本操控下的主要城市空间则会作为主要的反抗阵地。据此，空间就成为剥削与被剥削、欺凌与反抗的新场域。“今时更甚以往，阶级斗争介入了空间的生产。……只有阶级行动能够制造差异，并反抗内在于经济成长的策略、逻辑与系统。”② 空间不再是一个中立的物质环境，而是有意识、有目的地被建构出来，“事实上也开始成为众多矛盾丛生之地”③。这个新的矛盾丛生地——空间就成为透析资本主义矛盾的新视窗。热兰尼指出：“列斐伏尔作品的意义在于，它凸显了空间在社会关系中的作用，并提供了一个理论与范畴基础，其他社会理论家发现，以此为基础和路径可以分析、研究空间对社会关系的重要性，并通过空间发现社会关系的形态。”④

空间成为孵化孕育反抗资本主义的新力量的场域。从空间和社会关系来诠释当代社会的学者，往往持激进的、左派的批判性态度，从列斐伏尔、哈维到苏贾等学者无一例外，他们曾经或至今仍被称为马克思主义者。他们通常都承认历史发展的内在目的性与过程性，人的全面发展与社会的健全状态应是历史的最终旨趣。这个旨趣的实现需要进步阶级、阶层不断突破、不断努力。在空间生产的推动下，社会动荡和危机以及新的抵抗力量在空间不平衡发展中持续酝酿。城市化不断制造新的城市构成，如城市化中丧失土地的农民、失去工作的工人、激进的学生、被无产阶级化了的小资产阶级、流浪汉等，他们注定成为空间资本化不断被重构、肆意被重组的一方，在“资本主义现实政治实践的舞台”即空间中不可避免地成为空间资本化的弱势群体和被剥夺者。作为

① 福柯，等. 空间、知识、权力：福柯访谈录. 陈志梧，译//包亚明. 后现代性与地理学的政治. 上海：上海教育出版社，2001：13-14.

② 列斐伏尔. 空间：社会产物与使用价值. 王志弘，译//包亚明. 现代性与空间的生产. 上海：上海教育出版社，2003：50.

③ LEFEBVRE H. The Survival of Capitalism：Reproduction of the Relations of Production，Trans by Frank Bryant. London：Allison Busby，1976：85.

④ ZIELENIEC A. Space and Social Theory. London：SAGE Publications Ltd.，2007：93.

空间生产和城市的管控者“明目张胆地把贫民赶到越来越坏、越来越挤的角落里去”①，许多都市穷人区的环境已经沉沦到“会使成年人堕落，使儿童毁灭”② 的接近野蛮退化状态。阶级对立愈来愈尖锐，“工人阶级和普罗阶级（和它并不是同时产生的），被卷入了时代、历史和它们自己的历史的矛盾中，同样被卷入了空间的矛盾中”③。与此同时，资本主义空间生产、资本化在不断孵化同质化空间以及制度化、程序化空间秩序，人之存在的“单向度”现象不断挤压和操控大众生活。空间的掠夺性使存活于其中的人们丧失了安全感，于是，“很多中产阶级者开始将保卫领土、国家和传统作为武装自己，对抗掠夺性的新自由资本主义的工具”④，开始形成种族主义、民族主义浪潮和反全球化运动，形成构建一个发挥国家、地区和地方特色的空间的主体力量。同时，“传统意义上的殖民地已经不存在了，然而，都市的半殖民主义已经出现了。它将一些农村人、大量的外国工人、属于工人阶级或者知识分子的大量法国人，都纳入到这些中心的支配之下。所有这些人，通过各种各样的方法，受到了一种集中的剥削”⑤。新的社会反抗阶层在这种剥削中不断被孵化出来。因此，无论是“地方空间差异重塑”还是“捍卫城市正义和权力”，在实践中都要对抗空间生产，即使“这可能会招致那些欲望最终被挫败的危险。但那无疑好过屈服于新自由主义的退步乌托邦理想、胜过生活在畏缩和消极的忧虑之中以及根本不敢表达和追求替代欲望”⑥。

总体而言，历史唯物主义空间转向从空间视角以独特的哲学思考方式深刻回应了晚期资本主义社会重要关注，提供了一种解码资本主义的新颖方案，较好地传承和张扬了马克思主义批判精神。争议也随之而来。它试图用空间的历史分析代替历史的空间分析，以空间生产代替物质劳动生产，用空间政治经济学批判代替马克思政治经济学批判，很可能将马克思主义引向“一种变相反对生产主义与发展主义的浪漫主义式

① 马克思，恩格斯．马克思恩格斯文集：第5卷．北京：人民出版社，2009：758.
② 同①762.
③ 列斐伏尔．空间与政治．李春，译．上海：上海人民出版社，2015：117.
④ 哈维．新帝国主义．初立忠，沈晓雷，译．北京：社会科学文献出版社，2009：151.
⑤ 同③49.
⑥ 哈维．希望的空间．胡大平，译．南京：南京大学出版社，2006：190.

的后马克思主义理论误区”[①]。比如哈维的空间生产理论被人批评为一种“空间拜物教”和一种空间的“结构决定论”，也有人批评列斐伏尔的三元辩证法势必会掉入以“差异性空间”为目标的诗学革命话语而找寻不到历史发展方向的窠臼，也有人认为苏贾的第三空间理论到了实践的政治领域却成了一杆没有子弹的枪，在理论领域又成了无批判的形而上学的帮凶。因此，历史唯物主义的当代阐发必须秉持历史辩证法、坚持社会矛盾运动的生产方式分析为基础，而历史唯物主义空间转向或明或暗地持“空间本体论”倾向，将空间生产夸大为资本主义新发展的根本要素，这样必然会偏离马克思主义的道路而退回到从前或者滑落到后现代激进话语批判的乌托邦想象中。

三、时间优先性绝非“空间缺场”

历史唯物主义空间转向将空间问题纳入社会大众的视野并引发一系列思考，但其内在缺陷致使空间转向走向相对主义甚至掉入神秘主义与虚无主义的泥潭。这是离开了历史唯物主义科学指导的必然产物。空间问题的重要性不断凸显，也已成为阐发历史唯物主义的重要路径。马克思空间理论的“空场”就成为历史唯物主义空间转向的前提。毫无疑问，空间问题在马克思的理论体系中存在且得到了关注，在其继承者那里也得到了拓展和深化。资本的本性“力求超越一切空间界限”“以时间去消灭空间”等论述就是对资本主义空间问题的形象表达。如此说来，回到历史唯物主义理论自身，发掘马克思他们对空间问题的具体阐发就显得尤为重要。只有这样，我们才能够把脉到历史唯物主义对空间问题的线索、意蕴和逻辑，也才能认识到历史唯物主义空间转向是“发展”还是“误读”。

马克思及其继承者始终保持通向空间问题域的出场路径。空间问题存在于历史唯物主义视野中，在之后的马克思主义者那里，它也逐渐得以拓展和深化。具体来说，马克思超越前人时空观，运用唯物辩证法将空间与时间相结合，认为时间和空间同时具有自然属性和社会属性，时空与现实的人的实践活动以及人的自由和发展联系在一起。“时间的空间化”和“空间的时间化”贯穿于人的实践活动。于此，空间在马克思

---

① 刘怀玉.《空间的生产》的空间历史唯物主义观. 武汉大学学报（哲学社会科学版），2015（1）.

那里被分成作为人类实践活动前提的自然空间和作为人的“类特性”的社会空间。自然空间是人类赖以生存的基础和前提，内含于其中的“自在自然空间”则在实践活动中向“人化自然空间”转化，即“在人类社会的形成过程中生成的自然界，是人的现实的自然界；因此，通过工业——尽管以异化的形式——形成的自然界，是真正的、人本学的自然界”①。由实践活动建构的社会空间在马克思看来既是实在的又是抽象的，它以社会关系为实质内容，具有历史继承性，受现实的物质关系决定和制约。只有抓住现实的物质生产关系，才能找寻到把脉社会空间的金钥匙。在对社会空间做了一般意义上的理论阐发后，马克思对资本主义社会空间生产进行全面解读。因为“资产阶级社会是最发达的和最多样性的历史的生产组织。因此，那些表现它的各种关系的范畴以及对于它的结构的理解，同时也能使我们透视一切已经覆灭的社会形式的结构和生产关系”②。据此，马克思从世界历史进程中揭示资本主义“全球空间生产”是资本全球积累的必然结果，从城乡社会关系重组以及城市优势地位确立进程中揭示资本主义“城市空间生产”是城市社会空间变迁的主要产物，从日常生活等领域揭示出资本主义“微观空间生产”的运行机制和现实影响。不难发现，马克思对空间的探讨始终与批判资本主义结合在一起，奏响了波澜壮阔、洞察入微的空间的“资本阐释学”篇章。列宁、卢森堡等人秉持马克思空间分析的方法和路径，聚焦于帝国主义时代资本积累的空间特征。由此提出资本积累以及发展不平衡理论，认为资本主义由于其不可克服的矛盾而必然导致发展的过程、结构与政治经济地理分布上的不平衡性。在卢森堡看来，不平衡的空间结构是资本主义发展的历史前提而不是结果。这些判断已敏锐直觉到当代社会空间化问题，深刻影响了之后的依附理论和世界体系论。

历史唯物主义对空间问题的关注度与资本主义进程密切相关。历史唯物主义空间转向基于对历史唯物主义时间优先性的批判而出场，出乎意料的是，令他们欢呼雀跃的空间转向恰恰忽略了历史性即时间向度。正是这种忽略使他们认为历史唯物主义“空间缺场”。历史唯物主义对时间的偏好当然不是对空间视域的否弃，但它却是“隐性的逻辑……没

① 马克思，恩格斯．马克思恩格斯文集：第1卷．北京：人民出版社，2009：193．
② 马克思，恩格斯．马克思恩格斯文集：第8卷．北京：人民出版社，2009：29．

有得到充分的阐明”①，空间问题用一种隐性的方式而非系统深入的方式展现出来。究其根源，空间维度在历史唯物主义中处于相对隐性状态，这是由其批判对象的发展阶段即资本主义的历史性存在所决定的。资本积累是资本主义存在发展的关键环节，而资本积累又与剩余价值规律密不可分，都是资本主义生产方式的产物。正是马克思对资本积累的深刻阐述揭示了资本主义发展的罪恶和矛盾的不可调和，用资本积累来描绘在资本统治下社会空间到资本空间的转变过程的展开。历史唯物主义批判中资本主义处于自由竞争阶段，资本逻辑支配着资本主义空间重组及变化，而价值的量化和资本的生产过程主要是用时间来衡量和体现。“资本要用时间去消灭空间”是指跨国公司和“世界工厂”在资本主义不断扩张中产生，资本主导的同质化的社会空间不断塑造和产生。空间并没有被消灭，而是在资本的作用下不断重组，形成资本支配下的空间。由此说来，只要是在资本主义生产方式条件下，资本批判和空间逻辑的内在关联就一直存在，但会随着资本主义的发展而呈现程度的不同。另外，为了粉碎资本主义永恒化所编织的谎言，从时间角度厘清资本主义诞生、发展、演变进程及其历史宿命是马克思的必然批判进路。历史唯物主义紧扣资本主义社会的命脉，从资本积累中抽象出资本逻辑进而形成了资本主义批判的核心进路。资本主义进入垄断资本主义发展阶段后，弹性生产取代福特生产，资本积累开始在全球性的生产体系中运行，空间地位日渐凸显。而资本对日常生活和城市的渗透并日益呈现支配性的影响，空间维度在资本主义社会中日益活跃，一改以往在研究者视野中的隐性状态。空间问题的凸显以及当下用空间来反思时间逻辑无疑都是资本主义历史发展变迁的产物。但这并不意味着历史唯物主义对资本主义批判的基本理路失效。空间生产本质上是资本逻辑的产物，受制于资本逻辑，是对资本主义社会关系的本质呈现。

空间生产逻辑从属于物质生产逻辑。历史唯物主义将人类历史归结为生产方式的叙事逻辑，物质生产成为人类社会的基础。马克思正是从生产出发，劳动以及异化劳动的厘定才成为可能，乃至对异化劳动的批判以及无产阶级解放和资本主义灭亡的必然性揭示都由特定生产方式所决定。“以一定的方式进行生产活动的一定的个人，发生一定的社会关

① 庄友刚．空间生产与当代马克思主义哲学范式转型．学习论坛，2012（8）．

系和政治关系。……社会结构和国家总是从一定的个人的生活过程中产生的。”① 马克思将生产方式确立为人类社会的基本建制，驱散了思辨哲学的理性迷雾，创建了历史唯物主义，第一次将人类生活的内在逻辑展现出来。从对一般物质生产过程的讨论转向资本主义生产，马克思分析了资本本性、资本积累以及剩余价值规律，进而以资本逻辑来统摄资本主义物质生产，最终对自由资本主义社会进行了彻底的政治经济学批判。“空间生产”在马克思的概念体系中并不明确，但他从不否认空间是物质生产的重要元素。空间内置于历史唯物主义的理论逻辑中，因为“空间是一切生产和一切人类活动的要素”②。而工人劳动在空间上的协调与合作，直接影响劳动生产率的高低，“一方面，协作可以扩大劳动的空间范围……另一方面，协作可以与生产规模相比相对地在空间上缩小生产领域”③。这意味着马克思已认识到，空间生产是资本主义生产方式发展的必然结果，空间在资本生产过程中会起到越来越重要的作用。看来，空间问题并非历史唯物主义空间转向的新发明。基于资本主义生产的变化，历史唯物主义空间转向重视空间生产值得肯定，但以此替代甚至否定物质生产则矫枉过正。比如，列斐伏尔就指出，马克思所言说的“物质生产”已经落伍了，“位于空间与权力的话语的真正核心处的，乃是身体，是那个不能被简化还原的和不可颠覆的身体”④，“空间的生产，就开端于身体的生产”⑤，甚至走向空间本体论，认为空间生产是资本主义发展的根本因素。苏贾更是将“空间本体论”推向极致，用空间维度取代时间维度，彻底切断其赖以存在的历史基础。哈维没有走向“空间本体论”，但用“使用价值”的生产取代剩余价值的生产来诠释资本主义空间生产问题，必然偏离物质生产逻辑的轨道。如此看来，历史唯物主义空间转向在不同程度上背离了物质生产逻辑，丢掉了生产力与生产关系矛盾运动规律这条主线，从而无法找到空间逻辑的决定要素和动力机制，只能借助一种空间激进政治学道路而走向无尽的

---

① 马克思，恩格斯. 马克思恩格斯文集：第 1 卷. 北京：人民出版社，2009：523-524.

② 马克思，恩格斯. 马克思恩格斯文集：第 7 卷. 北京：人民出版社，2009：875.

③ 马克思，恩格斯. 马克思恩格斯文集：第 5 卷. 北京：人民出版社，2009：381.

④ LEFEBVRE H. The Survival of Capitalism：Reproduction of the Relations of Production. Trans by Frank Bryant. London：Allison Busby，1976：89.

⑤ LEFEBVRE H. The Production of Space. Oxford：Blackwell Ltd.，1991：170.

乌托邦想象。

总之，空间问题一直存在于历史唯物主义的理论架构中。从微观上看，正是马克思科学地概括了现代生产运动之“以时间消灭空间”的根本特点；从宏观上看，《资本论》正是在历史上打破物化的资本主义生产方式（社会空间）最重要的一次努力。而其从资本主义生产方式内在机理出发的分析无疑是一种空间分析理路。这也表明马克思对资本主义空间问题的分析有了较为系统的逻辑理路，即将空间问题内置于历史本身的逻辑中。空间自身并不是拥有自我意识的动力基因，一定的生产逻辑决定空间生产的出场方式、作用逻辑。唯有立足于特定生产方式，才能澄清空间生产的本性。我们在一定视角下肯定历史唯物主义空间转向丰富了历史唯物主义空间研究的元素、对象，但绝不能像列斐伏尔、哈维、苏贾等人那样将空间从特定的社会形态中抽离出来，滑向“空间本体论”，用空间逻辑替代生产逻辑。其结果只能是对历史唯物主义的曲解和对空间问题的过度解读，是消解而非发展历史唯物主义。

空间问题业已成为两种社会形态面对的重要问题，也成为历史唯物主义在当代境遇中谋求发展的重要推手。对历史唯物主义空间转向的审思促使我们开启和拓展马克思隐蔽的空间理论来诠释 21 世纪资本主义继续存续的问题，同时也警醒我们要坚持马克思的生产逻辑和资本逻辑来厘定资本主义空间逻辑的局限所在。因而对历史唯物主义的当代诠释必须契合资本主义历史和当代现实，而不是以纯粹的逻辑来断言马克思的理论在解释和处理当前社会问题时的缺场，也不是简单地从时间维度转向空间维度，用“空间本体论”来取代生产逻辑、资本逻辑。在当代资本主义中，空间依旧是剩余价值生产和流通的领地，是资本主义政权支配和分化大众的有力武器，体现资产阶级经济和政治双重特性。对于马克思主义者而言，审视历史唯物主义空间问题，不是在历史唯物主义术语中嵌入某个修饰词，沉溺于“时间偏好”的纠偏中，而应该与当代资本批判有机结合起来，将地理、景观、身体、文化、主体权利、民族发展等当代元素融入其中，不能停留在抽象空间和纯粹使用价值层面上，将空间问题内嵌于历史本身的逻辑进路中。唯有如此，才能真正深化和推进历史唯物主义发展及其空间问题研究。

第四节　生态转向

有种观点认为，辩证唯物主义是以自然观为基础的马克思主义的世界观，而历史唯物主义则是它在社会历史领域中的推广应用。将历史唯物主义简单化为唯物主义历史观，是否意味着历史唯物主义与马克思的自然观毫无关联呢？在马克思和恩格斯逝世后，基于时代发展诉求，后继的马克思主义者偏重于继承和发展经典作家的阶级斗争理论和经济发展理论，很大程度上却忽略了马克思对人与自然关系的论述。源于对历史唯物主义自然维度缺失的判断，生态马克思主义者甚至提出了重建历史唯物主义，试图重构其生态思想。无论是“马恩分裂说”还是生态马克思主义对自然观的重构，基于研究重心的差异而得出历史唯物主义自然维度缺失，本质上都是对历史唯物主义的误读。伴随环境问题多发和生态意识凸显，学者们开始关注环境生态问题，关注马克思主义相关思想以及西方学者相关研究。虽然已有学者从不同视角、不同领域对马克思主义的生态思想进行研究，但总体上，这种研究刚刚起步，尚处于初始阶段，其研究的范围、研究的深度以及研究的成果都远不及其他领域，需要我们更进一步地开拓与创新。随着全球范围内环境问题日益加剧，如何用科学的自然思想指导现实的环境建设活动，成为处理人与自然关系的首要问题。因此，我们有必要重新探寻马克思视域下的自然观，破除理论的误读与偏见；有必要回到马克思，发掘历史唯物主义的“自然”维度，审视、应对当前的环境实践活动。

一、历史唯物主义自然维度的误读与解构

马克思逝世后，历史唯物主义的传播和国际工人运动的重担便落在了恩格斯一人身上，基于当时的国际理论环境，恩格斯在阐述思想时不得不有意识地有所偏重，这就为后来的“马恩分裂说”埋下了伏笔。尤其是《自然辩证法》出版后引发巨大反响和争议，许多学者认为恩格斯回归哲学自然本体论，与马克思的社会历史理论背道而驰。西方学者从不同角度来解读马克思、恩格斯的学术关联，20 世纪中期兴起的生态马克思主义更是旗帜鲜明地主张重建历史唯物主义。甚至有人断言，马

克思主义自然观是恩格斯创立的，即辩证唯物主义自然观，并把它仅仅理解为对自然界发展辩证性的一种肯定和描述。上述言论显然抹杀了马克思的理论贡献，没能正确理解其与恩格斯在自然问题上的诸多科学阐述和深刻见解。难道就因为恩格斯写了《自然辩证法》《反杜林论》等有关自然思想的著述，马克思关注重心是社会领域写了《资本论》而无暇兼顾自然科学领域，就能得出后者思想中自然维度缺场的结论吗？

作为对马克思主义面临新境况的回应，恰逢《1844 年经济学哲学手稿》出版，西方马克思主义抓住其中的人本主义精神主张对正统马克思主义进行反思，诉诸文化批判路径，力图消解将自然外在于人的消极观念和机械认知社会历史的做法。在该理念引领下，一些学者不可避免地走向了推崇马克思而贬斥恩格斯的道路，这种现象在解读自然观上更为明显。一些西方学者尤其是西方马克思主义者倾向于将恩格斯的自然观界定为自然本体论，与马克思的实践辩证法即非本体论的自然观对立起来。卢卡奇首开先河，比较分析了马克思、恩格斯两人的自然观。在他看来，脱离人的实践活动来讨论自然的自身运动是恩格斯自然辩证法思想的基石，这无疑是谢林和黑格尔的自然哲学思想的一种残余。与之相反，基于实践，马克思认为自然由人化自然和未人化自然组成，把自然看成一个社会范畴，这是一种人化自然观。也就是说，在以总体性辩证法为本质属性的马克思主义那里，任何有意义的自然只能是人化的自然、为人的自然，即社会范畴之外、离开人的自然，与人无直接关系，对人来说毫无意义。因此，卢卡奇得出，这种辩证法并没有包括恩格斯的自然辩证法，仅仅指马克思的社会历史辩证法。这种判断虽然没有直接公开宣告马克思和恩格斯的对立，事实上却等于说两者辩证法无法相容。否认自然辩证法的客观存在，是“对立论”者炮制马克思和恩格斯对立的理论基石。一方面，他们认为自然界没有辩证法，从而得出恩格斯承认自然辩证法是错误的；另一方面，马克思的辩证法对于他们来说，只能是社会历史辩证法，同样不包含自然辩证法。这种将马克思和恩格斯的自然观进行差异化理解进而得出马克思否认自然辩证法的解读模式在西方也颇有市场。柯尔施、葛兰西、霍克海默、马尔库塞、施密特等学者也持类似观点。比如，施密特就对马克思、恩格斯的自然概念进行了对比，他认为恩格斯所理解的自然承接费尔巴哈的纯粹自然而来，只强调自然的客观物质性，与马克思强调自然的社会性和历史性相对立。这样看来，西方马克思主义者差异化研究马克思、恩格斯的自然思想的方法具有方法论意义，他们针对机械自然观提出的极具启发性的观念也要求我们认真对待。但据此得出马克思、恩格斯对立的做法则不可取。

西方马克思学在此基础上对“马恩对立说”做了进一步发挥。吕贝尔从思想史的角度出发，在《马克思批判马克思主义》一书中表明马克思主义是恩格斯构想出的产物，他甚至有意识地忽略了马克思的某些书信来自圆其说，对理解马克思思想产生了较大影响。至今活跃在学术界的美国学者莱文则以“马恩分裂说”闻名，他以黑格尔的理论为中介，从哲学基础、哲学理论、经济理论、社会发展理论以及共产主义理论等方面进行了详尽的分析，断言两者思想存在根本差异。在莱文看来，马克思的学说归根到底是以人为核心的能动的、革命的学说，而恩格斯则认为人处于被动地位。马克思是人道主义者，恩格斯是形而上学主义者，两人在自然观问题上是根本对立的。事实上，作为马克思主义哲学主要内容的历史唯物主义，实现了哲学革命变革，它科学阐述了自然和社会领域的运动规律。历史唯物主义有无“自然”维度却一度成为西方学者争论不休的重要问题，从“马恩分裂说”到生态马克思主义，怀疑甚至否认声音甚嚣尘上。“马恩分裂说”往往以《自然辩证法》为依据，认为恩格斯注重探讨自然界的问题，而马克思则只是从社会历史角度来阐述问题，生态马克思主义者据此发出重构历史唯物主义的呐喊。这是对历史唯物主义的误读。

伴随生态问题日益凸显，成为全球性难题，理论界又开始探讨马克思主义是否蕴含生态学思想。学界对此有两种截然不同的观点：一种观点认为马克思主义理论中没有生态学思想，作为现代性视域的生态问题还没有成为马克思所处时代需要思考的问题。这种观点认为无产阶级的生存和解放是马克思关注的重点，就想当然地得出马克思主义与生态问题绝缘的结论。另一种观点则更为极端，认为马克思主义反生态，理由是马克思过于关注人与自然的矛盾和对立，潜含征服自然的人类中心主义的理论预设。面对日益严重的生态环境危机，生态马克思主义流派中提出了以奥康纳为代表的重建历史唯物主义以发掘其生态维度，以及以福斯特为代表的承认马克思思想中的生态维度并加以修正的两条路径。在奥康纳看来，马克思的“生产力”概念缺失自然和文化向度，有一种“技术决定论”的倾向，关注不到生态问题。此外，奥康纳在包含生产力和生产关系范畴的历史唯物主义中添加了另外一个概念——生产条件，以此来阐释在资本主义社会条件下，其生产方式滥用、掠夺自然资源，从而导致生态危机。这是与经济危机同等地位的资本主义的双重危机。福斯特则力图说明历史唯物主义内在包含着自然与生态维度，认为马克思的“新陈代谢”概念将自然观、历史观、生态观三者有机结合起来，在劳动中实现人与自然、人与社会的物质交换。然而福斯特在这种建构中将历史唯物主义的自然维度提升到了前所未有的高度，并且认为历史观必须以自然观为基础，这显然陷入了与奥康纳相对的另一种片面性中。总之，左派的生态学马克思主义与激进的绿色理论展开论战，前者认为不能否定人类中心主义、否定工业文明和科学技术进步，必须重新回到马克思主义的弱人类中心主义，即一种人与自然和谐共存的人类中心主义。资本主义制度及其生产方式是造成资本主义生态危机的根源。所以，为了适应新时代的需要，在生态学视域中对马克思主义进行改造很有必要。改造过程经历了生态学和马克思主义的交融、发掘马克思主义文本的生态思想和系统建构马克思主义的生态学。然而，这些努力对解决现实的生态危机问题依然缺乏实质性的指导作用。

自 20 世纪 20 年代以来，有关马克思、恩格斯学术关系的论说层出不穷，学者们从多个角度对马克思、恩格斯思想的差异性进行了论证。无论是何种质疑，都存在根本性缺陷，根本原因是没能正确理解历史唯物主义的真实内涵，也没有看到马克思和恩格斯的理论原旨一致，两人只是阐述上存在细节和侧重点的差异。西方马克思主义的学者多从辩证法出发来论述，以对正统的马克思主义进行批判的姿态出现。西方马克思主义者认为“自然是一个社会的范畴”，最后他们却完全把自然消融到对它进行占有的历史进程中去，这一倾向误入歧途。以社会批评理论闻名的法兰克福学派仍然强调自然与社会的相互渗透，强调自然的人化和社会化。20 世纪 60 年代的西方绿色浪潮催生的绿色理论，否定人类中心主义、否定工业文明、反对科学技术进步，他们强调非人类中心主义，新建一种新的所谓“大地伦理理论”。西方马克思学尝试从纯学术路径进行解读；生态马克思主义的学者则以不同的路径或修正或重建历史唯物主义，认为资本主义社会危机呈现为生态危机这种新形式。这样的声音之所以一直存在于学术界，首先在于一些学者没有正确把握历史唯物主义这种观照自然和社会发展规律的理论，从社会和实践视角来理解历史是根本原则，并将辩证法的思维贯穿始终，马克思在一开始就强调“人、自然、社会”的三重交互作用。其次，由于历史原因，为了应对当时的主流思辨哲学，马克思、恩格斯在阐述其理论时将生产力和生产关系置于决定性地位，自然问题和文化作用问题也未缺场，但持“马恩分裂说”的学者锱铢必较，将马恩的侧重点过分放大，造成学术结论上的偏颇。最后，他们对恩格斯的自然辩证法思想做了片面解读，《自然辩证法》的写作初衷不是单纯描述自然界中蕴含的辩证法思想，而是要借助研究自然辩证法问题来彰显和澄明辩证思维方式的重要性和科学性，本质上是为破除黑格尔形而上学辩证法的思维路径，这与马克思从社会历史角度来阐述自然从而批判黑格尔的理论原则殊途同归。总的来说，虽然他们出于对马克思主义未来走向的关切，正视资本主义生态危机，提出了极具时代性的批判性理论，却在科学主义和人道主义中各执一词，没有从整体上来把握，陷入了片面性的泥沼，从而与历史唯物主义渐行渐远。

二、历史唯物主义自然维度真的缺场吗？

马克思在自然领域的缺场显然是个伪命题。马克思从青年时期到晚年，无论是早期的《1844年经济学哲学手稿》《德意志意识形态》《共产党宣言》，还是后期的《资本论》等著述，一直在关注自然领域，对自然问题的阐述都有涉及。自然在历史唯物主义的构建中的作用不可缺失。“在马克思的著作中有比其他一些零散的生态学家更加详细的对生态学的关注。人类与自然间的新陈代谢或称物质交换关系是贯穿整个马克思学说的根本观点……马克思关于自然和新陈代谢的观点为解决今天被我们称为生态学的诸多问题提供了一个唯物主义和社会历史学的角度”①，“体系上的不完整并不掩盖思想上的深邃和洞见”②，可以说，马克思的自然观蕴含着丰富的生态伦理思想，是一种有着丰富生态哲学意蕴的辩证的自然观。甚至倡导“重构”历史唯物主义的奥康纳也认为，马克思主义“具备了一种潜在的生态学社会主义的理论视域”，“在他们的视域中，人类历史和自然界的历史无疑是处在一种辩证的相互作用关

① 美学者阐述马克思的生态观．参考消息，2004-10-13.

② 廖志丹，陈墀成．马克思恩格斯生态哲学思想：中国生态文明建设的哲学智慧之源．贵州社会科学，2011（1）.

系之中的；他们认知到了资本主义的反生态本质”①。

首先，历史唯物主义隐含着自然的优先性和人的自然本质这个前提，强调自然作为人类社会形成基础的重要性。“历史本身是自然史的一个现实部分，即自然界生成为人这一过程的一个现实部分。”② 在历史唯物主义看来，自然的优先性不是精神性和思辨性的，而是呈现为人类生存和历史发展的最基本的物质前提：“没有自然界，没有感性的外部世界，工人什么也不能创造。”③ 一方面，马克思认为“人直接的是自然存在物”④，从生理基础上来讲，人作为普通的生命个体，在进行基本的衣食住行等生存活动时，需要从自然中获取人的“直接的生活资料”，在改造自然的过程中也需要从自然中获取“人的生命活动的对象（材料）和工具”⑤。正如马克思所说，“自然界，就它自身不是人的身体而言，是人的无机的身体。人靠自然界生活。这就是说，自然界是人为了不致死亡而必须与之处于持续不断的交互作用过程的、人的身体”⑥。另一方面，马克思在《德意志意识形态》中基本形成了历史唯物主义思想，强调指出人类历史的第一个前提是“有生命的个人的存在”所进行的满足基本生存需要的物质生产活动，“个人”意味着“这些个人的肉体组织以及由此产生的个人对其他自然的关系”⑦。这说明历史的第一个活动的前提既来自作为人肉体存在的个人，也来自人生活的周围自然环境，即山川湖泊等自然地理、自然气候条件。可见，无论是最原始的人类个体生存，还是人类社会历史文明进程，都离不开为人类生存和生产活动提供物质基础的自然。人类的存在发展离不开自然这个前提，人始终身处于自然之中，作为“自然之子”而存在。显然，作为历史唯物主义的主体——人和社会，离不开自然，受自然的制约。

其次，历史唯物主义理论架构中生产力与生产关系视域蕴含人与自然之间相互作用的关系。自从人出现之后，自然界不断向人生成、不断人化，形成了“人化自然”和“自然人化”的现状。正是在这一过程

① 奥康纳. 自然的理由：生态学马克思主义研究. 唐正东，臧佩洪，译. 南京：南京大学出版社，2003：6.

② 马克思，恩格斯. 马克思恩格斯文集：第1卷. 北京：人民出版社，2009：194.

③ 同②158.

④ 同②209.

⑤⑥ 同②161.

⑦ 同②519.

中，出现了作为人的本质的自然界、以社会为中介的自然界和作为历史物质基础的自然界。历史唯物主义站在生存论的高度指出，生活在自然界中的人，无法放弃自然界的物质、能量和信息交换。在人的感性活动中，人的本质力量不断对象化，人的本质不断实现，人就在这一活动中不断生成，人的自然同时也不断生成。在人的感性活动中被“过滤”和“形塑”的自在自然的性质发生了翻天覆地的变化，成为“真正的、人本学的自然界”，“自然界对人来说的生成过程”得以变成现实。至此，自然界的历史性就感性地呈现出来了。随着生产力的发展，现实的个人必然是生活在一种复杂的、广阔的社会关系中的人，人的自由的实现离不开人的社会关系，只能在人生活的自然界中追求。人作为人的生成过程，是人不断融入社会的过程，是自然人成为社会人的过程。与此相关的人与自然的关系、人对自然界的影响同时被纳入社会的范围。“因为只有在社会中，自然界对人来说才是人与人联系的纽带，才是他为别人的存在和别人为他的存在，只有在社会中，自然界才是人自己的合乎人性的存在的基础，才是人的现实的生活要素。”① 为了开展生产，孤立的个体形成了一定关系，在这些关系中，人、社会、自然界联系在一起，成为一个不可分割的整体，在三者交互运动中，共同形成了丰富多彩的人类历史。由此，“在人类历史中即在人类社会的形成过程中生成的自然界，是人的现实的自然界”②。自然界的历史性质得以清晰产生，成为历史的自然。历史唯物主义因而警示人们，没有自然界，人类什么也无法创造。也就是说，没有自然界，人类的活动就无法展开，就没有人类的历史。在人类的历史活动中，自然界成为人化自然界，成为人类历史的基础。在人与自然这些交互关系中，人对自然的依赖逐渐转化为人对自然的控制，马克思对资本主义条件下人对自然的疯狂掠夺进行了历史的辩证的批判，同样也离不开历史唯物主义这块理论基石。

最后，历史唯物主义潜藏着人与自然关系和谐共存的终极路径。在对资本主义社会生态问题的批判中做出了共产主义将实现自然主义和人道主义统一的回答。马克思的物质变换理论展现了其社会属性及其社会生产关系视角，进而深刻揭示资本主义生产方式导致物质变换“无法弥补的裂缝”。这个“裂缝”导致人与自然对立并酝酿着生态危机。“资本

---

① 马克思，恩格斯．马克思恩格斯文集：第1卷．北京：人民出版社，2009：187.

② 同①193.

主义农业的任何进步，都不仅是掠夺劳动者的技巧的进步，而且是掠夺土地的技巧的进步，在一定时期内提高土地肥力的任何进步，同时也是破坏土地肥力持久源泉的进步。”① 依照历史唯物主义的理论内核，对于生态危机的根本解答，必须通过变革社会制度才能实现，人与自然关系最终要回归人与人之间关系的解读。由此，马克思为人类与自然关系的最终和谐给出了共产主义这个最佳答案。“这种共产主义，作为完成了的自然主义，等于人道主义，而作为完成了的人道主义，等于自然主义，它是人和自然界之间、人和人之间的矛盾的真正解决。”② 生态问题将在共产主义社会得到解决。在未来的共产主义社会，人人都得到了自由全面发展，人类不需要以破坏自然界的方式来获取资源，也不需要通过倾轧和利用同类来获得利益，人的异化现象不复存在，人与人、人与自然的矛盾不复存在。当然，必须持续努力奋斗，共产主义美好蓝图才能实现。马克思重新确立了一种人与自然相处的模式。马克思视域下的人与自然关系超越了过去简单的非此即彼的主客体关系，自然与人不再对立，自然与人双方都充分地对象化。此时，“自然界失去了自己的纯粹的有用性，因为效用成了人的效用”③。在最高级的共产主义状态中，自然只需要在完成自身的过程中就充分实现了人类存在，人类更加注重自然界的生态功能，也尊重和维护自然界其他物种的生存和发展权益，这就是马克思所说的完成了的自然主义和人道主义。受时代制约，马克思没有看到在社会主义社会中也存在环境危机，人与人、人与自然之间还未彻底和谐共存。这样，在社会主义阶段如何进行生态文明建构，也是当代马克思主义者需要通过不断实践和探索来回答的问题。

生态环境问题在马克思生活的时代并没有凸显，所以马克思不可能对资本主义生态危机进行系统的生态批判。但从马克思人化自然观的阐述，以及其对资本主义社会的生态批判和生态问题的共产主义解决方式的设想来看，马克思的思想中显然包含有自然问题的解读以及生态伦理关怀。总的来说，基于对自然界优先地位的承认，马克思通过社会实践活动的中介，明晰了人、自然与社会三者不可分裂的关联，是超越性的

---

① 马克思，恩格斯. 马克思恩格斯文集：第5卷. 北京：人民出版社，2009：579-580.

② 马克思，恩格斯. 马克思恩格斯文集：第1卷. 北京：人民出版社，2009：185.

③ 马克思，恩格斯. 马克思恩格斯文集：第2卷. 北京：人民出版社，2009：190.

和谐关系。作为哲学世界观的自然观显然不同于自然科学，人与自然的关系始终是哲学自然观的基本论域，理应成为历史唯物主义必不可少的关注视域。在历史唯物主义看来，人化自然即进入人的生存领域的自然界才是哲学自然观的题中之义。由此，关于对历史唯物主义在自然领域的缺场质疑便不攻自破，无论是西方马克思主义从辩证法的角度分析创始人的区别还是生态马克思主义重建历史唯物主义的设想，都抹杀了历史唯物主义的理论旨趣。实际上，历史唯物主义既是科学主义的，也包含有人道主义的底蕴，如果只是从某一个片面试图把握它，便无从领悟历史唯物主义的真谛。

三、历史唯物主义“自然”维度的当代发掘

工业化和城市化带给人类便利和舒适生活的同时，其反生态本质和不可持续性特征日益引发关注。人类在没有找到能够替代当前智力支撑的物质主义生存方式的现代性路径之前，各个国家及其民众就无法摆脱这种纠结和徘徊。处在现时代文明社会的人类，发掘和呈现自身的理论反思潜能的需求从来没有像今天这样迫切：人与自然的关系究竟是主宰者与被主宰者的关系还是作为自然的一部分同自然休戚相关，进而重构一种人类可以长久生活于地球的经济、政治、社会、文化与生态。西方一些学者认为，生态问题与资本主义“工业文明”日益呈现出一种必然联系，资本主义“过度生产”的生产方式就必然引发生态危机。如此看来，如果把生态问题的哲学考量放置在人与自然关系这个维度，马克思对人与自然关系的阐发无疑是考察当前生态问题的理论和实践现状无法逾越的理论基石。因为只有达到马克思切入问题的原则高度——存在论视野，澄明历史唯物主义的“自然”向度，深入关怀人的现实生活，历史地审视人类生存的环境，才能厘清人与自然关系的考察与当代生态问题的内在联系及其重要理论指导意义。

首先，深刻呈现历史唯物主义“自然”维度的生态底蕴。历史观当然是历史唯物主义的第一要义，但又不仅仅停留于历史观视域，它更是一种新唯物主义世界观。作为世界观的历史唯物主义，它的哲学效用在于为人类提供了一种理解和诠释自然、人以及人与人、人与自然、思维与存在的崭新的形而上原则。当马克思视历史唯物主义为一种新的哲学世界观时，历史唯物主义也就为他解读自然提供了一个新的解释原则。

所以，纳入人类认识和实践视野中的自然界，在任何时候都与人的生存活动和生产方式密不可分。这也就牵涉到在历史唯物主义理论框架中审视生产力与生产关系的客观性维度即自然视域。不可否认的是，人们在不同历史时期看到的自然界和看待自然界的出发点都可能存在差异，人们对待自然界的态度也就有所不同。这种现象的存在当然离不开对人们不同时期的生存境况和历史发展状态的科学考察。从特定的具体的境况中来考察自然问题事实上就是从生产力与生产关系的主观性维度即文化维度出发来考察。从生产力和生产关系的维度看，人们面对的是处于一定历史条件中的现实的自然界，而不是一个抽象的物质世界或人类存在之前就已存在的、与人毫无关系的、永恒不变的自然界。那么解读人与自然关系的自然观也应是处在一定历史关系中的，是社会历史的。因而，在解析了人的存在和活动的社会历史性后，人与自然关系的社会历史性问题也必然由历史唯物主义揭示出来。质言之，假如不立足于历史唯物主义，放弃这个历史性解释原则，单纯从自然本体论来理解自然观，就只能在费尔巴哈的直观的唯物主义原地打转。这就表明，人们唯有在历史唯物主义理论框架中，认可生产力和生产关系的客观性维度（自然维度）和主观性维度（文化维度），对人与自然关系的厘定才具有生态底蕴，也才能理解相同的技术条件下衍生出不同的生产力以及人们之间的不同协作模式即生产方式。也就是说，只有在客观再现生产力与生产关系的双重维度中，才能做到以共时性和历时性双重视角真正揭示历史唯物主义所具有的生态意蕴。

其次，凸显历史唯物主义自然观对生态危机的重要价值。一种理论的价值常常体现在其对实践的导向上。历史唯物主义之所以在今天依然具有强大的理论生命力和解释力，说明其对时代问题的解答契合时代逻辑和理论逻辑。当前，自然生态系统破坏严重，生态危机问题日渐显现。事实证明，仅仅从生态学视角阐述全球性的生态问题已然没有多大效用。“直到今日，马克思主义和生态学，除了被看成是两个相对的或相互拒斥的概念之外，还很少被有机地联系起来。”① 从已有著述来看，马克思、恩格斯确实没有对生态问题给予太多细节性的论述，但他们有关人与自然关系的论述、危机理论、异化理论和对资本主义制度的批判

① 奥康纳. 自然的理由：生态学马克思主义研究. 唐正东，臧佩洪，译. 南京：南京大学出版社，2003：3.

等对于当前生态危机问题的解决具有重要的理论指导意义。尽管没有系统性的生态理论，但其很多论述已经显示出马克思颇具预见性和可操作性的生态思想，比如，马克思在评价德国植物学家、农学家卡尔·弗腊斯的《各个时代的气候和植物界，二者的历史》这本著作时，特别强调：“这本书证明，气候和植物在有史时期是有变化的……由于砍伐树木等等，最后会使土地荒芜。……结论是：耕作——如果自发地进行，而不是有意识地加以控制（他作为资产者当然想不到这一点）——会导致土地荒芜，像波斯、美索不达米亚等地以及希腊那样。”① 在这里，马克思无疑意识到了人类活动带来的生态问题并提出了解决问题的意见：以“有意识地加以控制”的行为来代替“自发地进行”的行为。可以说，生态问题归根到底是受制于人与自然关系如何相处这个问题的解决。“自然界生成为人”“感性自然界”等思想无不表明马克思的自然观与当代生态思想之间的关联无法切割。在“感性自然界”的存在论意境中，马克思描述了“自然界生成为人”的故事，阐说了“现实的自然界”在历史的地平线上出现的正当性，并凸显现实的人乃是促使自然界发生变化的主导力量这个基本观点。在批判资本主义制度时，马克思的无产阶级解放理论也蕴含着对人与自然破裂原因的剖析，并包含着人与自然矛盾的破解之法。从“感性自然界”的存在论意境出发，我们能够从马克思那里获得一把度量人与自然关系是否合理、出了什么问题、问题何在以及如何解决的标尺。

最后，依托历史唯物主义理论分析框架来破除资本逻辑，建构人与自然的命运共同体。自从人类出现以后，一个不可避免的趋势就是，伴随自然力量日渐削减而人类力量日渐增强，自在自然界逐渐被感性自然界所蚕食，生态问题随之衍生甚至出现生态危机。生态问题的出现无疑表明人类所引发的自然界的变化并非单纯自然界本身的变化。一切问题与资本的存在密不可分，自然界遭遇着资本导致的一种“永远的不安定”之中，人类的节奏主宰着自然界的变化。马克思对此有深刻描绘：“资产阶级在它的不到一百年的阶级统治中所创造的生产力，比过去一切世代创造的全部生产力还要多，还要大。自然力的征服，机器的采用，化学在工业和农业中的应用，轮船的行驶，铁路的通行，电报的使

① 马克思，恩格斯．马克思恩格斯文集：第10卷．北京：人民出版社，2009：285-286.

用，整个整个大陆的开垦，河川的通航，仿佛用法术从地下呼唤出来的大量人口——过去哪一个世纪料想到在社会劳动里蕴藏有这样的生产力呢?"[①] 马克思隐晦地指出，生态问题的出现及恶化与资产阶级的生产活动一脉相承，资产阶级可谓难咎其责。在马克思看来，资产阶级不过是资本的人格化，所谓的"魔术""法术"只是资本的建设性维度的最大化呈现罢了。但其破坏性的一面有过之而不及，"随着人类愈益控制自然，个人却似乎愈益成为别人的奴隶或自身的卑劣行为的奴隶"[②]。全球化时代依然是一个受资本支配的时代，资本主义私有制及其生产方式依然处于统摄性位置，要在当前消灭资本主义制度是不现实的。如果只是一味地大谈消灭资本主义制度及其生产方式，以此来解决人与自然之间关系破裂的问题，那只是空谈，对现实生态问题没有任何积极作用。这就要求不回避资本主义私有制及其生产方式，而是思考如何用制度进行约束，消解资本逻辑所带来的负面影响。中国现有生产力的发展离不开对资本主义先进生产方式的借鉴。资本主义在给人类社会带来巨大进步的同时，也给人类社会及其生存环境带来前所未有的矛盾和灾难。当然，以上问题是在生活的总体视域中形成的，不是单纯某一个要素的结果。对于多种生产方式并存的中国而言，就既要考虑到充分发挥各种生产方式对生产力的促进作用，又要尽最大可能实现对自然生态环境的保护，使我们的社会能够成为一个可持续发展的社会，成为一个人与自然和谐共处的社会。我们必须在历史唯物主义的观照下，建构社会主义生态文明观，让各种生产方式在制度的笼子里运行。

正如前面所言，假如生态问题的哲学考察顺应逻辑理路回归于人与自然关系这个根本性原初问题，马克思对人与自然关系问题鞭辟入里的解析毫无疑问应成为指导我们寻求生态问题得到彻底解决的根本思想。只有切实进入生存论层面，像马克思一样对人的现实生活深切关怀，以历史思维的眼光审视人类生存的环境，才能够听到马克思的声音。据此，从马克思文本的思想语境出发，秉持其对现实的深切关怀，致力于探讨马克思以"感性自然界"为出发点的自然观，从历史思维和存在论高度深刻发掘历史唯物主义的"自然"维度与当代生态思想的内在联系，再现历史唯物主义对当今生态问题的理论和实践意义。历史唯物主

① 马克思，恩格斯．马克思恩格斯文集：第2卷．北京：人民出版社，2009：36.

② 同①580.

义自然观始终从社会历史视角来理解人与自然的关系，从自然作为历史的基本材料，到自然在历史生成过程中的与人类社会的相互作用，最终在共产主义社会实现人道主义与自然主义两者统一，自然领域从未在历史唯物主义中缺场。因此，要深刻发掘和领悟历史唯物主义的自然生态意蕴，创造当代人与自然和谐共处的生产、生活方式，走一条既要金山银山又要绿水青山的现代化道路，构建人与自然生命共同体。

第四章　历史唯物主义“重建”与中国

显然，历史唯物主义的“重建”活动基本上在西方社会呈现，但这并不意味着其他地域与之绝缘。作为极具代表性的社会主义国家——中国，其存在和发展必然与马克思主义不可分割。历史已经证明，在马克思主义的指导下，中国实现国家独立和民族解放，改革开放也取得了伟大胜利。进入21世纪，世界局势跌宕起伏，各种思潮汹涌而至，在诸多解析和诠释人类历史命运的思想理论中，人们仍然深刻认识到历史唯物主义是我们认识当代世界发展本质和规律及其历史走向的最有力武器。历史唯物主义以及马克思主义其他理论在中国也经历过曲折，历史上曾发生过由错误思想和思潮引发一系列消极影响甚至严重后果的事例。社会领域和思想领域复杂多变，思想领域的斗争从未停歇。在国内，有些人打着“思想淡出、学术凸显”的旗号，认为历史唯物主义已经“过时”，因此历史唯物主义在中国应该像在东欧、苏联等国家一样退出历史舞台；有些人发出还原历史“真相”的口号，否定中国革命历史、否定中国共产党、否定社会主义，宣称要用历史虚无主义代替历史唯物主义；有些人鼓吹中国人的马克思主义教科书要由中国人自己来书写，片面夸大苏联教科书体系的不足和缺陷，全盘否定其价值和意义，割裂辩证唯物主义与历史唯物主义的辩证统一关系；还有些人借着西方阐释学来对历史唯物主义进行主观的解构而形成各种各样的“历史唯物主义”；等等。我们不能说国内对历史唯物主义的以上解读跟西方学者的“重建”行为一样，但不可否认的是，这些阐释在一定程度上的确给我们的思想带来诸多困扰甚至消极影响，这必须引起高度重视。因此，旗帜鲜明地批判我们思想领域的错误思潮，仍然是我们坚持和发展历史唯物主义的重要任务。

第一节　苏联教科书之“推广应用说”

在人类哲学史上，马克思主义哲学的创建无疑是思想领域一场伟大深刻的革命。但究其哲学体系而言，这一工作是由 20 世纪 30 年代苏联理论界完成和实现的。在斯大林主导下修订完成的苏联教科书在“推广应用说”产生中的作用至关重要，以至于人们将此学说归因于斯大林。“推广应用说”以及斯大林负主要责任的说法在我国马克思主义哲学界流传已久。由于苏联在社会主义阵营中占据主导地位，苏联教科书体系在社会主义阵营中广为流行，在相当长的时间里作为马克思主义哲学的权威解读范本存在，由于我国马克思主义哲学教材编写思路在很长一段时期内沿袭苏联马克思主义哲学教科书体系，“推广应用说”在我国的影响不容小觑。直到现在，“推广应用说”还存有一定市场，可以说，这个论断在一定时期对我们理解马克思主义哲学起到了重要的促进作用，相应的困惑也随之而来，甚至有些学者以此来全盘否定这一论说。客观地讲，“推广应用说”曾经功不可没，但伴随理论界对马克思主义哲学的理解和研究日益深入，这一论说的局限性甚至消极影响也日益凸显，这就需要我们全面地辩证地审视这一论说，澄清其来龙去脉和功过是非，与时俱进地推动历史唯物主义的阐释和发展，捍卫历史唯物主义的生命力和解释力。

一、“推广应用说”的缘起

一谈到“推广应用说”，人们往往会将其与苏联教科书联系起来。学界有人就指出，历史唯物主义之所以被认为是辩证唯物主义在社会历史领域中的“推广与应用”，源头要追溯到斯大林主导下的《联共（布）党史简明教程》第四章第二节相关论述。也就是说，人们常常将“推广应用说”与斯大林的名字勾连在一起。我们不能完全否定这种观点，但对其局限性要有更为清晰的理论认知。具体说来，斯大林的上述“推广应用”观点在《辩证唯物主义与历史唯物主义》一文中得到了充分阐发和论证。他在文中指出：“历史唯物主义就是把辩证唯物主义原理推广去研究社会生活，把辩证唯物主义原理应用于社会生活现象，应用于研究社会，应用于研究社会历史。”① 这个论述随着该文成为苏联哲学教科书的法定观点，历史唯物主义作为辩证唯物主义在社会领域中的“推广”和“应用”的界定，就逐渐在苏联哲学界、东欧国家乃至中国哲学界长期占据统治地位，极大地影响着人们对历史唯物主义与辩证唯物主义两者关系的理解。但事实上并不像有些人说的那样，“推广应用说”完全始于苏联教科书，列宁在这一学说中所扮演的角色和起到的影响反而被人们有意无意地忽视和遗忘了。

“推广应用说”发端于列宁。在以往的认知中，苏联教科书体系是在斯大林的主导下完成的，所以，人们想当然地认为，曲解或误读了马克思主义的“推广应用说”的责任理应由斯大林来负责。这个结论有失偏颇，苏联教科书体系的形成及相关论断与列宁有着不可分割的关联。这个因素不知道为什么长期以来没有为人们所发掘和重视。可以肯定的是，列宁从物质概念、认识论、历史唯物主义、唯物辩证法、实践观点等方面推动和促进了马克思主义哲学的发展。在这些思想中，列宁明确向人们给出了历史唯物主义是辩证唯物主义在社会历史领域中“推广应用”的阐述，并对苏联和中国等社会主义国家产生了深远影响。列宁关于历史唯物主义的相关论述和论断极大影响着斯大林时期苏联学界对马克思主义哲学的认知，这一点在苏联教科书体系中得到明显体现。那么，列宁提出这种观点的缘由是什么呢？在 1895 年到 1918 年这段时间，列宁曾不止一次指出，我们要学习马克思运用唯物主义思维来分析社会历史问题，进而将辩证唯物主义应用和推广到社会领域，历史唯物主义就是在这个运用和推广过程中得以创建的。1895 年，列宁在《弗里德里希·恩格斯》一文中指出：“与黑格尔和其他黑格尔主义者相反，马克思和恩格斯是唯物主义者。他们用唯物主义观点观察世界和人类，看出一切自然现象都有物质原因作基础，同样，人类社会的发展也是受物质力量即生产力的发展所制约的。”② 在 1913 年发表的《马克思主义

① 斯大林．斯大林文集（1934—1952）．北京：人民出版社，1985：200.

② 列宁．列宁专题文集：论马克思主义．北京：人民出版社，2009：54.

的三个来源和三个组成部分》一文中，列宁告诉人们：“马克思主义的哲学就是**唯物主义**”①，“马克思加深和发展了哲学唯物主义，而且把它贯彻到底，把它对自然界的认识推广到对**人类社会**的认识。马克思的**历史唯物主义**是科学思想中的最大成果”②。接着在1918年发表的《卡尔·马克思》一文中，列宁认为在“唯物主义历史观”部分有以下两段话清楚地论述了历史唯物主义与辩证唯物主义的关系。首先，“马克思认识到旧唯物主义的不彻底性、不完备性和片面性，确信必须‘使关于社会的科学同唯物主义的基础协调起来，并在这个基础上加以改造’。既然唯物主义总是用存在解释意识而不是相反，那么应用于人类社会生活时，唯物主义就要求用**社会**存在解释**社会**意识”③。接下来，列宁进一步指出，“发现唯物主义历史观，或者更确切地说，把唯物主义贯彻和推广运用于社会现象领域，消除了以往的历史理论的两个主要缺点”④。列宁具体分析了以前的历史理论没能考察历史活动的思想动机背后的原因即形成社会关系的根源性因素，同时也没有体现社会历史是由人民群众所创造的这个事实。通过前面对列宁相关文本的梳理和解读，我们能够确认，列宁毫无疑问是苏联教科书中应用和推广这一论说的发端者。从1895年开始，20多年里列宁一直向世人昭示，正是马克思、恩格斯他们在建构出唯物主义世界观的基础上，用唯物主义的立场、观点、思维、方法来观察世界，才最终超越了以往的历史理论，创建了历史唯物主义。由此可以证明，在学界流传已久的将斯大林作为“推广应用说”的首创者这一说法是不合理的，这个观点是由列宁首创的。事实上，不仅这个论说对斯大林时期的教科书产生了巨大影响，苏联教科书体系本身也与列宁密切相关。列宁在《卡尔·马克思》这篇文章中对马克思主义理论体系做了一个整体性介绍，包括马克思主义哲学、马克思主义政治经济学、马克思主义的社会主义理论以及无产阶级斗争策略等内容。马克思主义哲学学说被列宁放在第一部分介绍，哲学唯物主义、辩证法、唯物主义历史观、阶级斗争等则构成这部分内容的二级标题。列宁对哲学部分的内容和结构安排无形中为后来的苏联教科

① 列宁．列宁专题文集：论马克思主义．北京：人民出版社，2009：67.
② 同①68.
③ 同①12-13.
④ 同①14.

书体系奠定了基础。可以看到，苏联教科书内容及其基本架构设置与列宁的相关阐述几乎完全一致。就是从二级标题下“哲学唯物主义”的具体内容来看，两者也高度相近。两者都涉及思维与存在的关系问题、世界的统一性问题、运动是物质的存在方式、旧唯物主义的缺点等内容。而二级标题“辩证法”和“唯物主义历史观”等内容也基本包含上述内容。由此，我们不难得出，斯大林并不是“推广应用说”的缔造者，而是斯大林在借鉴列宁相关论述和研究成果的基础上进行了阐发，并据此吸收到其主导下的苏联哲学教科书体系中来。

苏联教科书中的“推广应用说”。客观地讲，除了列宁对斯大林时代的教科书体系中的“推广应用说”有其无法抹除的影响外，普列汉诺夫的相关阐述同样需要引起重视。普列汉诺夫作为“从彻底的辩证唯物主义观点批判过修正主义者……的滥调的唯一马克思主义者”[①]，较早正式使用“辩证唯物主义”这一科学术语并总体地概括和总结了马克思主义哲学体系。在普列汉诺夫看来，辩证唯物主义作为最新的唯物主义成果真正解决了哲学的基本问题，建立了唯一的最彻底的和最先进的哲学体系。他说：“马克思和恩格斯的唯物主义世界观……既包括自然界，也包括历史。无论是在自然界或是在历史方面，这种世界观‘都是本质上辩证性的’……这个形容语不是说明唯物主义的特征，而只表明应用它去解释的那些领域之一。”[②] 在其他场合，普氏也尤为强调历史唯物主义不外是以“宇宙”为出发点的唯物辩证法在社会领域的扩展和推广，马克思主义只有一个包含政治经济学、历史唯物主义等内容的“辩证唯物主义体系”，突出强调辩证法在马克思主义哲学中占据的重要地位。可以说，普氏的这一思想深刻地影响了列宁以及后来的斯大林。20世纪30年代，斯大林所写《论辩证唯物主义和历史唯物主义》一书将辩证法、唯物主义和历史唯物主义作为马克思主义哲学的三大基本构成。这一提法显然与列宁在《马克思主义的三个来源和三个组成部分》以及《卡尔·马克思》等文章中的阐述如出一辙。不仅如此，斯大林还给历史唯物主义下了一个广为流传、影响深远的界定：“历史唯物主义就是把辩证唯物主义的原理推广去研究社会生活，把辩证唯物主义的原

---

① 列宁. 列宁专题文集：论马克思主义. 北京：人民出版社，2009：151.

② 普列汉诺夫. 普列汉诺夫哲学著作选集：第2卷. 北京：生活·读书·新知三联书店，1961：311.

理应用于社会生活现象，应用于研究社会，应用于研究社会历史。”① 可见，斯大林因袭普列汉诺夫和列宁的相关论述，并没有做出明显改变。斯大林在表述上的不同之处在于，将马克思主义哲学体系由单一的“辩证唯物主义”体系拓展为“辩证唯物主义和历史唯物主义”体系。这似乎有所变化，但实际上这种变化依然可以从普列汉诺夫和列宁那里发现端倪和动因。在《论辩证唯物主义和历史唯物主义》的开篇中，斯大林就说：辩证唯物主义“它研究自然界现象的方法、它认识这些现象的方法是**辩证**的，而它对自然界现象的解释、它对自然界现象的了解、它的理论是**唯物主义**的”②。普列汉诺夫和列宁，尤其是后者反复强调马克思主义哲学体系的完整性，作为学生的斯大林沿用了这种说法，明确将马克思主义哲学一分为二，即分为辩证唯物主义和历史唯物主义，并强调辩证法是方法，唯物主义是理论，历史唯物主义是辩证唯物主义在社会历史领域的推广和运用。另外，斯大林也受到列宁辩证法思想的影响，对辩证法四个基本特征加以阐释；在论述唯物主义三个基本问题时，在内容上与列宁所述唯物主义三个基本问题保持一致，即物质和意识何为第一性、物质的可认识性和世界的本原，只是在顺序上有所差异。“推广说”和“板块说”是斯大林教科书体系的显著特征，这里面既有列宁等前人思想影响的因素，也离不开斯大林自身对他们思想的某种误读。所以这本教科书出版后，在一定程度上推动了苏联学界以及其他社会主义国家对马克思主义哲学的理解，但也不可避免地引发了诸多争议甚至针锋相对的批驳。

“推广应用说”产生的现实动因。除了上述理论溯源外，“推广应用说”也有其深刻的现实境遇。1938 年，斯大林为《联共（布）党史简明教程》撰写“论辩证唯物主义和历史唯物主义”一节，这一时期撰写该著作具有十分重要的历史背景和政治动因。首先，斯大林为了遵循马克思、恩格斯和列宁的遗愿，科学阐明和捍卫辩证唯物主义和历史唯物主义是无产阶级革命以及无产阶级政党的理论基石，进而从哲学的高度提炼总结苏联共产党历史和苏联社会主义革命建设的历史经验。1905 年，俄国资产阶级革命失败以后，孟什维克脱离革命队伍，成为取消无产阶级政党的取消派；一些投机分子和知识分子也纷纷脱党放弃革命，

①② 斯大林．斯大林文集（1934—1952）．北京：人民出版社，1985：200.

想同沙皇制度和谐共处；还有一些知识分子如波格丹诺夫、巴扎罗夫等人和孟什维克联合起来，伺机歪曲马克思主义的哲学理论基础，反对唯物主义。摆在布尔什维克党人面前的一个相当紧迫的任务就是批判揭穿革命变节投机分子和坚定捍卫马克思主义政党的革命理论基础。在1908年所写《唯物主义和经验批判主义》一文中，列宁坚决批驳了对马克思主义理论基础的辩证唯物主义和历史唯物主义的修正观点，积极倡导用科学世界观武装布尔什维克党和工人阶级，组织和带领工人阶级最终收获了1917年无产阶级革命的胜利果实。《论辩证唯物主义和历史唯物主义》的发表就是斯大林捍卫列宁主义的理论体现。文章在前一节的最后两段中旗帜鲜明地表达了其写作目的："其所以必须这样做，尤其是因为辩证唯物主义和历史唯物主义是共产主义的理论基础，是马克思主义政党的理论基础，而了解这个基础，就是说，掌握这个基础，是我们党的每个积极活动家应尽的义务。"① 其次，斯大林是为了完成马克思、恩格斯和列宁的夙愿即通俗、系统地阐述马克思主义基本原理。由于各种原因，马克思、恩格斯和列宁无法全身心地投入到对理论体系的建构和基本原理的具体详尽通俗阐述这些工作中去。例如，马克思对辩证法思想十分重视，但却没机会完成一部关于辩证法的著述。恩格斯在《反杜林论》和《自然辩证法》等著作中将这项工作向前推进，并就辩证法的内容和结构做了具有开创性的说明，第一次明确提出唯物辩证法的三个"主要规律：量和质的转化——两极对立的相互渗透和它们达到极端时的相互转化——由矛盾引起的发展或否定的否定——发展的螺旋形式"②，但没有对这个问题进行系统详尽的论述。列宁是将唯物辩证法推进到一个新阶段的开拓者，清晰地提出将"辩证法简要地规定为关于对立面的统一的学说"③，并将辩证法、认识论和逻辑学三者有机统一起来，使辩证法真正成为人类认识和改造世界的伟大工具。这些思想在《哲学笔记》中得到系统性体现，但列宁过早逝世导致出版专门著作这项工作没能完成。斯大林接过这些伟大工作。为了契合19世纪末工人运动和革命实践发展的局势，斯大林积极吸收和整合前人相关理

① 联共（布）中央特设委员会．联共（布）党史简明教程．北京：人民出版社，1975：115．

② 马克思，恩格斯．马克思恩格斯文集：第9卷．北京：人民出版社，2009：401．

③ 列宁．列宁全集：第55卷．2版．北京：人民出版社，1990：192．

论，不仅系统总结了苏联社会主义革命和建设的历史经验，而且用通俗简洁的语言撰写了清晰表达马克思主义哲学基本原理的《论辩证唯物主义和历史唯物主义》这部著作。最后，这部书及其思想的形成也是对苏联共产党历史、苏联社会主义革命历史和社会主义建设历史经验的高度哲学概括。作为苏联党史教程中的重要一节，这部书并非是要全面、详尽地阐述马克思主义哲学所有内容的教科书，而是着眼于论述马克思主义政党的思想基础，阐明联共（布）党是以何种思想原则、何种世界观为理论基石来指导革命斗争，论证如何将马克思主义哲学当作革命武器运用于无产阶级革命实践等相关问题。可以说，这部著作既是斯大林围绕党的实际活动和历史经验来阐述辩证唯物主义和历史唯物主义，也是对苏联共产党 20 多年社会主义革命和建设经验的哲学升华。《论辩证唯物主义和历史唯物主义》事实上也是斯大林社会主义体制在哲学层面的反映，是统一全国思想的需要，是斯大林作为最高领导人的政治权威性的映射。当时的苏联，“要在各个领域包括哲学领域在内确立一个权威，这个权威就是我们的领袖斯大林”①。

如此看来，“推广应用说”的出现，既是斯大林受普列汉诺夫、列宁等人思想的影响，遵循马克思、恩格斯等人思想遗愿的产物，也是斯大林对苏联 20 多年社会主义革命和建设成果和经验的哲学总结，也批判和回应了当时苏联国内学界的一些哲学争议。总而言之，“推广应用说”并非由斯大林首创，不过由于斯大林明确宣扬和强调，深刻地打上了其烙印，是当时苏联理论和革命、建设的多重发展的结果。《论辩证唯物主义与历史唯物主义》的出版在社会主义国家产生了广泛影响，在当时被评为“是马克思主义哲学发展的最高峰”。这种影响不仅仅体现在苏联国内，而且延伸到了包括中国在内的其他社会主义国家，对其他国家的教科书体系以及如何理解辩证唯物主义和历史唯物主义也产生了重要的影响。

二、“推广应用说”的影响

“推广应用说”影响不可谓不大、不可谓不深远。关于这一点，我们可以从《论辩证唯物主义和历史唯物主义》在 1938 年至 1949 年 10

① 陆泉南，姜长斌，徐葵，等．苏联兴亡史论．北京：人民出版社，2002：448.

年间先后出版了 234 次、翻译成 66 种文字、总发行量达 3 500 万册这些数字中深切地感受得到。由于《论辩证唯物主义和历史唯物主义》文风通俗易懂、文笔简练扼要、讲授深入浅出，广大苏联党员干部、高校师生、普通群众通过学习该书接受了马克思主义哲学，提升了自身的马克思主义理论素养。但是，《论辩证唯物主义和历史唯物主义》作为斯大林思想的最核心部分，也是其思想中只讲对立不讲统一、忽视实践在认识中的重要地位、压制价值规律的调节作用、社会主义生产力与生产关系完全适合等错误思想的最深层次的本质缘由。《论辩证唯物主义和历史唯物主义》中包括“推广应用说”在内的理论缺陷导致几代苏联领导人观念陈腐、思想僵化，不考虑生产力状况随意更改生产关系，更是把苏联社会主义体制神圣化，最终为苏联解体埋下了隐患。就其国外影响来看，其他社会主义国家在很长一段时间内以苏联模式为样板，从理论建构和社会建设都深深地带有苏联烙印。这里我们以“推广应用说”为例来进行阐释。

辩证唯物主义和历史唯物主义的研究和探讨得以深化和推进。在《论辩证唯物主义和历史唯物主义》中，斯大林将辩证法、唯物主义、历史唯物主义划分为三大板块依次探讨，这一排列顺序与恩格斯在《反杜林论》中的排列——唯物主义—唯物史观—辩证法，以及列宁的排序——唯物主义—辩证法—唯物史观，都不同。由此不难发现他对辩证法的重视，其独特的理论阐释排序为接下来定义诠释辩证唯物主义和历史唯物主义的关系做了铺垫，“推广应用说”的出现就顺理成章了。首先，“推广应用说”为“历史唯物主义”下了一个清晰的定义：“历史唯物主义就是把辩证唯物主义的原理推广去研究社会生活，把辩证唯物主义的原理应用于社会生活现象，应用于研究社会，应用于研究社会历史。”① 随后，该书将“辩证唯物主义”界定为“它对自然界现象的看法、它研究自然界现象的方法、它认识这些现象的方法是**辩证**的，而它对自然现象的解释、它对自然界现象的了解、它的理论是**唯物主义的**”②。不难发现，斯大林认识到了历史唯物主义与辩证唯物主义两者的内在关联，沿袭了列宁的相关观点，即把辩证唯物主义和历史唯物主义视为“一块整钢”的结构。这一点是难能可贵的。另外，斯大林为了

①② 斯大林. 斯大林文集（1934—1952）. 北京：人民出版社，1985：200.

捍卫唯物主义的彻底性，把唯物主义贯穿至整个社会领域，划清了唯物史观和唯心史观的界限，深化了对历史唯物主义的理解。但是，斯大林主张将其所理解的辩证唯物主义自然观视作辩证唯物主义历史观的理论基础，历史唯物主义只是辩证唯物主义“推广”和“应用”的结果。这种论断在逻辑学意义上存在着片面性和简单化的倾向。书中把辩证唯物主义视为一种方法，割裂了其既是理论又是方法的双重特性，认为仅是唯物论与辩证法的简单相加，否定其作为世界观的理论实质。用这样一种“辩证唯物主义”作为理论基础，可以想象理论和实践中的“历史唯物主义”不可避免地会走向误区。人与自然之间的“物质变换”“物质与观念的变化”等就被消解了，生产方式也成为一种神秘的运动过程，历史规律成为脱离于人的活动之外的“绝对计划”。这就不难理解苏联在其社会主义建设后期体制僵化、生产关系业已完善等现象的出现，直至苏联解体。即便如此，《论辩证唯物主义和历史唯物主义》对历史唯物主义做出了不少具有开创性的阐发，可以说做出了比较突出的贡献。比如，书中认为社会物质条件涵盖地理环境、人口增长、物质资料生产方式三大要素的观点与马克思的思想一脉相承，捍卫和发展了列宁关于社会主义可能首先在一国获得胜利的理论，揭示了社会主义改造基本完成后阶级结构的变化和社会主义社会发展的动力等。我们要看到，“推广应用说”主张辩证唯物主义是历史唯物主义的基础，维护了历史唯物主义的纯洁性。“推广应用说”虽然在表述上存在诸如简单化等不足，但由于社会主义革命建设等现实条件、自身理论认知和篇幅限制等客观原因，无法对理论进行全面正确的诠释是能够理解的。后人评价其为马克思主义哲学的倒退，认为“在实践和其他理论问题上，他功大于过，推进了共产主义事业和马克思主义理论，但在哲学上很难说推进了”①，但当时苏联学界却高度评价：“在《联共（布）党史简明教程》中，载有辩证唯物主义与历史唯物主义一章，这里把辩证唯物主义和历史唯物主义的基本原理做了一番简明绝顶、天才独到的叙述。斯大林同志在这一著作中综合了马克思、恩格斯、列宁对于辩证法和唯物论的一切贡献。”② 这看似矛盾的背后，事实上说明我们对“推广应用说”不能一

① 斯大林辩证唯物主义理论的问题：斯大林哲学讨论会纪要．国内哲学动态，1980(3).

② 加拉，等．斯大林传略．北京：人民出版社，1953：136.

棍子打死，应历史地客观理性看待。

深刻影响了中国马克思主义哲学教科书体系的形成和发展。马克思主义哲学教科书体系一般来说指的是在斯大林撰写的《联共（布）党史简明教程》第四章第二节“辩证唯物主义和历史唯物主义”基础上构建的马克思主义基本原理体系。通过前面的梳理得知，包括“推广应用说”理论在内的教科书体系是斯大林在承袭普列汉诺夫、列宁的相关思想基础上发展而来的。普列汉诺夫和列宁都强调辩证法在整个马克思主义哲学体系中占据的重要地位；都将历史唯物主义看作辩证法在社会历史领域的推广和运用。二者的差异在于，普列汉诺夫注重唯物主义维度，列宁则更为强调辩证法层面。另外，普列汉诺夫把马克思主义哲学体系直接称为“辩证唯物主义体系”，列宁则更着眼于马克思主义哲学的整体性进而力图建构马克思主义哲学体系，并为之做了大量的理论准备工作。可以说，斯大林建立马克思主义哲学体系离不开普列汉诺夫和列宁的理论奠基工作。“推广应用说”正是斯大林在构建马克思主义哲学体系过程中提出来的重要论断，在不同程度上吸收和借鉴了普列汉诺夫和列宁的思想，当然也有诸多误读。无论在何种层面上来讲，包含“推广应用说”的马克思主义哲学教科书体系在马克思主义思想史中都具有极为重要的历史地位，具有鲜明的时代特征和社会历史基础，是一个无法回避的重要议题。“于是，把身为苏联共产党最高领导人、被视为真正的列宁主义者的斯大林的《论辩证唯物主义和历史唯物主义》一书奉为现阶段马克思主义哲学的顶峰，就是势所必然的了。这样，辩证唯物主义是党的唯一世界观这个命题，实际上就变成：只有斯大林的哲学才是党的唯一世界观。……这样，把全部哲学变为清一色的斯大林哲学的运动，不仅推行于苏联，而且在国际上也扩及整个左翼阵营。”①苏联社会主义模式在影响和制约其他社会主义国家的同时，与之相适应的苏联马克思主义哲学教科书体系以及苏联学者对马克思主义的解读模式也对这些国家产生了重要影响。新兴的中国也不例外。当然，社会主义在不同国家的革命呈现和建设方式各有不同，再加上各国历史文化积淀和具体思想境况差异较大，导致马克思主义哲学教科书体系的影响方式、程度以及对它的解读和应用必然会有所不同甚至截然不同。中国与

---

① 许万元．斯大林哲学中的问题．金大白，译．哲学译丛，1979（1）．

亚洲其他社会主义国家以及东欧各社会主义国家在理解教科书体系的地位和作用等问题上就存在明显差异。究其根源，是由各国阶级、阶层和政党力量对比以及各国经济政治文化等因素的差异造成的。上述因素的差异导致各国接受马克思主义的程度、对马克思主义的理解程度各不相同。这也导致马克思主义哲学教科书体系在各国的接受方式和程度参差不齐。由于无产阶级革命的彻底性和中国共产党在革命中的领导地位以及当时坚持苏联模式的发展方式，马克思主义哲学教科书体系在中国影响巨大。新中国成立伊始，受到国际客观因素的影响，中国各项建设显然都倾向苏联模式。马克思主义哲学教科书体系或照搬照抄苏联，或以苏联教科书为蓝本并聘请苏联专家来华编写，同时在一定程度上吸收借鉴了中国学者的相关成果。显然，随着马克思主义在中国理论界主导地位的确立，马克思主义哲学教科书体系必然在中国教科书体系中形成其主导性地位和影响。当然，苏联教科书体系自身所带有的所有优点和缺点，也就成为中国马克思主义哲学教科书的优点和缺点。从优点来看，苏联教科书的内容和体系成为新中国思想理论统一的基础，推动思想文化领域的整合，也起到了科学理性启蒙的作用，进一步涤清了旧的思想意识。但也不可避免地带来了一系列消极影响，比如僵化、教条的思维模式在一定时期内禁锢了人们的思想，与政治过度混淆限制了理论自身的发展，随着社会的发展逐渐丧失了学术话语权，作为被反思和批判的对象日益边缘化，等等。直到 1961 年由艾思奇主持编写的《辩证唯物主义历史唯物主义》以及 20 世纪 80 年代初由肖前主持编写的《辩证唯物主义原理》和李秀林主持编写的《历史唯物主义原理》相继出版，尤其是 20 世纪 80 年代反思教科书体系、反思“推广应用说”，重新理解马克思主义哲学成为中国学界一股不可逆转的思想浪潮。

推进和制约着后来学界对辩证唯物主义和历史唯物主义两者关系的解读。斯大林在《联共（布）党史简明教程》一书的第四章第二部分专门论述了“辩证唯物主义和历史唯物主义”。在内容体系上，马克思主义被认为是由辩证唯物主义和历史唯物主义两个部分组成。文本将辩证唯物主义进一步解读为马克思主义辩证法的四个基本特征和马克思主义哲学唯物主义的三个基本特征两大方面；历史唯物主义部分则主要涉及物质生产方式决定论、生产发展的特点规律、生产力和生产关系的辩证关系、社会形态理论等内容。综观这部分内容，我们要重点关注的是，该文本明晰了历史唯物主义的两大基本构成及其相互关系的基本原则，即马克思主义哲学包括辩证唯物主义和历史唯物主义，同时二者的理论地位并不等同，历史唯物主义“就是把辩证唯物主义的原理推广去研究社会生活”①。这就是后来流传甚广、影响深远的“推广应用说”。该文本把辩证唯物主义简单理解为基于自然界的观点，而历史唯物主义就是这一自然观在社会历史领域内的推广和应用，基本上是认为历史唯物主义从属于辩证唯物主义。我们在这里要声明的是，马克思、恩格斯并没有建构辩证唯物主义历史唯物主义体系，这一点学界没有争议。他们从来也没有宣称要建构任何哲学体系。倍倍尔就指出：“我不研究……拉萨尔和马克思的哲学体系。对于他们两位，我应该顺便指出，他们在任何时候都没有产生过要建立哲学体系的念头。”② 包括中国在内的社会主义国家在接受苏联教科书体系的同时，无疑也就认同和接受文本中的“推广应用说”。就中国而言，“推广应用说”对于国人理解和认知马克思主义哲学显然具有双重影响。从积极方面来看，“推广应用说”对马克思主义哲学体系包括辩证唯物主义和历史唯物主义两大组成部分进行了明确，我们今天依然保留了这个构成判断，只是在具体解读辩证唯物主义和历史唯物主义的内涵上存在不同。从消极方面来看，“推广应用说”并没有十分准确地界定辩证唯物主义和历史唯物主义的关系。对二者关系的非科学的理解对社会主义实践产生了较为严重的消极影响。如新中国在社会主义建设的早期探索中，把历史唯物主义仅仅作为一种历史观，把辩证唯物主义仅仅作为一种自然观，无形之中造成二者对立。这就导致在实践中不尊重客观规律，盲目夸大人的主观能动性，只注重生产关系的社会主义化而忽视生产力的发展，以至造成了我国早期社会主义建设中的部分失误与挫折。实践唯物主义在中国的出现与“推广应用说”切割辩证唯物主义和历史唯物主义的有机联系是密不可分的。但是，我们应该看到，“推广应用说”为我们考察马克思主义哲学提供一个重要的视角，从架构和形式上基本上确立了马克思主义哲学体系。这一点是毋庸置疑的。而《论辩证唯物主义和历史唯物主义》中对马克思主义哲学辩证法、唯物论、普遍联系观点、物质生产方式等理论范畴的

① 斯大林．斯大林文集（1934—1952）．北京：人民出版社，1985：200.

② 安启念．关于辩证唯物主义历史唯物主义体系的几个问题．北京行政学院学报，2006（6）.

解读也基本上确立了现在的解读框架。该文自发表后，长时期成为马克思主义哲学的“顶峰”和“典范”，这其中当然也包括“推广应用说”，它们造成了马克思主义哲学理论理解进程中的思想僵化，极大地阻碍了马克思主义哲学的发展。

可以说，“推广应用说”是普列汉诺夫、列宁等人对经典作家理论阐释的一种延续，不仅促进了当时苏联等社会主义国家对马克思主义哲学的进一步理解，很大程度上也推动了马克思主义哲学体系的建构。从其实践动因而言，“推广应用说”代表了以斯大林为首的苏联共产党对经典作家思想理论的一种权威阐释，为全党全国统一了思想认识，为更好地进行社会主义建设奠定了思想基础。从其国际传播来看，苏联在社会主义国际运动中的主导优势为“推广应用说”提供了独特的先天优势，包括中国在内的社会主义国家基本上都全盘接受了“推广应用说”以及《论辩证唯物主义和历史唯物主义》中的全部思想。以此为指导思想的马克思主义哲学教科书体系即苏联教科书体系也逐渐在这些国家应用和推广。实事求是地讲，《论辩证唯物主义和历史唯物主义》中的相关思想以及苏联教科书体系早期在这些社会主义国家都不同程度地推动了马克思主义的传播和深化了对它的理解和研究，也极大地推动了马克思主义理论知识的普及和学科建设。这些积极影响不应忽视。随着社会的发展和马克思主义研究的推进，苏联教科书体系和“推广应用说”的滞后性和非全面性也逐渐凸显，这就需要我们本着客观公正的态度来全面审视。

三、“推广应用说”的反思与评价

“推广应用说”作为苏联教科书体系影响最为深远的观点之一，对后世产生了诸多影响，也引发了不少争议。在前面，我们已经对“推广应用说”的诸多影响进行了较为详尽的阐述。那么，存在的争议到底体现在哪些方面呢？简单地说，“推广应用说”带来的争议主要是如何理解马克思主义哲学体系、如何理解辩证唯物主义与历史唯物主义的关系等问题，这些问题直到今天似乎在一些人看来还没有彻底地解决。而上述争议问题必须从“推广应用说”以及《论辩证唯物主义和历史唯物主义》的原始文本的具体论述中去找寻答案。事实上，“推广应用说”争议的焦点就是如何处理辩证唯物主义与历史唯物主义的关系问题。作为马克思两个伟大发现之一的历史唯物主义有其全新的理论基础和出发点，而作为一种主观逻辑的"推广应用说"肯定无法呈现历史唯物主义的创建过程。因此，结合理论文本揭示"推广应用说"的理论困境，厘清"推广应用说"在阐释马克思主义哲学体系问题以及对两大组成部分相互关系理解上的不足，既为历史唯物主义"正名"，又能科学揭示辩证唯物主义与历史唯物主义的关系。

首先，"推广应用说"无法全面呈现马克思主义发展史的丰富图景。从唯物主义发展史来说，只能是从着眼于自然世界的探索的自然观向着眼于人类社会历史规律的历史观迈进。这个伟大变革是整个人类思想历经多年的积淀和传承不断创新发展的结晶，绝不是所谓的"推广应用说"所能做到的。它是马克思、恩格斯对哲学、政治经济学、社会主义思想成果艰辛研究、探求、提炼的硕果。我们通过回顾马克思主义形成发展史，不难发现，《共产党宣言》的发表标志着唯物史观即历史唯物主义的正式问世。也就是说，从时间上看，历史唯物主义的形成似乎在前。而在《资本论》第一卷中，马克思将辩证法、逻辑和唯物主义认识论有机结合起来分析资本主义经济生产即运用于政治经济学这门科学，才创建了辩证唯物主义。列宁对此曾给予肯定。马克思虽然没有撰写专著论述辩证唯物主义，但留给后世的鸿篇巨制《资本论》中不乏对辩证唯物主义相关思想的阐释。恩格斯后来在《自然辩证法》中深入阐述了自然辩证法。这样，马克思主义哲学体系在 19 世纪 80 年代才逐渐形成。但我们不能轻易断言辩证唯物主义思想在历史唯物主义理论之后才得以形成，更不能由此否认辩证唯物主义的某些基本观点在历史唯物主义形成之前就已经出现了，也不能否认历史唯物主义的形成蕴含和呈现出了辩证唯物主义的思想内容。有学者就指出，"马克思主义辩证唯物主义产生、孕育、形成的过程，也就是历史唯物主义产生、孕育、形成的过程，它们是同一个过程"①。因为要形成完备的辩证唯物主义理论离不开唯物辩证地解决社会历史问题，同样，历史唯物主义的创立也绝不能离开整个哲学世界观的转变。我们无法想象创建了历史唯物主义的马克思，认识世界发展规律的水平会与黑格尔和费尔巴哈等同。可以说，马克思主义哲学体系从特殊到一般和从一般到特殊，这两个形成过

① 钱小芊．马克思主义哲学的形成过程．社会科学，1981（5）．

程相互交织在一起。辩证唯物主义和历史唯物主义的形成发展过程无法用时间先后顺序加以区分，这是一个与人类认识规律相符合的过程。实事求是地讲，马克思、恩格斯在其著述中始终未能明确提出或使用“辩证唯物主义”这一术语，更未论及历史唯物主义是辩证唯物主义在社会历史领域中的推广和运用这一问题。但我们不能据此就认为马克思、恩格斯没有辩证唯物主义的思想，尽管是狄慈根首次提出“辩证唯物主义”概念。事实上，狄慈根之所以能够提出这个概念，恰恰源自马克思、恩格斯的论述：“一旦了解到以往的德国唯心主义是完全荒谬的，那就必然导致唯物主义，但是要注意，并不是导致 18 世纪的纯粹形而上学的、完全机械的唯物主义。”① 狄慈根据而指出：“因为唯心主义的首足倒置最后的著名人物，特别是康德、费希特、谢林和黑格尔等人的唯心主义的首足倒置，完全是德国的，所以这种首足倒置的产物，辩证唯物主义，也主要是德国的产物。”② 能够确认的是，辩证唯物主义概念的提出是建立在马克思、恩格斯的相关阐释基础上。而且，我们也能发现，马克思在其早期著作中将他的辩证唯物主义的许多思想都蕴含或穿插在历史唯物主义的阐述中。我们也能够从马克思对社会历史问题的解析中找到其中凝结和呈现着的辩证唯物主义的相关范畴、概念和思想。同时，马克思主义哲学的一些概念范畴在历史唯物主义和辩证唯物主义两者之中都有所呈现。总而言之，纵观整个马克思主义发展史，我们没有任何论据认为历史唯物主义是辩证唯物主义在社会历史领域内的“推广应用”，也没有必要刻意区分谁先谁后这个问题。

其次，历史唯物主义不能用辩证唯物主义的推广应用来简单概括。马克思主义的辩证唯物论是对自然、社会和人类思维的最一般规律的概括，它的创立对我们进一步认识自然、社会和人类思维无疑具有伟大意义。但它终归无法代替对社会历史的认知。国际共产主义运动的曲折历史提示我们，马克思主义哲学问世后，我们对社会历史的认识仍处在一个极其艰难、曲折的过程之中，人们对社会历史生活的认识常常出现偏差甚至重大失误，历史唯物主义的认识还有待进一步深化和推进，这些都有赖于人们对社会实践的经验教训的总结概括才能达成，而不是仅靠

① 马克思，恩格斯．马克思恩格斯文集：第 9 卷．北京：人民出版社，2009：28.

② 狄慈根．狄慈根哲学著作选集．杨东莼，译．北京：生活·读书·新知三联书店，1978：241.

辩证唯物主义的推广应用就可以解决的。“原则不是研究的出发点，而是它的最终结果；这些原则不是被应用于自然界和人类历史，而是从它们中抽象出来的；不是自然界和人类去适应原则，而是原则只有在符合自然界和历史的情况下才是正确的。这是对事物的唯一唯物主义的观点。”① 历史自身发展的规律，只能在历史中去找，而不应是将外在的原则加于其上。历史唯物主义，正是马克思主义创始人在深入研究了历史、研究了现实社会的经济关系，得出社会存在决定社会意识这一划时代观点而创立的。反之，运用既定的原则（事实上是不存在的），去匡正社会历史问题，无法正确、科学揭示社会历史的本质及其运动发展规律。从所谓的原则出发，抹杀社会实践生活的第一性，这种推广应用无非是一种唯心主义的先验论罢了，只能是对社会生活展开所谓的实用主义的解读和说明。一句话，马克思主义的历史唯物论的产生是实践历史发展的产物，而其发展也依然是社会实践发展的结晶。“推广应用说”不仅将历史唯物主义的历史发展抽象化了，而且将历史唯物论的内容简单化了。作为研究社会生活的最一般的规律，历史唯物主义绝不仅仅是高度抽象的原则，而是鲜活的、多维的，并在社会实践的发展中得以深化。人类社会实践活动的推进不仅丰富了历史唯物论也丰富了辩证唯物论。恩格斯曾多次向世人指出，马克思的唯物主义哲学的鲜明特征在于人们按照本来面目去理解现实世界即自然界和历史，从事实本身的联系中去把握和说明现实世界的联系和规律，“除此以外，唯物主义并没有别的意义。不过在这里第一次对唯物主义世界观采取了真正严肃的态度，把这个世界观彻底地（至少在主要方面）运用到所研究的一切知识领域里去了”②。由此看出，历史唯物主义对历史发展规律的认识，是对历史本身的内在联系和规律的概括和说明，是对历史本来面目的客观映射，它不是从有关自然界的规律性的认识中按照逻辑推论产生的。马克思、恩格斯关于社会生活、社会历史存在内在联系或相互关联的思想，并非是从对自然界的认识中衍生出来的，而是对费尔巴哈和黑格尔的思想进行了唯物主义的批判、借鉴和改造，即抛弃了黑格尔在自然观上的自我意识哲学思想和费尔巴哈在自然观上的直观唯物主义观点。但不能将这种吸收借鉴等同于“推广应用”。用“推广应用说”无法彰显

① 马克思，恩格斯．马克思恩格斯文集：第9卷．北京：人民出版社，2009：38.

② 马克思，恩格斯．马克思恩格斯文集：第4卷．北京：人民出版社，2009：297.

出辩证唯物主义和历史唯物主义的本质区别，当然也无法全面呈现两者的复杂的内在联系，更不用说历史唯物主义的创新发展是植根于鲜活的现实实践活动而非所谓的“原则”。

最后，马克思主义哲学是辩证唯物主义和历史唯物主义的辩证统一。对“推广应用说”的反思，是要探讨辩证唯物主义和历史唯物主义的关系，本质上是触及了马克思主义哲学体系这个重要问题。受苏联教科书体系和“推广应用说”的影响，我们在编撰马克思主义哲学教科书时，遵循马克思主义哲学是辩证唯物主义和历史唯物主义相统一的原则。如艾思奇就认为历史唯物主义是“把辩证唯物主义推广到对人类社会的认识”和“历史唯物主义是马克思主义哲学中不可缺少的一部分，历史唯物主义和辩证唯物主义是不可分割的有机统一的整体”①。随着马克思主义哲学研究逐步深入和人们对社会发展规律的认识逐步深化，学者们在辩证唯物主义和历史唯物主义的关系问题上展开多维度和多方面的探讨。其主要看法包括：有人不赞成历史唯物主义是辩证唯物主义的推广应用观点，有人认为历史唯物主义的产生早于辩证唯物主义的产生，还有人把历史唯物主义仅视为辩证唯物主义的组成部分之一，等等。这些反思和质疑充分展示了中国在走上自主探索、实行改革开放后在思想理论领域的努力，力图在新的时代推进马克思主义哲学研究的创新发展。要注意的是，马克思主义哲学体系中的辩证唯物主义与历史唯物主义，两者相互渗透、相辅相成。通过回顾哲学史，我们不难发现历史观上的唯心主义者可以是自然观上的唯物主义者，比如费尔巴哈，而自然观上的唯心主义者的历史观必然是唯心主义的，比如黑格尔。可见，一个哲学家如果否定世界的物质性和辩证唯物主义的自然观，就难以把唯物主义的观点渗入历史观领域。这是因为“把人对自然界的理论关系和实践关系，把自然科学和工业排除在历史运动之外”，就不可能达到“对历史现实的认识”②。自然界的客观性是处理人与自然关系实在性的前提，构成了人的实践活动对象和场域。如果没有一个客观自然作为前进基础，就永远无法跨越唯心主义历史观的栅栏，人类的第一个实践活动——物质资料生产活动就无法展开。而如果没有唯物主义历史观，人类的历史可能就永远停留在与动物为伍、茹毛饮血的原始社会时

① 艾思奇. 艾思奇全书：第7卷. 北京：人民出版社，2006：734.

② 马克思，恩格斯. 马克思恩格斯文集：第1卷. 北京：人民出版社，2009：350.

代，人类的璀璨文明历史也就无从谈起。恩格斯曾明确提到："马克思和我，可以说是唯一把自觉的辩证法从德国唯心主义哲学中拯救出来并运用于唯物主义的自然观和历史观的人。可是要确立辩证的同时又是唯物主义的自然观，需要具备数学和自然科学的知识。"① "推广应用说"坚持把辩证唯物主义置于历史唯物主义之前，将二者分裂开来探讨，认为先有前者，才能将其推广到社会历史领域，形成后者，后者是前者的结果。该观点割裂了两者的关联性，根源于其"把辩证法当作一种方法，而把唯物主义当作理论"来对待的思路。阿尔都塞对此批判认为，辩证法不是一种外在的方法，"它所提出的问题并不是要用相同的方法去研究不同对象的性质"②。由于理论和方法的分离，"推广应用说"先将辩证法和唯物主义分离，进而将辩证唯物主义和历史唯物主义割裂，也就不难理解它"所理解、所认识的历史唯物主义，局限在一般唯物主义的推演上"③。因此，马克思主义哲学是辩证唯物主义和历史唯物主义的辩证统一。

辩证唯物主义和历史唯物主义实现了对自然、社会和人类思维的总体哲学把握，由之构成了马克思主义的科学世界观。仅凭苏联模式的马克思主义哲学无法在理论和实践上否定辩证唯物主义和历史唯物主义。从理论逻辑上来看，马克思在哲学史上首次把实践升华为哲学根本原则的高度，并基于此实现了对人与自然的关系、人与社会的关系、人类解放何以可能等问题的科学解答，从而实现了唯物主义和辩证法、唯物主义自然观和唯物主义历史观的统一。因而，将历史唯物主义简单化为辩证唯物主义在社会历史领域中推广和应用的结果，就无法看到历史唯物主义这种科学历史观是马克思在磅礴复杂历史中反复归纳总结实践得来的关于历史发展客观规律的历史观。马克思主义哲学在根本意义上是辩证唯物主义和历史唯物主义的辩证统一。在这个层面上，马克思主义哲学被称为"辩证唯物主义"，意在彰显马克思主义哲学的辩证法维度及其批判性和革命性特征，因为"辩证法在对现存事物的肯定的理解中同时包含对现存事物的否定的理解，即对现存事物的必然灭亡的理解……

① 马克思，恩格斯．马克思恩格斯文集：第9卷．北京：人民出版社，2009：13.

② 阿尔都塞．保卫马克思．顾良，译．北京：商务印书馆，2016：71.

③ 黄汉江．斯大林唯物史观中的形而上学因素．实事求是，1982（6）.

按其本质来说，它是批判的和革命的”①；同时，将“历史唯物主义”与马克思主义哲学勾连起来，主要在于突出马克思主义哲学的历史维度及其彻底性和完备性，因为历史是自然发展的过程，自然也是历史发展的过程，由此开辟出一条新的哲学发展道路和理论时空。我们没有必要因为苏联马克思主义哲学体系的缺陷“废”辩证唯物主义和历史唯物主义之“名”。

辩证唯物主义和历史唯物主义是中国共产党人的科学世界观和方法论。“推广应用说”无论从学理上还是实践检验上看，都难以对马克思主义哲学体系进行全面正确的反映，也难以正确揭示辩证唯物主义与历史唯物主义的内在关联。我们不能将“推广应用说”等同于马克思主义哲学，不能以《论辩证唯物主义和历史唯物主义》中的“推广应用说”的理论缺点为由，对辩证唯物主义和历史唯物主义本身加以“虚无”。实际上，包括“推广应用说”在内的苏联教科书体系是一种为苏联共产党党员进行马克思主义哲学基本常识教育服务的教学体系，曾在社会主义内部产生积极影响。所以，我们绝不能用所谓的“苏联模式的马克思主义哲学”的缺陷简单化地认为要否弃辩证唯物主义和历史唯物主义，这肯定不是继承和发展马克思主义哲学的科学态度。“马克思和恩格斯在他们的著作中特别强调的是**辩证**唯物主义，而不是辩证**唯物主义**，特别坚持的是**历史**唯物主义，而不是历史**唯物主义**。”② 不难发现，列宁在这里反复强调马克思和恩格斯特别注意往唯物主义哲学发展的方向，即尤为看重马克思主义哲学本质中唯物史观的地位。马克思主义哲学在框架上是辩证唯物主义和历史唯物主义的有机统一，是一块整钢而不是所谓的两大块。它主张我们要坚持实践的观点，坚持唯物主义和辩证法相结合的原则，由之对自然界、人类社会和思维进行深入探索和研究。如果把视野拉回中国大地，继承推动马克思主义中国化显然与辩证唯物主义和历史唯物主义在世界观和方法论上的科学指导分不开。习近平总书记多次强调理论创新的重要性，强调我们党要“牢固树立辩证唯物主义和历史唯物主义世界观和方法论”。这对我们全面正确把握马克思主义哲学的本质和功能，进一步推动马克思主义哲学创新，必然具有重要导向意义。

---

① 马克思，恩格斯．马克思恩格斯文集：第5卷．北京：人民出版社，2009：22.

② 列宁．列宁选集：第2卷．3版．北京：人民出版社，2012：225.

第二节　实践唯物主义之“实践本体论”

回顾我国改革开放以来马克思主义哲学的发展历程，可以发现，其主线历经反思苏联教科书体系、实践唯物主义的勃兴与式微、历史唯物主义的回归再到当前以政治哲学为新倾向的部门哲学大行其道。从20世纪70年代末到90年代中期，我国马克思主义哲学历经从教科书体系到实践唯物主义兴起的学术史过程。真理标准问题大讨论、改革开放、异化与人道主义争论等这些从理论到实践中的重大事件深刻影响着中国马克思主义哲学的出场方式和发展走向。无论结果如何，作为寻求构建中国特色的马克思主义哲学体系的一种探索，实践唯物主义在当时影响巨大。于此，有必要对实践唯物主义展开一个全面整体梳理和反思，这也是中国马克思主义哲学发展图景的一个缩影。站在中国马克思主义哲学发展整体图景的基础上审视实践唯物主义，可以清晰地看到其兴起发展的内外动因，也能把握其走向理论困境的轨迹。审视实践唯物主义，从根本上讲是对马克思主义哲学的主要构成的历史唯物主义进行检视和反思，从而推动历史唯物主义的发展。

一、实践唯物主义的勃兴

实践唯物主义在中国的出场有着深刻的理论和实践背景。苏联教科书在中国长期一枝独秀，在一定时期内对中国教育、理论界都起到了巨大的作用，但也极大地束缚着中国人的思想。社会主义建设不能说不受此影响。从20世纪70年代末开始，由理论界开始的真理标准大讨论开启了中国对社会主义建设思路和规律的反思。决定中国命运的关键一招——改革开放进程由此开启。在“文化大革命”结束后和改革开放之初爆发的异化与人道主义争论则成为新时期马克思主义哲学发生重大转向的学术背景，令人颇感意外却又合乎现实需求，这场争论没有朝着既定争论的人道主义路径发展而是向着实践唯物主义迈进。这里面除了国内自身的理论与实践因素的作用外，还有着深刻的国际背景尤其是南斯拉夫实践派思想的影响。正是在国内外多重因素的推动下，实践唯物主义在中国正式出场。

苏联教科书体系的缺陷在一定程度上激发了实践唯物主义理论的出场。因为当时中国马克思主义哲学教科书体系大都沿袭了苏联教科书模式，即使后来置入了毛泽东思想的相关理论，其指导思想也没有发生根本变化。所以，国人常谈到的马克思主义哲学传统教科书体系通常是指苏联哲学教科书体系，要摆脱或超越的主要也是指苏联教科书体系。“理论在一个国家实现的程度，总是取决于理论满足这个国家的需要的程度。”① 从马克思的这个判断来说，无论是中华人民共和国成立后中国对苏联教科书体系的几乎全盘接受，还是改革开放后对苏联教科书体系的反思和改变，都与中国经济政治文化发展现实相适应，与中国当时思想理论界的实际状况基本契合。苏联教科书体系的形成过程大致是从普列汉诺夫开始，经过列宁的进一步拓展，最后由米丁等青年学者建构完成。“辩证唯物主义认识论”的解读模式得到普列汉诺夫的高度认可，进而贯彻在当时的苏联教科书体系中。在他看来，唯物主义构成了马克思思想的基础，马克思主义哲学不仅包含唯物主义，还与辩证唯物主义密不可分。“马克思和恩格斯的唯物主义世界观，——如我们刚才所看到的——既包括自然界，也包括历史。无论是在自然界或是在历史方面，这种世界观‘都是本质上辩证性的’。但因为辩证唯物主义涉及到历史，所以恩格斯有时将它叫作历史的。”② 这就给西方学者留下了口实，使他们错误地认为历史唯物主义是辩证唯物主义的推广应用、辩证唯物主义和历史唯物主义两者分裂。列宁继续强化了苏联教科书对辩证唯物主义问题的解读，直到米丁等青年学者历经两次争论，在斯大林政治因素的干预下，主张哲学应服从并服务于政治的米丁等人占据了上风，主导教科书的编写工作。据此，苏联教科书体系在米丁等青年学者的推动下最终通过斯大林《论辩证唯物主义和历史唯物主义》一书得以确立，这也导致苏联教科书体系深深地打上了“政治挂帅”的烙印。在吸纳中国马克思主义哲学成果的基础上，中国马克思主义哲学教科书体系按照苏联教科书体系展开相关教学、理论研究进而指导实践。这样，具有先天不足的苏联传统教科书体系就这样势不可挡地成为中国理论界的主导思想。抛开苏联教科书体系对马克思主义哲学基本概念、范畴等

① 马克思，恩格斯．马克思恩格斯文集：第1卷．北京：人民出版社，2009：12.

② 普列汉诺夫．普列汉诺夫哲学著作选集：第2卷．北京：生活·读书·新知三联书店，1961：311.

知识体系方面的历史意义来说，其先天的理论结构缺陷为国内外学者尤其是西方学者留下了阐释的空间。因研究所谓“苏联学”而闻名的瑞士天主教学者波亨斯基就借助苏联教科书体系展开对马克思主义的批评。他认为：“马克思的长期发展以及其学说中的极端多样的因素引起了对于他的学说的很不相同的解释。而且的确达到这样一种程度，以至今天存在着一整个系列的互相矛盾的马克思主义。”① 由此导致“马恩对立说”在西方学界流行，给整个马克思主义哲学体系带来严重的负面影响。随着中国理论界展开真理标准大讨论以及改革开放的开启，反思苏联教科书体系进而建构与国家实践相适应的哲学理论的思潮出现。针对苏联教科书体系从内容到形式都过于注重体系化、忽视实践观的基础性意义，无法完整体现马克思主义哲学变革和创新之处、实践功能和现代哲学的特性等，我国理论界对其进行反思并尝试重建新的哲学教科书体系是必要的、有价值的。正是在这种重建的氛围中，实践范畴随着真理标准大讨论和改革开放的展开，逐渐成为新时期的关键词，也成为马克思主义哲学研究体系的关键词。不同于苏联教科书体系以及中国传统教科书体系，改革开放后，我国学界日益突破原有的把实践作为认识论的范畴来阐发的传统，开始转向实践作为一个独立的主流哲学范畴进行研究，进而使之成为 20 世纪 80 年代中期到 90 年代中国马克思主义哲学研究的标志性范畴。实践由此构成了实践唯物主义的理论基石，甚至被看成马克思主义哲学的根本特性。

改革开放的展开成为推动实践历史唯物主义诞生的现实力量。现在看来，20 世纪中国有关真理标准问题的相关讨论，不仅仅是在思想上重新呈现“实践”范畴在马克思主义哲学中的地位和作用，更为重要的是在政治上为我们党的工作重点提供了思想基石，也为社会主义建设发展打破思想认识桎梏和实行改革开放提供了现实空间。当然，改革开放的展开是国际国内双重因素作用的结果。从国际来看，共产主义运动出现曲折，而资本主义国家发展势头正盛，这种反差也在一定程度上影响了中国探索社会主义建设的进程和走向；从国内来看，由于“文化大革命”，中国的社会主义事业遭受挫折。从理论上讲，国际共产主义运动和国内社会主义事业出现问题，导致这些问题的根源在于人们没有正确

---

① 波亨斯基. 苏俄的辩证唯物主义//《哲学研究》编辑部. 资产阶级哲学资料选辑：第 1 辑. 上海：上海人民出版社，1964：163.

理解和解读马克思主义。比如在理解生产力与生产关系、经济基础与上层建筑关系问题上就偏离了经典作家的旨趣。在苏联模式的影响下，原有社会主义建设模式的一些局限性开始不断显现，社会主义制度的活力日渐受到既定模式的侵蚀，在理论上对马克思主义哲学的有关解读也走入了误区。“左”的错误更是加剧了体制上和思想上的弊端，严重阻碍了社会主义生产力的发展，马克思主义哲学也因教科书体系的弊端而发展缓慢。党的十一届三中全会拨乱反正，遵循生产力发展逻辑进而将经济建设作为工作中心，扭转了中国历史进程的轨道。实际上，对改革开放的探索早在 1975 年就已经有所体现，邓小平这样说：“说到改革，其实在一九七四年到一九七五年我们已经试验过一段。……那时的改革，用的名称是整顿，强调把经济搞上去，首先是恢复生产秩序。凡是这样做的地方都见效。”① 在当时一些干扰的破坏下，全面整顿没有进行下去。这些曲折与人们的思想认识以及对马克思主义的理解密切相关。邓小平对此深有感触：“在我们的干部特别是领导干部中间，解放思想这个问题并没有完全解决。不少同志的思想还很不解放，脑筋还没有开动起来，也可以说，还处在僵化或半僵化的状态。”② 他甚至把思想解放的问题与国家和党的命运关联起来。由此可见，实践与理论的密切联系不断推动人们去思考社会主义改革和阐释马克思主义这些重大问题。事实上，中国实行改革开放与经典作家的重要阐述也是相吻合的。马克思社会历史发展理论和历史发展辩证法既阐明了社会主义比资本主义更具优越性，还说明了社会主义会随着实际情况不断变化，并非一成不变。1890 年 8 月，恩格斯在给德国社会活动家奥·伯尼克的一封信中就指出：“我认为，所谓‘社会主义社会’不是一种一成不变的东西，而应当和任何其他社会制度一样，把它看成经常变化和改革的社会。”③ 所以，中国的改革开放极具必要性，遵循了社会发展规律。改革开放对于中国思想界和马克思主义哲学研究无疑提供了一个极具探索性和生成性的实验空间。因为在中国这样一个经济、文化相对落后的发展中国家，如何建设社会主义、是否需要在已有的社会主义制度前提下进行改革，经典作家对此没有也无法先入为主地给出答案以供我们来遵循。这样，

① 邓小平．邓小平文选：第 3 卷．北京：人民出版社，1993：255．

② 邓小平．邓小平文选：第 2 卷．2 版．北京：人民出版社，1994：141．

③ 马克思，恩格斯．马克思恩格斯文集：第 10 卷．北京：人民出版社，2009：588．

改革开放的展开事实上促使人们对马克思主义哲学开始新的思考，人们迫切需要找到一种能契合改革开放的马克思主义解读路径和方式。在真理标准问题大讨论等思想领域探索的推动下，人道主义、异化劳动等敏锐而又富于时代意蕴的课题开始得以研究和探讨，我国思想界和理论界面貌一新。中国马克思主义哲学研究乘着改革春风，努力打破苏联教科书体系的束缚，提出了紧扣当时中国现实的实践唯物主义的理解范式和当代形态，力图回到马克思主义以恢复其本真面相。

实践唯物主义受到西方马克思主义与东欧实践派理论先在逻辑运演的隐性制约。众所周知，从第二国际到斯大林式的苏联哲学教科书体系，将实践在马克思主义哲学中的总体逻辑地位和作用极大消解。实践范畴只是被看成一个与认识相对应的范畴，止步于认识论的窠臼。实事求是地讲，力图将实践范畴从传统马克思主义哲学教科书的认识中解放出来，把“实践”作为一个哲学逻辑范畴成为马克思主义哲学的核心概念是从20世纪20年代卢卡奇、葛兰西等西方马克思主义者那里开始的。经过50至60年代东欧“新马克思主义”尤其是“实践派”和民主德国柯辛的“一体化教科书”，70年代日本的马克思主义的探索，才基本形成一个清晰的“新体系化”的理论旨趣。具体而言，从葛兰西、卢卡奇到柯尔施，都把实践问题重新置于理论研究的核心位置，葛兰西甚至断言马克思主义哲学就是“实践哲学”。很明显，在西方马克思主义者的早期思想中，实践范畴是一个关键的基础性概念，很大程度上与他们重视和凸显马克思主义哲学的革命性实践功能和主体性能动作用密切相关。随着弗洛姆、列斐伏尔等人聚焦于《1844年经济学哲学手稿》，实践范畴在西方马克思主义者那里又被赋予了人本主义的气息，成了人学主体的本质。萨特更是从存在主义出发，构建出了所谓的“实践人学辩证法”，实践指向个体生存活动，历史就成为一种基于个体生存活动的实践“总体化”进程。施密特则通过对《关于费尔巴哈的提纲》和《德意志意识形态》的梳理较好地把握了马克思的实践范畴，批判物质本体论和实践本体论（人学本体论）都没有真正理解马克思的哲学革命实质，因为马克思主义哲学并非观念革命而是基本方法层面的革命性变革。施密特认为马克思主义哲学是从实践的社会历史的具体发展中来审视自然界和具体的人类社会时期。当然施密特在这里混淆了或没能认识到马克思早期和后期在科学世界观问题上的根本不同。除此之外，发端于西方马克思主义人本学思潮的东欧“新马克思主义”，特别是其中的南斯拉夫“实践派”再次将实践问题放在了研究的显著位置，反思和超越斯大林主义。实践派的实践哲学不仅是一种激进的本体论和认识论，也是一种打破教条主义思维重树马克思主义方法论的尝试。“实践派”提出要以人为中心，确立了人道主义的立场，认为“马克思主义实质上是一种创造性的思想，它既是唯物主义，又是辩证法，但也是人道主义”①，突出实践和创造在社会发展进程中的重要功能。在“实践派”看来，实践应“解释为一种普遍的一创造性的自我创造活动，是人用以改变和创造他的世界和他自身的活动”②，也就是说，人是实践的，实践是属人的。可以看出，“实践派”的逻辑理路遵从于人本主义，其实践范畴实际上是《1844 年经济学哲学手稿》中作为人的先验类本质——理想化劳动的另一种说辞，将哲学的使命等同于建构更加人道的社会。我国在 20 世纪 70 年代末真理标准问题大讨论中同时开始着手探讨实践在马克思主义哲学中的地位和作用问题。李泽厚、刘纲纪等人在美学研究中提出了实践的本体地位问题，主体性是其关键词，与西方马克思主义早期卢卡奇和法兰克福学派的实践观相似。这种观点在国内引发了广泛关注，产生了较大的影响。于是，我国学界尤其是马克思主义哲学领域从“大写”维度对实践问题展开了研讨。伴随南斯拉夫“实践派”相关实践思想进入中国，以及徐重温对西方马克思主义哲学的介绍，它们构成了国内实践唯物主义研讨的主要理论来源。而国内有关“人道主义与异化问题的讨论”“主体性问题”与前面两者有关实践范畴的解读交织在一起，共同推动着我国思想界聚焦于实践范畴，为实践唯物主义的提出做了进一步的理论准备。

总的说来，从中华人民共和国成立到 20 世纪 70 年代末，我们理解和诠释马克思主义哲学一直局限于苏联教科书体系。当然，传统的理解模式作为历史的产物，在特定历史时期起到了重要的积极作用，有着不可磨灭的历史贡献。伴随真理标准问题大讨论和社会主义实践的新探索，国人的思想不断得到洗礼，对马克思主义、社会主义的认识和解读

---

① 弗兰尼茨基．马克思主义史：第 3 卷．胡文建，李嘉恩，杨达洲，等译．哈尔滨：黑龙江大学出版社，2015：304．

② 彼得洛维奇．二十世纪中叶的马克思：一位南斯拉夫哲学家重释卡尔·马克思的著作．姜海波，译．哈尔滨：黑龙江大学出版社，2015：68．

也进入一个全新的发展态势。反思、打破原有思想认识和对马克思主义哲学的固有解读模式就成为中国理论界的重要任务。国外有关实践哲学理论的引入也不断激发国内学界重新思考马克思主义哲学，这一时期对人道主义、异化劳动等问题的讨论在国内不断酝酿和展开。改革开放引发对社会主义本质和规律等问题的重新思考，也为实践唯物主义的出场提供了广阔的土壤。这些因素促使学界对马克思主义哲学的实践唯物主义解读模式开始逐渐萌芽、形成和发展。作为理论逻辑与实践逻辑、学术与政治互动的必然产物，实践唯物主义抓住了时代的脉搏，突出了马克思主义哲学的实证维度，也推动了中国的哲学理论工作者对马克思主义哲学的民族化审思。这些在当时来讲无疑具有推动思想解放和实践发展的进步意义。但也要看到，实践唯物主义自始至终就没有成为一个整体派别，其内部观点复杂多样，对实践概念的界定众说纷纭，导致内部急剧分化和争论激烈。尤其是“实践本体论”的出现，甚至把实践唯物主义推到了形而上学体系建构的边缘。质言之，实践唯物主义最终没能形成一套完整的理论体系，因此，以它为基石来构建中国马克思主义哲学体系也就无从谈起。

二、“实践本体论”的意蕴为何？

自 20 世纪 80 年代中叶开始，一场轰轰烈烈的对实践唯物主义的讨论在我国理论界全面展开。将马克思主义哲学看作实践唯物主义的观点在当时大行其道，引发了一场迄今尚未完全停歇的争议。实践唯物主义致力于对传统模式的反思性批判，大力提升实践范畴的地位，通过实践逻辑来打通马克思主义哲学理论体系，突出强调实践范畴在马克思主义哲学中的地位和价值。实践唯物主义在我国经历了萌芽、发展、反思直至陷入困境等阶段。作为区别于辩证唯物主义和历史唯物主义的实践唯物主义，其内部分歧较大，在认识马克思主义哲学问题上并没有形成统一的理解。在共有的名称下，实践唯物主义思潮主要有三种取向：一是凸显认识的实践基础和实践功能。这种言论没有突破辩证唯物主义和历史唯物主义的理论框架。二是持“实践本体论”。这种观点以实践作为本体取代物质本体，成为整个世界的本体，甚至有人提出“实践本体论首先是思维实践本体论”的极端论断。三是从物质本体出发来解释观念的东西。这种观点强调马克思的唯物主义是从物质的社会存在形态来说明观念的东西。毫无疑问，实践唯物主义在确立中国马克思主义哲学走向方面具有不容忽视的启发意义。事实上，无论从实践唯物主义自身对哲学基本问题、实践概念、本体论等基本理论问题的解答来看，还是就其内部观点而言，实践唯物主义可谓是矛盾缠身，最终导致理论自身和研究者都陷入困境。这里面，尤其以持“实践本体论”观点的实践唯物主义涉及面广，影响较大。因此，我们有必要来看看“实践本体论”究竟是什么、它提出的意义和局限性是什么。

为什么要提“实践本体论”。实际上，国内学界有关马克思主义哲学本体论的争论可以看成解答马克思主义哲学的研究对象问题的产物。针对该问题的解答，马克思主义哲学本体论的探讨从 20 世纪 70 年代末开始大致经历问题的提出、物质本体论抑或“实践本体论”的争论以及深入阐析三个比较显著的阶段。在传统哲学理论中，本体论占据核心位置。从古希腊时期到黑格尔古典哲学高峰时期，本体论贯穿始终，是其主要研究进路和趋势。近代西方哲学研究主题实现了认识论转向，但本体论问题依然存在且非常重要。“本体论是任何哲学都不能摆脱的问题，它是哲学中的根本性问题，是哲学不同于非哲学的一个本质性规定。”①传统教科书体系的存在无疑促使我国学界对马克思主义哲学本体论问题更为关注，而社会主义在新时期的探索也进一步推动了学界对本体论问题的研究。在传统哲学中，“本体”是关乎本原的存在，“本体论”则是解答存在本身的理论，它要回答世界的最终本原是什么。在马克思之前，存在把抽象的物质即“脱离人的自然”作为本原存在的物质本体论，还有把抽象的精神即“脱离自然的精神”作为本原存在的精神本体论。前者强调本体必须是作为原初基质的实体，往往导致牺牲人的主体性来考察人和世界的关系；后者则突出本体须是能动的主体，常常夸大人的主观意识甚至将自我意识独立化、神秘化从而虚无了精神能动性的物质基础和现实途径。要消除传统本体论的思维定式，学界认为要么像西方哲学普遍的做法那样回避或祛除本体论问题，要么从新的视域扬弃本体论思想。客观地讲，人们在马克思等经典作家的著述中无法找到他们对本体论相关问题的直接阐述或“本体论”相关词汇。但据此断言马克思哲学思想中没有本体论有失公允。因为我们可以从其相关著述中发

① 陈先达．哲学与文化．北京：中国人民大学出版社，2016：164.

现它们蕴含着本体论相关思想。仔细梳理马克思的思想文本，“本质”“物质”“世界观”“历史观”等范畴常常出现。马克思主义哲学是“时代精神精华”，当然没有回避“本体论”问题，而且创新了传统本体论。国内一些学者为了消除苏联哲学教科书体系在我国马克思主义哲学教科书中的影响，着重提升实践范畴在马克思主义哲学中的地位和作用，提出“实践是马克思主义哲学的首要的基本观点”，进而得出实践唯物主义是马克思主义哲学本质的结论，最终得出“实践本体论”的论断。“实践本体论”直指传统哲学教科书中的“物质本体论”或“自然本体论”。传统哲学教科书把“物质”和“社会存在”看成哲学最核心的概念和最高原则，实践性原则并非是其哲学理论的第一要义。所以，传统教科书体系中的自然主义、客体至上、见物不见人等缺陷常为人们所诟病。本着克服传统教科书体系中的诸多缺陷而出场的实践唯物主义，试图用“实践本体论”取代物质本体论来凸显实践意蕴，为回归经典马克思主义和建构中国马克思主义哲学体系确立了坚实的支点。但是，据此依然不能说明“实践本体论”的出场就具有了合理性，这些需要“实践本体论”进一步分析和解读。

何谓“实践本体论”。探究人的存在自身是“实践本体论”哲学的目标。这种本体论要回答的不是“对象、现实、感性”的存在即所谓“终极存在”究竟是什么，而是要回答“对象、现实、感性”的存在为什么是这样的存在，对它们的存在意义进行探究。意义是相对于实践来说的，离不开人的实践。质言之，“对象、现实、感性”与人以及人的实践密不可分，需从人的实践层面来考察本体论。持“实践本体论”的实践唯物主义者指出，将马克思的新唯物主义看成实践唯物主义，根本原因在于马克思将实践看成是本体，是社会生活的本质。在马克思眼里，实践“这种活动、这种连续不断的感性劳动和创造、这种生产，正是整个现存的感性世界的基础”[①]，成为一切社会现象产生的原动力，内在地规约着自然、人和社会以及彼此之间的关系，具有世界观意蕴。“实践本体论”批判物质本体论是旧唯物主义的本体论，没有脱离传统哲学的桎梏，无法呈现时代所需的问题。因为马克思聚焦于人化世界和人类的社会生活，主体性原则成为哲学的最高原则。现存世界和对象通

① 马克思，恩格斯．马克思恩格斯文集：第1卷．北京：人民出版社，2009：529.

过实践这一本体生成并被把握，人的发展和解放只有借助实践这个唯一途径才能得以实现。“实践本体论”彰显出人类的存在价值和意蕴，实践范畴由此成为全部哲学的基础和出发点。在“实践本体论”看来，实践是一个处于不断发展中的、密切联系其周围的过程与关系的本体，绝非是一个绝对静止、孤立的本体。人类在实践中实现对主观世界和客观世界的改造，反过来，实践的发展也推动人的本质提升。同时，“实践本体论”者指出，将马克思主义哲学的本体论看成“实践本体论”，可以从经典作家的著述中找到明确根据。在马克思看来，人的思维的客观真理性问题有赖于人的社会实践来证明和检验。具体而言，从主体维度来看，将抽象物质置换为具体实践，从而将实践看成人类社会和自然界的本体。“人的思维是否具有客观的［gegenständliche］真理性，这不是一个理论的问题，而是一个**实践的**问题。人应该在实践中证明自己思维的真理性，即自己思维的现实性和力量，自己思维的此岸性。关于思维——离开实践的思维——的现实性或非现实性的争论，是一个纯粹**经院哲学的**问题。”① 在“实践本体论者”看来，马克思在此处展示出了作为认识论基石的实践能揭示认识的社会本质，进而将认识的社会属性充分呈现。与以往哲学不同，认识在马克思这里不仅仅是一种意识活动，依托实践，它还作为人类社会活动的重要构成而存在。所以，马克思指出，对“对象、现实、感性”不能只是从客体的形式去理解，而要同时“把它们当做感性的人的活动，当做实践去理解”②，“从主体方面去理解”③，并明确指出，“对**实践的**唯物主义者即**共产主义者**来说，全部问题都在于使现存世界革命化，实际地反对并改变现存的事物”④。马克思从此开启了一条立足“实践本体论”解码现实的革命路径。总而言之，“实践本体论”者认为，自然界以及人类社会的存在基础是实践，它成为人类实现自由全面发展的唯一道路。与此同时，实践凸显人类社会关系的本质并成为其基础。因而“实践本体论”者认为，马克思对人类社会关系的解读实质上就是将实践看成社会关系的本质，这与马克思主义哲学的实践观完全匹配。所以，持“实践本体论”观点的学者认为

---

① 马克思，恩格斯．马克思恩格斯文集：第1卷．北京：人民出版社，2009：500．

② 同①499．

③ 同①503．

④ 同①527．

“实践本体论”契合了马克思主义哲学的本体论思想，据而得出马克思主义哲学的本体论是“实践本体论”的论断没有问题。

“实践本体论”的理论困境。实践唯物主义很大程度上是批判传统哲学教科书体系的一种产物，在当时中国特定转折时期成为政治变革的先导，起到了一定的理论指导作用。在已有的政治意识形态影响下，这种思潮的研究基础在弃置传统哲学体系过程中不可避免地带有某种非理性的特征。面对马克思主义新形态建构或哲学范式更新这样一个重担，实践唯物主义在积极响应时代的呼唤和承袭理性的残缺中出场，尤其是实践本体论的出场，将其内在矛盾面相充分暴露。其一，哲学基本问题的矛盾。唯物主义与唯心主义的对立贯穿于整个哲学思想史的全过程。而对哲学基本问题的第一方面的回答更是成为区分哲学两条路线的分水岭。恩格斯对此做了总结并指出，如何回答哲学基本问题的第一方面决定着到底是坚持唯物主义还是坚持唯心主义。学界基本上都认同这种判断，即便是坚持“实践本体论”的实践唯物主义者对此也没有明确地表示质疑。“纯粹的唯物主义”“人本主义的唯物主义”“实践唯物主义”依然是他们谈论唯物主义时所涉及的样态，将“实践唯物主义”看成唯物主义学说的新发展。假如说实践唯物主义是唯物主义学说发展的一种新样态，那么，其划分标准又是什么呢？马克思、恩格斯都坚持物质是世界的本原或本体，是哲学基本问题的第一方面。对于自己的辩证法与黑格尔辩证法两者有无联系或区别时，马克思告诉人们：“我的辩证方法，从根本上来说，不仅和黑格尔的辩证方法不同，而且和它截然相反。在黑格尔看来，思维过程，即甚至被他在观念这一名称下转化为独立主体的思维过程，是现实事物的创造主，而现实事物只是思维过程的外部表现。我的看法则相反，观念的东西不外是移入人的头脑并在人的头脑中改造过的物质的东西而已”。[①] 马克思在这里清晰地指出了物质是本原，精神是派生的，这正是两者辩证法对立的根本点。而实践唯物主义通过“实践本体论”将哲学基本问题即物质与意识的关系转换成客体与主体的关系。据此是否可以认为，只要把实践范畴放在首要位置的哲学思想就是唯物主义，与之相反的就是唯心主义呢？答案并非这么简单。历史表明，将实践范畴放在第一位的哲学思想并不必然就是唯物主

① 马克思，恩格斯．马克思恩格斯文集：第5卷．北京：人民出版社，2009：22.

义。实践本身是一种矛盾性存在，客体与主体的对立统一赋予实践多样性的存在。主客体的统一以承认二者的对立为前提。实践所具有的超越性和革命性必须建立在一定的现实基础上，而自然优先于主体——人的存在这个事实无法否认。实践并非无源之水、无本之木，人与自然的关系在实践中无法回避。实践本体论依然要遵循从物质实践出发来解释观念的逻辑，否则主客体关系又何从谈起。因此，用实践来替代物质作为哲学基本问题的第一方面必然会走向唯心主义。其二，实践概念自身的困境。实践概念被“实践本体论”看成实践唯物主义的首要、基本观点，在实践唯物主义看来，哲学的一切问题甚至人类社会所产生及要解答的问题都可以在实践中得到解决和彰显。那么，实践的内涵究竟有何种指向？实践唯物主义将实践看成囊括生产活动、交往活动、思维活动以及从行为、行动到思维意识为一体的概念。但细究起来，实践概念成了一个无所不包的大杂烩和大一统的抽象概念。《实践唯物主义研究》一书就指出，国内有关“实践”的定义达50余种。但现实是，社会发展中的很多问题是实践无法替代和解决的。面对日益凸显的生态问题、资源问题、人的存在问题和人的思想匮乏问题等，不是一个实践问题就能够解决的。“实践本体论”将客观性原则替换成主体性原则，用“实践一元论”取代物质一元论，直至无限泛化实践概念。其三，世界的统一性困境。“实践本体论”认为，世界不再是统一于马克思、恩格斯所说的“物质”，而是统一于在实践中发生的主体与客体、人与自然之间的某种关系，或者直接认为“世界统一于实践”。世界的统一性问题，实质上是关于世界的本原、本体问题，这是一个问题的两种不同表述方式而已。从哲学上来讲，构成世界的本原或本体的东西只能是实体而非其他。物质是构成实体的唯一内容。关系、实践范畴与运动、时空、规律一样，虽然都被纳入本体论的范畴，具备了本体论的意蕴，但本质上它们都不能与实体相提并论，只是物质的属性或物质运动的表现方式罢了。所以，世界不可能统一于“某种关系”，也不可能简单地统一于实践。“世界的真正的统一性在于它的物质性”①。这么看来，离开物质这个本体，世界的统一性问题就无从谈起。当然，世界的物质统一性“不是由魔术师的三两句话所证明的，而是由哲学和自然科学的长期的和持

---

① 马克思，恩格斯. 马克思恩格斯文集：第9卷. 北京：人民出版社，2009：47.

续的发展所证明的”①。“实践本体论”强调和重视实践在马克思主义哲学中的地位和作用，但不能由此夸大甚至用它来取代物质本体或本原的地位。实践显然无法脱离自然界、社会和人之外的空间存在，它是必须通过物质这个实体而展开的人的活动行为，实质上是人本质力量的物化形式。离开物质实体，就谈不上什么实践，正如马克思所说：“没有自然界，没有感性的外部世界，工人什么也不能创造。”②

总之，“实践本体论”不是马克思主义哲学的本体论思想，更不能体现马克思主义哲学本质。与“实践本体论”者不同的是，马克思将实践看成人类的一种感性的物质生产活动，是连接主客体的桥梁和中介，并不具有本体的概念特征。“实践本体论”的根本错误是它将实践推向了哲学的本体论位置，消解了客观物质的基础性地位和作用，最终将原本属于实践的中介属性和作用夸大为物质本体或实体。物质决定意识是唯物主义的根本原则，意识则对物质具有能动的反作用，这点已达成基本共识。遵循客观规律是人类有效展示主体能动性的必要前提，人们不能恣意妄为，完全根据主观想法行事。正确的意识能有效指导开展实践活动，错误的意识则会产生阻力。可见，实践是在一定的客观规律和条件下的活动。但“实践本体论”却将实践无限拔高至本体论的位置，肆意放大实践在马克思主义哲学中的基础性地位和作用，使实践具有与物质相同的属性和地位，必然将自然的优先地位看成可有可无，忽视自在自然存在的重要意义，这肯定与马克思主义哲学的实践观点背道而驰。另外，“实践本体论”还会导致见“人”不见“物”的主观主义或人类中心主义，无止境地放大人的主体性，将“物”遮蔽和掩盖，致使人与物颠倒。因此，人类的实践是在一定条件下的活动，存在相对性和不确定性，必然受到一定的主客观条件所约束。因此，坚持辩证唯物主义与历史唯物主义解读范式的学者对此进行了激烈批评，即使在实践唯物主义内部也是不予认同。客观地讲，马克思强调实践高扬了人的主体性，破解传统哲学二元论对立，凸显了马克思主义新世界观意蕴，实现了哲学革命，开辟了一条新的哲学道路。但据此就认为实践在马克思哲学中充当了本体的角色，是整个世界的本体，进而断言马克思主义哲学的本体论是“实践本体论”，无疑是夸大其词，走上一

① 马克思，恩格斯．马克思恩格斯文集：第9卷．北京：人民出版社，2009：47.

② 马克思，恩格斯．马克思恩格斯文集：第1卷．北京：人民出版社，2009：158.

条颠覆物质本体的道路。

三、历史唯物主义视野中的“实践”范畴

始于 20 世纪 80 年代的实践唯物主义思潮在中国理论界写下了浓重一笔，不仅深化了对马克思主义哲学本质、本体论等重大理论问题的讨论，也推动了中国马克思主义哲学现代化的探索。尽管此后以实践唯物主义取代传统辩证唯物主义和历史唯物主义的声音不断，但因缺少文本依据且众说纷纭，一种具有实质性内容并为人们普遍接受的实践唯物主义一直没能出现。随着研究的深入，实践唯物主义自身的一些问题逐渐暴露出来，相关研究逐步走向沉寂。实践唯物主义研究以及自身存在的问题不少，比如对实践这个核心概念的理解并未达成共识、分歧较多，对传统教科书体系、对马克思主义哲学与现代西方哲学的关系、对历史唯物主义的理解存在片面性，对现实问题聚焦不够，片面关注马克思本人的哲学著述而忽视恩格斯、列宁、斯大林、毛泽东等人的哲学著述的价值，夸大传统马克思主义哲学解读方式与所谓“本真的马克思主义哲学”的差异。尤其是对历史唯物主义的理解以及对实践概念与历史唯物主义和辩证唯物主义的关系的认知存在曲解甚至错误。学界逐渐从探讨实践唯物主义回归到关注历史唯物主义，历史唯物主义被认为是马克思主义哲学的代名词而重新登上舞台。在这种情况下，一些学者以退为进，认为实践唯物主义与历史唯物主义同义，试图为实践唯物主义再正名。以上问题推动人们深入思考：历史唯物主义如何看待实践？实践唯物主义多大程度上与历史唯物主义产生了关联？历史唯物主义与实践唯物主义争论的实质指向何处？

实践概念在历史唯物主义中处于核心地位。马克思主义哲学的诞生是哲学史上的伟大革命。而标志着马克思主义哲学形成的最基本的理论则是历史唯物主义，不是一般的唯物论和辩证法。历史唯物主义是马克思、恩格斯将唯物论和辩证法有机统一并加以进一步发展的结晶，克服了旧唯物主义的局限性，并“给一切唯心主义，甚至给最隐蔽的唯心主义当头一棒”①，是社会主义由空想转变为科学的理论基石。作为新世界观的历史唯物主义是如何将辩证法和唯物主义有机结合起来的呢？马

① 马克思，恩格斯．马克思恩格斯文集：第 2 卷．北京：人民出版社，2009：598.

克思和恩格斯给出的答案是实践。在他们眼里，实践是人类有目的有计划地改造客观世界和主观世界的全部物质活动，这一活动是在以制造和使用工具为标识的生产劳动的基础上形成的，它既是物质的，又是能动的。唯物主义和辩证法就是依托实践这个基点统一契合起来，并被运用于社会历史研究，进而创造了历史唯物主义。这么来说，如果没有实践这个基石，就无法实现唯物主义与辩证法的有机融合，更谈不上历史唯物主义。旧唯物主义者正是因为没有真正理解实践的意蕴，没能将唯物主义的基本原则贯穿始终，在自然观上坚持了唯物主义而在历史观上却陷入唯心主义的沼泽。与旧唯物主义将人的活动看成意识的产物进而用意识来解释历史不同，马克思和恩格斯强调指出，人必须由他的实践活动来说明，人怎么样生产，怎么样生活，他自身也就怎么样。全部的历史都应置于人类实践中来理解，因为“环境的改变和人的活动或自我改变的一致，只能被看做是并合理地理解为**革命的实践**”①。正是以实践为出发点，马克思创立了历史唯物主义。假如说历史唯物主义有一个历史起点的话，实践无疑是名副其实的。首先，实践范畴不仅是历史唯物主义的历史起点，也是逻辑起点。因为历史唯物主义理论的相关概念和基本命题都离不开实践这个理论基石，是从实践出发演变出来的。生产力和生产关系分别是人类在其改造自然、调整自身与自然的关系的实践活动中所发生的人与自然的关系和人与人的关系。作为生产力和生产关系统一体的生产方式则是人类最基本的实践活动——物质生产活动的存在形式，从根本上决定着人类社会发展。撇开实践来谈论生产力与生产关系，二者就会变成某种与人的活动毫无关联的纯客观的物质条件和物质关系，就会偏离历史唯物主义而导致宿命论。社会存在和社会意识的关系问题是全部历史观的基本问题。实践成为历史唯物主义科学解决这个问题的钥匙。社会存在是指人们的物质生活过程即人的感性活动过程，而不是人们的环境存在。社会存在决定社会意识，主要是指人们的生活实践决定社会意识而非人们的生活环境决定人们的意识。将人的意识看成由客观的社会环境所决定，不是历史唯物主义，而是旧唯物主义的“环境决定论”。在历史唯物主义看来，人类社会的历史，是人类在实践活动中创造和解放的历史。实践是人类历史的起点，实践的观点当

① 马克思，恩格斯．马克思恩格斯文集：第1卷．北京：人民出版社，2009：500．

然也应是历史唯物主义第一的、基本的观点。总之，作为历史唯物主义理论基石的实践观点，其重要意义已大大超越了传统认识论的范围，是历史唯物主义形成过程中的基本出发点和必要环节，其地位和作用不可替代。

实践唯物主义与历史唯物主义无法等同。当实践唯物主义研究日渐陷入困境，有学者又认为实践唯物主义事实上就是历史唯物主义。在他们看来，马克思的新唯物主义世界观可以看成是“实践唯物主义”。无论是费尔巴哈的“自然人”还是黑格尔的“理性思维的人”，无一例外都是抽象的人，这样，抽象的人性原则就成为旧哲学的基本解释原则。历史唯物主义的诞生很大程度上就是要解决这个问题，实现从抽象的人向现实的人的转变，“把这些人作为在历史中行动的人去考察”[①]，即把人放在社会历史的发展中去考察。历史唯物主义为人类打开了通向历史规律的大门，考察人的视角从抽象的类本质向研究人的社会历史性转变。社会的尺度和历史的尺度共同构成了解码人的本质和人性的基本原则，这同时也是解读思维与存在、人与自然、人与社会关系的基本原则。实践唯物主义因而认为，马克思主义哲学之所以是“新唯物主义”世界观，新就新在它是站在历史唯物主义的基石上具体解决人的问题。而马克思的新唯物主义就是历史唯物主义，它不仅是一种新历史观，而且是一种新世界观。因此，将新唯物主义看成实践唯物主义的学者据此得出实践唯物主义与历史唯物主义等同的结论。但历史唯物主义绝非实践唯物主义。实践唯物主义认为，实践是自然观和历史观的基础，可以解释人与自然关系的变化和解释社会历史的发展，还承担着哲学本体的重任。实践唯物主义者没有注意到，置历史唯物主义的基本理论原则于不顾，实践概念无疑就是一个抽象的概念范畴而已。尽管实践唯物主义也认为实践是社会历史的实践，但由于它仅仅将实践当成实践唯物主义的基础而没有坚持社会的、历史的这一基本原则，因而实践唯物主义无法真正坚持用历史诠释实践。这样，这种实践唯物主义终归只能在抽象的主客体关系的范围内进行解读，由于主客体关系又是实践的基本关系，必然会导致在主客体之间出现循环论证的事实。脱离社会的历史的尺度和原则的实践观点也就无法与历史唯物主义相提并论。另外，历史

① 马克思，恩格斯. 马克思恩格斯文集：第 4 卷. 北京：人民出版社，2009：294.

唯物主义与辩证唯物主义在马克思主义哲学中是一种相互渗透、相互支撑的存在关系。人类哲学史证明，历史观上的唯心主义者与自然观上的唯物主义者并不矛盾，比如费尔巴哈的“半截子唯物主义”。当然，自然观上的唯心主义者，在历史观上必然走向唯心主义。如果一个哲学家不承认世界的物质性，否定辩证唯物主义自然观，还能期待他在历史观上持唯物主义的态度吗？承认自然界的客观性和优先性，是正确审视人与自然关系的基本前提，否则，“把人对自然界的理论关系和实践关系，把自然科学和工业排除在历史运动之外”①，唯物主义历史观就无立锥之地，就不可能实现对人类历史现实的真正认知和理解。秉持“实践本体论”的实践唯物主义者将实践取代物质作为本体，无疑与历史唯物主义渐行渐远，在历史观视域就永远无法跨越唯心主义沟壑。历史唯物主义需要一个承认世界是运动着的物质世界的观点作为前进的基础和攀登历史观高峰的阶梯。从唯物主义自然观发展到唯物主义历史观，实现了马克思主义哲学的伟大哲学革命。这是持“实践本体论”的实践唯物主义所无法企及的高度。质言之，实践唯物主义与历史唯物主义不可能也不能等同。

实践唯物主义与历史唯物主义争论的真实旨趣。当持“实践本体论”的实践唯物主义与历史唯物主义无法同向而行时，追问两者差异并进一步揭示问题的实质就势在必行。在一定程度上，我们可以说，实践唯物主义与历史唯物主义争论的实质乃是一个哲学党性问题，即走唯物主义路线还是走唯心主义路线的问题。从恩格斯的“世界的真正的统一性是在于它的物质性”到列宁物质是不依赖于意识而存在的“标志客观实在的哲学范畴”，都表明经典作家坚持世界是物质的观点，认为物质决定意识，意识对物质有能动的反作用，这样才是坚持唯物主义。而在“实践本体论”者看来，本体只是实践的本体，而存在就只能是属人的存在，本体只能是属人的本体，属人世界就成为唯一存在的世界，实践成为唯一的、终极的存在。主体性就成为“实践本体论”的“存在”和“本体”的根本特性，势必走向唯心主义。马克思、恩格斯从实践出发创建了历史唯物主义，将它看成理论基石。历史唯物主义本身是揭示人类历史发展和实践活动规律的学说，但并不据此就否认在实践之外的存

① 马克思，恩格斯. 马克思恩格斯文集：第1卷. 北京：人民出版社，2009：350.

在。历史唯物主义强调，人们生活于其中的客观世界，既不是上帝、精神的派生物，也不是先于人类存在的先在自然，而是深刻打上人类实践活动印记的“人化自然”。当然，历史唯物主义没有停留于此，除了从主体维度去理解对象和现实外，还强调应从客体维度来全面理解对象。单纯从主体维度来理解对象和现实，必然会走向主观唯心主义，反之，只是从客体维度理解对象和现实，只会陷入直观唯物主义，无法理解人与对象之间的辩证统一关系。实际上，历史唯物主义一再强调实践是整个现存感性世界的基础，前提是承认“在这种情况下，外部自然界的优先地位仍然会保持着”①。主张实践唯物主义是马克思主义哲学的人基本上都是援引马克思在《德意志意识形态》中说过的一句话：“对**实践的**唯物主义者即**共产主义者**来说，全部问题都在于使现存世界革命化，实际地反对并改变现存的事物。”② 对于这句话，须放在马克思的思想发展史中和当时的社会历史境况中来审视，不难发现其要义是要表明：“哲学家们只是用不同的方式解释世界，问题在于改变世界。”③ 马克思在这里是要凸显其哲学的实践性——为无产阶级的解放斗争提供理论武器，而非宣称自己的哲学叫“实践的唯物主义”。要不然就无法解释马克思为何要将“实践的唯物主义者”和“共产主义者”放在一起来阐述了。马克思主义哲学的根本特性并非只有实践性，除此之外，革命性和科学性同样是马克思主义哲学的根本特性。如果说主张实践唯物主义观点的人大多数认为实践唯物主义既是唯物主义的又是辩证的，那么就更没有必要弃用“辩证唯物主义和历史唯物主义”的称谓，而重起炉灶用“实践唯物主义”来替代。

哲学在发展过程中研究主题的转换是再正常不过的事，但不能由此认为哲学的对象、性质、地位和作用发生了变化。思维与存在的关系问题仍然是现代哲学的基本问题。梳理和考察实践概念在马克思主义哲学中的位置和作用，呈现的应是马克思主义哲学研究主题在新的历史时期的转换和马克思主义哲学研究的深化，而非马克思主义哲学本体论的替换和马克思主义哲学性质的变化。契合时代，发掘马克思主义实践观，是进一步推动马克思主义哲学研究发展的题中之义。但“实践唯物主

① 马克思，恩格斯．马克思恩格斯文集：第1卷．北京：人民出版社，2009：529.
② 同①527.
③ 同①502.

义”理论立论不清，复杂多义，更别说“实践本体论”的提出站不住脚。这些都是在坚持和发展马克思主义哲学的前提下明里暗里的消解。将“物质”这块哲学大厦的基石抽离，试图超越唯心主义与唯物主义走第三条路线的实践唯物主义，无疑与马克思所指出的“我的阐述方法不是黑格尔的阐述方法，因为我是唯物主义者，而黑格尔是唯心主义者”① 根本对立。“实践本体论”以实践代替物质作为本体，就是把目的性附着于本体，必然会走向唯心主义。自实践唯物主义作为反思传统辩证唯物主义和历史唯物主义的产物出现以来，“实践本体论”被看成一个主观唯心主义的话语而历遭批判，不仅坚持辩证唯物主义和历史唯物主义的学者对此予以坚决否认，其支持者们也将它视为“唯实践主义”而加以反对。

事实上，马克思主义哲学的历史观与世界观融为一体。阿尔都塞说过：“马克思确立了一个新的总问题，一种系统地向世界提问的新方式，一些新原则和一个新方法。这项发现立即被包括在历史唯物主义的理论之中，马克思的历史唯物主义不仅提出了关于社会历史的新理论，同时还含蓄地，但又必然地提出一种涉及面无限广阔的新‘哲学’。例如，马克思在历史理论中用生产力、生产关系等新概念代替个体和人的本质这个旧套式的同时，实际上就提出了一个新的‘哲学’观。”② 他告诉我们不要总是试图在马克思主义哲学的历史观之外去寻找其世界观。也就是说，马克思主义哲学的历史观内在地就具有世界观的性质和功能。究其原因，是历史唯物主义从现实的人出发去“观世界”，因而此“世界”非西方传统形而上学存在论中的抽象的“自在世界”，而是与现实的人的存在价值关联的“属人世界”，而且是一个在社会历史中不断“生成”的、被社会化的“人化世界”。据此，世界观在历史唯物主义中有了存在的空间。历史唯物主义将社会历史和人的生活世界作为理解和诠释的对象。这种历史唯物主义世界观当然不会拒绝“实践”概念，必定是以实践为逻辑起点。但实践在历史唯物主义那里并非是对现实存在的肯定呈现，而是潜藏一种否定性，表达对未来的可能性存在的“超前反映”和对“意义世界”的追寻。这么看来，实践概念体现的是一种生存论而非存在论的意蕴。如果像“实践本体论”那样，将实践概念看成

① 马克思，恩格斯．马克思恩格斯文集：第10卷．北京：人民出版社，2009：280.

② 阿尔都塞．保卫马克思．顾良，译．北京：商务印书馆，2016：196-197.

一个本体论、存在论概念，放弃历史性的思维逻辑和解释原则，就会把现实的人的实践退化为一个抽象的思辨的本体论的实践概念。历史唯物主义必然是“实践的”历史唯物主义。正因为如此，我们更愿意将历史唯物主义视为马克思主义哲学的主要呈现。

第三节　从历史虚无主义走向历史唯物主义

历史虚无主义是虚无主义映射在历史领域的学术面相，大体是指一种对历史采取否定、篡改、调侃的态度和错误观点。如今国内沉渣泛起的历史虚无主义，通常意指改革开放以来随着资产阶级自由化思潮涌现出的一股思潮，与20世纪国内出现的否定中华民族传统文化和历史的“全盘西化”言论相伴而生。历史虚无主义究其实质是一种具有浓厚政治色彩的思潮，它以资产阶级自由化为外在表现，企图通过否定中国共产党历史、新中国史、改革开放史、社会主义发展史，实现否弃中国共产党领导和社会主义制度的政治本质。21世纪以来，历史虚无主义思潮凭借互联网等新兴媒介在整个社会空间中大肆蔓延，对人们的思想文化、历史认知、日常生活等诸方面产生了难以小觑的消极影响，可谓是“流毒甚广”。国内理论界对历史虚无主义的关注、研究主要将之视为政治思潮，成果颇丰。历史虚无主义作为虚无主义在历史观领域的渗透结果，本质上是唯心史观的变种。所以，要彻底解构历史虚无主义，我们要立足学术站位，在全面审视和研究历史虚无主义的基础上，捍卫和推进历史唯物主义这一科学历史观的当代诠释，全面、辩证地理解历史唯物主义，进而呈现理论的生命力和解释力。

一、从“唯物”走向“虚无”

海德格尔在晚年曾发表“马克思达到了虚无主义极致”这一论断，马克思与马克思主义在他的理论叙事中又具有一致性，故而马克思主义“仿佛”也到达虚无主义的极致。那么，包括历史唯物主义在内的马克思主义是否真如海德格尔所言是一种虚无主义呢？若是如此，问题毫无疑问很严重。因此，对马克思主义加以辨明，尤其澄清历史唯物主义是否走向“虚无”就显得特别重要。而我们知道，马克思立足于感性对象性活动，依托于对“现实的人”的哲学批判，深刻批判了虚无主义进而揭示其根源，由此创立了新唯物主义即历史唯物主义，实现了思想界的哲学革命，这无疑是对传统形而上学理论的缺陷克服与发展超越。可见，只有科学澄明历史唯物主义与虚无主义（历史虚无主义）的边界尺度和基本要义，才能全面领悟到历史虚无主义的理论本真。

历史虚无主义发源于虚无主义。虚无主义（nihilism）在词源上，最早来自拉丁词中的“nihil”，其出现再到哲学层面的使用经历了一个较为漫长的演进和传播时期。虚者，意为“歪曲模糊”；无者，意为“抹杀祛除”。虚无主义是一种哲学观，一般指“什么都没有”，拒绝承认世界和人生的最终意义和价值。在《牛津哲学词典》中，“虚无主义”被定义成“一种主张‘无’，不效忠于任何国家、信仰或个人，没有目标的理论立场”①。《马克思主义哲学大辞典》把“虚无主义”看成是一种“不加分析地盲目否定人类文化遗产、否定民族文化，甚至否定一切的思想倾向”②。研究表明，虚无主义早就存在，从柏拉图的二元论到尼采的价值论、海德格尔的存在论，从古希腊哲学到西方近现代哲学，二元世界划分说引发的虚无主义一直存在。从一种思想存在到与社会密切关联表明了虚无主义具有现代意蕴。也就是说，当代意义上的虚无主义离不开社会危机的催化作用，发端于受外部压力推动迫切追求现代化的后发国家（如德国）当中。雅各比在1799年给费希特的信中最早从哲学层面来使用现代意蕴上的“虚无主义”一词，以此来指责康德哲学、费希特哲学所推崇的启蒙精神以及用理性精神来审视一切、质疑一切的哲学必然会导致虚无主义，因为这种哲学会将人们心中原本的崇高和信仰彻底消解至无任何意义可言。尼采提出“人类在上帝死后的存在意义的沦丧”，便为虚无主义增添了一层现代性危机的新要义。对虚无主义开展的这种哲学讨论使人们意识到虚无主义由一种迹象性的表征逐渐演变成一种触摸不到目的与意义存在、处于无所适从的精神游离状态的社会整体症候。尼采更多是从价值层面来讨论虚无主义否定一切存在的意义与价值。海德格尔通过深化已有研究，从存在论层面建构出了存在论虚无主义，认为“在形而上学中，存在本身本质上必然地还是未被思考的。形而上学是这样一种历史，在其中存在本身本质上是一无所有

---

① Oxford Dictionary of Philosophy. New York: Oxford University Press, 2016: 331.

② 金炳华. 马克思主义哲学大辞典. 上海：上海辞书出版社，2003：278.

的；形而上学作为形而上学是本真的虚无主义”①。跟尼采同时代的马克思在对施蒂纳的“唯一者”的极端个人主义批判中进行了虚无主义的批驳。与尼采不同的是，马克思对虚无主义的批判深深地植根于现代资本主义生产方式之中，主要表现于异化的生活视域和“拜物教”笼罩的观念层面。如果把虚无主义视为母概念的话，那么历史虚无主义无疑是脱胎其中的子概念。启蒙运动开启了一股用理性衡量一切的评判准则，也即是对历史进行某种虚无的思想呈现。蕴含相对主义的历史主义与虚无主义媾和，导致一切皆有可能、皆被允许，质疑普遍有效的抽象原则，进而衍化为一种现代虚无历史的历史虚无主义。还有就是将复杂世界简单化为对立两面的二分法，本质上是一种形而上学的臆想，极易被戳穿进而滑向虚无，最终导致一种历史虚无主义。总的看来，虚无主义对历史的某种虚无化逐渐导致历史虚无主义产生。从整体上来看，历史虚无主义是对客观物质世界的质疑，是对历史发展进程中的进步性、真理性和客观性的全面否定，是模糊、祛除历史研究领域历史观和价值观的一种理论思潮。就学理层面来看，历史虚无主义实质是唯心主义历史观。历史虚无主义者沿着“解构—重构”历史的逻辑理路，将否定历史事实及其价值视为起点，采取以主观代替客观、以细节代替整体、以解构代替发展的路径，用迷惑与欺骗的面具吸引人们的注意，由之构建一种虚无的历史，实现对历史传统的背离和颠覆。其目的在于通过消解人的精神境界和社会主流意识形态，降低人们对自身民族文化的认同感，迷失民族自尊心、自豪感和凝聚力。正因如此，历史虚无主义由哲学思潮转向政治思潮。

历史虚无主义从“唯物”走向“虚无”。马克思、雅各比、克尔凯郭尔、尼采、海德格尔等人都从哲学视角来审视虚无主义这个问题。当然马克思是立足于现实实践来关注这个问题。历史虚无主义作为虚无主义现实样态之一，其产生与发展不是一蹴而就的，具有一定的过程性和阶段性。历史虚无主义最开始是虚无整个物质世界。它通过对“物自身”的虚无，使物失去其本真面目，逐渐失去其明确清晰的属性，成为一种依赖于某种中介才能存在的物质世界，具有更多的塑造性。在日常用语中，“物”一般是指非人、亦非动物的实体存在。“物”其实是指可

① 海德格尔．尼采：下卷．孙周兴，译．北京：商务印书馆，2017：1044．

见、可触及而且可以闻得到的非人或动植物的东西。现代哲学所理解的“物”，属于主体性的对象存在，它是由主体决定的，与唯一主体的人有本质之别。一定的思想意识的形成依赖于一定的理论渊源，必然会裹挟着一定的思想文化基因，历史观上的唯心主义无疑成为历史虚无主义产生的重要理论渊源。到了近现代，许多思想家已经是自然观上的唯物主义者，但深入社会历史领域仍旧是唯心主义者。马克思基于实践这个前提并以之为出发点，将唯物主义原则贯彻到人类社会历史领域之中，创立了历史唯物主义，实现了人类哲学史上的第一次伟大革命。历史虚无主义作为与其相对立的唯心主义历史观，经历了从最开始虚无物质世界到虚无个人与社会再到虚无社会规律与历史事实这样一个不断深化的过程。它借助历史相对主义对历史主体性要素的推崇，以历史的相对性作为自身理论的基础，完全漠视历史事实的客观性，认为不存在任何真实的历史事实，认为历史事实本身没有意义，历史的意义是研究历史的人赋予的。历史虚无主义以后现代主义叙事方式解构历史，强调“去中心化”，否定历史规律，歪曲了事实。以唯心史观为基石的历史虚无主义无限夸大认识主体的精神和意志的作用，否认社会存在决定社会意识、否认社会基本矛盾是历史发展的根本动力，极力贬低阶级斗争和革命的巨大历史贡献，否认历史发展的客观规律性进而以个别现象遮蔽深层的本质。该思潮诉诸“撇开现实条件的本末倒置的做法”，矢口否认现实中的个人是对现实社会关系的历史性承载，否认社会基本矛盾运动在社会历史发展中的动力作用，把历史看作是一个应然理想目标的预设。这种探讨历史的理路无疑是对历史发展过程中全部物质要素的否定，它所论及的只是思想和观念的历史。马克思和恩格斯指出，“迄今为止的一切历史观不是完全忽视了历史的这一现实基础，就是把它仅仅看成与历史进程没有任何联系的附带因素。因此，历史总是遵照在它之外的某种尺度来编写的”。他们将这种历史观和以此为根据编写的“历史”视为**“时代的幻想”**①。可见，历史虚无主义全面否认历史的客观性与可知性，毋庸置疑是对历史前提和基础的违背，无法称得上真正的历史。

被“虚无”的中国革命和建设历史。中国虚无主义主要源于俄国虚

① 马克思，恩格斯．马克思恩格斯文集：第1卷．北京：人民出版社，2009：545.

无主义，常常和无政府主义、民粹主义混用。虚无主义原初是在哲学层面的问题，现代性的内在诉求为虚无主义在中国的衍生准备了现实条件，使得中国的历史虚无主义思潮隐蔽在社会转型以及全球化与本土化的冲突之中。历史虚无主义是虚无主义在中国最基本的表现形式，并显著体现为否定和歪曲中国近现代史上发生的社会革命和质疑执政党的执政能力。历史虚无主义者把中国近代史特别是 20 世纪中国人民为争取民族独立和人民解放所进行的艰难革命斗争史，视为一部谋杀流血和破坏生产的历史。在他们的认知当中，革命只会带来流血牺牲破坏性后果，不曾产生任何积极的建设性意义。历史虚无主义者大肆鼓吹“告别革命”“否定革命”，无视中国当时社会发展的历史进程以及中国人民所面临的主要社会矛盾和历史任务，指责农民阶级领导的太平天国运动没有取得任何历史进步，有的只是大规模地破坏了社会生产；认为辛亥革命蹒跚不前，严重阻碍了中国社会的现代化进程；批判五四运动引起中国传统文化的断流，造成了中国的政治浩劫，使中国放弃了“以英美为师的光明大道”而踏上了“以俄为师的歧路”；否定社会主义的改造运动，认为这高估了中国当时的生产力水平，是对中国社会发展进程的阻碍；否定改革开放前 30 年的历史，将改革开放前 30 年与改革开放后 40 年绝对对立起来，从批判“文革”的错误延伸到彻底否定社会主义建设和社会主义制度。历史虚无主义思潮在内容上取舍分明，一方面对中国革命与社会主义建设的历史极尽否定和歪曲，另一方面对帝国主义侵略和封建主义极尽美化和维护。历史虚无主义者认为，正是鸦片战争才给中国大地“送”来了近代文明，也正是由于日本的疯狂入侵，才激发了中国人的国家和民族意识，才有了许多仁人志士前赴后继的奋斗。同时他们还指出，虽然清朝的统治的确腐败，但经由立宪派提出的改良方案完全能使中国走上现代化和救亡图存的道路，可是辛亥革命的爆发却给中国带来了军阀混战的局面。历史虚无主义不仅主张告别辛亥革命，同时还主张告别在辛亥革命发生以后的所有革命，甚至还应当告别 21 世纪中国所发生的社会革命。历史虚无主义思潮在史学领域对近代中国革命的否定，尤其是对中国共产党领导下的民族民主革命的否定，完全是站在其自身政治立场上进行的，并没有完全把握当时中国社会发展的历史现状和客观事实。任何事实的发生都不是偶然和无联系的，在其深层次的背后是事件发生的客观必然性要求。步入中国近代时空长廊，我们不难发现中国近代所发生的革命都是历史发展的必然选择，是由我国近代的社会主要矛盾和主要任务共同决定的。历史虚无主义以唯心史观为立论基石，罔顾近代中国基本国情，通过主张走资产阶级改良道路，企图否定近代中国革命发生的正当性。历史虚无主义试图在中国不断扩大其影响力，其根本目的是要改变中国的社会主义性质，使其向资本主义发展，具有很强的政治性。

总而言之，历史虚无主义是虚无主义的一个内在组成部分，只有首先了解虚无主义才能揭开历史虚无主义的神秘面纱。历史虚无主义表面看似乎是一个社会思潮，其实不然。它意在通过否定历史事实，“重写”另一种虚无的历史，致使人们怀疑乃至抛弃主流意识形态，造成人们无理想信念可信，无民族精神来指导生活。历史虚无主义的危害显而易见，它的产生绝不是偶然的，它往往与现代社会的发展结伴而行，有着历史必然性。对于这种现象的出现，我们必须剖析其产生的哲学根基。历史虚无主义是把主观主义、相对主义、解构主义和反历史主义的特征相糅合，形成自己的理论体系。历史虚无主义在本体论上否认历史规律，不承认其存在，坚持主观主义的看法；在认识论上认为主体的自身因素促使其在认识历史时，会加入很多主观因素，对历史缺乏客观、正确、科学的认知，历史是不可以被认识的；在方法论上坚持实用主义的方法，对历史的认识非此即彼，缺乏辩证性、全面性、整体性，具有明显的形而上学性；在价值论上坚持后现代主义的去中心化观点，随意拼凑、恶搞历史，具有反历史性。可见，历史虚无主义以反思历史为名，大力吹捧后现代主义历史观的理论，主张重写历史，以此设置理论陷阱，消解人们的主流意识形态。

二、被“虚无”的历史及历史观

历史虚无主义与传统唯心史观的主要区别在于如何理解历史起源问题。唯心史观是从历史起源出发来解释历史，历史虚无主义却以历史结果为思考起点，通过解构的方式将历史过程分解为一个个历史片段，再通过社会意识有选择性地进行筛选与重构历史逻辑，从而达到自己想要的历史结果，为自己的利益诉求提供支持。历史虚无主义虽有其自身特质，但它归根结底依然是唯心主义历史观。可见，历史虚无主义把以唯心史观为基础的西方社会科学理论作为思想发生地，在否定历史事实的基础上炮制“历史终结论”，从而把现代资本主义视为“人类最后的制度”。除此之外，他们宣称共产主义是“空中楼阁”，认为共产主义必然代替资本主义的历史规律并不存在。其实质是置于历史本体论的视域否弃人类历史发展的内在逻辑和客观规律。“这就涉及是唯物史观还是唯心史观的世界观问题。我们一些同志之所以理想渺茫、信仰动摇，根本的就是历史唯物主义观点不牢固。”① 在历史方法论层面，历史虚无主义否认和反对阶级分析法，错误地运用历史分析法和矛盾分析法，用细节代替整体、支流代替主流、现象代替本质，这是典型的形而上学方法论。在历史认识论层面，历史虚无主义将不能排除在历史研究之外的主观性作为借口来否认历史的真实客观性。

本体论上的唯心主义历史观。历史虚无主义者坚持非此即彼的二元对立的唯心主义的历史观，在认识和诠释历史的过程中采取片面、静止、孤立的观点。唯心主义历史观就是否认社会内在矛盾是历史发展的根本动力，否认人类主体可以认识并利用社会规律，把发展看成众多偶然事件的集合；否认社会发展的质变，认为社会发展最多只是一种表面上的数量变化，在本质上是固定的；否认社会发展规律的客观存在，认为每一个历史事物和历史过程都是偶然性的产物②。历史虚无主义者不承认历史发展的整体性和连续性，随意分解历史，抓住支流和细枝末节就认为把握了整个历史。历史虚无主义在研究历史事实时，运用主观主义的手法，将具体的历史背景及其条件进行剪切，空中楼阁式地制造历史事实；在观察和处理问题时，从主体的主观想法入手，采取孤立的、静止的和片面的观点。可见，历史虚无主义者在对待历史问题时不承认其具有完整性和连续性，认为其是众多偶然事件的集合，否认历史规律的存在。马克思主义认为：“人创造环境，同样，环境也创造人。”③ 该观点告诉我们，主体在创造历史进程之中，并不是凭一己之私决定历史发展方向的，而是各种历史的现实条件交织在一起共同推动历史向前发展的。历史虚无主义者否认历史规律存在的客观性，认为只有完全客观地独立于人之外的事物才具有重复出现的特点，才能被称为具有规律

---

① 十八大以来重要文献选编：上. 北京：中央文献出版社，2014：116.

② 廖盖隆，孙连成，陈有进，等. 马克思主义百科要览：上卷. 北京：人民日报出版社，1993：319.

③ 马克思，恩格斯. 马克思恩格斯文集：第1卷. 北京：人民出版社，2009：545.

性。他们认为自然界的事物是客观存在的且自发地进行着，可以重复出现，因此自然界是具有规律性的。而在社会历史领域，一切社会历史现象都是单个的、不可重复的，所以在社会历史领域不存在规律。综上所述，历史虚无主义者坚持唯心主义历史观，运用主观主义的手法，否定在社会历史领域存在规律。究其本质，他们都没有脱离自然法的认知框架来正确认识历史规律。其实，只要他们正确解读历史事件、历史现象、历史人物，就能发现其中存在的内在联系，并以此来指导当前或未来，就能由此实现历史规律在人类社会中的指导作用。

否认关于历史发展的历史唯物主义的一般规律。在马克思、恩格斯看来，尽管社会历史领域与自然界存在较大甚至根本上的不同，但“不管这个差别对历史研究，尤其是对各个时代和各个事变的历史研究如何重要，它丝毫不能改变这样一个事实：历史进程是受内在的一般规律支配的”①。经典作家揭示了社会历史领域的系列重要规律，这无疑为我们今后的实践提供了方法论启示。然而，历史虚无主义者对社会历史领域的客观规律持否认态度。这是由于他们往往局限地考察历史相关问题，不去深入思考隐藏在历史事件背后的客观规律及其客观效果。历史虚无主义者认为，人们的动机愿望和努力程度在历史发展中起决定性作用，其自身不存在历史必然性，这实际上是唯心主义的思想路线。马克思和恩格斯坚持逻辑与历史相统一，将唯物辩证法贯彻到人类社会的全部领域和整个进程，高度肯定资本主义生产方式在生产力变革中的推动作用，认为资本主义社会“暂时的历史必然性”必将导致其为下一个社会历史形态所替代。这是因为社会生产力不断进步和无产阶级力量日益壮大，为全社会共同占有生产资料和组织社会化生产提供了充分的现实条件。社会生产力和生产关系的矛盾冲突以及两大阶级长期的对立与斗争是资本主义灭亡的内在根本推力，这是人类社会发展客观规律的现实图景。肯定人类社会历史发展规律就是认同共产主义必将取代资本主义这一必然性，二者具有内在一致性，这是因为共产主义本就根源于现实社会实践之中。马克思主义关于人类社会从低级发展至高级的历史规律建立在现实社会实践基础之上，这显然与提倡上帝创造属人世界的基督教神学大相径庭。历史虚无主义从“抽象的人”出发进而深入社会发展

① 马克思，恩格斯．马克思恩格斯文集：第4卷．北京：人民出版社，2009：302.

的本质，一定程度上否定了历史唯物主义科学观察现实社会关系的方法。实际上，鲜活的现实建立在深重的历史基础之上，对历史的否定和对现实的否定是同义语。历史虚无主义完全忽略广大人民群众的客观意志随意解构历史，按照否定“历史发展的内在逻辑—否定社会发展一般规律—中国坚持社会主义道路的必然性—中国共产党执政地位的合法性”的基本思路，其根本用意就是为现存资本主义制度辩护，在思想观念层面动摇人们坚持中国特色社会主义的道路自信，通过否认共产主义社会的存在来否认社会主义存在的合法性，据此歪曲中国改革开放道路从而转向资本主义。

否弃历史唯物主义的历史辩证法。对于社会历史的深入研究必须运用一定的方法。历史观决定了历史研究的方法论，历史唯物主义坚持以唯物主义的态度研究社会历史，这就决定了它必然同时也要用辩证法观察历史问题。与之相反的历史观，必然要舍弃历史唯物主义的历史辩证法。历史唯物主义的社会形态论和历史唯心主义中的“一般社会”论构成了历史研究中两种截然相反的研究方法。现实中，我们能够清晰地发现隐藏在历史虚无主义背后的就是依托一种臆造的“一般社会”论的方法论，以此为标准来评价历史现象、历史事件和历史人物。在《什么是“人民之友”以及他们如何攻击社会民主党人?》一文中，列宁深刻揭示了马克思社会形态论的研究方法与主观社会学“一般社会”论的研究方法的根本对立，并对“一般社会”论方法展开了详尽的解读和批判，这恰恰是唯物辩证法意蕴的凸显。历史唯物主义的方法论意涵在其中得到了清晰彰显，并应用在历史领域中转化为历史辩证法。历史虚无主义主张的“一般社会”论显然是对这种辩证法的抛弃。我们可以这样认为，片面看待思维与存在的关系问题即主观世界与客观世界二元对立导致历史虚无主义的出现和泛滥。内生于主客二分的历史逻辑，历史虚无主义认为思维决定存在即主观世界决定客观世界，借助思维与存在、主观与客观的辩证关系，进而否弃了历史唯物主义的历史辩证法。历史虚无主义片面地对待历史必然性和历史偶然性，陷入形而上学历史观，认为“一个事物、一个关系、一个过程不是偶然的，就是必然的，但不能既是偶然的，又是必然的”。历史虚无主义片面、主观地看待事物，固守非此即彼的二元对立思维，仅凭个人主观意志来肯定一切或否定一切；刻意模糊历史主流与支流、现象与本质的关系；随意割裂历史脉络的连续性和整体性，脱离历史产生的语境和背景解读历史，结果只能是有失偏颇甚至导致根本错误。这种方法论从根本上不同于唯物史观的科学历史辩证法。在对待历史时，历史虚无主义"牵强附会，以点带面，以偏概全，指鹿为马，糟蹋历史"。例如在对待革命史时，历史虚无主义漠视整体全局利益诉求，专注于革命中的破坏一面；在看待历史人物时，看不到革命者为革命胜利勇于牺牲自己生命的整体的积极意义，只是从革命者身上的一些细微不足来解构、污名化和碎片化。正如列宁所言："如果不是从整体上、不是从联系中去掌握事实，如果事实是零碎的和随意挑出来的，那么它们就只能是一种儿戏，或者连儿戏也不如。"① 显然，历史虚无主义弃客观历史事实于不顾，祭起"还原历史真实面目"的旗号，对历史进行肆意歪曲与解构，无疑在理论上否定了历史唯物主义的历史辩证法。

历史虚无主义否认社会历史领域的客观规律，在研究历史事件及其相关问题时，从主观意志、臆想出发，以形而上学的方式看待历史，这在实际上沿袭了西方哲学传统中的非此即彼的二元对立思维模式，事实上又回到了历史唯心主义的泥淖之中。从理论上讲，历史虚无主义是与历史唯物主义截然相反的历史观，"至多只是考察了人们历史活动的思想动机，而没有研究产生这些动机的原因，没有探索社会关系体系发展的客观规律性，没有把物质生产的发展程度看做这些关系的根源"②。这是一种无法触及社会历史本质和呈现历史规律的典型的唯心主义历史观。从实践上看，世界观的唯心主义本质和方法论上的形而上学性必然导致历史虚无主义会在历史认知上相应产生一系列严重后果。比如，有些人在历史研究中依据某些所谓的"新史料""新发现"宣称公认的历史现象、历史事件、历史结论已被"证伪"，进而宣布"建构"出了一种新的"历史"。因此，从学理上和在实践中消弭历史虚无主义势在必行。

三、回归科学的历史观

历史虚无主义错误思潮除了对一些具体历史问题进行错误解读外，更深层次的是对历史观的腐蚀和消解。"一般社会"论支撑着历史虚无

---

① 列宁．列宁全集：第28卷．2版．北京：人民出版社，1990：364.

② 列宁．列宁选集：第2卷．3版修订版．北京：人民出版社，2012：425.

主义审视历史的重要方法，列宁在评价俄国自由主义民粹派的理论家米海洛夫斯基的主观唯心主义方法时，坚定地指出了“一般社会”论与马克思的社会形态论即历史唯物主义相对立。历史虚无主义显然继承了“一般社会”论的研究对象、任务和方法，片面、静止、孤立地看待历史。这是彻头彻尾的形而上学史观。可以说，历史虚无主义“分有”了虚无主义的全部属性和性质，是虚无主义在历史研究领域的特定呈现。如此看来，要厘定历史虚无主义及相关问题，有必要首先回到对虚无主义本身的把握上。资本主义社会在资本逻辑的魔幻运作中消解了一切神圣性从而引发人类的虚无状况。要真正做到彻底批判历史虚无主义，不在于将其界定为学术问题抑或是政治问题，问题根源在于要回到对现实社会经济层面的分析，即把问题置于社会生产方式的矛盾运动中来考量。解决问题的关键恰恰与此密切相关，我国学界目前主要是从学术和政治两个维度对历史虚无主义进行着诸种批判，往往忽视历史虚无主义形成的社会经济基础问题。也就是说，从哲学维度深刻批判历史虚无主义，必须回归历史唯物主义的分析框架和基本原理。

历史唯物主义对真实的历史前提做了科学合理解答。历史唯物主义将科学态度、科学方法贯穿于整个历史研究中。这种科学历史观在研究对象上，肯定自然界的客观实在性，揭示出人类社会发展与自然界发展在发展的过程性和规律性方面具有相似性。除此之外，这种科学历史观认为，人类能够揭示其中的“奥秘”，认识其中的客观规律，并将其用于指导人类实践的开展。同时，它还告诉人们，人类历史存在和发展的前提是物质的，人类的生活受制于这种先在的“物质结果”。正如马克思所言：“我们首先应当确定一切人类生存的第一个前提，也就是一切历史的第一个前提，这个前提是：人们为了能够‘创造历史’，必须能够生活。但是为了生活，首先就需要吃喝住穿以及其他一些东西。”①这是历史唯物主义解码历史的首要之义。也就是说，人类建构历史首先离不开一定的物质资料的生产，物质资料的生产制约和影响整个社会生活、政治生活和精神生活的实际展开。历史的现实性和客观性不容置疑和篡改，这也是人类审视自身历史进程的基本要求。历史虚无主义“不是完全忽视了历史的这一现实基础，就是把它仅仅看成与历史进程没有

① 马克思，恩格斯. 马克思恩格斯文集：第1卷. 北京：人民出版社，2009：531.

任何联系的附带因素。因此，历史总是遵照在它之外的某种尺度来编写的"[①]，在此基础之上任意裁剪历史，主观臆断出他们想象中的"历史"。按照历史唯物主义的尺度，否认历史前提、无视任何现实基础的虚无主义的历史，无论如何与真正的历史相差甚远。历史唯物主义把人置于现实的基础之上，置于现实的社会关系之中，从而既为人找到了现实的基础，也为现实历史找到了真实的前提和基础。确立真实的历史前提为历史唯物主义超越历史虚无主义提供了坚实的前进基地。这个前进基地是"它从现实的前提出发，它一刻也不离开这种前提。它的前提是人，但不是处在某种虚幻的离群索居和固定不变状态中的人，而是处在现实的、可以通过经验观察到的、在一定条件下进行的发展过程中的人"[②]。这种现实的个人不是历史虚无主义所鼓吹的抽象的个人即没有现实关系的"人"。历史虚无主义忽略实际生产生活、不考虑生产方式，臆想一种所谓的纯粹的人，是对社会甚至其他一切事物的排斥和否定。缘于对历史虚无主义抽象人的超越，历史唯物主义中的现实的个人实现了观念向物质世界的转变，通过现实的个人在现实的生活的实践，从而成功地在物质世界生成了现实的个人的历史。这种历史是有生命的、真实的历史，而非像历史虚无主义那样的观念的、抽象的历史。"我"和"他者"都被确证，关系也被建立，真正的客观世界——人类历史由此得以形成。历史虚无主义或否认历史发展的客观性、规律性和可知性，或从先验理性出发研究历史发展规律，难以真正深入历史本质，更无法引领实现人自由而全面的发展。总之，历史唯物主义认为，人与人的关系在本质上是真正的存在的社会关系、社会历史，是建立在社会物质生产基础之上的。唯有深入到生产实践活动中才能真正呈现个体与个体之间的社会关系，进而揭示社会历史存在发展变化及其发展规律。正是现实的个人的物质生产活动以及由此形成的生产关系等关系构成了人类历史的真实基础和前提。历史唯物主义与历史虚无主义的根本差异就在于前者不是在每个时代中去找寻某种范畴或某些精神因素来建构客观世界，而是自始至终立足于现实历史的基石去认识世界和改造世界。

研究历史在方法论上关键要坚持阶级分析法。在历史唯物主义者看来，阶级斗争是社会发展进步的直接动力，其突出作用表现在对社会形

① 马克思，恩格斯．马克思恩格斯文集：第1卷．北京：人民出版社，2009：545.

② 同①525.

态更替的推动上。新的阶级代替阻碍社会进步的旧的生产关系的阶级，促使社会历史前进发展。历史虚无主义不仅在根本上否认阶级的存在，放弃阶级斗争的思想指导，而且凭借其主观立场，带着个人感情色彩评判历史过程中客观存在的人和事。“马克思的天才就在于他最先从这里得出了全世界历史所提示的结论，并且彻底地贯彻了这个结论。这个结论就是**阶级斗争**学说。”① 可见，唯有坚持阶级斗争理论，才能客观、全面地辨析社会历史进程中的诸多现象，对社会上的各阶级在社会政治经济生活中的地位和状况，对不同阶层之间的区别、矛盾、倾向，对各阶级之间的关系等方面的问题进行深入分析，由此揭示各阶级的经济利益，看到围绕着经济利益进行的阶级斗争必然具有的政治形式，以及对政治权力的夺取和维护。只有经过上述思考，才能抓住问题本质，进而从中透视支配历史进程的一般规律。历史虚无主义把推动社会进步的力量归结为精神要素，无法客观认识推动社会进步的根本动力。阶级斗争不以人的主观意志为转移，它贯穿于社会发展的全过程。我们由此得知，否定阶级关系和阶级斗争存在的历史虚无主义是与历史事实相背离的。阶级关系的客观存在对阶级斗争存在起着决定性作用。历史虚无主义者虽然能够看到利益冲突各方存在的客观性，但往往否弃阶级社会利益冲突的阶级斗争本质。“全部历史（从土地公有的原始民族社会解体以来）都是阶级斗争的历史，即剥削阶级和被剥削阶级之间、统治阶级和被压迫阶级之间斗争的历史”②。实践中，历史虚无主义泛化国民党的民族立场，以权力之争来遮蔽其政权的阶级实质，企图质疑中国共产党成立和社会主义制度建构的历史必然性。习近平总书记指出，我们观察问题必须坚持马克思主义政治立场。马克思主义政治立场，首先就是阶级立场，进行阶级分析。有人说这已经落后于时代了，这种观点是不对的。我们说阶级斗争已经不再是我国社会主要矛盾，并不是说阶级斗争在一定范围内不存在了，在国际大范围中也不存在了。改革开放以来，我们党在这个问题上的认识一直是明确的。由此看来，阶级关系和阶级斗争在当代中国仍然存在，历史唯物主义有关阶级斗争的观点和阶级分析的方法仍然具有时效性。值得注意的是，西方社会科学理论中有些合理的东西和科学的方法固然可以借鉴，但不能替代历史唯物主义的

---

① 列宁．列宁专题文集：论马克思主义．北京：人民出版社，2009：71.

② 马克思，恩格斯．马克思恩格斯文集：第2卷．北京：人民出版社，2009：14.

阶级分析的方法，否则就会滑向历史虚无主义。中国共产党 100 多年的奋斗历史为我们做出了科学的解答。由此可见，如果否定了阶级分析方法，就根本否定了近代中国人民开展革命斗争的历史必然性，就根本否定了中国共产党诞生的历史必然性和社会主义制度在中国确立的历史必然性。

坚持历史辩证法，整体性地看待历史。历史辩证法与历史虚无主义采用孤立的、片面的和静止的方法看待历史、研究历史的方法截然相对。在历史唯物主义确立以前，人们曾借助于宗教史观、利益史观、理性史观、英雄史观等历史观来回答“如何理解社会历史”这个重大命题。历史唯物主义坚持从人的生产实践出发理解社会历史发展进程，解决了其他历史观无法科学回应的“历史与现实的人的分离、历史与自然的对立、历史与唯物主义的分离”① 的关系问题，这不仅是唯物史观与其他历史观的根本区别所在，也由此出发详细剖析了社会历史的本质要义及其发展规律。“历史唯物主义不同于历史进化论，也不同于历史循环论。历史唯物主义关于历史螺旋式前进的理论既包括历史进步的客观必然性，又包括历史仿佛复归的辩证现象。”② 在社会进步问题上，历史唯物主义坚持历史辩证法，主张社会形态的演进过程总体上表现为一种曲折中前进的过程，从而实现“更高基础上的回归”③。历史唯物主义要求辩证地看待人与社会发展规律之间的关系，认为人在实践中坚持主体能动作用的同时，必须遵循社会历史领域的客观规律，由之达致主体能动性和客观规律性的统一。历史唯物主义的社会历史辩证法不仅有助于人们在纵向上对人类历史发展长河进行清晰认知，而且有助于在横向上透视个体、民族与国家之间的波澜起伏。历史本质是历史发展的多样性的统一。历史虚无主义者在历史认识论上，混淆历史的本质与现象、必然与偶然之间的关系，否定历史唯物主义的辩证法。例如，他们在中国共产党史、新中国史、改革开放史和社会主义发展史上的认知极其混乱，充斥着各种常识性错误，利用一些不为人知的历史边角碎料，意图用所谓的历史“真相”“细节”来代替全部历史主流、历史规律，妄图揭示历史进步的所谓“第

① 郝立新. 历史唯物主义的理论本质和发展形态. 中国社会科学，2022 (3).

②③ 本刊记者. 谈谈历史唯物主义的方法论问题：访中国人民大学一级教授陈先达. 马克思主义研究，2014 (6).

三条道路”，其本质是借助形而上学方法对历史事实的一种歪曲。历史现象中蕴含着统一的历史本质，并不意味着否认历史现象的多样性，历史的统一性寓于多样性之中。因此，我们必须坚守历史唯物主义的立场来分析历史现象、历史事件和历史人物，同时坚持联系与发展的观点，辩证看待历史内部各要素之间的联系性，在整个历史过程中综合考量局部与整体的关系。

历史唯物主义的出场实际是对历史虚无主义的超越。历史唯物主义缝合了由传统主客二分思维模式割裂带来的价值虚无和人的现代性危机。历史唯物主义者从实践活动出发阐释虚无主义产生的内在根源，从而也为我们反思历史虚无主义奠定了理论基础，提供了分析切入点。历史事实是对蕴含历史本质的基本关系总和的提炼和升华。历史唯物主义对历史发展规律性和可知性的承认，说明历史唯物主义其实与辩证唯物主义是内在耦合的，实际是唯物论、辩证法、可知论的统一。按照这种思路，我们可以对人类历史的唯物辩证特性进行如下把握：人类是自然界长期发展的产物，自然史将人类史囊括其中。人类社会和自然界处于普遍联系和永恒发展状态之中，不仅拥有自身运动的客观规律，而且作为主体的人类能够发现规律、认识规律进而掌握规律，按规律办事。这启示我们在实践活动中要时刻遵循规律，以史为鉴，实现客观规律性和主观能动性的统一，使我们能够自觉坚持为人民服务、为社会主义服务的发展方向。

历史观是社会文化观念的一种本质表达，不仅是一定的社会政治和经济生活孕育的结果，同时还作为特定世界观的重要构成，更是特定的意识形态呈现。历史唯物主义断言，历史依附于人类社会发展的前进轨迹，而生产力与生产关系、经济基础与上层建筑之间的矛盾运动则是历史向前行进的根本动力；历史观以实事求是为基本价值遵循，总体性则是历史研究的基本原则；阶级斗争则构成人类阶级社会发展的最直接动力。历史虚无主义者依随自身想象，有选择性、有目的性地对历史材料进行随意剪裁，无视历史研究的基本准则，乃至于用主观假设取代客观事实，用主观诠释取代客观规律，肆意编造历史、混淆视听。历史被他们当成偶然的产物，中国革命的胜利则被视为外来力量促使下的偶然产物，用外因代替内因，用支流代替主流，用个别现象遮蔽本质趋势。历史成为他们随意打扮的小姑娘，掉入了唯心主义历史观的泥潭。这种错误历史观还带有强烈的现实政治取向，历史虚无主义者试图通过虚无中国共产党的光辉历史来否弃中国共产党在中国历史中的领导地位和作用及其执政合法性地位。只要稍有点历史常识的人都会客观地承认，中国共产党勇于自我革命、勇于担当，在总结革命、建设和改革经验教训的过程中不断成长，正带领中国人民向着中华民族伟大复兴前进。中国共产党比任何政党更为及时和彻底地自查自省，不断改正，敢于承担，以求真务实和实事求是的态度和自我革命的铮铮铁骨开山辟路。这是任何历史虚无主义者都无法做到也无法否认的。

第四节　解释学之“主体诠释说”

解释学的兴起在一定程度上深化和拓展了人们对思想及其文本的理解，解释学与马克思主义及其历史唯物主义的勾连在所难免。在学术和思想日益发展的当代中国，有关历史唯物主义的多维理解已然成为事实。但解释学不是套语，不是标签，更不是无所不能的“上帝”。解释学功效的生发只能依靠解释的对象而非自身。理论解释不是个人私密化的阐释。从哈姆雷特式的解读到臆造两个马克思再到彻底重建历史唯物主义，历史唯物主义在解释学的作用下可谓千人千面。在这股历史唯物主义解释学的诠释思潮中，我们不禁要问：如何理解真正的历史唯物主义？什么是真正的历史唯物主义？解释学①首先是作为一门具体科学发展起来的，从“专门解释学”到“一般解释学”，解释学明确了自己的研究对象，确立了自己的学科地位。从特定文本如《圣经》、法律到适合于所有文本的解释技巧和方法，解释学经历了跨越式的发展，标志着解释学这门学科的诞生。解释学的研究对象——文本理解被确定下来。随着解释学的发展，解释学几乎无所不能，功能越界现象频发。解释学逐渐上升为一种哲学，而哲学则降为一种解释学。事实上，解释学应作为研究文本理解的具体学科得到发展，而哲学应作为世界观得到发展。历史唯物主义坚决反对作为历史唯心主义哲学的解释学。

① 此处的解释学特指那种过度使用这种理论或者是在解释学的名义下进行私人化、脱离文本原像和历史境况的行为，而非一般学科意义上的解释学。

一、解释学与历史唯物主义

关于历史唯物主义，国内外有着诸多解释。经济决定论、生产方式决定论等批判声音以及广义唯物主义与狭义历史唯物主义、文化唯物主义、地理历史唯物主义等范式相应出笼，每一种都试图把历史唯物主义纳入自身的理论框架，来建构自身的理论范式。而这一切似乎都是在解释学的名义下进行的探索。我们以后来居上者的面目活在当下，拥有解释权甚至随意解释马克思和恩格斯的话语权，西方解释学赋予了我们如此权利。据说拥有这种权利，我们就比马克思和恩格斯更了解他们自己，我们能从他们的著作中读出他们自己都不知道甚至不曾言说的思想。先人和后来者由于时空的差异，决定了他们之间的对话必然内蕴着一种不平等。先人没有发言权，他们唯一能释放的“声音”就是“文本”，而这一点，恰恰是我们当代人占据的有关历史唯物主义本质解释的最大优势。先人包括马克思、恩格斯只有书面发言（文本），而静止的文本无法抵挡解释学的攻击。每个人都成了伟大的理论家，作为读者、研究者，每个人都有解释权这一利器。面对已逝者，我们占尽“生”的优势，可以无休止地解读。针对这种现象，伊格尔顿不无讽刺地说：“还有哪一位思想家像他那样如此被人曲解呢？”① 据此，解释的力量不可谓不大，它可以让人光鲜亮丽，也可以使人黯然失色，正如马克思自己曾言：“这样做，会给我过多的荣誉，同时也会给我过多的侮辱。”②

在我国“反思”马克思主义哲学的思潮中，国内诸多学者以“回到”“保卫”马克思为名，借助西方解释学对马克思主义进行解读，但“回到”“走进”等等绝不可能还原马克思的“本真面目”。解读者和文本之间始终存在“距离”。缩小“距离”还原本真，是学者们不懈追求的目标。张一兵的《回到马克思》无疑开启了这一思潮之先河，这其中也包括俞吾金的《实践解释学：重新解读马克思哲学与一般哲学理论》、王金福的《马克思的哲学在理解中的命运：对马克思主义哲学史的解释学考察》、吴学琴的《马克思主义研究的解释学视域》、李金辉的《理解

---

① 伊格尔顿. 马克思为什么是对的. 李杨，任文科，郑义，等译. 重庆：重庆出版社，2017：184.

② 马克思，恩格斯. 马克思恩格斯文集：第3卷. 北京：人民出版社，2009：466.

马克思——在“实践的解释学”视域内》以及王晓升的《历史唯物主义的当代重构》等著作，这些著作无疑是研究者对马克思主义哲学（包括历史唯物主义）在解释学意义上的理解。一系列著作和文章在解释学的视域内对马克思主义进行着全方位解读，无疑促进了国内对马克思主义的理解。但是，我们也必须看到，在西方解释学应用的不断扩张下，马克思等人本身“所剩的东西”寥寥无几，解读者本人的思想却不断塞进其中。塞麦克等人认为马克思的历史唯物主义在本性上与解释学有着共同可比之处，历史唯物主义“同一切力求理解地阅读我们的世界的尝试一起，是被包括在同一个‘释义学的圈子’内的”①。在塞麦克看来，历史唯物主义从广义上说本身就是一种解释学。但是，解释学这件外衣被诸多后来者穿错了，自然科学化、因果性的简单化，历史唯物主义就这样庸俗地为经济决定论、机械决定论所阉割。肯定客观事物和社会发展规律的同时对事物还具有颠覆的力量，这是解释学所不具备的，而这恰恰是历史唯物主义与解释学的最大区别之处。

在这里，我们首先得承认解释学有其合理的成分，不是如某些人所言，是对马克思主义哲学的“背离”和“背叛”。作为理解马克思的一种范式，我们对之应当实事求是地分析和对待。解释总是在一定历史条件下的解释，必然具有相对的、历史的、有限的性质。这就要求我们的理解和讨论应秉持历史唯物主义的态度，而不是站在唯心主义解释学的立场上来讨论历史唯物主义，分清楚我们是在讨论什么是马克思、恩格斯创立的历史唯物主义，而不是阐述每个研究者对历史唯物主义是什么的个人见解。马克思和恩格斯本人的意见才是研究者的根本立足点。马克思主义哲学并不满足于从理论上对客观世界的解释，而重在改变世界。所以，历史唯物主义不仅存在于他们全部著作的分析方法中，也存在于他们坚定地为无产阶级解放、奋斗的实际活动之中。谁都无法预料身后事，马克思和恩格斯当然也不会知道他们死后会有所谓解释学的兴起，而且它会变为可以肢解他们思想的“剃刀”。不过有一点他们看到了，就是在一位思想家死后，随意解读、注家蜂起是可能的。马克思特别强调：“一个人如想研究科学问题，首先要在利用著作的时候学会按照作者写的原样去阅读这些著作，不把著作中原来没有的东西塞进

① 希米克．马克思主义和释义学的传统．俞宣孟，译．哲学译丛，1990（2）．

去。”[①] 恩格斯似乎有同样的预见，他告诉拉法格“尽量逐字逐句地用马克思的话来表达这些论点，那是不够的；把马克思的话同上下文割裂开来，就必然会造成误解或把很多东西弄得不大清楚”[②]。很显然，解释学的践行者同样也宣称，他们提出“正本清源”“回到马克思”“走进马克思”“重读马克思”等口号，卢卡奇说：“我们坚持马克思的学说，决不想偏离它、改进或改正它。这些论述的目的是按马克思所理解的意思来解释、阐明马克思的学说。”[③] 孙伯鍨在《走进马克思》一书的序言中说：“本书用‘走进马克思’这个名称，只是为了说明，本书的写作是严格依据马克思主义哲学经典文本的原意进行的，决不代表任何一种标新立异的‘解读模式’。”[④] 所有这些，都显示研究者对马克思主义哲学研究的目的是正确理解马克思主义哲学本身。但是，无论承认与否，罗蒂所主张的实用主义解释学在国内是很有市场的。随着后现代解释学的出现，历史意识的泯灭、主体性的丧失和距离感的消失导致以解释主体的方式消解主体，解构式的、批判式的、元批评式的解读大行其道，企图拆解并重构马克思包括历史唯物主义。国内学界也受这股思潮的影响，各种重读、重构、重建字眼的论著、文章纷纷涌现。

不可否认，对历史唯物主义的任何理解，都具有相对的性质。相对性是理解的本性。理解的相对性是由理解的条件性即历史境况导致的。没有人能垄断对历史唯物主义的解释权，理解主体之间在原则上是平等的。因此，关于什么是历史唯物主义的学术讨论是有益的，它开阔了我们的眼界，纠正了过去对历史唯物主义可能存在的片面的错误的理解。“文本本身永远是沉默的，‘沉默是金’便是任何文本本身的座右铭。所以，能说出来的永远只是理解者所理解的文本的意义”[⑤]，而不是文本自身的意义。我们不能把当代人对历史唯物主义的诸多理解附加甚至强加给马克思和恩格斯，尽管拥有了西方解释学这把“伽马刀”，但使用不当就会割伤自己的理论之手。理解思想家的学说或思想，最可靠的方

① 马克思，恩格斯．马克思恩格斯全集：第25卷．北京：人民出版社，1974：26．

② 马克思，恩格斯．马克思恩格斯全集：第36卷．北京：人民出版社，1974：66-67．

③ 卢卡奇．历史与阶级意识．杜章智，任立，燕宏远，译．北京：商务印书馆，2017：39．

④ 孙伯鍨，张一兵．走进马克思．南京：江苏人民出版社，2020：序5．

⑤ 俞吾金．实践诠释学：重新解读马克思哲学与一般哲学理论．昆明：云南人民出版社，2001：35．

法仍然是根据他们的原始著作，并把它们放到一定的历史范围，即他们自己的历史时代来考察，而不是让他们“穿越”时空隧道来到我们的时代。理解问题的关键不是看法是什么，而是事实是什么。无事实有看法，何谈共同点。一个不以文本为主要前提的讨论，根本不可能是认真的有价值的讨论，只能是自说自话。这样的文本解释、历史唯物主义理解只能是“各美其美”，而不是“美人之美”。

二、“马恩对立”与历史唯物主义

基于解释学的理解方式，从西方马克思主义开始，把恩格斯等人与马克思进行了区分。这样一种解读方式突破了传统理解的视野，看到了以往被忽视的马克思的思想，推进了对马克思主义哲学包括历史唯物主义的理解。但在实际探索中，初衷往往会因一些因素而被歪曲。对马克思和恩格斯进行适度区分的做法没错，但如果陷入西方学者制造的“两个马克思的对立”“马恩对立”等言论的陷阱中，对历史唯物主义乃至整个马克思主义哲学的解读就必然会走入误区。认为“马恩对立”的西方学者中既有马克思主义的反对者如巴尔特，也有西方马克思主义者卢卡奇、阿尔都塞、科莱蒂等；既有西方马克思学家李希特海姆、吕贝尔、莱文等，也有俄国的民粹派学者切尔诺夫、南斯拉夫实践派的马尔科维奇、彼得洛维奇、弗兰尼茨基等；还有意大利的拉布里奥拉等马克思主义者，国内学界也存在这种声音，可谓队伍庞大。部分学者基于显而易见的目的，从自身需要出发，运用解释学去诠释马克思和恩格斯之间的差异和《1844年经济学哲学手稿》的意义，制造两个马克思、“马恩对立”的神话，“人本主义的马克思主义”和“科学主义的马克思主义”的对立，试图以此修正历史唯物主义，制造出与《〈政治经济学批判〉序言》中不同的历史唯物主义。

主张“马恩对立”的主要代表卡弗认为，以往的诠释无非是为了去确证“恩格斯已经正确地、以更加简洁的方式阐述了马克思的观点”这个“公理”，而“从我们拥有的文本看，我认为这是不对的。不仅如此，我还认为用‘恩格斯的方式’解读马克思，会使作为资本主义批判家和极成熟的社会理论家的马克思变得让人兴趣索然和缺乏说服力”[①]。应该

① 张亮．特瑞尔·卡弗教授访谈录．江海学刊，2006（1）．

说，马克思和恩格斯存在差异是客观的和科学的。两人在家庭出身、教育背景、理论焦点和性格意志等方面存有诸多差异，这种差异必然会在思想质地、关注点、思考方式上有所体现，但这并不影响两人在重大关键问题上达成一致。实际上，假如将他们看成毫无差异的个体，显然是表示其中一人无非是另一人的附庸和思想的镜像而已，这无异于是对他们独立人格和思想的否认甚至侮辱。反过来，鼓吹马克思和恩格斯之间是对立关系则是夸大其词。在诸多著作和言论中，恩格斯明确支持马克思《〈政治经济学批判〉序言》中关于历史唯物主义的根本观点。比如他谈到历史唯物主义的起源时就指出：“关于历史唯物主义的**起源**，在我看来，您在我的《费尔巴哈》（《路德维希·费尔巴哈和德国古典哲学的终结》）中就可以找到足够的东西——马克思的附录其实**就是**它的起源！其次，在《宣言》的序言（1892 年柏林新版）和《揭露共产党人案件》的引言中也可以找到。”[①] 关于历史唯物主义两对关系矛盾的论述，恩格斯一直赞成把生产方式和交换方式作为社会存在和发展的基础，把物质生产方式决定社会政治和精神生活视为历史唯物主义的根本性原理，并多次告诉读者他所说的历史唯物主义的根本原则是什么。而且恩格斯强调有关历史唯物主义的论述也是基于自己理论和实践的总结和反思。从他在英国曼彻斯特时的经历可以看出，恩格斯发现以往人们眼中微不足道的经济问题在现代世界却起着决定性的作用。正是这些经济问题、现象蕴藏着现代两大阶级对立的根本性原因，在大工业发展充分的国家，比如英国，政党因这些经济问题而形成不同的派别，构建了政治斗争的基础。这与马克思在《德法年鉴》（1844 年）中“决不是国家制约和决定市民社会，而是市民社会制约和决定国家，因而应该从经济关系及其发展中来解释政治及其历史，而不是相反”[②] 的看法一致。

最容易引起争论的《1844 年经济学哲学手稿》，是西方学界所鼓吹的“两个马克思对立”的文本依据，同时也是他们理解历史唯物主义的文本依据。但这种逻辑是不成立的。《1844 年经济学哲学手稿》中有许多思想后来在《德意志意识形态》和《资本论》中得到继续发挥，亦有部分被抛弃，例如关于历史发展是人的本质的异化和复归，私有制的扬弃是人性复归的论断。在《关于费尔巴哈的提纲》第六条中，马克思直

① 马克思，恩格斯．马克思恩格斯文集：第 10 卷．北京：人民出版社，2009：647．

② 马克思，恩格斯．马克思恩格斯文集：第 4 卷．北京：人民出版社，2009：232．

接批判费尔巴哈关于人的本质的理论，说费尔巴哈把宗教的本质归结为人的本质。而马克思则理解为在现实性上是一切社会关系的总和。费尔巴哈把人的本质理解为类，理解为一种内在的、无声的、把许多个人纯自然地联系起来的共同性。在《德意志意识形态》中，马克思曾提到在他的某些早期著作中可以见到一些习惯性的哲学术语，如“人的本质”“类”等等，给德国理论家们以可乘之机去不正确地理解真实的思想，以为这些不过是以往理论的翻新。实际上，这些术语在马克思那里已发生了质的变化，那就是在历史与现实的视野中来考察而非以往抽象、观念的臆断。我们都知道《1844 年经济学哲学手稿》在马克思在世时并没有被提及，只是作为笔记保存下来。马克思以此作为对自己过去信仰的一种清算，其实也包括对没有发表的手稿中包含的费尔巴哈的影响的清算。这当然不影响这些没有发表的思想在以后的公开著作中被继承和发挥，其中就包括《1844 年经济学哲学手稿》的一些思想。比如劳动对象化的思想、人既是自然存在物又是社会存在物的思想、整个世界史不外是人通过人的劳动而诞生的过程的思想、历史是自然界对人说来的生成过程等等。这些思想在马克思、恩格斯合著的《德意志意识形态》中得到进一步体现和深化，在恩格斯个人著作中也得到继续发挥，这无疑表明恩格斯并没有反对《1844 年经济学哲学手稿》中的这些重要思想。“自然科学和哲学一样，直到今天还全然忽视人的活动对人的思维的影响……但是，人的思维的最本质的和最切近的基础，正是**人所引起的自然界的变化**……人在怎样的程度上学会改变自然界，人的智力就在怎样的程度上发展起来。”① 在这里，恩格斯告诉我们，对自然和社会进行改造正是为了人的利益、幸福和自由，而这与青年马克思对劳动、异化、人的解放等问题的分析，与他的唯物主义世界观的形成和发展是有机地联系在一起的，而这一世界观正是后来由恩格斯总结和阐发的。“对立论”宣扬的实证主义（恩格斯）反对人道主义（马克思）的说法在这里并不存在。

国内外很多学者对“马恩对立论”做了详细而严密的批判，此处不一一列举。我们只想问：难道仅仅因为马克思关注重点放在社会领域而无暇兼顾自然科学领域，仅仅因为恩格斯写了《自然辩证法》《反杜林

① 马克思，恩格斯．马克思恩格斯文集：第 9 卷．北京：人民出版社，2009：483.

论》，而马克思写了《资本论》，就能证明两者对立吗？我们只知道，马克思从来没有否认自然界有辩证法，而辩证法恰恰是马克思长期以来都予以肯定的。我们更不能因为《自然辩证法》在马克思在世时没有公开发表就断言他会反对这个理论。只要读过《资本论》的人就会知道，这部鸿篇巨制中有关商品两重性、劳动两种属性、货币向资本转化等论述无一不是矛盾分析、量变质变辩证法思维的体现。关于两者差异的原因，恩格斯曾经在《论住宅问题》第二版序言中明确告诉读者：“由于马克思和我之间有分工，我的任务就是要在定期报刊上，因而特别是在同敌对见解的斗争中，发表我们的见解，以便让马克思有时间去写作他那部伟大的基本著作。因此，在大多数情况下，我都必须采用论战的形式，在反对其他种种观点的过程中，来叙述我们的观点。”① 只要稍知马克思主义发展史的人都知道，包括巴黎经济笔记的《1844 年经济学哲学手稿》大概写于 1844 年 5 月间，可他于同年下半年与恩格斯共同撰写《神圣家族》时，已经完全摒弃了人性异化和复归的观点，已经出现了唯物史观的萌芽，出现了粗糙的物质生产是历史发源地、群众是历史的创造者等观点，并在 1845 年春写的《关于费尔巴哈的提纲》以及与恩格斯合著的《德意志意识形态》中严厉批判了人的本质和复归等观点。如果马克思一生仍然坚持人性异化和复归作为历史唯物主义的主导原则，两人 40 多年的合作从何谈起？历史唯物主义又怎么能经受住历史的考验？

到目前为止，还没有任何确凿证据可以说明马克思和恩格斯在马克思主义相关重大理论问题上的对立。相反，马克思和恩格斯在《德意志意识形态》、《神圣家族》和《共产党宣言》这三部完整阐明马克思一生最重要思想的著作中进行了史无前例的深度合作。如果有学者以人性异化和复归为主轴构造出另一个马克思或者另一种历史唯物主义，那就是“走火入魔”。如此构造出来的所谓“历史唯物主义”推翻了马克思对资本主义的经济学分析、对剩余价值理论的揭示，实现了其构建人性唯物主义的目的。若如此，《资本论》就成了《人性论》。用人性异化和复归取代资本主义生产方式作为资本主义的经济范畴，那么《资本论》就失去了作为科学经济学的特性。很明显，西方以及国内研究者对《1844

① 马克思，恩格斯．马克思恩格斯文集：第 3 卷．北京：人民出版社，2009：242.

年经济学哲学手稿》进行这样一种解释，并不是看重其中显性的或具有发展为历史唯物主义潜在可能性的思想，而是拾回并赞扬马克思和恩格斯摒弃的人性异化和复归的思想。在这个原则下建构出来的所谓马克思主义和历史唯物主义，其居心显而易见。它既可以分裂马克思和恩格斯，又可以推翻原初的历史唯物主义，可谓一箭双雕。英国学者伊格尔顿显然看到了问题的实质，他在《马克思为什么是对的》中说过一段反对“马恩对立论”的语带双关的趣话：“女权运动诞生之初，一些出于善意却弄巧成拙的男性作家曾经写道：当我提到‘人’这个词的时候，我指的是‘男人和女人’。在此，我也想以同样的方式声明，当我提到马克思的时候，我指的是马克思和恩格斯。”①

三、极端化解释中的“重建”

国内外很多学者都意识到某些学者借助解释学旗号人为制造马恩对立、两个马克思这种错误诠释，并指出了背后不可告人的目的。陈先达教授主张的“共创互补论”代表了大部分人的观点，认为两者之间存在差异，但根本观点是一致的。学界越来越多的人赞成相同性是主导方面，差异性是服务于主导方面的次要方面，对于这样一个由西方马克思学“制造”出来的问题，我们必须有所鉴别。实际上，在众多的批判声中，“对立论”的始作俑者们变本加厉，直接跳出来指责历史唯物主义已经过时，必须予以重建，才能保卫马克思。这样一种解释学的极端运用，在西方学界最为突出。

20 世纪西方资本主义国家经历了经济危机走向“复苏”，而苏东社会主义却被资本主义“不战而胜”。现实的反差必然导致理论的反思。历史唯物主义批评家们如雨后的毒蘑菇，纷纷破土而出。一批具有“左”倾激进主义倾向的知识分子怀抱人类解放的理想，提出了“复兴”和“重建”历史唯物主义的理论口号。早期西方马克思主义理论家主张回到马克思那里“重读”马克思的经典著作，试图在新的框架内重新解释马克思的学说“重建”马克思主义。第一个打出“重建历史唯物主义”旗号的人是哈贝马斯。哈贝马斯认为，历史唯物主义要重新成为一种有解释力的普遍化的社会进化理论和达到它原来所要追求的目标，就

① 伊格尔顿. 马克思为什么是对的. 李杨，任文科，郑义，译. 重庆：重庆出版社，2017：英文版前言 3.

必须重建。他的重建就是把历史唯物主义理论拆开，用新的形式加以组合，而不是对腐朽的复辟和对被抛弃的复兴。纵观西方思想史，我们会发现，哈贝马斯对历史唯物主义的重新组合或重建，并不是一种孤立行为。哈贝马斯的行为既是其个人思想的表现，更是对时代思想境况的折射。哈贝马斯所处的时代，前人或同时代的学者如西方早期马克思主义者以及鲍德里亚、列斐伏尔、阿伦特等，还有一些后现代主义者，都或多或少地对历史唯物主义的核心思想进行过重读、重构甚至重建。他们的话语言说、重建路径无论如何不同，但有一点是共通的，就是他们都认为历史唯物主义必须重建，才能重获理论解释力。

实际上，姑且不论“重建历史唯物主义”的目的如何，就连西方部分学者都认为哈贝马斯构建的历史唯物主义不属于马克思主义。吉登斯批评道：“最明显的莫过于哈贝马斯——继续把自己当作是马克思主义者。实际上，哈贝马斯只是非常形式化地对待马克思，马克思许多重要观点在他那里都遭到抛弃。”① 吉登斯指出，哈贝马斯“与马克思的距离何止十万八千里。如果说哈贝马斯是‘最后的马克思主义者’，他之所以堪当此任无非是因为其思想与以前长期所认为的‘马克思主义’大相径庭”②。吉登斯并不是马克思主义者，而且对马克思主义多有指责，他的评价应是中肯的。另外，《重构历史唯物主义》的作者莱尔因也批评哈贝马斯从生产到交往的转移，使得他极为轻视以物质生活为基础的阶级冲突，并用被曲解的交往思想取代了它们。重构从根本上改变了大多数人所认同的历史唯物主义的本来面目。虽然我们也不赞成莱尔因本人对历史唯物主义的所谓重构，他所提出的“四个困境”实际上是不存在的，但后一个重建者对前者的批评也从侧面印证了前者做法的不可取。法国学者洛克莫尔的《历史唯物主义：哈贝马斯的重建》已看清哈贝马斯重建论的本质。他指出，哈贝马斯以对历史唯物主义批判性解读的方式对其进行重建，并且最终用另外一种理论来取而代之，这是一种利用重建达成新理论的替代的策略。洛克莫尔道出了一个大家不愿提及的现象，在无法简单取代或彻底否定的情况下，抽象肯定、具体否定就成为他们唯一的抉择，即以自我构想的“历史唯物主义”反对本真的历史唯物主义。显而易见，这种历史唯物主义的“重建”往往是在“重

①② 吉登斯. 历史唯物主义的当代批判：—权力、财产与国家. 郭忠华，译. 上海：上海译文出版社，2010：2 版序 4.

建”旗帜遮蔽下的剿灭。

在国内，这股思潮的影响首先表现在部分学者对马克思主义哲学的主体是历史唯物主义持有不同意见上。另外，这种影响也反映在部分学者质疑经典教科书中有关马克思主义哲学的判断上。我国马克思主义哲学教科书深受苏联影响，这种影响尤其反映在编排体例、内容设置上。反思教科书，重新编写中国自己的马克思主义哲学教科书无可非议。有的学者以重建的名义来批评哲学教科书的缺点，这是另一回事，但根据历史唯物主义教科书来判断马克思和恩格斯创立的历史唯物主义，这等于按照画像来比照真人。姑且不论方法正确与否，教科书编写者与画家一样，水平参差不齐。马克思主义哲学教科书，包括中国的有些哲学教科书中不够准确、不够全面，或者遗漏马克思和恩格斯原著中一些重要的历史唯物主义重要思想，都是存在的。教科书需要不断修改甚至重编。但以“重建”、“重构”或“新编”为名的书写，大多是作者为引人注意的噱头而已，而非真正对历史唯物主义来一次外科手术。当然国内一些学者也提出“重建”历史唯物主义，比如，杨耕的《危机中的重建：唯物主义历史观的当代阐释》、段忠桥的《重释历史唯物主义》、王晓升的《历史唯物主义的当代重构》、谭培文的《马克思主义的利益理论：当代历史唯物主义的重构》、张文喜的《重建历史唯物主义的总体历史观》等论著，这与上面所谓重建或重构并非一回事。国内学者所谓的“重构”“重建”集中在三个方面的阐述：一是对时代新课题的创造性回答，以此丰富历史唯物主义；二是通过深入研究文本发现既往未被发现、未受重视或长期被误读的原理，恢复马克思和恩格斯对它的论述；三是正确对待历史唯物主义基本原理，夯实基本原理与时代现实的关系，凸显其当代意义和价值旨趣。同样，国内对教科书的批评可能有其合理之处，不能因其使用“重构”“新编”书名而存“先入之见”，对教科书的编写应该持开放态度，对历史唯物主义的发展同样应该持开放态度。但底线是，历史唯物主义只能在历史唯物主义基本原理基础上发展，而教科书的重编应该越来越正确全面地反映历史唯物主义基本原理及其新研究成就。

不可否认，恩格斯曾经说过，随着科学的发展，唯物主义也会改变它的形态。整个哲学发展史也证明这个论断是正确的。唯物主义经历了朴素唯物主义、机械唯物主义、马克思的辩证唯物主义和历史唯物主义等阶段，的确发生了哲学形态的转变，无论时代特征、理论内涵还是阶级旨趣都发生了重大变化。这期间浩瀚几千年的时空转换，产生了足以改变原有哲学形态的科学理论和实践认知的大发展。但是，我们不能因此就简单地类比得出马克思主义哲学或者历史唯物主义在当下也要发生形态的变化，原有的辩证唯物主义、历史唯物主义要为一种新的哲学形态所取代。其实，我们坚持的哲学形态仍然是辩证唯物主义和历史唯物主义，不管是重建论抑或重构说，没有构建也构建不出别的新形态。至于辩证唯物主义和历史唯物主义原理的新的丰富和发展，这是肯定的。毫无疑问，我们反对那种认为历史唯物主义已经过时需要重建的理论。不管是谁，若能提供一种历史理论或能举出当代西方哲学、西方马克思主义能比马克思和恩格斯提供的历史唯物主义的基本原理更能便利有效地解释和改变现实的观点，就应该坚决重建甚至放弃历史唯物主义；反之，就应该坚持历史唯物主义并在实践中创造性地发展历史唯物主义。这样做就是对历史唯物主义最大的贡献和发展。

四、“真正的”历史唯物主义

如果说解释学的理解范式为理解历史唯物主义提供了多种路径，那么更为重要的是：哪种理解更为准确？“真正的”历史唯物主义是何种理论？马克思和恩格斯创立历史唯物主义的动机是什么？

从马克思主义哲学本身思想发展的脉络来看，我们发现，关于历史唯物主义的“经典表述”有三处：1845 年秋—1846 年 5 月《德意志意识形态》中的“不同于唯心主义历史观”的阐述、1859 年 1 月《〈政治经济学批判〉序言》中的“用于指导我的研究工作的总的结果”的表述以及 1884 年 3—5 月《〈家庭、私有制和国家的起源〉第一版序言》中的“历史中的决定性因素”的论述。一般来说，理论会随着时间的推进而不断完善和成熟。历史唯物主义的大致发展亦是如此。马克思在《资本论》第一卷 1867 年第 1 版序言中说得非常清楚：“这部著作是我 1859 年发表的《政治经济学批判》的续篇”。即《资本论》是作为唯物史观（历史唯物主义）的检验和运用而存在的，这就告诉我们历史唯物主义思想的发展是一个逐步完善的过程，而非跳跃，更非倒退。这从学术界的争议也可以得到印证。无论是科恩对历史唯物主义的“辩护”，考茨基在《唯物主义历史观》中的“修正”，还是传统哲学教科书所概述的历史唯物主义的基本原理，都将其视为历史唯物主义的经典表述和文本依据。正如巴加图利亚在《马克思的第一个伟大发现》中所言："为了把握这种观点最一般最本质的特征，必须考察这种观点……表现为纯粹典范的形式时。对于唯物主义历史观来说，这一时刻在马克思主义史上就是1859年1月马克思所发表的《政治经济学批判》一书的序言。"①如果这样说的话，是不是第三个表述才是历史唯物主义的真正"经典表述"呢？有学者就指出"比较而言，第三个表述最为完善，因为它是对前面两个表述以及摩尔根研究成果的扬弃"②。综观历史唯物主义形成史，《序言》中的表述可谓全面、准确，"社会经济形态"概念融合了生产关系总和，社会经济结构彰显了社会的本质特征。《序言》进一步对生产力、生产关系、经济基础、上层建筑等概念进行解读并对它们之间的关系及发展变化做出规律性的概括，还对经济基础和上层建筑做出精确的规定，它指出了社会经济形态的发展是自然历史过程，最后，还第一次提出了一个新的社会经济形态。

恩格斯在《路德维希·费尔巴哈和德国古典哲学的终结》中详细阐述了马克思创立历史唯物主义的理论动机。恩格斯在谈到历史发展的动力时指出，"历史哲学，特别是黑格尔所代表的历史哲学，认为历史人物的表面动机和真实动机都决不是历史事变的最终原因，认为这些动机后面还有应当加以探究的别的动力；但是它不在历史本身中寻找这种动力，反而从外面，从哲学的意识形态把这种动力输入历史"③。在这里，恩格斯批评了传统思辨历史哲学家的共性——从历史之外把自己幻想的联系强加于历史。康德的"自然理性"、费希特的"绝对同一"、黑格尔的"绝对观念"莫不如此。马克思不是康德、黑格尔式的学者，可以醉心于构建一种庞大的哲学体系来建构细致、全面的历史唯物主义体系，更不是哲学工作者在编写理论教材。他要打破以往的旧的观念束缚，缔造崭新的理论。对他而言，历史观变革的根本性思想才是最为重要的工作，而不是毫无遗漏的表述。马克思如此重视他从经济学研究中得出的结论，因为它解决了他的苦恼问题，实际上也是解决两种历史观对立的

① 巴加图利亚．马克思的第一个伟大发现：唯物史观的形成和发展．陆忍，译．北京：中国人民大学出版社，1981：3.

② 倪勇．论唯物史观的三个经典表述．湖北大学学报（哲学社会科学版），1994（4）.

③ 马克思，恩格斯．马克思恩格斯文集：第4卷．北京：人民出版社，2009：303.

根本性问题。在《序言》中他并没有想到要完整地概括一个历史唯物主义体系，而是欣慰于自己从经济学得出的结论。马克思和恩格斯创立的历史唯物主义要从历史自身，从人类创造历史的实践活动中发现历史的本质和动力，而马克思在《序言》中的经典论述，就是对从历史自身发现历史规律的高度概括。我们说只有一种历史唯物主义就是指这种历史唯物主义。它是针对德国思辨哲学从历史之外寻找对历史的解释，针对费尔巴哈的抽象人本主义，针对如何使无产阶级正确认识自己在资本主义社会的地位和使命的需要。他们并没有打算创造一个包罗万象的历史唯物主义体系，他们的根本任务就是把以思辨历史哲学为代表的历史唯心主义翻过来，它随后的完成、成熟、发展是一个过程。而这种概括是历史唯物主义科学理论得以成立的基本前提。

这种概括虽不完整，但可谓经典。正如恩格斯所言，《序言》中的概括集中体现出经济基础的作用，“过分看重经济方面，这有一部分是马克思和我应当负责的”①。客观原因就是应对论敌的需要。这就要求，研究历史唯物主义基本原理仅限于《序言》是不行的，但背离《序言》的经典论述是万万不行的。这种概括提纲挈领，奠定了历史唯物主义理论的基石。生产方式和交换方式作为社会存在和发展的根本原则是其他没有概括进经典论述中的思想所不能否认和摒弃的。其他没有论及的思想不可能单独构成另一种历史唯物主义，这些思想不能成为反对《序言》经典式概括的根据，而只能是它的补充。

恩格斯在 1890 年 8 月致施米特的信中，批评了自诩为历史唯物主义信奉者的德国青年派：“我们的历史观首先是进行研究工作的指南，并不是按照黑格尔学派的方式构造体系的杠杆。”② 在信中，恩格斯指出“唯物主义”只是这些青年著作家的一个“套语”，可以贴在任何问题上，事情就可以迎刃而解。他批评了这种行为，并强调如果不把唯物主义方法当作研究历史的指南，而把它当作现成公式来剪裁和解读各种历史事实，那么历史唯物主义就会走向自身的反面。马克思也强烈反对历史唯物主义套语化。同样，解释学的发展无形中被人贴上了标签，时下解释学的无所不能、大行其道，实际上使解释学成为一种“套语”“标签”，滥用解释学这把解剖刀，受伤的最终是解释学理论本身。在对

① 马克思，恩格斯. 马克思恩格斯文集：第 10 卷. 北京：人民出版社，2009：593.
② 同①587.

历史唯物主义的理解中，我们最容易犯的毛病也是贴标签，把历史唯物主义的基本原理当套语用，把马克思的话当成保护伞，就像恩格斯批评的德国青年著作家一样，热衷于贴标签而不愿做进一步的研究，这种行为往往导致比公然反对历史唯物主义更大的伤害。直接反对历史唯物主义，读者知道你持什么观点，但把历史唯物主义当套语，旁征博引，很容易被误认为这就是坚持历史唯物主义，很容易迷惑读者。因此，无论是解释学还是历史唯物主义，我们都不能让它们成为套语、标签，这就要求我们要反对那些歪曲历史真相的套语，也反对把理论本身变为套语，即使冠以“坚持”的名义。重视理论的方法论意蕴，反对套语化、标签化，才能充分发挥它的作用。解释学不是套语，历史唯物主义也不是套语，事实才是出发点，削足适履，结果往往适得其反。

结语　创造性发展不是简单重建

我们做这样一个历史唯物主义“重建”历史的简单梳理，当然不是为了简单地否定或批判它。黑格尔的经典名言“存在即是合理”不能绝对化，但确实有合理之处。对待西方理论界所进行的重建历史唯物主义的行为也不能绝对化视之，我们既要驳斥其中一些学者简单化、庸俗化、机械化对待历史唯物主义乃至粗暴否弃和简单置换的行为，也要看到学者们重建过程中所凸显出来的问题意识、时代意识和方法意识及其带给我们的启迪。我们反对像哈贝马斯那样用所谓新理论去替换历史唯物主义的重建方式，践行这种重建方式的结果只能致使新的“历史唯物主义”处于困顿中而失去现实观照能力。历史唯物主义当然要发展且必须发展。历史唯物主义实现了人类社会发展规律认知的革命性变革，但这种变革还远未终结，将伴随着整个人类进程。历史唯物主义和整个马克思主义一样，都是在时代行进中不断实现发展，不会也不能停歇。历史唯物主义的停滞，也就意味着理论生命的终止。

历史唯物主义发展的前提首先要为其正名，回归理论本身。在多年的理论前进道路上，无数西方马克思主义者标榜自己发展了历史唯物主义，认为自己才是真正创新了历史唯物主义的功臣。然而，他们的观点复杂多样，相异乃至对立，甚至彼此争论、相互指责。那么，这就需要澄清一个问题：究竟什么是历史唯物主义？

历史唯物主义是兼具历史目的论和主体信仰的学说。历史唯物主义是人类历史观领域的一场伟大革命和划时代的哲学创造。马克思主义的继承者通常认为马克思哲学的主体就是历史唯物主义。从这个意义上而言，历史唯物主义不仅在历史观层面实现了对唯心主义历史观的革命性超越，对唯心主义的本体论进行了批判，而且也对唯物主义本体论实现了变革，即在实践关系中把握物质与精神的辩证统一，进而把握现实存在过程的具有世界观和历史观意蕴的理论。作为人类社会发展一般规律的科学探究结晶，历史唯物主义不仅被用来进行历史诠释，而且还被看成对一个普遍承认的历史目的（共产主义）的探寻。因而，马克思主义哲学革命性的本性是每一个自称为马克思主义者所必须面临的问题。共产主义革命的到来恰恰是对现存世界的一种否定，这是每一位真正马克思主义者都须予以承认和接受的。历史唯物主义是对“历史将终结于资本主义”的彻底否定，即使遭遇了衰退的历史实践，它仍以穿越历史的深刻洞察力开启和展示着超越现代的未来方向。历史唯物主义不是西方哲学意义上的“终结论”，而是科学揭示出了人类社会发展的一般规律，与此同时也是人类对未来走向的一种共同价值取向和信仰，是“对人们希望的东西的某种信赖”①。从历史唯物主义创立的初衷和理论内在机理来看，历史唯物主义兼具了对历史规律的科学性揭示和对人类美好未来的坚定信仰的双重属性。如此看来，在历史唯物主义的理论体系中，历史不再是费尔巴哈眼中的毫无人类活动踪迹的自在自然的“自然史”，而是深刻蕴含着人类意识和主观能动性的对美好生活追求的通向自由全面发展的进程，“全部历史是为了……使‘人作为人’的需要成为需要而作准备的历史（发展的历史）”②。但是，人们对历史唯物主义所揭示的历史一般发展规律的过于偏好，导致在实践中常常忽视理论所蕴含的人类目的性和价值性的信仰维度，这种“抽象性”的阐释在一定程度上为重建者留下了“空间”。经济决定论、经济史观、机械论等错误解读就成为重建者的出发点，彻底遗忘了理论自身内在所拥有的人性光辉、思想品性和学理魅力。事实上，历史唯物主义的革命目的论恰恰是其坚定的理想特性和信仰品格的集大成呈现。实践中，人们唯有在科学解读历史中契合历史唯物主义的革命目的论，才能推进历史唯物主义的不断创新发展。历史是由无数主体性的人的实践所建构出来的历史，特别是

① 洛维特．世界历史与救赎历史．李秋零，田薇，译．北京：商务印书馆，2016：55.

② 马克思，恩格斯．马克思恩格斯文集：第1卷．北京：人民出版社，2009：194.

在生存处境的异化状态更为紧迫的当下，人类自我担当的主体性精神和对历史目的的高度信仰就显得尤为重要。历史唯物主义的双重特性提醒人们，要实现对历史唯物主义的真正理解和发展，除了要秉持科学认知历史的规律外，从人的精神层面来说，更为重要的是对未来社会理想的坚信。也就是说，我们更应该在整体把握其规律认知历史的基础上，将历史唯物主义视为一种全面超越资本主义通向人类美好生活的期待和信仰。

阐释历史唯物主义必须以承认历史唯物主义的科学性为前提。历史唯物主义的“重建”史可谓波澜壮阔。我们并不否认历史唯物主义理解的多样性和差异性。但对于科学揭示人类发展规律的历史唯物主义而言，其内容构成与人们的主观看法无关，而是由其科学本性所决定。海尔布隆纳在《马克思主义：赞成与反对》中就将唯物史观即历史唯物主义作为判断一种客观的马克思主义的一个重要因素。我们只有一种历史唯物主义，指的是马克思和恩格斯的历史唯物主义。它的诞生源于对德国古典思辨哲学致力于从人的历史活动之外去找寻历史之谜的解答的批驳，也是在吸收和超越费尔巴哈抽象人本主义的基础上，在引导无产阶级对资本主义必然灭亡和社会主义必然胜利以及自身使命的确认中而创建出来的科学理论。因此，是否承认这种历史唯物主义是历史唯物主义科学性能否科学对待历史唯物主义的基础。马克思、恩格斯创建历史唯物主义的目的是在科学阐释人类历史发展规律的基础上对人的自由全面发展的终极解答。如此看来，不管历史上重建历史唯物主义的学者人数多少、方式如何，衡量其能否与历史唯物主义步调一致的标尺就是是否承认马克思、恩格斯等所提供的历史认识和方案解答。也就是说，理论的科学性终归是它能够正确揭示人类社会发展的一般规律。是否承认人类社会及其客观规律，这绝不是单纯的学术层面的问题，而是对历史唯物主义底线的捍卫。历史观的科学性与承认什么样的社会发展规律密不可分。历史唯心主义从人的主观动机出发来理解人类社会发展规律，将人类的发展归结于英雄人物、伟大历史人物，归结于人的好恶等心理活动，归结于文化、意志、绝对观念甚至上帝。历史唯物主义承认社会发展有规律可循，历史规律当然是社会发展逻辑的体现，但不能由此得出历史规律与人毫无关系的结论。马克思早就告诉人们，人类全部生活本质上都是实践的，历史是由人创造的历史。据此可以说，历史规律行进在人类社会生活中且要借助人的实践活动来彰显。但是，历史规律并非直接由人来创造，人类实践创造的是一种对象化产品，当然这是一种遵循历史规律的创造过程。由是观之，人类实践活动成败与否，与人类实践合乎规律与否相关。纵观整个历史唯物主义的重建历史，从根本上讲，结果都并非是一种真正的创新和发展。通俗地讲，重建就是彻底拆除旧建筑，建造一座新建筑。重构则是拆除旧建筑，原有材料还能用，但必须依照新的设计图建造一座新的建筑。这两种方式对于理解历史唯物主义而言都不恰当。所有否弃历史唯物主义的科学性即其对历史规律的科学揭示，在这个前提下的重建、重构都会与历史唯物主义相背离。西方学者不愿遵循历史唯物主义有关社会历史规律的阐述而展开形形色色的重建、重构，原因非常简单，历史唯物主义的历史规律论与科学社会主义具有内在一致性。那些不以彻底变革资本主义生产方式为前提的历史唯物主义重建、重构注定无法以这个历史规律为理论建构的前提。它们的改良主义实质在历史唯物主义所揭示的历史规律面前终究无处遁形。

从发展的角度来审视理论，也是科学对待历史唯物主义的应有之义。如果离开历史唯物主义核心观点来进行所谓的解读就谈不上真正发展。那怎么样才算是“发展”呢？历史唯物主义必须坚持但又必须发展。坚持和发展历史唯物主义应该是辩证统一的。唯有坚持历史唯物主义，在理论的科学指导下，沿着历史唯物主义揭示的历史规律前进，如此才可能实现历史唯物主义的发展。同样，也只有创造性地发展历史唯物主义，并不断结合新的实际，总结新的经验，解决新的问题，才能彻底坚持历史唯物主义。离开了发展的坚持，必定是僵死的教条主义；离开了坚持的发展，必然是偏离轨道的虚无主义。真正的发展，其中就必定包含坚持。在不同时间、地点、条件下，面对不同的问题，持之以恒地秉持理论原则，离不开创造性地处理现实这个前提。固守“本本”、奉行“教条”都不能实现发展。而真正的创造性发展，必然包含坚持，也就是对理论中的基本原理的认同和应用。一种抛掉了历史唯物主义基本原理和核心内容的所谓“新历史唯物主义”，任何时候都不可能存在。出现问题—解答问题—发展理论，这应是包括历史唯物主义在内的理论的科学发展路径。历史唯物主义实质上是对资本主义肯定基础上的否定，并指明人类命运最终走向。这是历史唯物主义理论的终极价值的映射。所谓的重建者往往以资本主义社会发生变化为由，意图从根子上否认历史唯物主义观照现实的合法性和予以解答的科学性，据而对其进行重建。以哈贝马斯为代表的重建者认为创立于自由资本主义时期的历史唯物主义，已经无法适用于晚期资本主义，因而需要用交往学说来重塑原有理论。这个理由是不成立的。历史唯物主义的创立者从不否认资本主义自身的变化，从来都是将资本主义社会看成活的有机体，强调其变异性。“生产的不断变革，一切社会状况不停的动荡，永远的不安定和变动，这就是资产阶级时代不同于过去一切时代的地方。”① 身处19世纪的马克思和恩格斯，当然无法经历他们身后的变化，但不能据此推论，历史唯物主义对作为社会形态的资本主义社会的规律性解读已然失效。深刻解读资本主义社会生产的社会化与生产资料的私人占有这个根本对立矛盾，揭示其运行机制和最终灭亡的命运走向，是历史唯物主义批判资本主义社会的基础核心视域。无论是科技的发展，还是无产阶级生活条件的相对改善，并不能从根本上消除其基本矛盾。后来人们赋予资本主义不同发展阶段的各种称谓，主要是科学技术带给资本主义的技术形态特征上的变化表现，而不是社会关系的根本变革。美国学者海尔布隆纳警示人们：“只要资本主义存在着，我认为我们就不能宣称他对这一制度内在性质的认定是错误的。”② 历史唯物主义关于资本主义的理论必须发展，应该从实际状况出发，深入发掘现代资本主义发展的新特征和社会存在的新问题，从中得出新的、符合实际的正确认知。在马克思和恩格斯等经典作家去世以后，全球化带给资本主义许多未曾预料到的变化。我们必须对资本主义社会的经济、政治、文化、社会结构以及资本主义转向社会主义的方式、条件和特点等进行深入考察、研究。但离开历史唯物主义这个根本立足点对资本主义社会形态基本矛盾和本质的分析，对资本主义社会的再认识，对历史唯物主义的重建，都会自觉或不自觉地偏离历史唯物主义的轨道。

在21世纪，历史唯物主义理应向前发展。21世纪的社会境况对于历史唯物主义而言不仅仅是一种试金石，即绝非充当那种证实理论正确性的新事例的角色，反而是使历史唯物主义更具现实感和解释力的磨刀

---

① 马克思，恩格斯. 马克思恩格斯文集：第2卷. 北京：人民出版社，2009：34.

② 海尔布隆纳. 马克思主义：赞成与反对. 马林梅，译. 北京：东方出版社，2016：65.

石。西方学界出现的种种重建行为无疑是另一种意义上的磨刀石。当代社会的发展进步，既验证了历史唯物主义基本原理的理论解释力，也成为历史唯物主义不断发展的动因。这样看来，学界对历史唯物主义的种种重建活动在一定程度上也成为推动历史唯物主义发展的力量。当代现实确实提出了许多马克思和恩格斯创建历史唯物主义时从未遇到过的问题，包括人与自然关系的当代呈现问题，科技在社会发展中逐渐凸显的功用和角色问题，人工智能与人的关系问题，经济全球化与逆全球化中国际政治经济文化发展问题。当代人类社会中的西方之乱与中国之治现象，资本主义僵而不死和社会主义还有待发展的问题，全球治理中的中国智慧与角色担当问题，人类命运共同体建构问题，阶级分析范式与阶级斗争理论是否有效问题，诸如此类的问题都摆在历史唯物主义的面前。除此之外，随着对经典作家文本的研究以及西方开启的 MEGA2 文献学研究，可能发现以往没有关注甚至忽略的重要思想和具有现实意义的问题，理论和实践中存在的诸多问题都要求人们与时俱进，科学合理全面对待历史唯物主义的基本理论，以开放性创造性态度审视历史唯物主义。经典理论自身具有内在的开放态度，因为“关于自然和历史的无所不包的、最终完成的认识体系，是同辩证思维的基本规律相矛盾的”①。就理论与客观世界的关系来说，它不是自我陶醉，而是实事求是地审视现实并与现实世界亲密互动，形成理论作用场。不仅在历史唯物主义生成时是这样，整个历史唯物主义的发展史也莫不如此，其发展史是理论与实践有机契合的过程史。现实是历史唯物主义永远关注的焦点，现实中最紧要最具代表性的问题永远是其根本指向。质言之，历史唯物主义思想架构中的基本理论和核心观点一以贯之地敞开胸襟，接受现实问题的拷问和检验并力求在科学有效的解答中得以丰富和发展。历史唯物主义之所以能够与时代同行，保持永不枯竭的理论解释力，成为各个时代的精华，就在于历史唯物主义自觉地根植于现实实践中，随着现实的发展而发展。根植于社会现实场域中的历史唯物主义，富有开放性和创造性，因此每个时代都有它杰出的代表人物。但这种开放性和创造性与各种各样打着“创新”旗号进行种种重建的行为无关。两者不能简单类比。历史唯物主义的后继者们沿着它

① 马克思，恩格斯．马克思恩格斯文集：第 9 卷．北京：人民出版社，2009：27.

开辟的真理道路前行，它更接近真理，而历史上和现实中的重建者则与客观真理愈行愈远。

从经典作家原初的思想文献文本中发掘新的“发现”是历史唯物主义当代阐释的一个重要路径。但要避免过犹不及。历史唯物主义的创始人著作等身，留给世人的著述可谓汗牛充栋。仅其中文第一版《马克思恩格斯全集》业已出版50卷，其中收录了2 000多篇论文、4 000多封书信、400多篇资料，字数多达3 200余万。中文第二版《马克思恩格斯全集》内容和字数上都大大扩容，计划出版70卷册，迄今已出版30卷。历史唯物主义的相关思想肯定蕴含在这些著述当中。可以肯定的是，其中有很多思想可供研究和发掘，与历史唯物主义思想相关的著述肯定还有待挖掘。因此，对历史唯物主义的当代阐释离不开对这些著述的深入研究，离不开对待经典作家思想文本的科学态度。比如，一些学者依据马克思早期著述中的人本思想或人道主义思想，就想当然地给马克思扣上人本主义者或人道主义者的帽子，断言马克思主义就是一种变相的人道主义的马克思主义，并将它作为重建包括历史唯物主义在内的马克思主义整个理论体系的依据。这种重建毫无疑问是存在问题的。这里涉及的一个问题就是在阐释历史唯物主义时如何看待马克思和恩格斯的思想文本。是思考和确定依据经典作家成熟时期的思想文本来阐释历史唯物主义，还是依据经典作家早期的思想文本来阐释历史唯物主义，是准确把握和阐释历史唯物主义的重要前提。一般说来，马克思、恩格斯后期对理论的思考日益成熟和准确，此时的思想文本也就更为丰富和准确。思考和确定是从经典作家已出版的思想文本出发，还是从尚未公开发表的作品出发，也是准确把握和阐释历史唯物主义的重要条件。一部马克思生前没有发表、被伯恩施坦长期隐匿的手稿在1932年出版问世，“两个马克思”神话由此诞生，到马克思晚年出版的《人类学笔记》，西方学者又欣喜若狂地提出“第三个马克思”——文化人类学家的马克思，这些所谓的思想文本的“重新发现”就成为众多西方学者重建历史唯物主义的动因。而最终的结果却是重建了一个与历史唯物主义背道而驰的“新理论”。这些事实昭示：历史唯物主义的当代阐释要以马克思、恩格斯已公开出版的思想文本、以成熟时期的思想文本、以思想文本的最终定稿为依据，本应是历史唯物主义当代阐释的基本尺度。也就是说，历史唯物主义的当代阐释和发展有赖于对其主要思想文本的准确合理把握，以这样那样的“新发现”来进行所谓的修正、完善，结果只能是抽象的肯定、简单的否定，走上西方重建历史唯物主义的老路。

历史唯物主义的当代发展也体现在我们对哲学教科书体系的修订上。由于历史客观原因，我们的教科书体系源于苏联教科书体系，其中对历史唯物主义的理解很大程度上也承袭了苏联教科书体系的解读。历史唯物主义的“推广应用说”是国内学界对苏联教科书体系批评的重灾区。一方面，国内哲学界基于苏联教科书体系弊端的全面审思，很大程度上恢复了马克思主义的本来面目，也促进了中国哲学教科书的编撰，类似这些做法都值得肯定。但另一方面，在这种批评中，人们混淆了教科书与理论本身。教科书只能起教科书的功效，它只能对本学科最基础、最必要、最重要的原理进行条理化传授。况且世界上本来就没有一本毫无瑕疵的教科书，更没有一部容纳本学科全部真理的“宝书”。将教科书中的历史唯物主义与马克思、恩格斯所创建的历史唯物主义等同起来，这同样是本本主义和教条主义老毛病的表现。这就像按照素描来度量真人一样。图纸的设计者、画工的水平参差不齐，教科书编撰者也一样，在理解历史唯物主义这个问题上，人们的水平参差不齐。从这点来看，人们对苏联教科书体系的反思甚至批驳是有其合理性的。反过来，我们改编后的哲学教科书就真的完全正确、毫无缺点吗？这是不可能的。因此，连同中国的哲学教科书在内的教科书，其编写及内容很有可能存在不全面、不精准、不到位的地方，对经典作家思想文本或文献的梳理和概括上很有可能存在遗漏，对历史唯物主义的相关文献理解也可能存在不到位、不准确的地方。教科书需要修订、完善和丰富甚至重新编写，这都是再正常不过的事情。当然，实践中那些冠以“重建”或“重构”或“新编”的口号来对教科书中的历史唯物主义理论展开阐释，这与西方学者进行的“重建”是截然不同的，我们应做合理区分。但有一条原则也是必须遵循的底线，即马克思主义哲学教科书的重新编撰是基于全面准确呈现历史唯物主义实质、基本要义及新发展这个前提而展开的，而不是另起炉灶。历史唯物主义的创造性发展离不开其思想文献文本的准确把握和呈现，更离不开理论自身的基本要义和核心观点，任何偏离和转向都是对历史唯物主义的背离和否弃。

在《历史唯物主义：哈贝马斯的重建》一书中，洛克莫尔清晰地揭示出了哈贝马斯重建历史唯物主义的本质，指出这种重建是用新理论来置换历史唯物主义的一种伎俩。在我们看来，这个批评对其他形形色色的历史唯物主义重建行为同样适用。它揭示出了一个再简单不过的重要事实：在当代，对于历史唯物主义这个具有世界性影响的科学、揭示人类历史发展规律的伟大学说，任何简单替代或彻底否弃都无法达成，只能在借助抽象肯定、具体否定的华丽外衣的遮挡下，打着历史唯物主义的旗号来行否弃理论之实，本质上是在“重建”外衣下的消灭。这一点必须予以明确。当今世界，在历史研究抑或历史哲学研究甚至社会科学研究中，历史唯物主义都是这些研究需要倚仗的基础理论，也是获得正确研究结果的重要前提。人类社会只有一种历史唯物主义，这就是马克思和恩格斯所缔造的揭示人类社会发展一般规律的科学理论。在它身后的任何阐释、补充和完善都不能离开这个历史唯物主义，即不能离开它所提供的和论证的基本原理和核心观点。离开了这个前提，所有的阐释、补充和完善就不可避免地陷入误读、曲解的沼泽，直至走向哈贝马斯的老路。

历史唯物主义的创造性发展离不开作为方法论的历史唯物主义的运用。缺失方法论意蕴的历史唯物主义既不完整也不科学，更无法彰显理论的革命性变革价值。马克思主义的真正信仰者，必然是一个真正的历史唯物主义者。要成为一个历史唯物主义的信仰者，除了准确把握其科学世界观的意义之外，在当代我们要更加重视其方法论意义。“不要生搬硬套马克思和他（恩格斯）的话，而要根据自己的情况像马克思那样去思考问题，只有这个意义上，‘马克思主义者’这个词才有存在的理由。”① 历史唯物主义具有方法论价值，不是说方法论是其内容构成，而是指历史唯物主义作为一个整体对主体所具有的方法意义。历史唯物主义从理论本质上说，既是历史观又是方法论。具体而言，历史唯物主义可以从两个维度来诠释：一方面它是对人类历史过程规律的揭示，指向历史本体论层面；另一方面，它也是观察、分析历史的思维方法，指向主体的运用层面。之所以强调历史唯物主义的方法论维度，首先是由于它是对历史过程规律的阐释，否则就无法成为方法。说到底，方法论的核心是基本理论，历史方法论就是处于应用中的基本理论，离开基本

---

① 中央编译局. 智慧的明灯：回忆马克思恩格斯. 北京：人民出版社，1983：91.

理论来谈方法好比缘木求鱼，沦为主观性的想象，而不具有方法论价值或无法转化为方法的基本理论，无疑会走向教条主义的歧路。一句话，历史唯物主义是基本理论和方法的有机统一体。理解了这一点，也就不难理解为什么马克思和恩格斯一再强调不要把他们的理论当成教条，而是要当成观察世界和历史的科学方法。西方马克思主义者提出马克思主义的本质就是方法，类似的观点，应该说有其合理性的地方。但如果这种方法论意义是建立在修订乃至重建历史唯物主义基本理论的基础上，那就成为这些重建者的个人化的方法了。现实中，一些人将历史唯物主义当成标签、作为套语，视之为可解所有难题的既成公式，用它来剪裁历史现实和事实，除了表达这些人的政治价值和历史观点外，于理论于事实都毫无益处。历史唯物主义作为方法是以事实为依据，运用历史唯物主义的观点解读现实，而作为套语则是以“原理”为依据，“强迫”事实将就原则，削足适履。

立足于当前世界和中国的新社会实践不断推进历史唯物主义的发展。西方马克思主义在其开启的历史唯物主义重建进程中，立足于西方社会发展，在不同程度上对一些错误思潮进行了反思和批驳，如经济决定论、实证主义、过时论等，以生活实践为基础，提出了一些富有创见的意识形态理论、生活世界理论、人的全面异化学说、公共领域理论、生态和世界帝国理论、时空压缩理论、世界体系理论等，使历史唯物主义在广度和深度上都得到了一定的拓展。即使这些理论本身还存有诸多局限和不足，但其富有的批判精神和顽强的探索精神，对于当代中国的理论和实践具有重要的启迪作用。“哲学家们只是用不同的方式**解释**世界，问题在于**改变**世界。”① 从马克思将自身哲学的目标定义为有效改变世界来说，除了源于价值理想的社会批判功能外，始于科学考察的社会建构功能就镌刻在历史唯物主义这面旗帜上。作为马克思两个最伟大发现中的一个，历史唯物主义所关注的问题既有最宏观的人类社会形态更替史、人类文明演进史，也包括特定历史阶段和历史时期中的时代性问题以及与人的自由全面发展密切相关的具体领域的问题，无论是宏观问题、中观问题还是微观问题，都需要将历史唯物主义与人类历史实践的发展进程以及当代人类文明进步关联起来。当今世界复杂多变。自然

① 马克思，恩格斯．马克思恩格斯文集：第 1 卷．北京：人民出版社，2009：502.

资源占有与人类发展关系问题、人性善恶与现代社会制度治理问题、国家角色与现代化发展问题，全球化与全球治理变局问题，人类文明演进形态复杂多样和不确定性问题，逆全球化和反全球化问题，人类发展失衡问题，等等，这一系列世界性问题既对历史唯物主义的创造性发展提出了深层的挑战，也是激活历史唯物主义理论解释力和推进其发展的现实动力。创造性发展历史唯物主义，尤其是在中国行进在社会主义市场经济发展道路上并为全球治理贡献中国智慧、积极倡导构建人类命运共同体的关键时刻，我们更要以海纳百川的胸襟面对历史唯物主义的重建历史，吸收借鉴、取长补短，推进历史唯物主义的创造性发展，极大满足现实对理论的需求。历史唯物主义需要从中国和世界实践出发，需要根据不断变化的社会发展实际自我调整、自我更新，才能更好地解释社会发展现实和推动社会发展实践。

图书在版编目（CIP）数据

理解史视域中的历史唯物主义研究/沈江平著. --北京：中国人民大学出版社，2022.7

（马克思主义研究丛书）

ISBN 978-7-300-30491-5

Ⅰ.①理… Ⅱ.①沈… Ⅲ.①历史唯物主义—研究 Ⅳ.①B03

中国版本图书馆 CIP 数据核字（2022）第 058469 号

马克思主义研究丛书

理解史视域中的历史唯物主义研究

沈江平　著

出版发行	中国人民大学出版社		
社　　址	北京中关村大街 31 号	**邮政编码**	100080
电　　话	010－62511242（总编室）		010－62511770（质管部）
	010－82501766（邮购部）		010－62514148（门市部）
	010－62515195（发行公司）		010－62515275（盗版举报）
网　　址	http://www.crup.com.cn		
经　　销	新华书店		
印　　刷	固安县铭成印刷有限公司		
开　　本	720 mm×1000 mm　1/16	**版　　次**	2022 年 7 月第 1 版
印　　张	20.25 插页 2	**印　　次**	2023 年 12 月第 2 次印刷
字　　数	319 000	**定　　价**	82.00 元